민주화 이후 대통령

민주화 이후 대통령

대통령직의 불확실성과 제도화

신현기 지음

한울
아카데미

차 례

서문   9

제1부 민주화 이후 대통령 연구

제1장 _ 대통령을 왜, 어떻게 연구하는가   15
  1. 민주화 이후 대통령직의 불확실성   16
  2. 제도적 행위자로서의 대통령   18
  3. 이 책의 주장   20
  4. 이 책의 구성   23

제2장 _ 민주화 이후 대통령제의 특징   25
  1. 대통령제 권력구조의 특징   26
  2. 민주화 이후 대통령의 특징   37
  3. 한국의 대통령제 개선 방향   50

제3장 _ 민주화 이후 대통령 연구 경향   57
  1. 미국의 대통령 연구의 변화와 발전   58
  2. 2000년대 이후 한국의 대통령 연구 경향   69
  3. 한국의 대통령 연구의 발전 방향   76

제2부 대통령-의회 관계

제4장 _ 대통령의 설득정치는 가능한가   **85**

    1. 개인적 리더십과 실질 권력   87

    2. 김영삼~노무현 기간의 설득정치와 실질 권력   90

    3. 연구방법   97

    4. 설득력보다는 실질 권력   98

제5장 _ 대통령의 시간 관리   **103**

    1. 대통령법안의 입법 소요시간   104

    2. 연구방법   110

    3. 소요시간 단축을 위한 대통령 리더십   111

제6장 _ 인사청문회는 대통령의 인사권을 견제하는가   **116**

    1. 한국 인사청문회의 제도적 특징   117

    2. 대통령의 딜레마와 인사청문회 영향요인   123

    3. 연구방법   125

    4. 인사청문회의 실적성 제고 효과   128

제7장 _ 민주화 이후 대통령-여당 관계   **132**

    1. 대통령제에서의 대통령-여당 관계   133

    2. 민주화 이후 대통령 유형과 여당의 자율성 요구   139

    3. 민주화 이후 대통령-여당의 갈등 사례 분석   145

제8장 _ 윤석열은 왜 비상계엄을 일으켰는가   **157**

    1. 이론 모형: 대통령-의회 간 동태적 협상모형   158

    2. 윤석열정부에서의 대통령-의회 갈등   163

    3. 대통령의 예방적 쿠데타   174

    4. 예방적 쿠데타의 제도적·역사적 배경   177

제3부 대통령-관료제 관계

제9장 _ 대통령의 '공무원 때리기'   **185**

    1. 국정운영 주기와 공무원 때리기   186

    2. 언론에 의한 부정적인 인식 확산   189

    3. 대통령의 공직사정 의제와 언론보도   193

    4. '공무원 때리기'의 희생양   196

제10장 _ 충성심이 우선인가, 능력이 우선인가   **201**

    1. 대통령의 정치적 임명   202

    2. 장관과 차관의 임명 기준   207

    3. 연구방법   210

    4. 정치적 임명에서 충성심-능력의 상충관계   215

제11장 _ 대통령의 정치적 임명에서의 정책 우선순위   **222**

    1. 대통령의 정치적 임명에 영향을 미치는 요인   223

    2. 연구방법   225

    3. 정책 우선순위가 높은 부처에 능력 중심 인사   229

제12장 _ 민주화 이후 대통령부서의 제도화   **234**

    1. 한국 대통령부서의 특수성   236

    2. 대통령부서 제도화의 원인   239

    3. 민주화 이후 대통령부서의 제도화 수준   245

제13장 _ 대통령부서의 표준모델   **255**

    1. 민주화 이후 대통령부서의 변화와 지속   256

    2. 대통령부서의 표준모델   263

제4부 대통령-언론/대중 관계

제14장 _ 대통령 후보자에 대한 개인화/사인화 보도   269

    1. 미디어 개인화   270

    2. 연구방법   273

    3. 대통령 후보자에 대한 개인화/사인화 보도   274

제15장 _ 누가 대통령을 끝까지 지지하는가   278

    1. 민주화 이후 대통령 지지율의 특징   280

    2. 대통령 지지율 영향요인과 투표 선택 효과   283

    3. 투표 선택의 내생성과 성향점수매칭   288

    4. 1단계: 문재인에게 투표한 사람은 누구인가   290

    5. 2단계: 문재인 투표자와 비투표자의 지지율 차이   293

제16장 _ 대통령 지지율의 남녀 격차   298

    1. 현대적 성차의 등장과 원인   299

    2. 문재인 지지율의 남녀 격차   302

    3. 오하카-블라인더 분해   306

    4. 문재인 지지 영향요인   308

    5. 남녀 격차를 만드는 요인   311

제17장 _ 민주화 이후 대통령의 소통 수준 비교   315

    1. 대통령의 소통 리더십   317

    2. 대통령의 소통 평가요인   321

    3. 대통령의 소통 평가요인과 우선순위   323

    4. 대통령의 소통 평가요인 측정   325

    5. 민주화 이후 대통령의 소통 수준 비교   331

제5부 대통령직 인수

제18장 _ 대통령직 인수위원회를 통한 정책의 연속성　　　　　　**343**

　　1. 대통령직 인수의 제도화　　　　　　344

　　2. 대통령직 인수위원회의 역할과 구성　　　　　　347

　　3. 대통령직 인수위원회 관련 쟁점과 제도 개선　　　　　　349

　　4. 대통령직 인수위원회를 통한 정책의 연속성　　　　　　352

　　5. 연구방법　　　　　　355

　　6. 정부 내 연속성: 선거공약 → 국정과제 → 취임사/예산　　　　　　359

　　7. 정부 간 연속성: 김대중~문재인 기간의 인수위　　　　　　363

제19장 _ 윤석열정부 대통령직 인수위원회 평가　　　　　　**368**

　　1. 대통령직 인수위를 통한 권력자원 구축　　　　　　369

　　2. 윤석열정부의 인수위 활동 개관　　　　　　373

　　3. 윤석열 인수위 평가: 국정과제를 통한 의제설정　　　　　　375

　　4. 윤석열 인수위 평가: 제도적 권력자원 확보　　　　　　379

제20장 _ 미국과 한국의 인수위 없는 대통령직 인수 사례　　　　　　**389**

　　1. 트루먼, 존슨, 포드의 사례　　　　　　391

　　2. 문재인의 사례　　　　　　399

　　참고문헌　　　　　　414

　　찾아보기　　　　　　444

서 문

이 책은 비상계엄이 있던 2024년 12월 3일 밤, 윤곽이 잡혔다. 여의도 국회의사당 건물로 특전사 헬기가 내리는 장면은 필자에게 민주화 이후 한국 대통령제의 속살이 드러나는 순간처럼 느껴졌다. 마침 대통령-의회 갈등이 의회의 탄핵이나 대통령의 친위쿠데타 같은 제도적 위기로 비화되는 남미 국가의 역사적 사례들을 살펴보고 있었는데, 민주주의 모범국이라는 한국에서도 그런 일이 벌어졌던 것이다. 민주화 이후 대통령의 문제점이 '제왕적 대통령'에서 기인하는 것이 아니라 '헌법 권력과 실질 권력 간의 불균형'에서 기인한다는 가설에 확신이 드는 순간이었다. 대통령 탄핵이 진행되는 4개월 동안 민주화 이후 대통령의 특징과 윤석열의 친위쿠데타를 '헌법 권력과 실질 권력 간의 불균형'이라는 관점으로 설명하는 원고를 완성할 수 있었다.

이 책을 관통하는 방법론적 전략은 개인으로서의 대통령을 의도적으로 배제하고 대통령을 철저히 제도적 행위자로만 다루자는 것이었다. 그동안 한국의 대통령 연구는 대통령의 성격, 세계관, 성장환경 등 개인에 초점을 맞춘 일화적 연구가 많았다. 이런 식의 연구는 흥미롭지만 대통령 연구의 이론적 체계화에는 장애가 된다. 그래서 개인으로서의 대통령을 지운 채,

제도적 행위자로서의 대통령이 다른 제도적 행위자인 의회, 관료제, 언론, 대중 등과 어떻게 관계 맺는지, 그리고 그 관계가 어떻게 제도화됐는지를 최대한 실증 데이터에 근거해 보여주고자 했다. 이를 통해 민주화 이후 등장한 대통령들이 개인적 차이에도 불구하고 비슷한 제도적 환경에서 부딪힌 딜레마가 무엇인지, 그 속에서 드러난 공통된 행위 패턴과 선택은 무엇인지 분석하려고 했다.

한국에서 가장 힘든 세 가지 직업이 축구 국가대표 감독, 교육부 장관, 대통령이라는 우스갯소리가 있다. 축구와 자녀 교육, 그리고 나랏일에 대해서는 누구나 개인적 체험과 일가견을 갖고 있기 때문일 것이다. 그러나 대통령이 내린 중요한 정치적·정책적 결정에 대해서는 대통령 자신도 왜 그런 결정을 했는지 모를 수 있다. 이 책은 '민주화 이후'라는 새로운 게임 규칙 아래서 대통령이 내린 결정과 선택한 행위를 의회, 관료제, 언론/대중 관계라는 틀 속에서 설명하고자 했다.

대통령은 정치와 행정, 사회 전 영역에서 가장 큰 영향력을 행사하지만, 일부 탁월한 연구를 제외하면 대통령 연구 분야는 의외로 불모지에 가깝다. 필자는 지난 10년 동안 대통령 연구에 매진해 왔다. 최근에는 나중에 연구 자료로 활용할 목적으로 윤석열 대통령 임기 동안의 사건과 정책들을 일지로 기록하고 있었는데, 5년을 바라보고 한 일이 의도치 않게 3년으로 단축되고 말았다. 망치를 들면 세상 모든 것이 못처럼 보이듯이, 필자의 눈에는 세상 모든 일이 대통령과 관련된 현상처럼 보였다. 이 책이 민주화 이후 대통령에 대한 발제문 구실을 해서 대화와 논쟁이 촉발되길 기대한다.

부족한 책을 완성하는데도 너무 많은 분들의 도움을 받았다. 많은 분들이 아무 이유 없이 필자에게 과분한 호의를 베풀어줬다. 이 책은 한국연구재단의 '저술출판지원사업'의 재정적 지원을 받았다. 연구에 매진할 수 있는 환경과 분위기를 만들어준 가톨릭대 행정학과 교수님들께 감사드린다. 공동연구를 통해 가르침을 주고 결과물을 이 책에 싣도록 허락해 준 우지숙 교수님(제17장), 이종원 교수님(제15장), 함성득 교수님(제19장), 신희주 교수님(제16장), 우창빈 교수님(제10장), 허석재 박사님(제7장)께 감사의 인사를 올린다. 미완성 초고를 읽고 어떻게 개선할지에 대한 원포인트 레슨을 해준 김준석 교수님과 박명준 박사님께도 머리 숙여 감사한다. 전문가의 솜씨로 미진한 원고를 단행본으로 탈바꿈해 준 한울엠플러스 신순남 팀장님께 감사드린다. 선진국에서 태어난 자기 또래들의 생각과 감정을 필자에게 재미있게 이야기해 주는 사랑하는 딸, 수민에게 감사한다. 바쁘다는 핑계로 늘 열외하는 필자를 참아준 가족들에게 고마움을 전한다. 얼마 전 소천하신 장모님, 소화 데레사에게 이 책을 바친다.

21대 대통령 선거를 앞둔 2025년 5월

가톨릭대 연구실에서

제1부

민주화 이후 대통령 연구

01

대통령을 왜, 어떻게 연구하는가

태초에 직선제 대통령이 있었다. 한국의 민주화가 대통령 직선제 쟁취라는 형태로 이뤄졌다는 점은 이후 민주화 과정에서 매우 중요한 의미를 갖는다. 대통령은 민주화 이후 개혁 과정에서 민중의 목소리를 대변해 개혁을 이끄는 민중권력의 화신으로 표상되었다. 대통령도 스스로를 국민 전체의 유일한 대변인으로 간주해 의회 등 다른 권력기관과의 관계에서 여론의 지지를 동원해 우위에 서고자 했다.

민주화 이후 대통령들은 한국 민주주의 발전의 기관차 역할을 했다. 노태우는 권위주의 체제에서 민주주의 체제로 넘어가는 이행기를 비교적 잘 관리한 대통령으로 평가된다. 김영삼은 군대 사조직이었던 하나회를 숙청함으로써 한국을 군부 쿠데타가 불가능한 나라로 만들었다. 한국과 비슷한 시기에 민주화를 경험했던 남미 국가들이 군부 쿠데타로 인해 민주주의 체제 붕괴를 겪었던 것과 달리 한국의 민주화가 비교적 견고하게 진행되었던 데는 김영삼의 공로가 크다. 김대중은 최초의 수평적 정권교체를 이뤄냄으로써 민주적 게임의 지속 가능성에 확신을 주었다.

노무현은 자신의 말처럼 "새 시대의 첫 차가 되기 위해" 잠복했던 거의 모든 개혁과제를 수면 위로 끌어올려 공론화했다. 그의 거침없는 문제제기는 민주화 이후 제왕적 대통령의 이미지를 무너뜨리고 대통령의 이미지 자체를 민주화하는 데 크게 기여했다. 이명박은 민주화 과정에서 억눌렸던 시민들의 개인적 욕망을 '선진화'라는 새로운 국가비전 수준으로 끌어올림으로써 민주화와 개인의 욕망이 공존할 수 있음을 보여주었다. 박근혜는 국가권력의 권위를 바탕으로 민주화 과정 안에 법과 질서라는 보수적 원칙을 확립하고자 했다. 문재인은 미완에 그쳤던 노무현의 개혁과제를 이어받아 검찰, 국정원 등 권력기구의 민주화를 완수하고자 했다. 그리고 민주화 이후 여덟 번째 대통령으로 등장한 윤석열은 12·3 비상계엄을 일으켜 자멸했다.

윤석열의 친위쿠데타는 민주화 이후 대통령들이 민주주의의 기관차가 될 수도 있지만 동시에 민주주의의 폭파범이 될 수도 있다는 사실을 보여주었다. 좌우로 흔들리면서도 민주화라는 궤도에서 이탈하지 않았던 한국의 민주주의가 민주화의 산물인 직선제 대통령에 의해 위협받았다는 사실은 큰 충격을 주었다. 민주화 이후 대통령이 민중권력의 화신이었다는 점은 대통령에 대한 수직적 책임성을 확립하는 데는 성공했지만 그 대통령을 다른 권력기관이 견제하는 수평적 책임성 측면에서는 취약했을지 모른다는 의구심을 자아냈다. 이러한 맥락에서 현행 87년 헌법을 개정하자는 오래된 레퍼토리가 다시 나오고 있다.

1. 민주화 이후 대통령직의 불확실성

현행 87년 헌법은 태생적 한계에도 불구하고, 지난 40년간 민주적 게임 규칙으로 자리 잡았다. 건국 이후 만들어진 총 10번의 헌법 가운데 87년 헌법은 1960년 4월혁명 직후 이뤄진 3차 개헌 헌법 이후로 두 번째로 여야 합의에 의해 만들어진 헌법이다. 또 나머지 헌법들의 평균 수명이 10년 남짓이었던 데 비해 거의 40년 가까이 장수했다.

오랜 기간 생존했으니 문제가 없다는 게 아니다. 결함에도 불구하고 민주적 게임 규칙이 되었다는 점이 중요하다. 현재의 문제를 모두 헌법의 결함으로 귀인시키고 최적의 헌법적 조합을 찾으려는 헌법 공학적 발상은 역사적 선례가 겹겹이 쌓여 만들어진 제도적 관행의 효과와 제도적 절제의 중요성을 간과하게 만든다. 열한 번째 헌법을 만드는 '헌법의 시간'은 어쩌면 영원히 오지 않을 수도 있다. 차라리 민주화 이후 40년 동안 결함 많은 헌법을 통해 어떤 게임 규칙이 만들어졌고 어떤 관행이 제도화되었는지를 살피는 것이 훨씬 유용할지도 모른다.

민주화 이후 대통령들은 의회, 관료제, 언론, 대중 등과의 관계에서 새로운 불확실성에 직면했다. 민주화 이후 정치, 경제, 사회 각 방면에서 각 세력의 자율성이 확대되었지만, 대통령의 권한은 축소되었고 협상을 위한 자원은 충분치 않았다. 먼저 의회와의 관계에서 보면, 민주화 이후 첫 대통령인 노태우가 사상 최초로 여소야대(분점정부) 의회를 직면한 이래로 여소야대 의회를 겪지 않은 대통령은 김영삼과 이명박뿐이다. 그러나 김영삼과 이명박도 여당 내 분파와의 갈등으로 의회 관계가 순탄치 않았다.

또한 민주화 이후 대통령은 행정부 관료조직과도 새롭게 관계를 맺어야 했다. 권위주의 대통령이 장기 집권을 통해 관료조직의 기회주의를 통제했던 데 반해, 주기적으로 교체되는 민주화 이후 대통령들은 공무원의 기회주의를 통제할 마땅한 수단이 없었다.

마지막으로, 언론과의 관계에서도 협상의 불확실성이 증가했다. 민주화 이후 언론은 권력의 공백기를 이용해 시민사회 내에서 가장 영향력 있는 세력으로 성장하면서 대통령의 국정운영을 흔들었다. 대통령은 적대적인 언론의 영향력을 약화시키기 위해 대중과의 직접 소통을 강화하는 대안을 모색했다. 이처럼 민주화 이후 대통령은 의회, 관료제, 언론 및 대중과의 관계에서 많은 시행착오를 거치면서 새로운 관행을 만들어야 했고, 새롭게 설정된 관계를 안정적으로 제도화(institutionalization)해야 했다.

이런 점을 고려할 때, '헌법만 고치면 된다'는 식의 주장은 한탕주의적이고 불성실하다. 누구나 민주화 이후 대통령이 실패했다고 말하지만, 대통령이 어떤 영역에서 어떻게 실패했는지에 대해서는 아무도 말하지 못한다. 실패했으니까 실패했다는 동어반복만 되뇔 뿐이다. 따라서 민주화 이후 대통령이 직면한 문제를 개별 영역과 정책별로 미시적으로 분석하고 국정운영의 성과를 높일 수 있는 대안을 모색할 필요가 있다.

이것이 이 책을 관통하는 핵심 주제이다. 민주화 이후 대통령은 새로운 불확실성에 직면했고, 이로 인해 새로운 관계 설정과 이를 제도화하는 과정에서 대통령별로 차이점보다 공통점이 더 많아졌다. 그래서 필자는 민주화 이후 대통령이 의회, 관료제, 언론 및 대중과 어떻게 새롭게 관계 설정을 했는지, 새롭게 설정된 제도화된 관계 속에서 발견되는 공통점은 무엇인지 보여주고자 한다.

2. 제도적 행위자로서의 대통령

필자가 대통령 앞에 '민주화 이후'라는 수식어를 또박또박 붙이는 이유는 민주화 이후 형성된 민주적 게임 규칙을 강조하기 위해서이다. 이 규칙 안에서 대통령과 다른 행위자와의 관계가 제도화되고, 대통령의 결정과 행위가 패턴화된다. 이는 '개인으로서의 대통령' 관점이 아니라 '제도적 행위자(institutional actor)로서의 대통령' 관점으로 대통령을 연구해야 한다는 것을 의미한다.

그간 이뤄진 한국의 대통령 연구는 대통령 개인의 성격, 성장환경, 세계관 등 개인적 특성을 대통령의 국정운영을 설명하는 첫 번째 원인으로 강조함으로써 의회, 관료제, 언론 및 대중 등 다른 행위자와의 제도화된 상호작용을 분석하는 데 한계가 있었다. 반면 제도적 행위자로서의 대통령 관점은 대통령과 정치체제의 다른 행위자 간의 구조화된 관계 속에서 대통령의 인센티브와 자원에 의해 조건 지어진 대통령의 선택과 행위의 패턴을 우선적으로 분석한다(Moe, 1985).

물론 대통령의 개성이 강하게 반영되는 대통령제의 특성, 권위주의 시절에 견제 받지 않았던 대통령의 자의적 통치 등을 고려할 때, 개인 리더십 중심의 관점이 일정한 설명력을 갖는 측면도 있다. 그러나 이러한 관점은 개별 대통령의 개별성(singularity) 또는 특이성에만 초점을 맞춤으로써 한국 대통령에 대한 이론적 체계화와 계량적 연구의 발전을 가로막는다.

한국의 대통령 연구를 접근방법에 따른 분류법으로 나누면, ① 법적 접근방법, ② 심리적·개인적 접근방법, ③ 제도적·조직적 접근방법, ④ 정치권력적 접근방법, ⑤ 정치역사적 접근방법 등 다섯 가지로 분류된다(김석준, 2002; 김병문, 2006; 2009). 이 가운데 심리적·개인적 접근방법은 대통령의 개인적 특성, 자질, 성격, 리더십 스타일 등을 연구 대상으로 삼는 데 반해, 제도적·조직적 접근방법은 대통령을 포함한 보좌기관 등 관련 제도나 조직 등을 연구 대상으로 삼는다(함성득, 1997; 김석준, 2002; 김병문, 2006; 2009). 그러나 백악관, 청와대 등과 같은 대통령의 보좌기구를 연구 대상으로 삼더라도, 그것을 대통령의 개인적 특성과 리더십 스타일 등의 관점에서 분석한다면 개인적 리더십을 중심으로 하는 관점에 머물고 만다. 이 관점에서는 보좌기구 운영의 대통령별 차이가 강조되고, 이러한 차이는 대통령별 조직관리 스타일의 차이에서 비롯된다고 설명되곤 한다.

이에 비해 제도적 행위자 관점에서는 대통령 보좌기구의 발전 또는 확대가 정치체제의 다른 행위자와의 관계에서 발생하는 불확실성을 극복하기 위해 대통령 주변으로 인력과 자원을 집중하는 집권화의 결과로 해석되며, 이러한 집권화는 모든 대통령이 공통적으로 직면한 구조적 문제에서 비롯된 것으로 설명된다(Moe, 1985; 신현기, 2015). 따라서 제도적 행위자 관점에서는 개별 대통령 간 공통점과 제도화된 행위 패턴이 강조됨으로써 대통령에 대한 계량적 연구와 이론적 체계화의 길이 열릴 가능성이 높아진다. 필자는 제도적 행위자로서의 대통령이라는 관점에서 '민주화 이후'의 민주적 게임 규칙 속에서 대통령과 의회, 관료제, 언론, 대중 간에 이뤄진 제도화된 상호작용을 분석한다.

3. 이 책의 주장

필자는 민주화 이후 대통령이 실패했다면, 그것은 87년 헌법의 결함 때문이 아니라 여차하면 헌법을 바꿀 수 있다는 기대감 때문이라고 생각한다. 민주화 이후에도 끈질기게 지속된 개헌 주장은 정치의 실패를 제도 탓으로 돌리는 심리적 알리바이 구실을 했다. 개헌 주장의 더 큰 문제점은 정치행위자들로 하여금 헌법의 결함을 메우는 관행을 만들려는 노력과 행위자 간 상호작용을 통해 새로운 관계를 제도화하려는 노력을 등한시하게 만든다는 점이다.

역설적으로 민주화 이후 개헌 가능성이 원천 차단되었다면 오히려 대통령의 성공 가능성이 높아졌을지 모른다. 예컨대 민주화 이후 대통령은 여소야대 의회라는 새로운 불확실성에 직면했기 때문에 다양한 실천을 통해 의회와의 협력 방안을 모색하고 이를 제도화해야 하는 과업을 부여받았다. 헌법은 대통령과 의회의 기본 관계만을 규정하기 때문에 대통령을 포함한 정치행위자들은 어떻게 해서든 헌법에서 말하지 않는 협력의 길을 찾고 제도화하려고 노력해야 했다. 그렇지만 개헌 주장은 "문제는 헌법이야"라고 단언함으로써 오랜 기간을 거쳐 정치적 실천을 통해 새로운 관행과 제도를 만들어야 하는 정치행위자들의 의욕을 꺾어버린다.

윤석열의 비상계엄 이후 다시 개헌 주장이 나오고 있다. 개헌 주장은 대통령의 성공에 도움이 되지 않을 뿐 아니라 무엇보다 잘못된 가정에 근거하고 있다. 첫째, 지금의 개헌 주장은 대통령의 성공을 가능케 하는 완벽한 제도적 조합이 존재한다고 가정한다. 대통령제는 이원적 정통성으로 인한 정치적 갈등, 고정된 임기로 인한 정치적 경직성, 야당과의 협력 부족, 승자독식 구조, 그리고 정치경험이 부족한 아웃사이더 대통령의 위험성이라는 결함을 가지고 있지만, 이러한 결함들이 반드시 대통령의 실패를 초래하지 않으며 이런 결함은 오히려 특정 상황에서 장점으로 작용할 수도 있다. 어떤 헌법도 완벽할 수 없음에도 마치 그런 헌법이 있는 것처럼 주장하는 것은 잘못이다.

둘째, 지금의 개헌 주장은 민주화 이후 대통령이 제왕적이라는 잘못된 가정에 근거하고 있다. 민주화 이후 대통령의 헌법 권력은 다른 나라들과 비교하더라도 그다지 강한 편이 아니다. 혹자는 윤석열의 비상계엄을 지금의 대통령제가 제왕적 대통령이기 때문이라고 주장하는데, 정말 그랬다면 의회를 해산하려고 친위쿠데타를 일으킬 필요조차 없었을 것이다.

민주화 이후 대통령은 비교적 강한 헌법 권력(de jure power)과 변동성이 매우 큰 실질 권력(de facto power)의 조합이라는 특징을 갖고 있다. 우리나라 대통령의 헌법 권력은 미국보다는 강하고 남미 국가들보다는 제한적이다. 실질 권력은 의회기반 권력과 대중기반 권력으로 구성되는데, 임기 초에는 높은 지지율을 바탕으로 강한 실질 권력을 갖지만, 임기 후반으로 갈수록 중간선거 결과에 따른 여당 의석의 변화와 지지율 하락 등으로 실질 권력이 약화된다.

특히 여소야대 상황은 헌법 권력과 실질 권력 간의 불균형이 가장 커지는 상황이기 때문에 대통령의 통치가능성(governability)이 크게 약화된다. 대통령의 통치가능성이 최악 수준으로 약화되면 윤석열의 비상계엄 같은 사태가 벌어진다. 즉, 대통령의 헌법 권력과 실질 권력 간의 불균형이 커질수록 대통령이 일방적으로 권력을 행사하려는 유인이 커지고, 이에 맞서 대통령을 제거하려는 의회의 유인도 커진다. 이때 대통령과 의회 간 정보비대칭성, 미래 권력구도 변동에 대한 불확실성으로 인해 상호 협상이 어려운 조건에서 의회에 의한 대통령 탄핵 가능성이 높아지면, 대통령은 선제적으로 의회를 공격하는 친위쿠데타를 시도할 수 있다. 따라서 민주화 이후 대통령에게 필요한 것은 헌법 권력을 축소하는 것이 아니라 실질 권력의 변동 폭을 줄이는 것이다.

이를 위한 방안은 크게 세 가지이다. 첫째, 헌법 권력과 실질 권력 간의 균형을 유지할 수 있도록 대통령의 헌법 권력을 적정 수준으로 조정하는 방안이다. 이는 개헌을 전제로 한다. 둘째, 선거제도와 정당체제 등 하위 정치 제도의 정합성을 높여 대통령의 실질 권력이 급격하게 변동하는 것을 완화하는 방안이다. 셋째, 대통령이 다양한 정치적 행위자들과 효과적으로 소통하며 협력할 수 있는 관행을 만들고 제도화하는 것이다.

필자는 이 가운데 셋째 대안이 가장 현실적이라고 생각한다. 이는 민주화 이후 형성된 게임 규칙 아래에서 대통령과 다른 행위자 간의 상호작용을 분석해 대통령의 국정관리 능력을 높이고 미시적 국정운영 방안을 모색하는 연구 작업을 요구한다. 따라서 이 책은 제도적 행위자로서의 대통령 관점에 근거해 민주화 이후 대통령이 의회, 관료제, 언론, 대중과 상호작용하는 과정에서 형성된 관행과 제도화된 행위 패턴을 분석할 것이다.

4. 이 책의 구성

한국의 대통령제는 대통령이 의회와 독립된 별도의 선거로 선출되고 대통령의 생존이 의회의 신임에 의존하지 않는 대통령제의 일반적인 특성을 공유한다. 또한 의원내각제적 요소로 인해 여당을 매개로 대통령이 의회의 일부를 잠식하는 특성을 갖고 있다. 제1부에서는 이러한 한국 대통령제의 특성을 헌법 권력과 실질 권력 간의 불균형이라는 관점에서 설명하고(제2장), 한국의 대통령 연구의 경향과 지향점에 대한 필자의 생각을 밝힌다(제3장).

민주화 이후 대통령은 의회, 관료제, 언론 및 대중과 상호작용하면서 '입법적 대통령', '행정적 대통령', '대중적 대통령'의 모습으로 나타난다.

제2부에서는 민주화 이후 대통령과 의회 관계에서 나타난 입법적 대통령의 다양한 면모를 분석한다. 민주화 이후 대통령이 의회와의 관계에서 자신의 정책의제를 법제화하는 과정(제4장, 제5장), 인사청문회를 통한 의회의 대통령 인사권 견제(제6장), 민주화 이후 대통령-여당 관계(제7장) 등을 살펴본다. 그리고 대통령-의회 간 권력 투쟁의 관점에서 윤석열의 비상계엄을 분석한다(제8장).

제3부에서는 민주화 이후 대통령과 관료제 관계를 행정적 대통령의 관점에서 분석한다. 민주화 이후 대통령은 개혁을 명분으로 주기적으로 '공무원 때리기'를 통해 관료조직을 길들이고자 했다(제9장). 또한 정치화와 집권화는 행정적 대통령의 관료제 통제를 위한 가장 중요한 수단이다. 그럼에도 대통령은 정치적 임명을 할 때 피임명자의 충성심과 능력의 상충관계로 인해 어려움을 겪으며(제10장), 재임 중 추진할 정책 우선순위를 고려해야 했다(제11장). 또한 민주화 이후 직면한 불확실성을 줄이는 과정에서 대통령 부서로의 집권화가 일어났으며(제12장), 민주화 이후 대통령부서는 비서실

장, 정책실장, 안보실장 등 3실장 체제로 표준화되고 있다(제13장).

제4부는 민주화 이후 대통령과 언론, 대통령과 대중 간 관계를 대중적 대통령의 관점으로 분석한다. 먼저 정치의 대통령화 현상의 일환으로 대통령 선거에서 언론이 대통령 후보자를 어떻게 표상하는지 분석했다(제14장). 또 대통령 지지율의 미시적 기초(제15장)와 대통령 지지에서 나타나는 남녀 차이(제16장)를 분석했다. 그리고 대통령의 소통이란 무엇인지를 이론적으로 밝히고, 민주화 이후 대통령들의 소통 수준을 비교했다(제17장).

마지막 제5부는 민주화 이후 권력교체가 주기적으로 일어나면서 점차 제도화된 대통령직 인수위원회에 대해 다루었다. 신임 대통령은 전임 대통령과의 차별화를 통해 집권의 정당성을 추구한다는 통설과 달리, 인수위의 국정과제를 통해 역대 대통령 사이에 정책의 연속성이 확보된다는 점을 분석했다(제18장). 그리고 윤석열의 실패가 이미 인수위 시기의 부실한 준비 과정에서 싹트고 있었음을 설명했다(제19장). 마지막으로, 박근혜 탄핵 이후 되풀이되는 궐위 선거에 따른 인수위 없는 대통령직 인수의 사례를 갑자기 대통령직을 승계한 3명의 미국 부통령의 경험과 문재인의 경험을 통해 분석했다(제20장). 이를 통해 인수위 없는 대통령직 인수로 인한 혼란을 어떻게 극복할지에 대한 역사적 지혜를 구하고자 했다.

02

민주화 이후 대통령제의 특징

한국의 정부형태(또는 권력구조)가 대통령제라는 것은 분명하다. 그렇다면 그렇게 규정하는 근거는 무엇일까. 대통령이 존재한다는 사실만으로 대통령제가 되는 것은 아니다. 이상한 이야기처럼 들리겠지만, 실제 브라질은 1993년 어떤 정부형태를 선택할지를 놓고 국민투표까지 했다.

브라질은 21년간의 군부 독재(1964~1985년)를 끝내고 민주주의 체제로 복귀하면서 제헌 의회를 구성해 1987~1988년까지 약 20개월 동안 헌법 초안을 만들었다. 그런데 정부형태를 무엇으로 할지에 대해 좀처럼 결론을 내지 못했다. 대통령제 지지자들은 국민이 직접 대통령을 선출하는 것이 민주적 정당성을 강화한다고 주장했고, 의원내각제 지지자들은 대통령 권한을 제한하고 의회에 더 많은 권력을 부여해야 한다고 주장했다. 1988년 헌법은 최종적으로 대통령제를 선택하되, 의원내각제적 요소를 일부 포함하는 방식의 절충안으로 마무리되었다. 다만 잠정 조항으로 "5년 후 국민투표를 통해 정부형태(대통령제 또는 의원내각제)와 국가 체제(공화국 또는 왕정)를 결정한다"라고 명시했다.

이후 브라질은 대통령과 의회의 잦은 갈등으로 정치적 불안이 지속되었다. 의원내각제 지지자들은 다당제 환경에서 협력과 정치적 안정성을 유지하려면 의원내각제가 낫다고 지속적으로 주장했다. 그러나 1988년 헌법에 따라 1993년 4월 국민투표를 실시한 결과, 브라질 국민의 69%가 대통령제 유지를 선택했다. 흥미로운 것은 이후에도 브라질의 정치가 혼란스러울 때마다 의원내각제로 바꾸자는 주장이 나온다는 점이다(da Rosa Bustamante, Meyer and Cattoni, 2020). 툭하면 헌법을 바꾸자고 하는 한국 상황과 매우 비슷하지 않은가.

1. 대통령제 권력구조의 특징

1) 대통령제의 핵심 요소

대통령제를 다른 정부형태, 즉 의원내각제 또는 반(半)대통령(semi-presidentialism)와 구별 짓는 특징은 무엇일까. 대통령제를 대통령제로 만드는 특징에는 핵심 요소와 선택 요소가 있다(Cheibub, Elkins and Ginsburg, 2013). 핵심 요소는 첫째, 대통령이 의회 선거와 다른 별도의 대중선거에 의해 선출된다는 점, 둘째, 대통령이 의회의 신임에 구애받지 않고 고정된 임기가 보장된다는 점이다. 전자를 기원의 분리(separation of origin), 후자를 생존의 분리(separation of survival)라고 부른다(Shugart and Carey, 1992). 대통령제는 반드시 이 두 가지 요소를 충족해야 한다. 그 밖에 대통령이 헌법적 명령권한, 비상대권, 법안 발의권 등과 같은 권한을 갖는지 여부는 대통령제를 채택한 국가마다 다를 수 있다. 예컨대 남미 국가의 대통령들은 헌법적 명령권한을 갖는 경우가 많지만, 한국과 미국의 대통령에게는 그러

〈표 2-1〉 대통령제의 핵심 요소와 선택 요소

		대통령제	의원내각제	반대통령제
핵심 요소	대중선거에 의한 대통령(행정부) 선출	O	X	O
	대통령(행정부)에 대한 의회 신임	X	O	O
선택 요소	헌법적 명령권한	X	O	조건부
	비상대권	강함	약함	강함
	법안 발의권	의회	행정부	조건부
	의회에 의한 행정부 견제	O	X	조건부
	법률안 거부권	O	X	조건부
	내각 임명권	행정부	의회	조건부
	의회 해산권	X	O	조건부

자료: Cheibub, Elkins and Ginsburg(2013) 참조.

한 권한이 없다. 또한 남미 국가와 한국은 대통령이 의회를 거치지 않고 직접 법안을 제출할 수 있지만, 미국은 의회만이 법안을 제출할 수 있다. 이 같은 선택 요소는 같은 대통령제 국가라도 나라마다 다를 수 있다. 〈표 2-1〉은 이러한 핵심 요소와 선택 요소를 기준으로 대통령제와 다른 정부형태를 비교한 것이다.

정부형태를 가르는 두 가지 핵심 요소, 즉 기원의 분리와 생존의 분리를 기준으로 대통령제, 의원내각제, 반대통령제를 〈그림 2-1〉처럼 도식화할 수 있다.

(1) 대통령제와 의원내각제

〈그림 2-1〉에서 보는 바와 같이, 대통령제는 국민들이 선거를 통해 대통령과 의회를 각각 선출한다. 이렇게 되면 대통령과 의회는 각자 선거에 의한 민주적 정통성을 부여받기 때문에 상대방의 신임에 구애받을 필요가 없다. 즉, 대통령은 의회의 신임 여부와 관계없이 고정된 임기가 보장된다. 이처럼 대통령제에서 대통령과 의회는 철저히 분리되어 대통령은 행정부의

〈그림 2-1〉 정부형태 비교

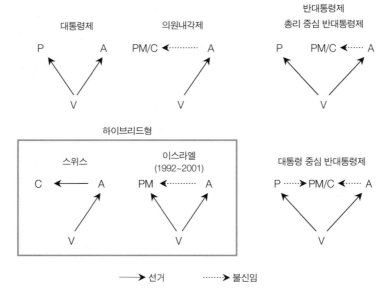

주: V: 유권자, P: 대통령, A: 의회, PM: 총리, C: 내각

구성과 운영에서, 의회는 입법과정에서 배타적인 권리를 갖는다.

　반면 의원내각제는 국민들이 의회를 구성하는 단 한 번의 선거만 치른다. 그리고 선거에 의해 선출된 다수당(또는 다수 연합)에 의해 행정부가 구성된다. 통상적으로 다수당의 대표가 총리가 되고, 같은 당 소속 의원들이 장관을 맡는다. 대통령제가 행정부(대통령)와 의회가 철저히 분리된 권력분립 체제라면, 의원내각제는 의회의 다수당이 행정부(총리와 내각)를 구성하는 권력융합 체제라고 할 수 있다. 의원내각제는 행정부가 의회로부터 탄생하기 때문에 총리와 내각의 생존 역시 의회의 신임 여부에 달려 있다. 즉, 대통령제에서 대통령은 어떠한 정치적 위기에 직면하더라도 탄핵 이외의 방법으로는 강제로 물러나지 않는 것과 달리, 의원내각제에서는 의회가 정치적 위기의 책임을 물어 총리와 내각을 불신임하면 행정부가 붕괴된다. 그렇게 되면 총리는 의회를 해산하고, 다시 선거를 치러 새로운 의회와 행정부를 구성한다. 행정부의 기원과 생존이라는 측면에서 대통령제는 대통령(행정부)의 기원(의회 선거와 다른 대중 선거)과 생존(의회의 신임에 구애받지 않음)이 모두 의회로부터 분리된 데 반해, 의원내각제는 의회와 융합되어 있다.

그렇다면 의회와의 관계에서 행정부의 기원은 의회에 융합되어 있지만 생존은 분리된(기원 융합＋생존 분리), 또는 행정부의 기원은 의회와 분리되어 있지만 생존은 융합된(기원 분리＋생존 융합) 하이브리드형 정부형태도 가능하지 않을까. 실제로 그런 하이브리드형 정부형태가 존재한다.

〈그림 2-1〉에서 보는 바와 같이, 스위스는 단 한 번의 선거만으로 의회를 구성하고, 의회로부터 행정부가 구성된다(기원의 융합). 그러나 의원내각제와 달리, 의회는 행정부를 불신임할 수 없다(생존의 분리). 연방국가인 스위스의 행정부는 7명의 장관으로 이뤄진 연방내각(Bundesrat)으로 구성되며, 7명의 장관 중에서 1년 임기의 연방대통령과 부통령이 각각 선출된다. 연방내각의 장관 자리는 4개 주요 정당이 의석수에 따라 배분받는다. 통상적으로 1959~2003년까지는 사회민주당(Social Democratic Party: SP) 2석, 자유민주당(Free Democratic Party: FDP) 2석, 기독교민주인민당(Christian Democratic People's Party: CVP) 2석, 스위스인민당(Swiss People's Party: SVP) 1석으로 배분되었지만, 2003년 이후부터는 스위스인민당(SVP)이 가장 큰 정당으로 성장하면서 2석을 배분받고, 기독교민주인민당(CVP) 몫이 1석으로 줄어들었다(최용훈, 2019).

한편 이스라엘은 1992년 선거법을 개정해 기존 의원내각제를 하이브리드형 정부형태로 바꾸는 실험을 했다. 당초 이스라엘은 다당제와 비례대표제로 인해 군소 정당들이 난립하고 단일 정당이 의회 과반수를 확보하지 못해 연립정부 파트너 간 갈등으로 인한 정치적 불안정과 정부 비효율이 심각했다. 그래서 1992년 선거법을 바꿔 국민들이 직접 총리를 선출하고 의회의 지지와 관계없이 총리가 내각을 구성하도록 했다(기원의 분리). 그런데 총리와 내각을 불신임할 수 있는 권한은 여전히 의회가 보유했다(생존의 융합). 그랬더니 국민들이 총리와 정당을 다르게 선택하는 분리 투표를 함으로써 총리의 정당이 더욱 소수파가 되는 문제가 발생했고, 정치적 혼란이 사라지지 않았다. 결국 이스라엘은 2001년 다시 선거법을 개정해 종전의 의원내각제로 복귀했다(Samuels and Shugart, 2010).

(2) 반대통령제

마지막으로 반대통령제에 대해 살펴보자. 한국에서는 반대통령제를 이원집정부제 또는 이원정부제로 부르는 경우가 많은데, 이는 행정부를 대통령과 총리가 분할하기 때문이다. 문제는 대통령의 정당이 의회 소수파가 될 때이다. 이 경우 대통령제에서는 정부가 대통령과 의회로 쪼개지는 분점정부가 되지만, 반대통령제에서는 행정부가 대통령과 총리로 쪼개지는 분할행정부로 나타난다. 이를 행정부 권력을 대통령과 총리가 공유하는 것으로 해석할 수도 있지만, 양자의 갈등이 정치적 해법을 찾지 못할 경우 정치적 혼란과 불안정성이 가중될 수 있다. '분권형 대통령제'라는 호감 가는 이름으로 불리기도 하지만, 실제로는 '분란형 대통령제'가 될 가능성이 높다.

반대통령제는 대통령 정당의 의회 내 지위에 따라 대통령제와 의원내각제를 오락가락한다. 대통령의 정당이 의회 다수당일 경우 총리는 대통령의 정당에서 배출되기 때문에 사실상 대통령제처럼 운영된다. 반면 대통령의 정당이 의회 소수당이 되면 야당이 총리를 맡기 때문에 사실상 의원내각제처럼 운영된다. 따라서 일부 학자는 반대통령제를 대통령제와 의원내각제를 오가는 하이브리드형 정부형태로 보기도 한다(Ganghof, 2021).

그러나 이 책에서는 반대통령제를 대통령제, 의원내각제와 구분되는 독자적인 정부형태로 간주한다(Sartori, 1994; Elgie, 2011). 이는 1980~1990년대에 민주화를 경험한 옛 동유럽 공산권 국가의 상당수가 반대통령제를 선택함으로써 독자적인 정부형태로 분류할 수 있을 만큼 사례 수가 많다는 점을 고려했다. 이들 국가가 반대통령제를 선호한 것은 새로운 헌정체제에서 경쟁력 있는 대통령 후보를 가진 정치세력과 대통령 후보는 없지만 의회에서 일정 의석을 가진 정치세력 사이에 권력 공유에 대한 이해관계가 맞아떨어졌기 때문이다(Elgie, 2011). 이 외에도 반대통령제는 다른 정부형태와 구별되는 고유한 특징을 갖고 있다.

〈그림 2-1〉에서 보는 바와 같이, 반대통령제는 국민들이 두 번의 개별 선거를 통해 각각 대통령과 의회를 선출한다는 점에서 대통령제와 같다. 그런데 대통령제와 달리, 의회가 정치적 책임을 물어 총리와 내각을 해임할 수 있다는 점은 의원내각제와 같다. 그리고 반대통령제는 총리 해임의 주체가 누구인지에 따라 '총리 중심 반대통령제(Premier-Presidentialism)'와 '대통령 중심 반대통령제(President-Parliamentarism)'로 구분된다(Shugart and Carey, 1992).

프랑스와 같은 총리 중심 반대통령제는 총리 해임의 주체가 의회이다. 프랑스에서 대통령과 총리의 소속 정당이 다른 동거정부(cohabitation)가 출현하는 것은 다수당 출신의 총리를 대통령이 해임할 수 없기 때문이다. 그래서 총리는 의회의 지지를 뒷배로 해서 행정권을 놓고 대통령과 대등하게 경쟁한다. 반면 한국의 총리는 임명할 때는 의회의 신임(동의 절차)을 필요로 하지만, 해임 시에는 오직 대통령이 결정하기 때문에 사실상 대통령에 종속된다. 실세 총리는 총리 임명권이 아니라 총리 해임권이 누구에게 있는가에 달려 있는 것이다(신우철, 2011).

한편 오스트리아와 같은 대통령 중심 반대통령제는 의회뿐 아니라 대통령도 총리를 해임할 수 있다(〈표 2-2〉 참조). 그런 점에서 대통령의 권한으

〈표 2-2〉 반대통령제의 두 가지 형태

		총리 중심 반대통령제 (프랑스)	대통령 중심 반대통령제 (오스트리아)
총리 임명		대통령 임명, 의회 승인	대통령 임명, 의회 승인
총리 해임		의회만 가능	대통령, 의회 모두 가능
대통령 권한	대통령 정당 = 다수파	강함(사실상 대통령제)	강함(사실상 대통령제)
	대통령 정당 = 소수파	제한적(사실상 의원내각제)	강함(대통령-의회 갈등)

로만 따지면, 대통령 중심 반대통령제의 대통령이 가장 큰 권한을 행사한다. 대통령은 총리를 해임할 수 있고, 의회 해산권을 갖는다. 대통령 중심 반대통령제는 총리가 대통령과 의회에 모두 책임을 지는 이중 책임 구조로 인해 대통령-의회 갈등이 발생하면 정치적 혼란을 겪는다. 대표적인 사례로 독일 바이마르 공화국을 꼽을 수 있다. 바이마르 공화국은 바이마르 헌법에 따라 대통령이 총리를 임명하고 해임할 수 있었으며, 비상사태 시 법률과 유사한 긴급명령을 발동할 수 있었다. 동시에 의회도 총리를 불신임할 수 있었다. 즉, 총리는 대통령에게 해임되는 동시에 의회 다수의 지지를 유지해야 했다. 이러한 총리의 이중 책임 구조로 인한 정치적 혼란은 결국 히틀러의 등장과 정치체제의 붕괴를 초래했다(Storer, 2013).

오스트리아는 제2차 세계대전이 끝난 뒤 1920년 헌법(1929년 개정 포함)으로 복귀했는데, 이 헌법의 정부형태가 대통령 중심 반대통령제였다. 이 헌법에 따르면 대통령은 국민에 의해 직접 선출되고, 총리와 내각을 임명·해임할 수 있으며, 의회를 해산할 수 있다. 그럼에도 오스트리아는 현재 사실상 의원내각제처럼 운영된다. 이는 헌법을 개정하지 않았음에도 정치세력들이 대통령직을 의례적인 역할로 제한하는 비공식 규범을 확립했고, 선출된 대통령도 이러한 합의를 존중해 공식 권한을 사용하는 것을 자제했기 때문이다(Samuels and Shugart, 2010). 오스트리아의 사례는 개헌을 하지 않더라도 비공식적 규범과 제도적 절제를 바탕으로 한 정치적 실천을 통해 대통령 권력을 제한할 수 있음을 보여준다.

이상에서 살펴본 네 가지 정부형태는 전 세계적으로 어떻게 분포되어 있을까. 〈표 2-3〉에서는 2024년 기준으로 군주정과 군사정부를 제외하고 각국의 헌법에 명시된 정부형태를 대륙별로 정리했다. 의원내각제를 선택한 국가가 63개국으로 가장 많고, 다음으로 대통령제 57개국, 총리 중심 반대통령제 25개국, 대통령 중심 반대통령제 19개국 순이다.

2) 대통령제는 저주받은 권력구조인가

어떤 나라가 어떤 정부형태를 선택할지는 국민적 합의나 헌법적 정합성보다는 그 나라가 헌법을 만든 시점이 언제였는지, 어떤 지역에 속해 있는지에 더 많은 영향을 받는다(Cheibub, Elkins and Ginsburg, 2013). 〈표 2-3〉에서 보는 바와 같이, 19세기 독립운동에 성공했던 남미 국가들은 미국과 인접하다는 지리적 이유로, 그리고 제2차 세계대전 이후 독립한 아프리카의 신생국들은 미국과 소련이 체제 경쟁을 했던 냉전이라는 시대적 이유로 대통령제를 선택하는 경우가 많았다.

문제는 대통령제를 선택한 국가들이 대통령-의회 갈등으로 심각한 정치적 혼란을 겪다가 군부 쿠데타가 일어나 아예 민주주의 체제가 붕괴되는 경우가 많았다는 점이다. 오랜 기간 시행착오를 겪으면서 민주주의적 관행과 질서를 확립해 온 선진 민주주의 국가들과 달리, 이들 국가의 체제 붕괴에는 오랜 식민지배에 따른 착취적 사회구조, 짧은 민주주의 학습기간 등이 영향을 미쳤다고 볼 수 있지만(Mainwaring and Shugart, 1997), 1990년대 들어서는 대통령제 때문이라고 보는 시각이 급증했다. 대통령제는 권력구조상의 결함으로 인해 반드시 실패한다고 주장한 린즈(Linz, 1990)가 대표

〈표 2-3〉 2024년 기준 국가별 정부형태 분포

	대통령제 (57개국)	의회내각제 (63개국)	반대통령제	
			총리 중심 반대통령제 (25개국)	대통령 중심 반대통령제 (19개국)
유럽	- 튀르키예 - 트란스니스트리아	- 알바니아 - 안도라 - 벨기에 - 덴마크 - 에스토니아 - 조지아 - 독일 - 그리스 - 헝가리 - 이탈리아 - 코소보 - 라트비아 - 룩셈부르크 - 몰타 - 네덜란드 - 노르웨이 - 산마리노 - 스페인 - 스웨덴 - 영국	- 불가리아 - 핀란드 - 프랑스 - 아이슬란드 - 리투아니아 - 몰도바 - 몬테네그로 - 우크라이나 - 폴란드 - 포르투갈 - 루마니아 - 세르비아 - 슬로바키아 - 슬로베니아 - 북마케도니아	- 오스트리아 - 벨라루스 - 아일랜드 - 러시아 - 크로아티아 - 체코 공화국 - 보스니아 헤르체고비나
	2	20	15	7
아프리카	- 앙골라 - 베냉 - 부룬디 - 카메룬 - 코모로 - 지부티 - 적도 기니 - 감비아 - 가나 - 케냐 - 말라위 - 르완다 - 세네갈 - 세이셸 - 소말리아 - 탄자니아 - 포장이요 - 우간다 - 잠비아 - 짐바브웨 - 튀니지 - 시에라리온 - 라이베리아 - 나이지리아 - 코트디부아르 - 중앙아프리카공화국	- 보츠와나 - 레소토 - 모리셔스 - 소말리아 - 에티오피아 - 남아프리카 공화국	- 알제리 - 이집트 - 카보베르데 - 마다가스카르 - 상투메 프린시페	- 차드 - 모잠비크 - 나미비아 - 기니비사우 - 모리타니아 - 콩고 공화국
	26	6	5	6
아시아	- 압하지야 - 키프로스 - 몰디브 - 필리핀 - 대한민국 - 시리아 - 인도네시아 - 타지키스탄 - 키르기스스탄 - 투르크메니스탄	- 캄보디아 - 인도 - 이라크 - 이스라엘 - 일본 - 레바논 - 네팔 - 파키스탄 - 태국 - 말레이시아 - 아르메니아	- 동티모르 - 몽골 - 싱가포르 - 스리랑카 - 북키프로스	- 아제르바이잔 - 카자흐스탄 - 대만 - 우즈베키스탄 - 남오세티야
	10	11	5	5
북미	- 과테말라 - 온두라스 - 멕시코 - 니카라과 - 파나마 - 미국 - 코스타리카 - 도미니카 공화국 - 엘살바도르	- 바하마 - 벨리즈 - 캐나다 - 도미니카 - 그레나다 - 가이아나 - 자메이카 - 바베이도스 - 앤티가 바부다 - 세인트 키츠 네비스 - 세인트루시아 - 세인트 빈센트 그레나딘 - 트리니다드 토바고	0	0
	9	13	0	0
남미	- 볼리비아 - 브라질 - 칠레 - 콜롬비아 - 에콰도르 - 파라과이 - 우루과이 - 아르헨티나 - 베네수엘라			- 페루
	9	0	0	1
오세아니아	- 팔라우	- 호주 - 피지 - 키리바시 - 나우루 - 뉴질랜드 - 니우에 - 사모아 - 투발루 - 바누아투 - 쿡제도 - 마셜 제도 - 솔로몬제도 - 파푸아뉴기니		
	1	13	0	0

자료: 웹사이트(https://en.wikipedia.org/wiki/List_of_countries_by_system_of_government)를 참조해 재구성(왕이 실질적인 권력을 행사하는 군주정과 군사정권은 제외).

적이다.

린즈에 따르면, 대통령제의 특징인 기원의 분리는 대통령과 의회가 모두 선거를 통해 민주적 정당성을 얻는 이원적 정통성 문제를 낳는다(결함 1). 또한 생존의 분리는 대통령이 아무리 무능해도 탄핵 이외의 방법으로는 물러나게 할 수 없는 정치적 경직성을 낳는다(결함 2). 이렇게 대통령은 배타적으로 행정부를 구성하고 운영할 수 있는 권한을 갖기 때문에 야당과 협력할 유인이 없다(결함 3). 또한 대통령은 자신이 유일한 국민 전체의 대표자라고 생각하기 때문에 반대 의견을 참지 못한다(결함 4). 더욱 최악인 것은 의회 선거와 별도로 대통령 선거를 치르기 때문에 정치경험이 전혀 없는 아웃사이더가 별안간 대통령이 될 수 있다는 점이다(결함 5). 이러한 다섯 가지 구조적 결함이 착종된 상황에서 대통령의 정당이 의회 소수파가 되면, 대통령-의회 갈등을 해소할 수 있는 방법이 없다. 이는 결국 군부의 쿠데타를 초래해 민주주의 체제를 붕괴시킨다. 따라서 린즈는 저주받은 대통령제를 의원내각제로 바꿔야 한다고 주장했다(Linz, 1990).

대통령제의 저주라는 문제를 다시 생각해 보자. 첫째, 이원적 정통성(결함 1)의 문제는 의원내각제에서도 발생한다. 예컨대 양원제에서 상원과 하원이 서로 다른 다수파에 의해 통제되는 상황에서 상원이 정부 정책을 거부하거나 하원이 제안한 법안을 수정하려고 할 때, 정통성을 가진 최종 결정자는 누구인가? 연립정부 파트너 간 의견 충돌이 발생했을 경우 최종 결정의 정통성은 내각과 의회 다수파 중 누구에게 있는가? 의원내각제에서 국가원수(대통령 또는 군주)와 행정부 수반(총리)의 권한이 명확히 구분되지 않았을 때, 정통성 있는 최종 결정자는 누구인가?

대통령제에서 이원적 정통성을 부여하는 두 번의 선거는 오히려 국민들에게 선택의 폭을 넓히는 장점이 있다. 또한 직접 선거를 통해 행정부 수반을 선택할 수 있기 때문에 민주적 책임성을 높일 수 있고, 국민들이 보기에

훨씬 직관적이다. 반면 의원내각제에서는 선거를 치른 뒤에도 연립내각을 구성하는 경우가 많기 때문에 최종적으로 누가 행정부 수반(총리)이 될지 알 수 없는 문제점이 있다(Persson, Roland and Tabellini, 1997).

둘째, 고정된 임기로 인한 경직성(결함 2)의 문제는 뒤집어 생각하면 오히려 잦은 정권교체를 방지해 정치를 안정화시키는 장점이 될 수 있다. 또한 대통령은 의회의 불신임을 걱정할 필요가 없기 때문에 의욕적으로 국가 정책을 추진할 수 있다(Mainwaring and Shugart, 1997). 다소 논쟁적인 주장이긴 하지만, 2000년대 이후 남미 국가에서 자주 발견되는 대통령 탄핵 현상은 대통령제에서도 탄핵이라는 방법을 통해 유연하게 정권을 교체할 수 있음을 보여준다(Martínez, 2024).

셋째, 야당과의 협력 유인이 없고 승자가 독식한다(결함 3, 4)는 문제 역시 대통령제만의 문제는 아니다. 예컨대 강한 정당 기율을 가진 양당제로 운영되는 영국의 의원내각제는 의회 다수당이 행정부를 독식하고 야당의 반대를 다수의 힘으로 제압하는 승자독식의 문제가 더욱 두드러진다. 또한 남미 국가에서는 소수파 대통령이 야당과 협력해 연립정부를 구성함으로써 권력을 공유하는 경우를 자주 볼 수 있다(Chaisty, Cheeseman and Power, 2018).

마지막으로, 정치초보 아웃사이더가 덜컥 대통령에 당선되어 국정을 망치는 문제(결함 5)는 대통령제가 상대적으로 취약한 것이 사실이다(Samules and Shugart, 2010; 신현기·허석재, 2024). 그러나 이 문제는 취약한 정당체제에서 비롯된 측면도 크다는 점을 고려해야 한다. 정치리더를 훈련·배출하고 대통령의 탈선을 견제하는 것은 정당의 고유한 역할이다. 이를 고려할 때, 아웃사이더 대통령의 출현을 막기 위해 정당체제의 제도화 수준을 높이는 것이 대안이 될 수 있다(Mainwaring and Shugrat, 1997; Martínez, 2024).

이상에서 살펴봤듯이, 린즈가 주장한 대통령제의 결함은 경우에 따라 대통령제의 장점이 되기도 한다. 대통령제와 의원내각제는 위아래가 바뀌는 거울상처럼 각자의 장점과 단점이 교차한다. 이는 모든 면에서 절대적으로 우월한 정부형태는 존재하지 않는다는 것을 의미한다. 따라서, 헌법적 결함을 오랜 정치적 실천으로 극복해 온 오스트리아 사례에서 봤듯이, 헌법을 바꾸는 것보다 주어진 정부형태의 장점을 최대한 살리려는 정치적 실천이 더욱 중요하다. 당면한 문제가 모두 대통령제 또는 헌법 때문이고 헌법만 바꾸면 모든 것이 해결된다는 주장은 정치적 실패와 무능력을 은폐하고 정당화하는 알리바이일 수 있다.

2. 민주화 이후 대통령의 특징

한국의 87년 헌법은 당장 뜯어 고쳐야 할 만악의 근원일까. 대통령 직선제 개헌을 핵심 내용으로 하는 87년 헌법의 최대 목표는 군부독재의 재출현을 막고 민주주의 체제를 공고화하는 것이었다. 이 헌법 아래에서 민주화 이후 8명의 대통령을 국민이 직접 선출했고, 4번의 수평적 정권교체를 이뤄 냈으며, 2명의 대통령을 헌법이 정한 절차에 따라 탄핵·파면했다는 점은 탁월한 성취이다.

그러나 개인 비리나 탄핵 등으로 4명의 전·현직 대통령이 구속되는 등 대통령의 실패가 되풀이되었다. 민주화 이후 대통령은 자신을 유일한 국민 전체의 대표자이자 민중권력의 화신으로 간주함으로써 대통령에 대한 반대를 '반개혁'으로 치부하고 일방적으로 국정을 운영했다. 하지만 다수의 대통령이 재임 중 정책 실패와 정치적 스캔들을 겪으면서 대통령을 향한 국민적 열광은 싸늘한 환멸로 바뀌었고 그들은 결국 실패한 대통령으로 퇴장했다. 개헌론자들은 이를 87년 헌법 때문이라고 주장한다. 이들은 87년 헌법은 대통령 직선제를 통해 민주적 책임성을 확보하는 데는 성공했지만, 권력기관 간 수평적 책임성을 확립하는 데는 미흡했기 때문에 권력 남용과 위임 민주주의로의 퇴행이 일어났다고 주장한다(O'Donnell, 2003; 현재호, 2017). 이른바 '제왕적 대통령'이 대통령 실패의 원인이라는 것이다.

민주화 이후 대통령의 권력이 제왕적 대통령으로 불릴 만큼 강한지는 여전히 논란거리이다. 민주화 이후 대통령은 집권 초기에는 무소불위의 권력을 휘두르는 제왕적 대통령이지만, 집권 후반기가 되면 사실상 국정 통제력을 상실한 레임덕 대통령으로 변질된다. 이러한 상반된 모습을 "두 얼굴의 대통령"(장훈, 2017)이라고 부르기도 하는데, 이는 개념적으로 대통령 권력의 두 차원을 혼동하는 데서 비롯된다.

대통령 권력은 헌법에 의해 부여된 공식적·제도적 권력으로서의 헌법 권력과 의회·정당·시민사회를 기반으로 하는 정치적·대중적 권력으로서의 실질 권력으로 구분할 수 있다(Botelho and Silva, 2021). 민주화 이후 대통령의 헌법 권력은 모든 대통령이 동일했지만, 대통령에 따라 영향력의 차이가 존재했다. 또 같은 대통령이라도 재임 중 제왕적 대통령에서 레임덕 대통령으로 영향력이 변하기도 했다. 이는 대통령 정당의 의회 점유율, 여당의 응집력, 대통령 지지율 등에 따라 실질 권력의 크기가 변했기 때문이다. 민주화 이후 반복적으로 제기된 개헌 주장의 문제점은 대통령의 헌법 권력만을 문제 삼을 뿐, 재임 중 변화하는 실질 권력과의 균형은 거의 고려하지 않았다는 것이다. 민주화 이후 대통령은 제왕적 대통령이라기보다는 '비교적 강한 헌법 권력과 매우 가변적인 실질 권력'이 조합된 형태였다. 민주화 이후 대통령이 실패한 것은 헌법 권력과 실질 권력 간의 불균형이라는 관점에서 이해해야 한다.

1) 대통령의 헌법 권력

그렇다면 민주화 이후 한국 대통령의 헌법 권력이 어느 정도인지 살펴보자. 이를 위해 한국 대통령의 헌법 권력을 대통령제의 원조인 미국, 초대통령제로 불리는 남미 국가들과 비교한다.

미국은 역사상 처음으로 대통령제를 실시했기 때문에 이후 대통령제를 채택한 남미 국가들은 미국 헌법을 모델로 삼았다(Cheibub, Elkins and Ginsburg, 2010). 미국 헌법에 따르면 대통령은 ① 의회를 해산할 수 없고, ② 법안 발의권과 헌법적 명령권한은 없지만, ③ 제한된 형태의 비상대권을 갖는다. 또 대통령은 ④ 의회 법률안에 대해 거부권을 행사할 수 있지만 의회에 의해 무력화될 수 있고, ⑤ 의회 간섭 없이 단독으로 내각을 임명하거나 해임할 수 있으며, ⑥ 사면권을 갖는다. 그리고 ⑦ 1951년 수정헌법 제25조가 제정되기 전까지 대통령 임기에 제한이 없었으며, ⑧ 대통령을 감시하고 견제할 권한이 의회에 부여된다(Cheibub, Elkins and Ginsburg, 2010).

슈가르트와 케리(Shugart and Carey, 1992)는 대통령의 헌법 권력을 입법적 권력과 비입법적 권력으로 구분했다. 또 체이법, 엘킨스, 긴즈버그(Cheibub, Elkins and Ginsburg, 2010)는 남미 19개국의 1979년 이후 헌법을 13가지 기준으로 비교했다. 이를 참조해 대통령의 13가지 헌법 권력을 〈표 2-4〉와 같이 입법 권력과 행정 권력으로 구분했다. 첫째, 대통령의 입법 권력에는 거부권, 의회의 거부권 무력화 여부, 개헌 제안권, 법률안 발의권, 비상대권, 명령권, 예산안 제안권 등이 포함된다. 둘째, 대통령의 행정 권력에는 내각 임명권과 해임권, 의회에 의한 개별 장관 해임 가능 여부, 의회 해산권, 사면권, 의회에 의한 견제 여부 등이 포함된다.

〈표 2-4〉에서 보는 바와 같이, 행정 권력 측면에서 미국 대통령과 한국 대통령은 큰 차이가 없다. 특히 행정부 장관을 의회가 해임할 수 있는지와

〈표 2-4〉 미국, 남미, 한국의 대통령의 헌법 권력 비교

	대통령의 헌법 권력	미국 헌법	남미 19개국 (1979년 이후 헌법)	한국 87년 헌법
입법 권력	대통령의 거부권	가능	100%	가능
	의회에 의한 대통령 거부권 무효화	가능	95%	가능
	대통령의 개헌 발의	불가능	90%	가능
	대통령의 법률안 발의	불가능	100%	가능
	대통령의 비상대권	제한적	100%	가능 (긴급명령권 및 계엄선포권)
	대통령의 명령 권한	제한적 (행정명령 등)	95%	제한적 (대통령령 등)
	대통령의 예산안 제안	가능	85%	가능
행정 권력	대통령의 내각 임명	가능 (상원의 동의)	85%	가능 (국무총리 추천, 인사청문회)
	대통령의 내각 해임	가능	95%	가능
	의회에 의한 개별 장관 해임	불가능	55%	제한적 (국회의 해임건의권, 법적 강제력 없음)
	대통령의 의회 해산	불가능	20%	불가능
	대통령의 사면권	가능	60%	가능
	의회에 의한 행정부 감독	가능	100%	가능 (국정감사 및 국정조사)

주 1) 음영은 한국 대통령의 헌법 권력이 미국 대통령보다 강한 요소를 표시한 것임.
2) 남미 국가의 비율은 19개국 가운데 해당 헌법 권력을 대통령에게 부여한 국가의 비율임.

관련해 한국은 제한적으로 가능하지만, 미국은 불가능하다. 최소한 헌법상
으로 대통령의 내각 구성 및 운영에 대한 배타적 권력에 있어 한국 대통령이
미국 대통령보다 더 많은 견제를 받는 것처럼 보인다. 그럼에도 한국 대통
령의 행정 권력이 더 강해 보이는 것은 대통령이 검찰, 경찰, 국정원, 국세청
등 권력기구를 편법적으로 동원할 수 있기 때문이다(박용수, 2016).

그러나 입법 권력 측면에서 한국 대통령은 개헌 제안권, 법률안 발의권,
비상대권 등을 가지고 있어 미국 대통령보다 강하다. 남미 19개국도 대부분
그러한 세 가지 입법 권력이 대통령에게 부여된다는 점에서 한국 대통령의

입법 권력은 남미 대통령과 비슷한 수준이다. 그러나 명령권한와 관련해 남미 대통령의 명령권한은 단독으로 입법적 효력을 갖는 명령을 발동할 수 있는 헌법적 명령권한(constitutional decree authority: CDA)인 데 반해, 한국 대통령의 명령권한은 의회가 법률로 위임한 범위에서만 인정되는 위임 명령권한(delegated decree authority: DDA)이라는 점에서 남미 대통령보다 약하다(성예진, 2023).[1]

특히 한국과 남미의 경우에는 한 사람이 행정부 직책과 의원직을 겸직하는 것이 대통령과 의회 간 균형을 대통령 우위로 바꾸는 데 핵심적인 역할을 한다. 미국 헌법은 연방 의원(상원 또는 하원)의 행정부 직책 겸직을 엄격히 금지하며, 행정부 장관에 임명되려면 의원직을 사임해야 한다. 반면 한국 대통령은 헌법 제87조에 근거해 의원을 행정부 장관직에 임명할 수 있다. 대개 여당 의원이 입각 대상이기 때문에 여당이 다수당일 경우 대통령은 장관직을 미끼로 여당을 통제하고, 이를 통해 의회에 영향력을 행사한다. 대통령의 법률안 제출권, 의회의 약한 예산 통제권과 함께 의원이 행정부 장관을 겸직하는 것은 대통령제의 권력분립을 허무는 의원내각제적 요소이다. 이러한 요소는 한국의 대통령이 의회보다 우위에 서는 데 핵심 역할을 한다.

남미 국가들의 경우는 다소 미묘하다. 헌법상으로는 의원직과 행정부 직책의 겸직이 금지되지만, 이른바 '대체 시스템(suplente system)'이라고 불리는 관행을 통해 교묘하게 겸직을 한다. 예컨대 브라질의 장관은 의회의 중요한 표결을 앞두고 장관직을 사임한 뒤 의회로 복귀한다. 그리고 표결이

---

1   미국 대통령의 행정명령도 법률 형성적 권한이 없고 법률의 위임 범위에서만 효력을 갖는다는 점에서 위임 명령권한에 속하지만, 의회의 수권법률 없이도 대통령이 발동할 수 있다는 점에서 한국의 대통령령보다 전향적이다. 그렇지만 미국 대통령의 행정명령 역시 차후 제정된 법률에 의해 효력이 정지된다.

<그림 2-2> 한국 대통령제의 특징

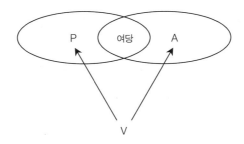

주: V: 유권자, P: 대통령, A: 의회

끝나면 이번에는 의원직을 사임하고 다시 장관직으로 복귀한다. 다른 남미 국가들도 이와 비슷한 대체 시스템 관행을 통해 편법적으로 의원직과 장관직을 오가는 경우가 많다(Cox and Morgenstern, 2002).

헌법상 의원의 장관직 겸직이 허용되는 한국에서는 여당을 매개로 대통령(행정부)과 의회의 일부분이 융합된다. 한국의 대통령제는 대통령제의 전형(<그림 2-1>)에서 일탈해 <그림 2-2>와 같이 대통령(행정부)과 의회가 일정하게 융합된 상태에서 대통령이 여당을 통제해 의회를 잠식하게 된다. 여당이 다수당일 경우 대통령은 행정부와 의회를 동시에 통제하는 무소불위의 권력을 누리지만, 그렇다고 한국의 대통령을 제왕적 대통령이라고 할 수는 없을 것이다. 여당이 절대적 소수파이거나 여당 내 응집력이 약화될 경우라면 대통령의 영향력이 크게 제약되기 때문이다. 따라서 제왕적 대통령을 만드는 것은 헌법이 아니라 헌법 권력과 실직 권력의 특수한 조합이다. 따라서 어떤 조합이 민주화 이후 대통령을 제왕적으로 또는 레임덕 대통령으로 만드는지 살펴야 한다.

이상에서 살펴본 바와 같이 의회와의 관계에서 한국과 남미 국가의 대통령의 헌법 권력은 미국 대통령보다 확실히 강하다. 그리고 한국 대통령은 명령권한 측면에서 남미 대통령보다는 약하다. 종합해 보면, 한국 대통령의 헌법 권력은 제왕적이라고 불릴 만큼 강하지는 않지만 그렇다고 아주 약한 수준도 아니다(Shugart and Carey, 1992; 신우철, 2011).

이번에는 대통령에 대한 의회와 사법부의 견제 수준을 통해 민주화 이후 대통령이 정말 제왕적인지를 살펴보자. 스웨덴의 민주주의 다양성 연구소(Varieties of Democracy Institute: V-Dem) 자료를 이용해 미국을 기준으로 하고, 1980년대 중후반 민주화 이행을 경험한 한국, 브라질, 칠레를 비교했다. 의회의 견제 수준은 "입법부가 행정부를 상대로 질문, 조사, 감독하는 정도"를, 사법부의 견제 수준은 "행정부가 헌법과 법원 판결을 준수하는 정도와 사법부의 독립성 정도"를 각각 0~1 사이의 값으로 측정했다(Pemstein et al., 2024).

〈그림 2-3〉을 보면, 대통령에 대한 의회의 견제 수준은 한국이 민주화 직전인 1987년에는 비교대상 4개국 가운데 가장 낮은 0.073이었다. 그러나 민주화 이후 점차 높아져 첫 번째 수평적 정권교체가 이뤄진 1998년에는 0.932를 기록해 비슷한 시기 민주화 이행을 경험한 브라질(0.824)보다 높고, 미국(0.938)과 비슷한 수준이다. 이후 약간의 등락이 있지만, 의회의 견제 수준은 미국과 큰 차이가 없다. 이는 2000년대 들어 의회의 견제가 비교적 견실하게 이뤄지면서 두 권력기관 간 균형이 어느 정도 자리 잡았음을 의미하는 것으로, 제왕적 대통령이라는 주장과는 다른 것이다. 반면 대통령에 대한 사법부의 견제는 민주화 이후 크게 향상되었음에도 2000년대 이후에도 여전히 미국 수준(0.9점대)에 크게 못 미친다.

따라서 민주화 이후 대통령이 헌법 권력 이상의 영향력을 행사하는 제왕적 대통령이라는 이미지를 갖게 된 것은 행정부 인사권을 바탕으로 한 권력기구(검찰, 경찰, 국정원, 국세청 등)의 편법적 동원, 윤석열정부에서 자주 발견되는 시행령 등 행정입법을 통한 일방적인 국정운영, 그리고 국가원수로서 사법부에 미치는 영향력 등이 영향을 미친 것으로 보인다(박용수, 2016;

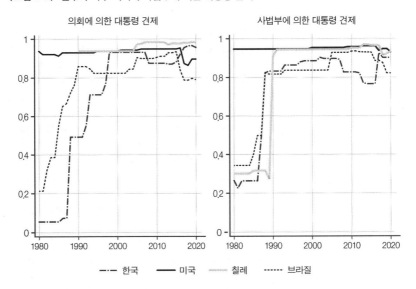

성예진, 2023).

2) 대통령의 실질 권력

실질 권력은 대통령이 의회·정당·시민사회의 지지를 바탕으로 실제로 행사하는 권력이다. 헌법 권력이 대통령과 의회의 기본 관계를 규정하는 고정된 권력이라면, 실질 권력은 의회·정당·시민사회의 지지 정도에 따라 변하는 가변적 권력이다. 민주화 이후 대통령의 헌법 권력은 동일했지만, 실질 권력은 대통령이 누구인지에 따라 그리고 같은 대통령이더라도 임기 중에 수시로 변했다. 민주화 이후 대통령은 '비교적 강한 헌법 권력과 매우 가변적인 실질 권력의 조합'을 특징으로 한다. 그래서 임기 초에는 강한 헌법 권력과 강한 실질 권력을 가진 제왕적 대통령(강한 헌법 권력 + 강한 실질 권력)

이지만, 임기 말에는 실질 권력이 약화되면서 레임덕 대통령(강한 헌법 권력 + 약한 실질 권력)이 된다. 특히 윤석열의 2024년 12월 비상계엄 사태에서 볼 수 있듯이, 의회와의 관계에서 대통령이 절대적 수세(약한 실질 권력)에 있다면, 대통령은 강한 헌법 권력을 이용해 의회를 선제적으로 공격할 제도적 유인을 갖는다. 이는 헌법 권력과 실질 권력 간의 불균형이 클 때, 대통령이 대화와 타협보다 헌법적 특권을 이용해 상대방을 제압하려는 경직된 통치행태를 보일 가능성이 높다는 점을 시사한다(Helmke, 2017).

실질 권력은 '의회기반 권력'과 '대중기반 권력'으로 구성된다(신현기·허석재, 2024). 첫째, 의회기반 권력은 의회 내 여당의 의석수인데, 이러한 여당의 의석 규모가 전적으로 대통령의 권력으로 전환되려면 여당의 응집성이 중요하다. 그러니까 의회기반 권력은 전적으로 대통령에게 협력하는 여당의 응집성을 바탕으로 의회에서 여당이 차지하는 의석 규모라고 할 수 있다. 둘째, 대중기반 권력은 대통령이 대중에게 영향력을 행사해 지지를 이끌어내는 능력으로, 대통령은 의회의 지지를 얻지 못할 경우 국민수권을 명분으로 여론에 호소함으로써 의회를 압박할 수 있다(Kernell, 1997). 그런데 대통령 지지율은 임기가 지날수록 낮아지는 경향이 있기 때문에 대중기반 권력도 임기 후반으로 갈수록 약화된다.

(1) 민주화 이후 대통령의 유형

의회기반 권력은 여당의 응집성을 바탕으로 한 여당의 의석 규모이다. 특히 대통령을 뒷받침하는 여당의 응집력은 대통령의 여당 내 위상에 따라 달라진다. 만약 대통령이 여당의 공천과 인사 등에 전권을 갖고 여당의 주류에 속한다면 여당은 대통령을 전적으로 지원하는 응집력 있는 여당이 될 것이다. 그러나 대통령에게 반대하는 여당 내 분파가 존재한다면 여당의 의석 규모가 그대로 대통령의 의회기반 권력으로 전환되지 못할 것이다. 이처럼 대통령에게 충성하는 여당의 응집성에서 핵심 역할을 하는 것이 대통령의 당내 위상이다. 이를 기준으로 민주화 이후 대통령을 ① 정당 총재형 대통령, ② 정당 비주류형 대통령, ③ 정당 주류형 대통령 등 세 가지 유형으로 구분할 수 있다.

첫째, 정당 총재형 대통령은 대통령이 선출직 후보자에 대한 공천권 및 정당의 예산과 인사권을 가진 총재직을 겸직하는 경우로, 노태우, 김영삼, 김대중이 해당한다. 그러나 정당 총재형 대통령은 2000년대 초반 정당 민주화의 일환으로 당권과 대권을 분리하고 대통령의 총재직 겸직을 금지함으로써 막을 내렸다(장훈, 2013). 2000년대부터 대통령은 공식적으로 여당의 수석 당원 정도의 위상을 갖고, 당원 선거로 선출된 여당의 대표가 여당을 책임지는 방식으로 역할 분담이 이뤄졌지만, 실제로 대통령은 다양한 방식으로 여당에 대한 지배력을 행사했다.

정당 총재형 대통령 이후 대통령의 여당 지배력은 대통령의 여당 내 위상과 관련이 있는데, 대통령이 여당의 지배 분파에 속하면서 대통령에 당선된 경우를 '정당 주류형 대통령', 그렇지 않고 여당의 소수 분파 출신으로 대통령이 된 경우를 '정당 비주류형 대통령'으로 분류했다(Azari, 2023). 이런 기준으로 봤을 때, 둘째, 정당 비주류형 대통령에는 노무현, 이명박, 윤석열이 속한다. 노무현은 여당이던 새천년민주당의 비주류였지만, 2002년 처음 도입된 국민경선제를 통해 여당의 대선후보가 되었다. 이명박은 2007년 야당인 한나라당의 당내 경선에서 지배 분파였던 박근혜를 간발의 차이로 물리치고 대선후보가 되었다. 또한 윤석열은 검찰총장 경력을 바탕으로 국민의힘 대선후보로 선출되었지만, 당내 기반이 전혀 없었다. 이러한 당내 비주류의 지위는 집권 기간 동안 대통령과 여당 간 갈등의 주요 원인이 되었다.

셋째, 정당 주류형 대통령에는 박근혜와 문재인이 속한다. 박근혜는 이명박정부 말인 2011년 말, 여당의 비상대책위원장을 맡으면서 기존의 한나라당을 새누리당으로 재창당했고, 2012년 19대 총선 승리를 통해 사실상 여당을 장악한 뒤 대통령에 당선되었다. 또한 문재인은 2016년 20대 총선을 앞두고 안철수와 호남 출신 의원들이 탈당해 국민의당을 창당하면서 당내 분파가 소멸되고 20대 총선에서 더불어민주당이 제1당으로 선전하면서 사실상 정당을 장악했다. 이를 바탕으로 다음해인 2017년 박근혜 탄핵으로 치러진 보궐선거에서 대통령에 당선되었다.

(2) 민주화 이후 대통령의 실질 권력

헌법 구조상 한국 대통령은 여당에 대한 통제를 바탕으로 의회를 잠식하기 때문에 대통령-의회 갈등은 대통령·여당 대 야당의 대결로 나타난다. 만약 여당이 다수당이라면, 대통령은 행정부와 의회에 막강한 영향력을 행사하는 제왕적 대통령이 될 수 있다. 따라서 대통령 권력을 차지하기 위한 여야의 경쟁이 매우 치열하며, 야당의 공격은 대통령의 정책이나 개인 스캔들 등 주로 대통령을 타깃으로 한다.

〈그림 2-4〉는 민주화 이후 여당의 의석 점유율을 대통령별로 표시한 것이다. 여당의 점유율은 재임 연도 말을 기준으로 총 의석 가운데 여당이 차지한 의석의 비율로 측정했다. 여당의 의석수가 50%를 넘으면 '대통령 우위' 구간, 여당의 의석수가 100석에 못 미쳐서 야당에 의해 대통령 거부권이 무효화되면 '야당 우위' 구간, 그 사이는 '교착' 구간이다.

노태우부터 윤석열까지 총 8명의 대통령이 재임한 37년 동안(1988~2024년) 대통령 우위 구간은 19년, 교착 구간은 17년, 야당 우위 구간은 1년이었다. 여당이 다수당인 대통령 우위 기간은 재임기간 전체의 절반(51.4%)에 불과했고, 나머지 절반은 분점정부인 교착 구간이었다. 특히 야당 우위 구간인 2003년에는 노무현이 야당에 의해 탄핵소추를 당하기도 했다. 이러한 사실은 민주화 이후 대통령이 비교적 강한 헌법 권력을 가졌음에도 의회를

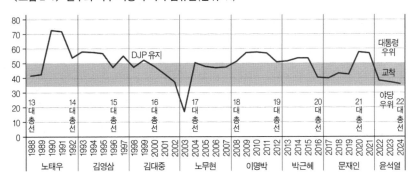

〈그림 2-4〉 민주화 이후 여당의 의석 점유율(단위: %)

기반으로 한 실질 권력이 매우 취약했음을 보여준다. 이로 인해 정당 총재형 대통령(노태우, 김영삼, 김대중)들은 '3당 합당'(노태우), 의원 빼오기(김영삼, 김대중), DJP연합(김대중) 등과 같은 인위적인 정계개편을 통해 다수파를 만들어서 실질 권력을 강화하려고 했다. 그러나 인위적 정계개편은 민의를 왜곡할 뿐 아니라 여야 대립을 심화시켜 오히려 대통령의 국정운영을 어렵게 만들었다.

잦은 중간선거도 대통령의 실질 권력을 약화시키는 원인이다. 민주화 이후 대통령은 재임 중 2번 이상의 전국선거(총선, 지방선거)를 치렀는데, 현직 대통령을 심판하는 정서가 작동하는 중간선거에서는 대개 여당이 패배하는 경우가 많아 선거 직후 대통령의 위기가 찾아왔다. 대표적으로 박근혜는 2006년 20대 총선 패배 이후 탄핵을 당했고, 윤석열은 2024년 22대 총선 패배 이후 친위쿠데타 실패로 탄핵을 당했다.

대통령의 실질 권력 가운데 의회기반 권력은 대통령에게 협력하는 여당의 응집력을 바탕으로 한 여당의 의석 규모이다. 따라서 〈그림 2-4〉의 여당 의석 점유율이 곧바로 대통령의 실질 권력이 되려면 대통령을 중심으로 여당이 강하게 응집해야 하지만, 실제로는 그렇지 않다. 무엇보다 재선이

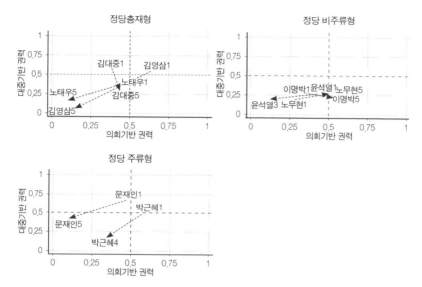

〈그림 2-5〉 대통령별 임기 경과에 따른 실질 권력의 변화

자료: 신현기·허석재(2024) 참조.

불가능한 단임제 대통령이라는 점이 실질 권력을 약화시켰다. 임기 말이 되면 여당은 차기 대선후보를 중심으로 급속히 재편되기 때문에 의회기반 권력이 크게 약화된다. 또한 임기 말에는 그동안의 국정운영에 대한 실망감으로 대통령 지지율도 크게 낮아져 대중기반 권력 역시 약화된다.

그렇다면 민주화 이후 대통령의 실질 권력은 재임 중 어떻게 변화했을까. 이를 확인하기 위해 〈그림 2-5〉에서 대통령의 실질 권력이 임기 초와 임기 말에 어떻게 변화했는지 측정했다(대통령의 실질 권력을 측정하는 방법은 이 장 마지막에 실린 〈부록〉에서 확인할 수 있다).

〈그림 2-5〉를 보면, 대통령의 실질 권력은 임기가 경과하면서 모두 '좌하향'한다는 것을 알 수 있다. 우선 Y축의 대중기반 권력은 임기 후반으로 갈수록 하락하는 지지율로 인해 모두 감소했다. 또한 X축의 의회기반 권력

〈표 2-5〉 대통령별 실질 권력의 변화

		임기 초(A)	임기 말(B)	실질 권력의 변화(B-A)
정당 총재형	노태우	0.59	0.12	-0.47
	김영삼	0.83	0.06	-0.77
	김대중	0.66	0.45	-0.21
정당 비주류형	노무현	0.27	0.55	0.28
	이명박	0.40	0.57	0.17
	윤석열	0.49	0.18	-0.31
정당 주류형	박근혜	0.75	0.26	-0.49
	문재인	0.83	0.37	-0.46

주: 임기 초는 임기 1년차, 임기 말은 임기 5년차를 의미함(단, 박근혜는 4년차, 윤석열은 3년차임).

역시 임기 중 치러진 총선 등에서 여당 의석 감소와 당정 갈등 등으로 인해 감소했다.

이처럼 대통령의 실질 권력은 의회기반 권력(X축)과 대중기반 권력(Y축)으로 구성되기 때문에 실질 권력의 크기는 두 가지 권력의 벡터로 구할 수 있다. 이는 〈그림 2-5〉에서 꼭짓점(0)과 각 대통령의 위치 점을 잇는 선분의 길이를 의미한다. 이렇게 구한 각 대통령의 임기 초와 임기 말의 실질 권력의 크기는 〈표 2-5〉와 같다.

〈표 2-5〉를 보면, 노무현과 이명박을 제외한 모든 대통령이 임기 말이 되면 실질 권력이 임기 초에 비해 크게 감소했음을 확인할 수 있다. 다만 노무현과 이명박의 경우 임기 초의 실질 권력 크기가 워낙 작았기 때문에 임기 말에 상대적으로 실질 권력이 증가했던 것으로 추정된다.

3. 한국의 대통령제 개선 방향

지금까지 확인한 사실은 민주화 이후 대통령은 비교적 강한 헌법 권력과 변동 폭이 매우 큰 실질 권력을 가졌다는 점이다. 헌법 권력의 크기가 고정된 상태에서 실질 권력이 임기 경과와 정치적 환경에 따라 큰 폭으로 변화함에 따라 제왕적 대통령이 등장하기도 했고 대통령의 위기가 찾아오기도 했다.

먼저 대통령의 권력이 '강한 헌법 권력 + 약한 실질 권력' 조합일 때를 생각해 보자. 대통령이 여야 정쟁의 중심에 놓이는 상황에서 야당은 대통령이 언제든 강한 헌법 권력을 이용해 야당을 무시하고 일방적으로 국정을 운영할 것을 우려한다. 그런데 대통령의 실질 권력이 약하다면 야당은 대통령을 집중 공격하는 것이 차기 대선 승리에 유리하다고 판단할 것이다. 이를 예측한 대통령은 야당과의 협력을 모색하기보다는 직접 입법 과정에 개입할 수 있는 강한 헌법 권력을 이용해 의회를 우회해서 더욱 일방적으로 국정을 운영할 것이다.

특히 이러한 조합은 남미 국가에서 자주 나타나는 대통령 탄핵의 원인이 되거나 윤석열의 친위쿠데타 시도 같은 제도적 위기를 초래하는 원인이 된다. 대통령 탄핵은 야당이 강한 헌법 권력을 지닌 대통령이 자신들을 제압할지 모른다는 두려움 때문에 대통령의 실질 권력이 취약해진 틈을 이용해 선제적으로 대통령을 공격하는 것으로 해석할 수 있다(Helmke, 2017). 또한 윤석열의 친위쿠데타는 대통령이 실질 권력이 취약한 자신을 야당이 탄핵할지 모른다는 두려움 때문에 비상대권과 같은 강한 헌법 권력을 이용해 선제적으로 야당을 공격한 것으로 해석할 수 있다(신현기, 2025). 이런 극단적인 상황이 아니더라도, 강한 헌법 권력과 약한 실질 권력의 조합은 임기말 레임덕 대통령에서 볼 수 있는 것처럼, 대통령과 야당 간 갈등을 증폭시켜 대통령의 통치가능성을 악화시킨다.

반면 대통령의 권력이 '강한 헌법 권력 + 강한 실질 권력' 조합일 때, 대통령은 견제받지 않는 권력이 된다. 야당의 반대는 의회 다수파에 의해 무력화되고, 대통령은 여론을 동원해 자신의 모든 행위를 정당화한다. 대통령의 일방주의적 통치가 개혁이라는 명분으로 정당화됨으로써 위임 민주주의적 퇴행이 일어난다.

민주화 이후 대통령이 경험했던 이러한 양극단의 모습은 대통령의 헌법 권력과 실질 권력이 불균형한 데서 비롯된다. 실제 남미 국가에서도 대통령 권력이 '강한 헌법 권력과 약한 실질 권력' 조합일 때 의회는 대통령에게 매우 적대적이었고, 양 기관의 갈등이 제도적 위기로 발전했다. 반면 대통령 권력의 조합이 '강한 헌법 권력과 강한 실질 권력'일 때 의회는 대통령에게 굴종함으로써 대통령의 일방적 통치가 나타났다. 이에 비해 협력적인 대통령-의회 관계는 대통령의 헌법 권력이 적절하고 실질 권력이 중간 수준일 때 나타났다(Cox and Morgenstern, 2002). 이러한 남미 국가의 사례는 헌법 권력의 적정 수준과 실질 권력의 중간 수준이 각각 어느 정도인가라는 의문을 제기하지만, 적어도 대통령제의 안정적인 운영을 위해 중요한 것은 대통령의 헌법 권력 자체가 아니라 헌법 권력과 실질 권력 간의 균형이라는 점을 시사한다(Helmke, 2017; Pérez-Liñán, Schmidt and Vairo, 2019).

지금까지의 개헌 논의가 지닌 문제점은 대통령의 헌법 권력이 매우 강하다는 잘못된 사실을 전제하면서 헌법 권력만을 문제 삼을 뿐, 헌법 권력과 실질 권력 간 균형에 대해서는 거의 고려하지 않았다는 것이다. 더 근본적인 문제는 헌법의 결함을 정치적 실천으로 극복했던 오스트리아 사례에서 배우지 않고 정치의 실패를 헌법의 실패로 오도하고 있다는 점이다. 그럼에도 헌법을 고쳐야 한다면, 헌법 권력과 실질 권력 간의 균형이라는 관점에서 두 가지 권력의 수준이 어떤 조합일 때 대통령과 의회 간 협력의 유인이 커지는지 고민해야 한다. 남미 국가 사례가 시사하는 것처럼 협력적인 대통령-의회 관계를 만드는 데 필요한 적절한 수준의 헌법 권력과 중간 수준의 실질 권력이 한국에서는 각각 무엇을 의미하는지 숙고해야 한다.

〈표 2-6〉 대통령제 국가들의 제도 조합 유형

정부형태	정당체제	정당 기율	사례
대통령제	양당제	강	한국: 양당 중심의 대결정치
		약	1990년대 이전 미국: 설득정치
	다당제	강	칠레: 안정적인 연립정부
		약	브라질: 취약한 연립정부

두 번째 대안은 헌법을 고치지 않고 정치제도 수준에서 해법을 모색하는 것이다. 민주화 이후 대통령의 문제는 실질 권력의 변동 폭이 너무 컸다는 것이다. 따라서 헌법 권력의 크기를 고정한 상태에서 실질 권력의 변동 폭을 줄일 수 있도록 정치제도 간 정합성을 높이는 대안을 고려할 필요가 있다.

〈표 2-6〉에서 보는 바와 같이, 민주화 이후 한국의 대통령제는 강한 정당 기율을 가진 정당으로 이뤄진 양당제가 조합된 형태였다. 민주화 초기에는 지역 보스가 이끄는 지역주의를 기반으로 한 온건 다당제가 나타나기도 했지만, 현재는 단순다수 선거제로 인해 사실상 양당제가 안착되었다. 대통령제와 양당제의 조합은 미국도 마찬가지이다. 결정적인 차이는 한국의 경우 강한 정당 기율로 인해 대통령 정치의 공간이 거의 존재하지 않는다는 점이다. 미국 양당의 분권화된 정당 구조는 정당 지도부의 영향력을 약화시켜 개별 의원의 자율성을 높이는 효과를 낳는다. 이는 대통령이 의회 소수파일 때(약한 실질 권력) 야당 의원들을 설득해 정책 사안과 이슈별로 유동적이고 일시적인 정책연합을 만드는 것을 가능케 한다. 반면 한국 양당의 집권화된 정당 구조는 의원들을 정당 지도부에 종속시키는 강한 정당 기율을 만들기 때문에 야당 의원을 설득해 유동적인 정책 연합을 만드는 대통령의 설득정치가 사실상 불가능하다. 따라서 지금과 같은 양당제에서 대통령의 설득정치가 작동하려면 정당 기율을 약화시키는 방향의 정당 개혁이 필요하다. 이

는 대통령의 설득정치 공간을 열어줌으로써 실질 권력의 변동 폭을 줄일 것이다. 그러나 미국도 1990년대 이후 정당 간 정치적 양극화가 심해지면서 대통령 정치의 공간이 축소되는 추세이다.

한편 일부에서 주장하듯이, 선거의 비례성을 높이는 방향으로 선거제도를 바꿔 다당제와의 조합을 선택한다면 대통령 정당이 소수파가 될 가능성(약한 실질 권력)이 커지기 때문에 남미 국가에서 발견되는 연립정부 구성이 불가피하다. 그리고 연립정부의 안정성을 위해서는 강한 정당 기율이 요구된다. 남미 국가의 경험에 비춰봤을 때, 가장 위험한 조합은 대통령제＋다당제＋약한 정당 기율의 조합이다(Linz, 1990; Mainwaring and Shugart, 1997). 연립정부란 야당에 장관직이나 지역구 예산 등을 배분하는 거래를 통해 행정부 통치연합과 의회 다수파를 만드는 것이다. 안정적인 연립정부를 위해서는 연정 파트너 정당들이 개별 의원들의 일탈과 배신을 통제할 수 있어야 한다. 만약 브라질처럼 정당 기율이 약하다면 연립정부는 쉽게 붕괴하고 대통령은 위기를 맞을 것이다. 반면 칠레는 1990년 민주화 이후 강한 정당 기율을 가진 정당들이 좌우 정당연합을 구성해 번갈아 집권하면서 높은 수준의 정치적 안정을 이룬 것으로 평가된다(허석재, 2020; Martínez, 2024).

이상의 사례들은 헌법을 고치지 않고 실질 권력의 변동 폭을 줄이기 위해서는 선거제도, 정당체제, 정당 구조 등 하위 정치제도 간 정합성을 높이는 방식의 대안이 가능하다는 것을 시사한다. 이 같은 대안은 헌법 권력과 실질 권력 간의 균형을 동시에 고려해야 하는 개헌과 달리 대통령의 헌법 권력을 고정해 놓고 실질 권력의 변동 폭을 줄이는 데만 집중할 수 있는 장점이 있다. 그러나 "선거법 고치는 게 개헌보다 힘들다"는 노무현의 말처럼 이 역시 쉽지 않은 대안이다.

마지막 대안은 헌법이나 정치제도 수준의 해법이 아니라 미시적 국정운영 수준의 해법을 모색하는 것이다. 민주화 이후 대통령은 권위주의 시절과는 다른 방식으로 의회, 관료제, 언론, 시민사회 등 다양한 정치행위자와 관계를 맺어야 했고 새롭게 설정된 관계를 안정적으로 제도화해야 했다. 민주화를 계기로 대통령의 민주적 책임성이 높아졌지만 동시에 국정운영의 불확실성 역시 커졌다. 흔히 민주화 이후 대통령이 실패했다고 단언하지만 구체적으로 어떤 영역에서 어떻게 실패했는지에 대해서는 잘 모른다. 실패했으니까 실패했다는 것은 동어반복일 뿐이다. 따라서 민주화 이후 대통령이 직면한 문제를 개별 영역과 정책별로 미시적으로 분석하고, 국정운영의 성과를 높일 수 있는 관리주의적 대안을 모색할 필요가 있다. 그동안 이러한 관리주의적 대통령 관점이 상대적으로 적었던 것은 대통령의 통치가 제도적 위기로 비화되는 경우가 많았기 때문일 것이다. 그럼에도 대통령의 국정운영 효율성을 높이는 이러한 대안은 성공하는 대통령을 만드는 제3의 대안이 될 수 있을 것이다.

<부록> 대통령의 실질 권력 측정방법

<그림 2-5>에서 대통령의 실질 권력은 X축의 의회기반 권력과 Y축의 대중기반 권력으로 구성된다. 첫째, X축의 의회기반 권력은 다음의 공식으로 측정했다.

의회기반 권력 = 여당의 의석 비율(%) × (1-'표준화된 당정 갈등 지수')
※ (1-'표준화된 당정 갈등 지수')는 여당의 응집성 지수

여기서 '표준화된 당정 갈등 지수'는 빅카인즈(www.kinds.or.kr)에서 검색어로 '대통령', '여당', '갈등' 등을 넣고, 4개 일간지(≪조선일보≫, ≪중앙일보≫, ≪경향신문≫, ≪한겨레≫)에 게재된 기사의 개수를 각 대통령의 집권 연도별로 구한 뒤 이를 최대-최소(max-min) 방법으로 표준화한 값이다. 이 방법은 해당 지표의 최솟값과 최댓값을 이용해 정규화하는 방법으로, 표준화값(Z)은 $Z = \frac{X - \min(X)}{\max(X) - \min(X)}$로 구한다. Z는 0~1의 값을 갖는다. 따라서 '표준화된 당정 갈등 지수'는 0~1의 값을 갖는다.

표준화된 당정 갈등 지수의 값이 크다는 것은 대통령과 여당 간에 갈등이 많았음을 의미한다. 따라서 1에서 이 값을 뺀 값(1-'표준화된 당정 갈등 지수')은 여당의 응집성 지수가 된다. 이렇게 구한 여당의 응집성 지수를 일종의 가중치처럼 여당의 의석 비율에 곱함으로써 대통령의 의회기반 권력을 측정했다. 예컨대 응집성 지수가 1일 경우 여당의 의석 규모는 손실 없이 대통령의 의회기반 권력으로 전환되지만, 1 이하일 경우에는 그만큼 의석 규모의 손실이 발생해 대통령의 의회기반 권력도 축소된다고 해석할 수 있다.

둘째, Y축의 대중기반 권력은 대통령 지지율로 측정했으며, 한국갤럽의 분기별 대통령 지지율 자료를 활용했다. 예컨대 김영삼1은 집권 첫해의 4분기 지지율, 김영삼5는 집권 5년차의 4분기 지지율을 의미한다.

03

민주화 이후 대통령 연구 경향

　민주화 이후 한국 대통령에 대한 연구는 어떤 특징을 갖고 있을까. 이 장은 함성득의『대통령학』이 출간된 1999년을 출발점으로 해서 2021년까지의 대통령 연구를 분석한다.『대통령학』출간을 출발점으로 삼은 것은『대통령학』에서 처음으로 대통령 연구의 필요성, 연구 대상과 방법, 그리고 향후 연구방향 등이 체계적으로 제시되었기 때문이다.

　먼저 1990년대 이후 미국의 대통령 연구 경향을 살펴본다. 이는 미국이 대통령제 원조 국가로서 다양한 사례와 경험을 축적하고 있을 뿐 아니라 학문적으로 높은 수준의 이론과 방법론을 구축해 한국의 대통령 연구에 많은 영감을 주기 때문이다. 이어 1998~2021년까지 다양한 분야(행정학, 정치학, 법학, 언론학 등)의 학술지에 게재된 대통령 연구 논문 286편을 대상으로 한국의 대통령 연구의 경향과 특징을 살펴본다. 마지막으로, 한국의 대통령 연구가 어떻게 발전해야 하는지에 대한 필자의 의견을 밝힌다.

1. 미국의 대통령 연구의 변화와 발전

미국 대통령 연구는 1993년 『대통령직 연구(Researching the Presidency)』의 출간으로 전환점을 맞은 것으로 평가된다(Mayer, 2002).[1] 이 책의 저자들은 당시 대통령 연구의 수준이 의회 연구 등 다른 분야에 비해 저발전된 것으로 평가했는데, 그 주요 원인으로 적은 사례 수(small N)로 인한 계량 연구의 부족, 이론적 체계화의 부재 등을 꼽았다(Edwards III, Kessel and Rockman, 1993). 당시까지만 하더라도 대통령에 대한 계량적 연구는 극히 부족했고, 주요 학술지에 대통령 연구 논문이 실리는 경우는 거의 없었다(Howell, 2009).

그로부터 16년 뒤인 2009년, 대통령 연구 전문 학술지 ≪프레지덴셜 스터디 쿼터리(Presidential Studies Quarterly)≫의 특집호 「대통령 연구의 미래(the Future of Presidential Studies)」에서 모(Moe, 2009)는 "대통령 연구의 혁명이 일어났다"라고 선언했다. 16년 전 '이류' 취급을 받았던 대통령 연구가 '혁명'으로 불릴 만큼 급진적으로 도약할 수 있었던 이유는 무엇일까.

미국의 대통령 연구는 리처드 노이슈타트(Richard Neustadt)의 연구를 극복하는 과정이라고 할 수 있다. 노이슈타트는 트루먼 대통령의 백악관 참모로 일했던 경험을 바탕으로 1960년 『대통령의 권력(Presidential power and modern presidents)』을 집필했는데, 이 책은 반세기 가까이 미국의 대통령 연구의 방향을 결정지었다(Dickinson, 2009). 노이슈타트의 대전제는 미국의 대통령제는 권력기관 간 권력을 공유하는 체제이기 때문에 대통령의 권

---

1 『대통령직 연구(Researching the Presidency)』(1993)에서 당시 미국 대통령 연구의 현황과 지향점이 심도 깊게 논의되었는데, 여기서 Moe(1993)는 제도적 행위자 관점에 의한 연구의 필요성을 강하게 주장했다. 그러나 대통령 연구가 제도주의적 시각으로 전환해야 한다는 것은 이보다 앞서 Heclo(1977), Nathan(1986), Moe(1985) 등에 의해 지속적으로 제기되어 왔으며, 이러한 주장들이 이 책에 반영되었다고 봐야 할 것이다.

력이 매우 약하다는 것이다. 이로 인해 대통령은 어떤 중요한 국가 정책도 단독으로 추진할 수 없으며, 반드시 의회의 협력을 얻어야 한다. 그럼에도 대통령이 누구인지에 따라 권력 또는 영향력의 차이가 존재하는데, 이러한 차이를 만들어내는 것이 바로 대통령의 개인적 리더십이라는 것이다. 노이슈타트는 프랭클린 루스벨트, 트루먼, 아이젠하워 등 3명의 대통령이 모두 동일한 헌법 권력을 가졌음에도 영향력의 차이가 존재했던 것은 개인적 리더십의 차이 때문이라고 설명한다. 특히 개인적 리더십에 근거한 영향력의 극대화는 프랭클린 루스벨트에서 두드러졌는데, 이를 통해 노이슈타트는 대통령의 권력은 곧 설득력이며, 이러한 설득력은 상대방과 흥정하고 거래하는 능력이라고 정의한다.

노이슈타트의 이론이 지닌 의의는 대통령 권력을 헌법 권력과 동일시했던 기존의 관점(Corwin, 1951; Fisher, 1981)에서 벗어나 개인적 리더십을 대통령의 가장 중요한 권력자원으로 봤다는 점이다. 이후 대통령 연구는 대통령의 개인적 리더십에 초점을 맞추었다. 특히 대통령의 설득력을 강조하는 흥정모델은 대통령-의회 관계를 주요 연구 대상으로 했기 때문에 이후에는 입법과정에서의 대통령의 리더십에 초점을 맞춘 입법적 대통령 연구가 크게 증가했다(Edwards III, 1989; Bond and Fleisher, 1990).

1) 노이슈타트의 흥정모델에 대한 비판으로 등장한 세 가지 모델

(1) 대중호소 대통령 모델

노이슈타트의 흥정모델에 대한 비판으로 등장한 첫 번째 모델은 대통령이 의회를 설득하는 것이 아니라 여론의 힘으로 의회를 압박한다고 보는 대중호소 대통령 모델이었다. 즉, 대통령은 대중연설, 방송출연, 기자회견, 해외순방 등 각종 정치 이벤트를 통해 대중에게 자신의 정책방향을 알리고 지지를 호소함으로써 대중적 지지를 정치권력으로 바꿔낼 수 있다는 것이었다. 이러한 대중호소의 상대는 표면적으로는 대중이지만, 진짜 목표는 의원들이다. 커넬(Kernell, 1997)은 1980년대 초, 레이건 대통령이 민주당 우위의 여소야대 의회를 상대로 감세정책을 통과시키기 위해 TV연설을 통해 대중을 설득해 민주당 의원들을 압박하도록 한 사건을 예로 들면서 기존의 흥정모델을 대체할 새로운 대중호소 대통령 모델이 등장했다고 말한다.

대중호소 대통령이 등장할 수 있었던 배경으로는 교통과 통신의 발달로 대통령이 대중과 쉽게 접촉할 수 있게 된 기술적 환경, 제2차 세계대전 이후 잦은 분점정부의 등장과 같은 정치적 환경의 변화를 꼽을 수 있다. 여기에 1960~1970년대 정당 개혁을 통해 대통령 후보 경선제도 등이 도입되면서 워싱턴 정가에 두터운 네트워크를 가진 관록의 정치인보다 대중적 인기를 등에 업은 아웃사이더 대통령이 자주 등장한 것도 하나의 배경이다. 그러나 가장 중요한 환경 변화는 미국 정치체제가 기존의 '제도화된 다원주의'에서 '원자화된 다원주의'로 변했다는 점이다. 기존의 제도화된 다원주의 환경에서는 대통령이 몇몇 의회 지도자나 상임위원장 등과 흥정하면서 영향력을 행사할 수 있었다. 노이슈타트의 흥정모델은 이러한 정치 환경에서 가능했다.

그러나 조직화된 이익집단이 대거 출현하고 정당의 통제력 약화로 개별 의원들의 독자 행동이 증가하면서 대통령의 설득과 흥정은 더 이상 작동하지 않게 되었다. 원자화된 다원주의 환경에서는 대통령이 하원의원 435명과 상원의원 100명과 일일이 흥정해야 하는데, 이는 사실상 불가능한 일이다. 이처럼 변화된 환경에서 대통령은 개별 의원들을 압박하기 위해 대중에게 달려가게 되었다는 것이다(Kernell, 1997). 대통령 지지율이 높다면 대통령은 대중호소를 통해 유권자의 입장을 바꿀 수 있다. 의원들은 변화된 유권자의 입장을 따르는 것이 재선에 유리하다는 계산이 서면 대통령의 정책을 지지하는 쪽으로 입장을 바꾸게 된다(Canes-Wrone and de Marchi, 2002).

그러나 대중호소전략은 대통령과 의회의 거래를 더욱 어렵게 만들었고, 여론의 흐름에 따른 국정운영의 유동성을 키움으로써 대통령의 통치를 오히려 어렵게 만들었다(Campbell, 1998). 대중호소 모델은 대통령과 대중의 관계, 대통령 지지율, 여기에 영향을 미치는 언론보도 및 미디어 관계 등에 관심을 집중시킴으로써 대중적 대통령과 관련된 연구를 활성화하는 기폭제가 되었다(Edwards III, 1983; Page and Shapiro, 1985; Cohen, 1995).

(2) 일방주의 대통령 모델

노이슈타트의 흥정모델에 대한 비판으로 등장한 두 번째 모델은 대통령은 국가이익을 위한 것이라면 의회와 협력할 필요 없이 헌법의 공식권한에 근거해 국가정책을 일방적으로 주도할 수 있다는 일방주의 대통령 모델이다. 흥정하는 대통령 모델이 '약한 대통령'을 가정한다면, 일방주의 모델은 "대통령은 강하다"는 전제에서 출발한다. 2025년 초, 두 번째로 대통령에 당선된 트럼프는 취임 2주 만에 54건의 행정명령에 서명했다. 이처럼 역대 대통령 중 가장 빠른 속도로 의회를 우회하는 일방 행동을 취한 것의 이론적 근거가 일방주의 대통령 모델이다. 트럼프는 일단 행정명령을 발동시킨 뒤 이를 법원이 인정해 합법성이 인정되면 그만큼 대통령의 권한이 확대된 것으로, 반대로 법원이 금지하면 대통령 권한의 경계선이 확정된 것으로 해석하는 방식으로 대통령 권한을 확대했다.

재미있는 점은 일방주의 대통령 모델의 근거가 미국 헌법이라는 점이다. 흥정모델은 미국 헌법을 '분립된 권력기관 간 권력의 공유' 체제로 이해하기 때문에 대통령은 국가 정책을 추진할 때 반드시 의회와 협력해야 한다고 본다. 반면 일방주의 모델은 대통령 권력에 대한 헌법 규정의 모호함으로 인해 대통령은 헌법상의 명백한 금지 조항이 없다면 사실상 무엇이든 할 수 있다고 본다.

미국 헌법에서 대통령 권력에 대한 규정은 매우 모호하다. 미국 헌법 제2조 제1항은 단 한 문장으로 "행정권은 미국 대통령에게 속한다"라고 규정한다. 또 미국 헌법 제2조 제8항은 신임 대통령이 "나는 미국 대통령의 직무를 성실히 수행하며, 최선을 다해 미국 헌법을 보전하고 보호하고 수호할 것"을 선서해야 한다고 규정한다. 일방주의 모델은 이처럼 미국 헌법에서 행정권이 전적으로 대통령에게 귀속된 점을 근거로 대통령의 행정권은 어떤 기관도 간섭할 수 없는 독점적 권한이라고 주장한다. 또한 대통령에게 헌법 수호의 책임이 부여된 점을 근거로 대통령은 국가 이익을 위해서라면 사실상 무엇이든지 할 수 있다고 주장한다. 실제로 대통령은 행정명령, 선포, 국가기밀 결정문서, 대통령 메모 등을 통해 의회의 입법 없이도 단독으로 입법과 비슷한 명령권한을 행사할 수 있다. 또한 헌법수호라는 헌법상 책임을 근거로 전쟁, 천재지변 등과 같은 국가위기가 발생했을 때 다른 권력기관에게 알리지 않고 일방적으로 결정하고 추진할 수 있는 기밀권한, 행정특권 등의 권한을 갖는다(Rudalevige, 2021).

노이슈타트가 대통령 권력이 개인적 리더십에서 비롯된 것으로 봤다면, 일방주의 모델은 헌법의 모호함을 재해석하면서 대통령의 권력을 확장시킨다. 즉, 대통령은 헌법에 명확한 금지 조항이 없을 때는 해당 권한이 부여된 것으로 간주함으로써 자신에게 유리한 제도적 환경을 만들어낸다는 것이다. 이것이 가능한 것은 행정권 독점 외에도 대통령이 다른 기관에 비해 제도적으로 유리한 위치에 있기 때문이다(Moe and Wilson, 1994; Moe and Howell, 1999).

먼저 사법부와의 관계에서 연방대법원 판사에 대한 대통령의 임명권, 법원 결정에 대한 집행권이 전적으로 대통령에게 속하는 점 등이 사법부에 대한 대통령의 우위를 만들어낸다. 다음으로 의회와의 관계에서 다수의 의원으로 구성되어 있어 집합행동의 문제에 부딪히는 의회에 비해 대통령은 대통령 개인으로 구성된 단독 기관이기 때문에 '우선 행위자'로서의 이점을 갖는다. 이는 대통령이 의회에 대해 선제적으로 의제를 설정하는 제도적 우위로 나타난다.

하월(Howell, 2003)은 대통령-의회의 전략게임으로 입법과정을 설명하는 크레비엘(Krehbiel, 1998)의 중추정치모델(pivotal politics model)의 아이디어를 가져와 입법과정에서 대통령의 제도적 우위를 설명하는 일방정치모델(unilateral politics model)을 제시한다. 즉, 중추정치모델은 거부권 중추와 필리버스터 중추 사이에 위치한 교착 구간에서 대통령과 의회 모두 지배적 위치에 있지 않기 때문에 기존 정책(또는 현 상황)에 대한 변화가 불가능하다고 본다. 이에 비해 일방정치모델은 대통령이 먼저 행동함으로써 기존 정책을 바꿀 수 있다고 본다. 대통령이 의회를 상대로 의제를 던지면서 먼저 행동에 나설 경우 의회의 선택지는 수용 또는 거부, 둘 중 하나이다. 의회가 무엇을 선택할지는 대통령이 던진 의제가 얼마나 파격적인지에 달려 있는데, 의회의 입장에서는 대통령이 실제 행동에 나서기 전까지는 대통령이 어떤 의제를 던질지 예측할 수 없다. 이러한 일방정치모델이 함의하는 바는 대통령은 입법과정에서 의회보다 먼저 행동할 수 있는 제도적 우위를 활용해 의회와 흥정하지 않고도 원하는 방향으로 기존 정책을 변경할 수 있다는 것이다(Howell, 2003; Mayer, 2002).

일방주의 모델은 대통령 연구에서 노이슈타트 이후 가장 중요한 이론적 혁신으로 평가된다(Mayer, 2002). 특히 일방주의 모델은 대통령을 제도적 행위자로 가정한다는 점, 대통령의 제도적 우위에 근거한 일방 행동을 이론화한다는 점에서 대통령의 개인적 리더십을 강조했던 노이슈타트와 대비된다.

일방주의 모델은 2000년대 초반 9·11테러 이후 조지 W. 부시 대통령의 일방주의적 국정운영, 최근 트럼프 대통령의 독단적 국정운영 사례 등을 통해 이론적 타당성을 인정받고 있다. 이 모델의 이론적 뿌리는 닉슨과 레이건의 사례를 바탕으로 한 행정적 대통령 모델(Nathan, 1986), 또는 제도적 대통령 모델(Moe, 1985) 등이다. 이들 이론은 대통령-의회 관계뿐 아니라 정책집행과정에서 관료제 통제 등 대통령-관료제 관계에도 초점을 맞추는 경향이 있다.

(3) 제도적 대통령 모델

제도적 대통령 모델은 대통령을 개인이 아니라 제도적 행위자로 파악한다. 이러한 관점을 대표하는 학자가 모(Moe, 1985)이다. 그에 따르면, 대통령을 추동하는 가장 강력한 동기는 '권력 극대화'이며, 대통령은 관료제 통제의 방법으로 정치화 또는 집권화를 추구한다(Moe and Wilson, 1994). 대통령은 관료의 기회주의를 통제할 목적으로 관료제 상층부에 자신의 대리인인 충성분자를 임명한다. 또 대통령은 최우선 정책을 직접 관리하기 위해 대통령 주변으로 인력과 자원을 집중하는 집권화를 추진한다. 이러한 대통령의 권력 극대화로 인해 대통령부서의 제도화가 일어난다. 특히 디킨스 등(Dickinson, 2000; Dickinson and Lebo, 2007)은 거래비용 관점에서 대통령부서의 제도화를 설명한다. 즉, 1940년대 이후 대통령과 의회, 정당, 대중, 미디어 등 간의 관계에서 흥정의 불확실성이 높아짐(거래비용 증가)에 따라 대통령부서의 확대(집권화)가 이뤄지면서 제도적 대통령이 출현했다는 것이다. 그런 의미에서 백악관 내 커뮤니케이션 부서의 확대 등은 대중적 대통령의 출현으로 해석할 수도 있지만, 다른 한편으로 대통령-대중 관계의 불확실성을 통제하기 위한 제도적 대통령의 출현으로 해석할 수도 있다(Cohen, 1995; Dickinson, 2009).

이처럼 제도적 대통령 모델은 제도적 행위자로서의 대통령의 제도적 유인을 강조한다는 점에서 일방주의 모델과도 일맥상통한다. 일방주의 모델에서 대통령은 의회와의 협력 없이 행정명령 등을 통해 일방적으로 입법을 추진할 수 있는데, 이러한 단독 입법 활동을 하려면 대통령 주변으로 더 많은 자원과 권한을 끌어모아야 하기 때문이다. 이런 측면에서 지금까지 미국 대통령을 설명했던 모델들, 즉 입법적 대통령, 대중적 대통령, 행정적 대통령, 일방주의 대통령, 제도적 대통령은 이론적으로 서로 긴밀하게 연결되어 있으며, 미국 정치체제의 변화 속에서 변화된 대통령의 역할과 위상을 이론화한 결과임을 알 수 있다.

2) 신제도주의적 전환

노이슈타트의 유산을 극복하는 과정에서 발전한 미국의 대통령 연구는 2000년대 중반 합리적 선택이론 등 제도주의 이론으로 무장한 연구자들에 의해 질적인 도약을 이루었다(Moe, 2009; Howell, 2009). 이는 반세기 가까이 대통령 연구의 주류 패러다임이었던 노이슈타트의 개인적 리더십 중심 관점이 제도적 행위자 관점으로 전환되었음을 의미한다.

대통령을 제도적 행위자로 본다는 것은, 첫째, 분석의 초점이 대통령 개인에서 대통령이 선택한 결정으로 바뀌고, 둘째, 개별 대통령의 특수성이 아니라 대통령의 공통 요소에 초점을 맞춘다는 것을 뜻한다(Howell, 2003). 이로 인한 성과는 2000년대 초반부터 이러한 제도적 행위자 관점에 근거한 연구 결과로 나타나기 시작했다(Rockman, 2009). 앞서 언급한 대통령 모델별로 합리적 선택이론에 근거한 대통령 연구의 성과들을 살펴보자.

첫째, 입법적 대통령 모델과 관련해 하월(Howell, 2003)은 대통령은 행정명령 등을 통해 의회와 협력 없이 단독 입법을 추진할 수 있으며 의제설정권을 활용해 자기가 원하는 방향으로 주도적으로 기존 정책의 변경을 이뤄낼 수 있다는 점을 일방정치모델로 이론화하고 실증했다. 그의 연구에서 입법적 대통령 모델은 일방주의 대통령, 행정적 대통령과 연결된다.

둘째, 대중적 대통령 모델과 관련해 케인 론(Canes-Wrone, 2006)은 커넬(Kernell, 1997)의 대중호소 대통령 모델을 정교화했다. 그녀는 합리적 선택이론에 근거해 대통령의 대중호소전략에 대한 일반이론을 발전시키고, 여기에서 도출된 가설을 검증했다. 그녀가 제기한 세 가지 가설은 ① 대통령의 대중호소는 의원들의 결정에 영향을 미친다는 것, ② 대중에게 호소하는 이슈는 대중에게 인기 있는 이슈라는 것, ③ 대중에게 호소할 경우 의회 통과가 예상되는 이슈라는 것이다. 또한 라로카(Larocca, 2006)는 대통령의 대중호소가 의원들의 결정에 영향을 미치는 이유에 대해 대통령의 정보 우위, 유권자의 정보 부족, 의원들의 정치적 불확실성 등 3자 사이의 전략 게임으로 이론화하고 이를 검증했다.

셋째, 제도적 대통령 모델과 관련해 루달레비지(Rudalevige, 2002)는 합리적 선택이론에 근거해 대통령부서 확대 현상을 '상황적 집권화 이론'으로 설명했다. 즉, 대통령부서의 확대는 대통령의 제도적 유인과 주어진 환경 간 상호작용의 결과라는 것이다. 루달레비지에 따르면, 대통령은 어떤 이슈가 불거졌을 때, 이를 대통령부서에서 처리할지 아니면 내각에 위임할지를 결정해야 한다. 이때 대통령부서에서 처리하는 조건은 해당 정책이 빠른 집행을 필요로 해서, 또는 새로운 이슈라면 이슈가 여러 부서에 걸쳐 있어서 관련 부서 간 교통정리가 필요한 경우이다. 반면 내각에 위임하는 조건은 이슈가 기술적이고 고도의 전문성을 필요로 하는 경우, 대통령과 내각, 또는 의회의 관심이 일치하는 경우이다.

또한 대통령의 정치적 임명과 관련해 루이스(Lewis, 2008)는 대통령의 정치적 임명을 '정책 동기'와 '보은 동기'로 구분하고, 언제, 어떤 직위에서 정

<표 3-1> 정치적 시간에서의 대통령 유형 및 유형 간 순환

		기존 정치체제에 대한 대통령 입장	
		거부	수용
기존 정치체제의 견고성	취약	재편	해체
	견고	시기상조	심화

치적 임명이 일어나는지 분석했다. 먼저 정책 동기에 따른 정치적 임명은 ① 대통령과 행정조직의 정책입장이 다를 때, ② 정치적 임명을 하더라도 조직 경쟁력이 하락하지 않을 때, ③ 단점정부일 때 주로 이뤄진다. 반면 보은 동기에 따른 정치적 임명은 대통령과 정책입장이 비슷한 행정조직에서 이뤄진다. 이 연구는 대통령의 정치적 임명을 대통령의 동기, 행정조직의 경쟁력 등의 관점에서 설명했다는 데 의의가 있다.

한편 역사적 제도주의의 관점에서 미국 대통령의 역사를 새롭게 조망한 스코로넥(Skowronek, 1993)의 연구도 제도적 행위자로서의 대통령이라는 관점을 발전시켰다는 측면에서 주목할 만하다. 그는 미국 대통령의 역사를 '세속적 시간'과 '정치적 시간(political time)'으로 구분한다. 물리적 시간의 흐름을 의미하는 세속적 시간의 차원에서 보면 미국 정치체제는 명망가 정치 시대(1789~1832년) → 파당 정치 시대(1832~1900년) → 다원주의 정치 시대(1900~1972년) → 국민투표 정치 시대(1972년~현재) 등으로 변해왔다.

그러나 정치적 시간의 차원에서 시간의 흐름은 한 방향으로 흐르지 않고 동일한 패턴이 반복되는 순환적 형태로 나타난다. 정치적 시간 차원에서 역대 대통령들은 기존 정치체제를 수용하는지 또는 거부하는지에 따라, 그리고 기존 정치체제가 얼마나 견고한지에 따라 <표 3-1>과 같이 네 가지 유형으로 나타난다.

첫째, 재편 대통령 유형은 기존의 낡은 정치체제를 허물고 새로운 정치질서를 만든 대통령으로, 제퍼슨, 잭슨, 링컨, 루스벨트가 여기에 속한다. 정치적 시간의 차원에서의 미국 대통령의 역사는 연방주의자 체제(1789~1800년) → 제퍼슨 체제(1801~1828년) → 잭슨 체제(1829~1860년) → 공화당 체제(1861~1932년) → 뉴딜 체제(1933~1980년) → 두 번째 공화당 체제(1981년~현재) 등으로 변해왔다(Skowronek, 1993; James, 2009).

둘째, 심화 대통령 유형은 재편 대통령이 만든 새로운 정치체제가 당대의 문제를 비교적 잘 해결하는 시기에 등장하며, 기존 체제를 잘 관리하면서 새로운 활력을 불어넣는 대통령으로, 제임스 먼로, 제임스 포크, 테오도르 루스벨트, 린든 존슨 등이 여기에 속한다.

셋째, 해체 대통령 유형은 기존 정치체제의 시효가 다해 기존 체제를 지속하는 것이 불가능한 시기에 등장한 대통령으로, 대개 시대적 제약 때문에 정치적 무능력자로 평가받는 경우가 많다. 여기에 속하는 대통령으로는 존 애덤스, 존 퀸시 애덤스, 프랭클린 피어스, 제임스 뷰캐넌, 허버트 후버, 지미 카터 등이 있다. 해체 대통령을 끝으로 해서 기존 체제의 수명이 다하면 새로운 정치질서를 만드는 재편 대통령이 등장해 새로운 순환이 시작된다.

마지막으로, 시기상조 대통령 유형은 기존 정치체제의 재편을 시도하지만 기존 체제가 정치적·제도적·이데올로기적으로 여전히 강고하기 때문에 성공하지 못한 대통령 유형을 말한다. 여기에는 존 타일러, 앤드루 잭슨, 우드로 윌슨, 리처드 닉슨 등이 포함된다. 스코로넥(Skowronek, 1993)의 정치적 시간 이론이 지닌 의의는 대통령의 리더십을 기존 정치질서와의 상호작용 속에서 파악함으로써 노이슈타트의 개인적 리더십 관점을 넘어선다는 것이다. 스코로넥에 따르면, 노이슈타트는 대통령의 리더십을 기존 체제를 순조롭게 운영하는 관리주의적 관점으로 이해했다. 그러나 대통령은 기존 체제의 단순 관리자에 머물지 않고 기존 체제의 파괴자가 될 수도 있다. 따라서 대통령 리더십의 성공 여부는 개인적 차원에 의해 결정되는 것이 아니라 기존 정치질서와 대통령 간 상호작용에 의해 결정된다(Skowronek, 1993; 2011).

지금까지 살펴본 대로 2000년대 이후 미국의 대통령 연구는 신제도주의 이론을 적용함으로써 크게 발전했다. 이는 지배적 패러다임이던 홍정모델 또는 개인적 리더십 중심의 관점을 극복하는 탈-노이슈타트(post-Neustadt) 의 과정이었다. 이러한 발전을 '신제도주의적 전환'이라고 부르는 이유는 이들 연구가 합리적 선택이론, 역사적 제도주의 등 신제도주의 이론에 근거해 대통령 연구의 관점을 기존의 개인적 리더십 중심 관점에서 제도적 행위자 중심 관점으로 전환시켰기 때문이다.

2. 2000년대 이후 한국의 대통령 연구 경향

이번에는 한국의 대통령 연구 경향을 살펴보자. 한국에서 대통령이 학문적 연구 대상이 된 것은 1990년대 초반부터이다. 권위주의 시절에는 대통령에 대해 언급하는 것이 쉽지 않았지만 민주화 이후로는 제약이 크게 완화되었기 때문이다. 이러한 시대적 변화를 배경으로 정책과정에서의 대통령의 영향력(정정길, 1991; 1993), 대통령 비서실(최평길·박석희, 1994; 배정훈, 1997), 대통령제 권력구조(이명남, 1997) 등에 대한 연구가 산발적으로 이뤄졌다.

1) 분석 방법

한국의 대통령 연구의 경향을 분석하기 위해 1998~2021년 상반기까지

20여 년간 행정학, 정치학, 법학, 언론학 등의 분야에서 학술등재지에 실린 논문을 수집했다. 학술데이터베이스에 '대통령'이라는 키워드를 넣고 검색한 논문 가운데 등재후보지 이하 저널에 실린 논문과 대통령을 본격적으로 다루지 않은 논문은 제외했다. 또한 대통령 선거 기간의 여론조사, 선거경쟁 등을 다룬 논문과 대통령 연구 리뷰 논문 4편(김병문, 2006; 2009; 박대식, 2006; 2007)도 제외했다. 이렇게 수집한 논문은 총 286편이다.

그런 다음 대통령제 거버넌스를 거시, 중위, 미시 등 3개 영역으로 구분한 임혁백(2003)을 참조해 대통령 연구를 헌정 수준, 정치제도 수준, 운영 수준 등 세 가지로 구분했다.

먼저, 헌정 수준 연구는 대통령제 권력구조, 대통령의 헌법상 권한, 개헌 등 거시적 권력구조에 관한 연구이다. 헌정 수준 연구는 주로 권력구조(또는 정부형태)에 관한 연구이기 때문에 대통령제를 다룬 연구와 반(半)대통령제를 다룬 연구로 구분했다. 둘째, 정치제도 수준 연구는 정당체제, 선거제도, 지방자치 등 하위 정치체제와 대통령제 간 제도적 조응성에 관한 연구이다. 마지막으로, 운영 수준 연구는 대통령의 개인적 리더십, 청와대 운영방식, 그리고 다른 제도 행위자와의 상호작용 등에 관한 연구이다.

2) 2000년대 이후 한국의 대통령 연구 경향

〈그림 3-1〉에서 보는 바와 같이, 지난 20여 년간 한국의 대통령 연구는 연평균 12편가량 출간되었다. 특히 2000년 이후부터는 대통령 연구가 완만하게 증가하는 추세를 보이고 있다.

주목할 점은 2002년부터 대통령 연구가 크게 증가했다는 점인데, 이는 당시 정당개혁, 노무현의 당선, 당정분리, 대통령 탄핵 등 대통령 관련 이슈가 크게 증가한 영향으로 판단된다. 무엇보다도 권위주의 시절에는 대통령

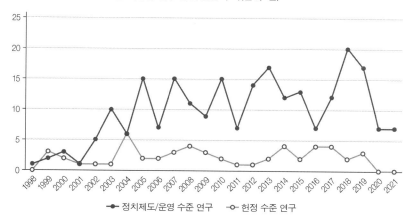

〈그림 3-1〉 1998~2021년 대통령 연구 논문 출간 추이(단위: 편)

의 명령과 지시에 따라 국정이 움직였기 때문에 사실상 대통령의 개인적 리더십이 지닌 설명력이 컸지만, 민주화 이후에는 제도적 규칙이 자리 잡고 대통령 외의 다른 정치행위자의 자율성이 높아지면서 대통령의 국정운영을 객관적으로 분석할 수 있는 환경이 조성되었다는 점이 영향을 미친 것으로 보인다.

지난 20여 년간 이뤄진 대통령 연구는 헌정 수준 연구가 18.5%(53편), 정치제도/운영 수준 연구가 81.5%(정치제도 8편, 운영 225편)였다.

(1) 헌정 수준 연구

헌정 수준 연구는 결국 권력구조의 개편을 명시적 또는 암묵적으로 전제하는데, 개헌 방향은 크게 세 가지로 요약할 수 있다. 첫째, 현재의 대통령제를 다른 권력구조, 즉 의원내각제 또는 반대통령제로 변경하자는 주장, 둘째, 현행 대통령제의 의원내각제적 요소를 제거해 미국식의 순수 대통령제로 바꾸자는 주장, 마지막으로, 권력구조는 손대지 말고 정당체제, 선거제

〈표 3-2〉 헌정 수준 연구의 내용

권력구조(정부형태)	세부 주제		논문 수(편)	비율(%)
대통령제	대통령제 일반		21	39.6
	대통령권한	거부권	3	5.7
		국군통수권	1	1.9
		국민투표권	1	1.9
		사면권	2	3.8
		조약체결권	2	3.8
	개헌		4	7.5
	탄핵		3	5.7
	대통령 임기		2	3.8
	국무총리		2	3.8
	헌법재판소		2	3.8
	경제		1	1.9
반대통령제	반대통령제 일반		9	17.0
합계			53	100

도, 지방자치 등의 하위제도와 대통령제 간의 제도적 정합성을 높이자는 주장 등이다(문우진, 2013; 진영재, 2014). 이러한 개헌 논의는 2000년대 초반에 대통령 권력 제한 요구, 노무현의 탄핵 등으로 큰 관심을 받았다가 2024년 윤석열의 비상계엄 이후 다시 증가하고 있다.

헌정 수준 연구 총 53편 가운데 대통령제를 다룬 연구는 44편, 반대통령제를 다룬 연구는 9편이었다(〈표 3-2〉 참조). 대통령제를 다룬 연구는 세부주제별로 대통령제 일반이 21편으로 가장 많았고, 다음으로 대통령의 헌법상 권한 9편, 개헌 4편, 탄핵 3편 등의 순이었다. 반대통령제를 다룬 연구 9편은 모두 해당 권력구조의 일반적인 특징에 관한 것이었다.

(2) 정치제도/운영 수준 연구

정치제도/운영 수준 연구는 연구 주제에 따라 '개인적 리더십', '입법적 대통령', '대중적 대통령', '제도적 대통령', 그리고 정책과정에서의 대통령의 영향력을 다룬 '정책과정' 연구, 대통령직 인수위를 다룬 '인수위' 연구 등 총 여섯 가지로 분류했다.

이 가운데 대중적 대통령 관련 연구가 81편으로 가장 많았고, 다음으로 입법적 대통령 45편, 정책과정에서의 대통령의 역할 40편, 개인적 리더십 30편, 제도적 대통령 30편, 인수위 7편 등의 순이었다. 대중적 대통령과 입법적 대통령 관련 연구가 상대적으로 많은 것은 민주화 이후 대통령의 국정운영에서 대중, 미디어, 의회 등의 중요성이 커졌기 때문으로 보인다.

〈표 3-3〉의 순서대로 살펴보자. 첫째, 개인적 리더십 관련 연구는 대통령 개인과 개인적 리더십에 초점을 맞춘 연구이다. 30편의 논문 가운데 대통령의 리더십 평가가 15편으로 가장 많았고, 다음으로 국정철학 9편, 성격 분석 4편, 레임덕 및 용인술이 각각 1편이었다.

이들 연구의 공통점은 대통령의 국정운영을 대통령의 리더십 스타일, 국정철학, 성격, 조직관리 스타일 등 개인적 리더십으로 설명한다는 점이다. 대통령제의 특성상 대통령 개인의 특성이나 개성이 국정운영에 크게 반영되는 것은 사실이지만, 국정운영을 대통령의 개인적 리더십으로 환원해 설명할 경우 개인별 차이에도 불구하고 대통령이 제도적 행위자로서 공통적으로 부딪히는 구조적 특성을 분석하기 힘들어진다. 이처럼 대통령 개인에 초점을 맞춘 연구는 개별 대통령의 특수성을 강조함으로써 제도로서의 대통령이 반복적으로 보여주는 행위패턴과 이들이 비슷하게 부딪히는 제도적·구조적 제약에 근거한 이론적 체계화 및 계량 연구를 어렵게 만든다.

둘째, 입법적 대통령 관련 연구는 대통령-의회 관계를 중심으로 하며, 대통령 의제의 입법과정, 정당 관계, 분점정부 등이 주요 연구 대상이다. 총 45편의 논문 가운데 입법과정 일반이 15편으로 가장 많았고, 다음으로 의회 관계 일반 13편, 대통령제 국가의 의회 관계에 대한 비교 연구 7편, 정당 4편, 분점정부 및 탄핵이 각각 2편이었다.

〈표 3-3〉 정치제도/운영 수준 연구의 내용

연구 대상		세부 주제	논문 수(편)	비율(%)
개인적 리더십 (30)		리더십 평가	15	6.4
		국정철학	9	3.9
		성격분석	4	1.7
		레임덕	1	0.4
		용인술	1	0.4
소계			30	12.9
입법적 대통령 (45)	의회	입법과정 일반	15	6.4
		의회 관계 일반	13	5.6
		비교 연구	7	3.0
		정당	4	1.7
		분점정부	2	0.9
		탄핵	2	0.9
		비준	1	0.4
		거부권	1	0.4
소계			45	19.3
대중적 대통령 (81)	대중 (47)	대통령 연설	25	10.7
		대통령 지지율	15	6.4
		대통령 이미지	4	1.7
		소통	3	1.3
	언론 (34)	대통령 보도 분석	27	11.6
		언론정책	3	1.3
		의제설정 영향력	2	0.9
		지지율과의 관계	2	0.9
소계			81	34.8
제도적 대통령 (30)	대통령부서 (22)	대통령 비서실	14	6.0
		대통령 경호실	4	1.7
		대통령기록물 관리	4	1.7
	관료제 통제 (8)	정치적 임명	3	1.3
		조직관리	2	0.9
		지시사항	2	0.9
		행정개혁	1	0.4
소계			30	12.9
정책 과정 (40)	대외 정책 (22)	외교안보	13	5.6
		대북관계	5	2.1
		국방	4	1.7
	대내 정책 (18)	경제, 통상	4	1.7
		과학, 정보통신	3	1.3
		예산, 조세	2	0.9
		복지	2	0.9
		문화	2	0.9
		부동산	1	0.4
		종교	1	0.4
		해양	1	0.4
		규제개혁	1	0.4
		방역	1	0.4
소계			40	17.2
인수위 (7)		사례 분석	4	1.7
		법적 쟁점	2	0.9
		비교 연구	1	0.4
소계			7	3.0
합계			233	100

셋째, 대중적 대통령 관련 연구는 대통령-대중, 대통령-언론 등 두 가지로 구분할 수 있는데, 여론, 대통령 지지율, 언론보도 등이 주요 연구 대상이다. 먼저 대통령-대중 관계 연구는 총 47편인데, 세부적으로 대통령 연설에 대한 연구가 25편으로 가장 많았고, 다음으로 대통령 지지율 15편, 대통령 이미지 4편, 대통령의 소통 3편 등의 순이었다. 다음으로 대통령-언론 관계 연구는 총 34편으로, 대통령 보도 분석이 27편으로 가장 많았고, 다음으로 언론정책 3편, 대통령의 의제설정 영향력, 언론보도와 지지율 간의 관계에 관한 연구가 각각 2편이었다. 이처럼 대중적 대통령 관련 연구가 상대적으로 많았던 것은 민주화 이후 대중, 언론과의 관계가 중요해졌기 때문이기도 하지만, 한편으론 대통령 연설문, 대통령 지지율, 언론보도 등 상대적으로 계량적 연구를 위한 데이터 수집이 쉬워졌기 때문이기도 할 것이다.

넷째, 제도적 대통령 관련 연구는 대통령 보좌기구, 대통령-관료제 관계를 주로 다루는 연구이다. 대통령부서를 다룬 연구가 22편, 관료제 통제를 다룬 연구가 8편이었다. 대통령부서 연구는 대통령 비서실에 대한 연구가 14편으로 가장 많았고, 다음으로 대통령 경호실과 대통령기록물 관리가 각각 4편이었다.

대통령의 관료제 통제와 관련된 논문은 정치적 임명이 3편으로 가장 많았고, 조직관리와 지시사항이 각각 2편, 행정개혁 1편이었다. 민주화 이후 의회, 대중, 미디어 외에 관료제도 대통령의 중요한 협상 대상으로 부각되었음에도 불구하고 이와 관련된 연구가 상대적으로 적은 것을 알 수 있다. 또한 대통령부서에 대한 연구가 비서학 등을 중심으로 단순히 조직관리 효율성이나 조직편제 측면에서만 논의되고 관료제 통제를 위한 대통령의 집권화라는 이론적 맥락에서 다뤄지지 않은 점은 개선되어야 할 지점이다. 특히 행정학 분야에서 행정부처의 조직개편이나 인사정책의 변화 등을 다룰 때 대통령의 관료제 통제라는 맥락을 무시한 채 이를 순수 관리기술적 관점으로만 분석하는 경향도 지양되어야 할 것이다(Lewis, 2003; 2008).

다섯째, 정책과정 관련 연구는 정책 결정과 집행과정 등에서 대통령이 수행하는 역할에 초점을 맞춘 연구이다. 크게 대외 정책과 대내 정책으로 구분했을 때, 대외 정책 22편, 대내 정책 18편이었다. 대외 정책의 특성상 대통령의 역할이 두드러지기 때문에 대외 정책에 관한 연구가 상대적으로 많은 것으로 판단된다(Wildavsky, 1988). 대외 정책 연구는 외교안보가 13편으로 가장 많았고, 다음으로 대북관계 5편, 국방 4편이었다. 대내 정책 연구에서는 경제·통상 4편, 과학·정보통신 3편, 예산·조세 2편, 복지와 문화가 각각 2편이었다.

마지막으로, 대통령 인수위에 대한 연구가 총 7편인데, 이 가운데 역대 정부 인수위에 대한 사례 분석이 4편으로 가장 많고, 다음으로 인수위의 법적 쟁점 2편, 미국 사례와의 비교 1편 등이다. 이것은 민주화 이후 정권교체의 가능성이 상시적으로 열리면서 이에 대한 관심이 증가한 결과일 것이다.

3. 한국의 대통령 연구의 발전 방향

미국의 대통령 연구와 비교했을 때, 한국의 대통령 연구에서 가장 두드러진 특징은 개헌 관련 연구가 지속적으로 이뤄진다는 점이다. 이는 미국과 달리 한국은 잦은 개헌의 경험으로 인해 언제든지 개헌의 가능성이 열려 있다고 보기 때문일 것이다. 또한 민주화 이후 대통령의 실패를 헌법의 결함 때문으로 인식하는 개헌만능론도 영향을 미친 것으로 판단된다.

미국의 대통령 연구와 비교했을 때 나타나는 또 다른 특징은 미국의 경우 대통령의 제도적 우위와 일방 행동을 이론화한 일방주의 대통령 모델, 즉 '강한 대통령' 모델이 득세하는 반면, 한국은 기존의 권위주의 대통령에서 벗어나 민주적 제도에 묶인 '약한 대통령' 모델로 이론적 관심이 옮겨가고 있다는 점이다(김용호, 2017).

미국의 대통령 연구는 2000년대 초반, 제도주의 이론으로 무장한 일군의 학자들에 의해 비약적인 발전을 이루었다. 이를 참조해 한국의 대통령 연구도 제도적 행위자로서의 대통령이라는 관점에 근거한 이론화 작업이 절실히 요구된다. 이러한 이론화 작업은 크게 세 가지 방향으로 이뤄질 필요가 있다.

첫째, 미국의 대통령 연구에 대한 맥락적 이해와 수용이 필요하다.

미국의 대통령 이론을 적용한 국내 연구가 적지 않지만, 대개는 이론들이 만들어진 맥락과 이론 간 상호연관성을 고려하지 않은 채 한국 대통령에게 단순 적용하는 탈맥락적 연구가 많다. 2010년 이후 미국의 대통령 연구는 일방주의 대통령 이론의 맥락에서 대통령의 독자적인 입법 활동과 권한 등에 대한 연구가 주목을 받았다. 이 이론에 따르면, 대통령은 제도적 권한에 근거해 독자적으로 입법을 추진하거나 정책을 결정할 수 있다. 문제는 대통령이 혼자서 정책을 결정하더라도 그것만으로 정책의 집행이 자동적으로 보장되지는 않는다는 점이다(Kennedy, 2015; Lowande and Rogowski, 2020). 여기에는 대통령과 의회라는 2명의 주인에게 동시에 반응해야 하는 행정부처의 문제와 관료의 기회주의적 행동을 통제하고 순응을 확보해야 하는 문제가 걸려 있다. 이러한 맥락에서 2010년 이후 연구는 관료의 순응을 확보하기 위한 대통령의 방책으로 정치적 임명(Hollibaugh Jr., 2015; 2017), 행정부처로의 권한 위임(Lowande, 2018) 등에 대한 연구가 활발하다. 또한 행정부처 혹은 관료가 이러한 대통령의 통제에 대응해 자신들의 정책 선호와 이익을 관철하기 위해 어떻게 규칙 제정 과정에 관여하는지에 대한 연구(Potter, 2017; 2019; Potter and Shipan, 2019)도 이뤄지고 있다.

이러한 미국의 대통령 연구 경향은 '강한 대통령' 모델을 지향한다는 점에서 민주화 이후 약한 대통령 모델로 이행 중인 한국의 맥락과 맞지 않을 수 있다. 그러나 민주화 이후 관료제에 대한 민주적 통제가 주요 이슈가 되고 있다는 점에서 대통령-관료제 관계의 맥락에서 이뤄지는 이러한 연구들로부터 시사점을 얻을 수 있을 것이다.

둘째, 남미, 아시아 등 다른 대통령제 국가 사례에 대한 비교 연구가 필요하다.

미국의 대통령제가 '원형 대통령제'로서 의미를 갖는다면, 이들 국가는 1980년대 이른바 민주화의 제3의 물결을 경험한 신생민주주의 국가라는 점에서 비슷한 시기에 민주화를 경험한 한국에 시사하는 바가 많다. 특히 남미 국가의 경우 연립정부를 구성한 경험이 많다. 원래 대통령제는 연립정부 구성의 유인이 없는 것으로 알려져 있지만(Linz, 1990), 남미 국가의 경험은 연립정부를 통한 소수파 대통령의 다수 통치연합 구성이 얼마든지 가능하다는 것을 보여준다(Cheibub, 2007; Chaisty, Cheeseman and Power, 2018). 연립정부를 구성하는 데는 대통령의 입법 권력 크기(Neto, 2006), 정당 간 이념 거리(Aleman and Tsebelis, 2011) 등이 영향을 미친다. 또한 연립정부 구성을 위한 대통령의 내각 구성 전략(Camerlo and Perez-Linan, 2015a; 2015b; Kellam, 2015; Martinez-Gallardo and Schleiter, 2015)에 관한 연구도 많다. 남미 국가의 경험은 대통령제와 정당체제, 선거제도 등 정치제도 간 정합성의 문제를 고민할 때, 그리고 민주화 이후 잦은 분점정부의 등장으로 인한 대통령의 통치력 약화, 이에 대한 대안으로 연립정부 구성의 가능성 등을 구상할 때 좋은 참고사례가 될 것이다. 이러한 맥락에서 2010년 이후 한국에서도 연립정부와 관련된 연구가 나오고 있다(홍재우·김형철·조성대, 2012; 안용흔, 2020).

또한 아시아 국가의 경우 문화적 전통과 민주화 이행의 경험이 한국과 비슷하다는 점에서 한국의 대통령 연구에 시사하는 바가 많다. 예컨대 대통령의 헌법 권력과 정당 기반이라는 두 가지 기준으로 아시아 대통령제 국가를 비교한 연구(Kasuya, 2013), 연립정부 구성 시 장관직 배분에 대한 연구(Lee, 2018; 2020) 등이 있다. 무엇보다도 남미와 아시아 대통령제 국가를 대상으로 한 비교 연구는 적은 사례 수의 문제를 극복할 수 있고 대통령제와 다른 정치제도 간의 제도적 정합성을 연구할 수 있는 다양한 사례를 제공한다는 점에서 한국의 대통령 연구에 기여할 것이라 판단된다.

마지막으로, 민주화 이후 한국 대통령의 특수성에 천착하는 연구가 필요하다.

이는 대통령과 관련된 다양한 데이터를 수집하는 문제와 직결되어 있다. 한국 대통령에 대한 계량적 연구는 2000년대 이후 꾸준히 증가했지만, 데이터의 종류가 대통령 연설문, 대통령 지지율, 대통령 의제 관련 법안, 언론보도 등으로 제한적이다. 미국의 대통령 연구에서 일방주의 모델이 발전할 수 있었던 것은 대통령의 행정명령 등에 대한 경험 연구(Cooper, 2002; Mayer, 2002)가 사전에 존재했기 때문이다. 이는 이론과 데이터가 서로 긴밀하게 얽혀 변증법적으로 발전한다는 것을 보여준다. 데이터를 발굴하기 위해서는 개인 연구자 차원의 노력도 중요하지만, 역대 대통령의 통치 자료를 발굴해 데이터베이스화하는 연세대 국가관리연구원의 작업과 같은 집단작업도 중요하다. 또한 대통령기록관 자료의 활용도를 높이는 방안에 대해서도 논의가 필요하리라 본다.

제2부

대통령-의회 관계

들어가며

—

87년 헌법에 의해 대통령 권력과 의회 권력이 조정됨에 따라 두 권력기관은 새로운 관계를 정립해야 했다. 87년 헌법은 5년 단임 직선제 대통령제를 도입해 장기 집권을 막고 대통령의 권한을 제한하는 한편, 의회의 권한을 강화했다. 대통령의 비상조치권과 국회 해산권을 폐지해 대통령의 일방적인 국정운영을 막고, 반드시 의회와 협력해 정책을 추진하도록 했다. 또한 의회의 국정감사권을 부활시켜 행정부에 대한 의회의 감시와 견제를 강화했다.

그러나 헌법은 대통령과 의회의 기본 관계만 규정했을 뿐 두 권력기관이 어떻게 갈등을 조정하고 협력을 만들어낼지는 정치행위자들의 실천에 달려 있었다. 이처럼 정치적 실천을 통해 대통령과 의회 간 협력을 제도화하는 것이 민주화 이후의 과제였지만, 협력의 제도화는 이뤄지지 않았고 오히려 정치적 적대와 대결만이 심화되었다. 이는 결국 윤석열의 비상계엄에서 볼 수 있듯이, 대통령이 의회 해산을 시도하는 파국을 초래했다.

민주화 이후 대통령-의회 관계의 난관은 여소야대, 즉 분점정부 상황이었다. 권위주의 시절에는 대통령의 정당이 언제나 의회 다수파를 차지했기 때문에 분점정부는 등장하지 않았다. 그러나 민주화 이후 처음 치러진 13대 총선에서 분점정부가 등장한 이래로 분점정부는 대통령의 기본값이 되었다. 노태우부터 윤석열까지 총 8명의 대통령이 재임한 37년 동안(1988~2024년) 분점정부 기간은 18년으로, 민주화 이후 대통령 전체 재임기간의 절반이었다.

민주적 게임 규칙이 아직 자리 잡지 않은 민주화 초기의 정당 총재형 대통령들(노태우, 김영삼, 김대중)은 3당 합당, '의원 빼오기' 등을 통해 인위적으로 의회 다수파를 만들었다. 노무현 이후부터 이러한 관행은 사라졌지만, 여전히 대통령은 의회 다수파를 어떻게 상대해야 할지 몰랐고, 의회 다수파도 대통령과 협력할 생각이 없었다.

대통령과 의회 간 협력의 제도화가 실패하자 대통령은 대중에게 달려가 여론의 힘으로 의회를 압박하는 탈제도적 여론 정치에 매달렸다. 그러나 대통령의 여론 정치는 여론을 양분함으로써 시민사회의 갈등을 부추겼고, 정치행위자 간 거래와 타협을 더욱 어렵게 만들었다. 직선제 대통령에게 내장된 선동가적 속성이 활성화될수록 국정의 불안정성은 높아졌고, 적대 정치와 여론의 분열은 더욱 심화되었다. 다시 말해 민주화 이후의 과제였던 대통령과 의회 간 협력의 제도화는 실현되지 못했다.

이런 상황에서 대통령과 의회는 헌법상의 권한 목록을 모두 끄집어냈다. 의회 다수파는 단독 입법, 특검, 국무위원 탄핵소추 등으로 대통령을 공격했고, 대통령은 거부권 행사, 국무위원 임명 강행 등으로 저항했다. 이는 모두 헌법상 권한에 근거한 것이지만, 87년 헌법에 깔린 기본 전제는 중요한 국가정책을 반드시 두 권력기관이 협력해 추진하라는 것이었다. 그러나 민주화 이후 지금까지 그러한 협력의 제도화는 이뤄지지 않았다.

제2부는 민주화 이후 의회와의 관계에서 새로운 불확실성에 직면한 대통령이 어떻게 의회와 상호작용했는지를 분석한다. 대통령과 의회 관계는 결국 대통령의 입법 권력과 행정 권력을 둘러싼 갈등이다. 대통령은 행정 권력에 대해서는 배타적 권력을 누리지만, 입법 권력을 행사하려면 반드시 의회와 협력해야 한다. 예컨대 대통령이 정책목표를 실제 정책으로 만들려면 의회의 입법과정을 거쳐야 한다. 그러나 의회가 대통령과 협력하기를 거부한다면 어떻게 될까. 민주화 이후 대통령에게는 적어도 세 가지의 길이 있었던 것으로 보인다. 첫째, 정당 총재형 대통령처럼 인위적으로 의회 다수파를 만들어 다수의 힘으로 밀어붙이는 방법, 둘째, 여론을 동원해 의회를 압박하는 방법, 마지막으로, 설득정치이다. 그러나 인위적 정계개편은 민주적 게임 규칙에 맞지 않고, 여론 정치는 여론 분열의 위험이 있다. 그래서 민주화 이후 대통령에게는 거래와 협상을 통한 설득정치가 권고되었다.

제4장과 제5장은 대통령이 설득력을 통해 입법교착을 해결할 수 있는지, 대통령의 설득정치가 가능한지를 분석한다. 결론부터 얘기하면 입법과정에서 대통령의 설득력은 효과가 없었다. 이는 대통령이 관심을 갖는 정책이면 무조건 반대하는 대결정치적 상황 때문이다. 여야가 대결하는 상황에서 대통령의 설득이 권고되었지만, 오히려 그러한 대결적 상황으로 인해 대통령의 설득정치가 작동하지 않는 역설적인 상황이 벌어졌다. 이처럼 민주화 이후 대통령은 옴짝달싹하지 못하는 상황에 처해 있었다.

제6장은 대통령의 행정 권력 가운데 인사권을 둘러싼 대통령과 의회의 갈등을 분석한다. 2000년 처음 도입된 인사청문회는 대통령의 인사권을 견제하기 위해 만들어진 제도이다. 특히 국무위원의 경우 의회가 반대해도 대통령이 임명을 강행할 수 있는 제도적 특징 때문에 인사청문회가 대통령의 인사권을 견제하는 효과가 없다는 일부의 주장과 달리, 인사청문회를 통해 대통령의 정실 인사가 감소하고 능력 중심 인사가 증가했음을 보여준다. 인사청문회는 100% 만족스럽지 않더라도 대통령의 인사권 견제를 제도화한 비교적 모범적인 사례라는 사실을 밝힌다.

제7장은 민주화 이후 대통령-여당 관계를 분석한다. 민주화 이후 대통령이 제왕적으로 비춰진 이유는 의회와의 관계 때문이라기보다는 여당과의 관계에서 대통령이 군림하는 모습으로 비춰졌기 때문이다. 민주화 이후 대통령은 정당의 후보자로 대통령에 당선되었지만, 당선 이후에는 정당 위에 군림했다. 이러한 주인(정당)-대리인(대통령) 관계의 역전이 발생하는 이유를 '대통령제화한 정당'과 한국 정당의 역사적 기원이라는 관점에서 분석한다.

제8장은 민주화 이후 대통령-의회 간 협력의 제도화가 실패함으로써 대통령-의회 관계가 파국으로 귀결된 과정을 윤석열의 비상계엄을 통해 분석한다. 특히 분점정부 상황에서 두드러지는 대통령의 헌법 권력과 실질 권력 간의 불균형, 대통령에 종속된 여당 등이 윤석열의 비상계엄을 초래한 제도적 조건이었음을 밝힌다.

04

대통령의 설득정치는 가능한가

    대통령의 정책은 개인적 포부와 이상, 선거공약, 취임 이후 다양한 경로를 통해 접수된 시민들의 요구 등을 원천으로 한다. 대통령이 성공했다고 할 수 있는 경우는 이러한 정책을 실제 법률로 만들고 집행해서 세상을 바꾸는 것이라 할 수 있다. 대통령은 정치 및 정책과정에서 가장 영향력 있는 행위자이기 때문에 일단 취임만 하면 모든 것을 할 수 있을 것 같지만 그렇지 않다. 정책의제를 법제화하려면 의회의 도움이 필수적이다. 대통령은 헌법상 부여된 법률안 발의권을 이용해 자신의 아이디어를 의회에 제안할 수 있지만, 그것이 실제 법률로 제정될지는 전적으로 의회의 손에 달려 있다. 대통령의 성공은 정책의제의 법제화에 달려 있는데, 법제화의 성공 여부를 결정하는 것은 의회이기 때문이다. 특히 민주화 이후 분점정부가 자주 등장하면서 대통령은 입법을 위해 야당의 협조를 구해야 했다. 여당 총재직을 겸하면서 여당 의원들에게 막강한 영향력을 행사했던 정당 총재형 대통령(노태우, 김영삼, 김대중) 이후에는 여당 의원이라고 해서 무조건 대통령 편을 들 것이라고 기대하기도 힘들어졌다.

미국은 제2차 세계대전 이후 분점정부의 빈번한 등장으로 대통령-의회 갈등이 커지자 대통령의 입법적 성공을 위한 조건이 무엇인지를 탐구했다 (Edwards III, 1989; Peterson, 1990; Bond and Fleisher, 1990; Jones, 1994). 가장 널리 퍼진 정설은 대통령은 의원을 설득해야 한다는 것이다. 즉, 입법 교착이 일어났을 때 대통령의 '설득정치'가 필요하다는 것이다. 이런 인식은 한국에도 널리 퍼져 있다. 이런 생각의 원조는 노이슈타트(Neustadt, 1960) 인데, 그는 헌법 권력과 실질 권력 외에 설득력을 대통령의 가장 중요한 권력이라고 주장했다. 그러나 상대방의 마음을 돌리기 위해 한 번이라도 노력해 본 사람이라면 이해관계와 이념이 다른 사람을 설득하는 것이 얼마나 힘든지 잘 알 것이다. 최고의 권력을 가진 대통령도 마찬가지이다. 더군다나 상대방은 능구렁이같이 노련한 국회의원들 아닌가.

대통령의 또 다른 무기는 대중에게 호소하는 것이다(Kernell, 1997). 대중에게 달려가 "국가와 미래를 위해 이런 법이 필요한데, 의원들 때문에 못하고 있어요"라고 호소하면 대중이 나서서 의원들을 압박할 것이라고 가정하는 것이다. 의원들은 여론이 대통령을 지지한다고 판단되면 대통령 편에 서는 것이 다음 재선에 유리할 것이라고 생각할 것이다. 그러나 흥정하는 대통령이든, 대중에게 호소하는 대통령이든 간에 그 밑바닥에 깔린 생각은 입법 성공의 여부가 대통령의 개인적 리더십에 달려 있다는 것이다. 흥정이 의원을 설득하는 것이라면 대중호소는 대중을 설득하는 것이다. 따라서 흥정하는 대통령과 대중에게 호소하는 대통령은 대통령의 개인적 설득력을 중시한다는 점에서 대동소이하다.

그렇다면 대통령은 정말 의원들의 마음을 바꿀 수 있을까. 대통령은 여론을 움직여서 의원들을 압박할 수 있을까. 필자는 대통령의 입법적 성공을 대통령이 자신의 정책목표를 담은 법안(이하 '대통령법안')을 국회에 제출해서 통과시킨 경우로 정의하고, 김영삼부터 노무현까지 시기의 대통령법안의 입법과정을 분석한다. 그리고 대통령법안을 법제화하는 데 의원과 대중을 향한 대통령의 설득력이 정말 영향력을 발휘하는지 분석한다.

1. 개인적 리더십과 실질 권력

1) 설득력과 입법기술

노이슈타트(Neustadt, 1960)는 대통령 권력의 원천을 공식 권한 외에 대중적 위신, 전문가적 명성, 설득력 등 네 가지로 파악했다. 노이슈타트의 탁월한 점은 기존의 헌법 권력(공식 권한)과 실질 권력(대중적 위신과 전문가적 명성) 외에 새로운 권력 원천으로 설득력을 꼽았다는 점이다. 대통령의 설득력은 의회를 상대로 한 협상능력과 거래기술이라고 할 수 있다.

캘러먼(Kellerman, 1984)은 미국의 카터 대통령이 실패한 이유가 개인적 리더십이 부족했기 때문이라며 대통령의 성공 조건으로 정치적 기술을 꼽았다. 그는 번즈(Burns, 1979)의 '거래적 리더십' 개념을 빌려와서 정치행위를 '사회적 교환과정에 적극적으로 관여하는 행위'라고 규정하고, 성공적 정치행위를 위한 전술 또는 필수조건을 정치적 기술이라고 정의했다. 이러한 정치적 기술은 추종자들의 심리를 꿰뚫어보는 동물적인 감각과 대통령이 자신이 원하는 것을 얻기 위해 의원이나 대중을 상대로 발휘하는 다양한 설득기술이라고 할 수 있다.

본드와 플레이셔(Bond and Fleisher, 1990)는 의회를 상대로 한 대통령의 리더십을 크게 대인기술과 구성기술로 구분했다. 대인기술은 대통령이 원하는 것을 얻기 위해 의원을 상대로 벌이는 다양한 협상기술(협박, 호의 베풀기 등)을 뜻하는데, 이는 정치적 기술에 상응한다. 한편 구성기술은 대통령이 입법적 성공을 위해 정치적 환경을 최대한 유리하게 조성하거나, 이미 조성된 유리한 환경을 최대한 효과적으로 활용하는 기술을 의미한다. 이러한 입법 전략에는 의회에 대한 의제설정, 우선순위 정하기, 제출법안의 총량 조절, 법안유형의 적절한 조합, 입법시점 선택 등이 포함된다.

그러나 에드워드(Edwards III, 2009)는 노이슈타트의 '대통령 설득력 명제'를 비판하면서 의회나 대중을 상대로 대통령이 수행하는 설득의 효과는 매우 제한적이라고 주장했다. 대통령의 리더십이란 누군가를 설득해 변화를 만들어내는 능력이 아니라 주어진 변화의 기회를 포착해서 활용하는 능력이라고 주장했다. 이 관점에 따르면 대통령은 '변화의 주도자'가 아니라 '변화의 촉진자'에 불과하다. 따라서 대통령에게는 개인적 설득력보다는 주어진 상황과 여건을 간파하고 이를 효과적으로 활용하는 '전략적 능력'이 더욱 중요하다. 예컨대 대통령이 대중연설을 통해 여론의 흐름을 바꿀 수는 없지만 일시적으로 형성된 유리한 여론 지형을 전략적으로 활용할 수는 있다는 것이다(Edwards III, 2009).

의원 또는 대중을 상대로 한 대통령의 설득이 과연 대통령법안의 입법에 영향을 미칠까. 특히 한국처럼 대결적 정치문화가 지배적일 때 대통령의 설득력이 과연 영향을 미칠까.

2) 실질 권력

입법과정에 대한 대통령의 영향력은 대통령의 실질 권력에 달려 있다. 대통령의 실질 권력은 대통령 정당의 의석수, 여당의 응집력, 대통령 지지율 등이다. 각 요소를 구체적으로 살펴보면, 먼저, 대통령의 정당이 의회 소수파인 분점정부일 때는 대통령의 입법 성과가 어떻게 달라지는가가 주요한 이론적 관심사였다. 이와 관련해 분점정부에서는 입법이 어려워진다는 주장(Edwards III and Barret, 2000; Binder, 1999)과 분점정부라고 하더라도 주요 법안의 입법에는 차질이 없다는 주장(Fiorina, 1996; Mayhew, 1991; Jones, 1994)이 맞서고 있다. 한국에서는 분점정부인 상황이 주요 법안의 국회 통과(오승룡, 2005; 2009) 또는 정부제출법안의 국회 제출 및 국회 통과(유현종, 2010)에 별다른 영향을 미치지 않았다.

둘째, 여당의 응집력 측면을 보면 한국의 맥락에서는 대통령과 여당 간 갈등, 즉 당정 갈등을 주요하게 고려해야 한다. 이는 권력구조와 역사적 배경이라는 측면에서 고찰할 수 있다. 먼저 권력구조 측면에서 보면, 의원내각제적 요소가 가미된 한국의 대통령제에서 대통령은 행정수반인 동시에 집권당의 지도자라는 정당정부적 특성을 갖기 때문에 당정 갈등을 중요하게 고려해야 한다(강원택, 2006; 권찬호, 1999). 또 역사적 배경 측면에서 한국은 권위주의 대통령이 장기 집권하면서 의회와 행정부 간 정책이 의회의 상임위원회에서 결정되는 것이 아니라 당정협의회라는 정부와 여당 간 사전협의기구에서 결정되는 구조가 정착되었기 때문에 당정 갈등을 중요하게 고려해야 한다(박찬표, 2002).

당정 갈등은 대통령-여당 간 협력과 견제라는 상반되는 모습으로 나타난다. 먼저 여당은 정부 정책결정 과정에 참여할 기회를 확보하기 위해 대통령과의 협력을 모색하고, 대통령은 정부 정책에 대한 여론 수렴과 지지 확보를 위해 여당과의 협력을 추진한다. 이와 동시에 양자의 관계는 언제든 갈등 관계로 전환될 수 있다. 이는 여당은 국민 눈높이에서 정부 정책을 평가해야 한다는 것을 이유로 여당 우위를 주장하고, 청와대(또는 대통령실)는 정책결정 과정의 효율성과 정책 결과를 강조하면서 청와대 우위를 주장하기 때문이다(이정희, 2004).

마지막으로, 대통령 지지율 또한 대통령의 입법 성공에 영향을 미치는데(Canes-Wrone and de Marchi, 2002; 가상준·노규형, 2010), 이는 의원들이 대통령 지지율을 유권자의 선호를 나타내는 신호로 인식하고 대통령 지지율에 따라 대통령에 대한 지지 여부를 결정하기 때문이다(Gronke, Koch and Wilson, 2003; Larocca, 2006). 이럴 경우 대통령 지지율은 대통령의 입법적 성공에 영향을 미칠 것이다(Ostrom Jr. and Simon, 1985; Rivers and Rose, 1985; Rohde and Simon, 1985). 그러나 대통령의 지지율은 아무런 영향력이 없거나(Collier and Sulivan, 1995; Cohen et al., 2000), 영향력이 있더라도 매우 미미하다는 연구결과도 있다(Edwards III, 1989; Jones, 1994). 카네스 론과 드 마치(Canes-Wrone and de Marchi, 2002)는 "대통령 지지율과 입법 성공의 관계는 이슈의 성격에 따라 달라진다"라고 주장했다. 카네스 론에 따르면, 대통령 지지율이 의회에 영향력을 미치려면 대통령이 추진하는 입법 이슈가 대중의 관심을 끄는 현저한 이슈이면서 대중이 이해하기 힘든 복잡한 이슈여야 한다. 이는 대통령 지지율과 대통령의 입법 성공의 관계가 이슈의 성격이라는 구체적인 맥락에 따라 달라질 수 있음을 시사한다.

그렇다면 이상에서 살펴본 대통령의 실질 권력은 대통령법안의 입법에 어떤 영향을 미칠까.

2. 김영삼~노무현 기간의 설득정치와 실질 권력

1) 대통령의 설득정치: 의원 만남과 대중연설

대통령이 의원을 설득하는 것은 매우 은밀하게 이뤄지고 자료도 없기 때문에 객관적인 평가가 어렵다. 따라서 필자는 대통령이 재임 중 얼마나 자주 여야 지도부나 의원들을 만났는지를 통해 대통령의 설득정치를 간접적으로 추론했다.

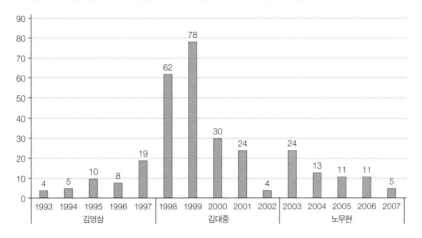

〈그림 4-1〉 김영삼~노무현 기간 대통령이 의원을 만난 빈도(단위: 회)

    한국의 대통령은 정치적 교착을 푸는 수단으로 여야 의원들과의 만남을 시도해 왔다. 이러한 만남이 모두 성공적이진 않았지만, 우호적인 정치 환경과 분위기를 만드는 데 일정 부분 기여했다. 따라서 대통령과 여야 의원 간 만남은 대통령의 설득정치에 대한 간접 지표가 될 수 있을 것이다. 〈그림 4-1〉은 김영삼부터 노무현까지 3명의 대통령이 여야 의원들과 얼마나 자주 만났는지를 보여준다. 여야 의원과의 만남은 국정운영백서의 일지와 신문기사 등으로 확인했다.

    여야 의원들을 가장 자주 만난 대통령은 김대중으로, 재임 중 총 198회(월 평균 3.30회)의 만남을 가졌으며, 다음으로 노무현 64회(월 평균 1.06회), 김영삼 46회(월 평균 0.76회)였다. 대통령별 차이는 통계적으로 유의미하다(p=.000). 특히 대통령에 따라 만남의 성격, 그리고 만남이 성사된 상황과 맥락이 매우 달랐다.

    김영삼, 김대중은 여당 총재직을 겸했기 때문에 정치적 교착을 해소하는 수단으로 여야 영수회담을 활용했다. 영수회담 횟수는 김영삼 10회, 김대중 9회이다. 반면 노무현은 '당정분리'원칙에 따라 여당과 거리를 뒀고, 일상적인 국정운영은 총리에게 맡겼기 때문에 여야 영수회담에 소극적이었다 (영수회담 총 5회).

여야 의원 만남을 시기별로 봤을 때, 김영삼은 임기가 지날수록 증가하는 반면 김대중, 노무현은 급격히 감소했다. 이러한 차이는 대통령에 따라 여야 의원과의 만남이 이뤄진 상황과 맥락이 달랐기 때문이다.

김영삼은 30년 군사 독재를 끝내고 최초의 문민정부를 열었다는 자부심을 바탕으로 '변화와 개혁을 통한 신한국 창조'라는 국정목표 아래 거침없이 개혁을 밀어붙였다. 특히 김영삼은 자신의 당선으로 사실상 '3김 정치'가 끝났기 때문에 정치적 라이벌은 존재하지 않는다고 생각했다. 자신을 여야 정쟁으로부터 초월한 국가원수로 인식했기 때문에 야당 대표의 면담 요구를 국가원수에 대한 도전으로 간주해 번번이 묵살했다.

그러나 세대교체 요구로 민자당 대표직에서 물러났던 김종필이 1995년 2월, 자유민주연합(자민련)을 창당한 뒤 6월 지방선거에서 충청과 강원 지역에서 돌풍을 일으켰다. 이와 함께 대선 패배로 정계를 은퇴했던 김대중이 같은 해 7월 복귀하면서 '새로운 3김 정치'가 열렸다(김병문, 2005). 이에 따라 지방선거는 사실상 3김 정치의 구도로 치러졌고 여당이 패배했다. 이를 계기로 김영삼은 "'개혁의 이상'보다는 선거에서의 '승리'를 우선시하는 현실론"(주돈식, 1997)으로 국정방향을 바꾸었다. 김영삼은 1995년 12월 당명을 신한국당으로 바꾸고 직접 공천권을 행사하는 등 총선에 깊이 관여하면서 의원과의 만남이 증가했다. 그리고 1996년 15대 총선에서 승리한 이후에는 국정을 주도하기 위해 여야 영수회담을 잇달아 가졌다. 1997년 들어서는 IMF 외환위기로 치닫는 경제위기를 수습하고 연말 대선 관리 등을 위해 대선 주자들과 연쇄 회동을 가지면서 의원과의 만남이 증가했다.

김대중은 임기 초기에 매우 활발히 의원들을 만났다. DJP 공동정부인 데다 IMF 외환위기를 극복하기 위해 의원과의 만남이 필요했기 때문이다. 임기 초반 활발한 의원 만남은 대부분 공동여당인 자민련과 국민회의 지도부와의 주례회동이거나 양당 의원과의 만남이었다. 김대중은 의회 소수파였기 때문에 거대 야당인 한나라당의 협조를 얻어야 했지만, 김대중은 대화보다는 '의원 빼내기'를 통해 인위적으로 여대야소를 만들려고 했다. 그리고 이에 대한 야당의 반발을 풀기 위해 영수회담을 열곤 했다.

그런데 2000년 16대 총선을 전후해 자민련과의 공조가 깨지면서 의원 만남도 급격히 감소했다. 16대 총선에서 민주당은 전체 273석 중 115석에 그친 반면 한나라당은 수도권과 호남을 제외한 전 지역에서 133석을 확보했다. 다시 여소야대 국면으로 바뀌자 김대중은 자민련과의 공조를 복원하려고 했지만 성사되지 않았다.

노무현은 2004년 3월, 헌정 사상 처음으로 탄핵소추를 당하는 등 의회와 극단적인 갈등을 빚었다. 그러나 노무현은 임기 첫해인 2003년, 여야 지도부를 만나 이라크 파병 결정, 대북송금 특별법 개정 등을 설명하고 협조를 구하는 등 여야 의원들과 활발히 접촉하면서 설득정치를 시도했다(참여정부 대통령비서실, 2009). 하지만 이러한 시도는 2003년 9월, 김두관 행자부 장관 해임건의안 가결, 윤성식 감사원장 임명동의안 부결, 같은 해 10월 대통령 측근비리 특검법 통과, 대선자금 수사 등으로 무산되었다.

노무현은 2004년 17대 총선에서 탄핵 역풍으로 승리하면서 의회 다수파가 되었다. 여당인 열린우리당은 총 299석 중 152석을 얻어 원내 과반(50.8%)을 차지했고, 한나라당은 121석, 민주노동당은 10석을 각각 얻었다. 이러한 여대야소 상황에서 노무현은 일상적인 국정운영은 총리가 맡고 대통령은 장기적인 국가전략과제에만 집중하는 방식으로 여야 정쟁으로부터 거리를 뒀다. 또 당정분리 원칙에 따라 여당과 거리를 두면서 자연스럽게 여야 의원과의 만남이 감소했다. 그리고 2005년 재보궐선거 이후 열린우리당의 과반수 의석이 무너지자 노무현은 같은 해 7월 대연정을 제안했지만 여야 모두의 반대로 무산되었다.

한편 대중을 상대로 한 대통령의 설득정치는 대중연설 횟수로 측정했다. 대통령이 연설을 통해 국민을 설득하는 것은 대통령의 가장 중요한 정치기술 중 하나이다. 재임 중 대중연설을 가장 많이 한 대통령은 김대중으로 총 820회(월 평균 13.66회)이며, 다음으로 노무현 776회(월 평균 12.93회), 김영삼 726회(월 평균 12.10회)이다. 대중연설 횟수의 대통령별 차이는 통계적으로 유의미하지 않다(p=.378).

2) 분점정부와 당정 갈등

대통령의 정당이 의회 소수파가 되는 분점정부는 1988년 13대 총선에서 처음 등장했다. 분점정부는 대통령제의 이원적 정통성에서 비롯된 자연스러운 현상이지만, 대통령의 통치가능성을 제약한다. 이에 따라 민주화 이후 대통령은 무소속 및 야당 의원 빼오기 같은 인위적인 방법으로 분점정부 상황을 변경하려고 했다. 이는 여야 갈등을 증폭시켜 국정운영을 더욱 어렵게 만들었다. <표 4-1>은 김영삼~노무현 기간의 인위적인 정계개편 사례들이다.

김영삼은 임기 중 한 번도 분점정부를 경험하지 않았다. 1996년 15대 총선 결과는 신한국당이 139석에 불과한 분점정부였지만, 무소속 및 민주당 의원 12명을 영입해 같은 해 6월 개원할 때는 과반(151석)을 확보했다.

반면 김대중은 임기 내내 의회 소수파였기 때문에 끊임없이 인위적인 정계개편을 시도했다. 1998년 공동 여당인 국민회의(전체 294석 중 79석)와 자민련(50석)을 합쳐도 과반을 넘지 못하자 야당 의원 및 무소속 의원 영입 등을 통해 같은 해 9월, 과반 획득에 성공했다. 그러나 2001년 9월, 임동원 통

〈표 4-1〉 김영삼~노무현 기간의 인위적인 정계개편 사례

대통령	총선	의원 정수	과반 여부	정당별 의석수			
				제1당	제2당	제3당	기타
김영삼	14대 총선 (1992.3)	299명	여소야대	민자당 149석	민주당 97석	국민당 31석	22석
	• 민자당은 무소속 의원 영입 등으로 원 구성 당시 156석(52.1%)으로 원내 과반 확보						
	15대 총선 (1996.4)	299명	여소야대	신한국당 139석	국민회의 79석	자민련 50석	31석
	• 신한국당은 무소속 및 민주당 의원 영입(12명)으로 원 구성 당시 151석으로 원내 과반 확보						
김대중	• 1997년 정권교체로 다시 여소야대, DJP 공조 및 의원 영입으로 1998년 9월 과반 확보						
	16대 총선 (2000.4)	273명	여소야대	한나라당 133석	민주당 115석	자민련 17석	8석
	• DJP 공조 복원(115+17)에 호남 출신 무소속 의원 4명 영입해 원내 과반(136석) 육박						
노무현	• 2003년 11월 열린우리당 창당, 47석(17.2%) 확보						
	17대 총선 (2004.4)	299명	여대야소	열린우리당 152석	한나라당 121석	민주노동당 10석	16석
	• 인위적 정계개편 없음 • 재보궐선거, 탈당 등으로 2005년 6월, 열린우리당 원내 과반 붕괴						

자료: 참여정부 대통령비서실(2009)을 참조해 재구성.

일부 장관의 해임건의안 가결을 계기로 DJP 공동정부가 완전히 무너지면서 김대중은 다시 의회 소수파가 되었다.

노무현은 정당 총재형 대통령들과 달리 인위적인 정계개편을 시도하지 않았다. 임기 초반 야당과의 협력을 시도했지만 당내 갈등과 탄핵소추안 가결 등 극심한 여야 갈등으로 실현되지 못했다. 노무현은 2004년 16대 총선에서 여당이 승리하면서 여대야소 상황을 만드는 데 성공했지만, 재보궐선거에서 잇따라 패배하면서 다시 분점정부를 맞았다.

한편 여당이 다수 의석을 차지하더라도 대통령과의 갈등이 심각하다면 대통령의 입법을 지원하는 데 한계가 있다. 정당 총재형 대통령(노태우, 김영삼, 김대중)은 여당의 총재직을 겸하면서 공천권, 인사 및 예산권 등으로

여당을 강하게 통제했기 때문에 당정 갈등이 두드러지지 않았다. 그러나 노무현은 당정분리 원칙에 따랐기 때문에 여당의 자율성이 커졌고 이로 인해 인사, 정책 등을 둘러싼 당정 갈등이 끊이질 않았다.

김영삼~노무현 기간의 당정 갈등의 특징을 보면, 첫째, 지방선거, 총선 등을 앞두고 여론이 선호하는 정책을 우선시하는 여당과 이를 거부하는 대통령·행정부 간의 갈등으로 나타났다(구세진, 2007). 둘째, 여당 의원들이 대통령과 행정부를 비판할 때도 대통령을 공개적으로 비판하는 경우는 드물었지만, 노무현의 경우에는 직접적 비판의 대상이 되곤 했다. 셋째, 임기 후반으로 갈수록 여당의 차기 대선후보가 대통령과의 차별화를 시도하면서 갈등이 커졌다. 이러한 당정 갈등으로 인해 김영삼, 김대중, 노무현 모두 임기 말 탈당했다.

3) 대통령 지지율

김영삼은 여론에 매우 민감했고 여론의 관심을 끌기 위한 정치 이벤트를 자주 벌였다. 이는 민주화투쟁 과정에서 살아남으려면 여론의 집중적인 관심과 지지가 필요하다는 사실을 체득했기 때문일 것이다(김형준, 2007). 또 노무현은 주류 세력의 저항을 극복하기 위해 여론의 지지를 동원했던 것으로 평가된다(안병진, 2004).

김영삼, 김대중은 임기 초반 높은 지지율을 기록했다. 김영삼은 취임 후 9개월까지, 김대중은 취임 후 14개월까지 80%대의 지지율을 기록하는 등 허니문 기간이 길었다. 그러나 임기 후반에는 친인척 및 최측근 비리 등으로 지지율이 하락했다. 김대중의 지지율 하락은 점진적이었던 데 반해 김영삼의 지지율은 급등락을 반복했다. 김영삼은 △1993년 말, WTO체제 출범에 따른 쌀 시장 개방으로 지지율 급락, △1995년 말, 5·18특별법 제정 등 역사바로세우기 정책으로 인한 지지율 급등, △1996년 말, 노동법 국회 날치기로 지지율 급락 등 롤러코스터 같은 변화를 겪었다. 노무현의 지지율은 취임 초 70%대에서 취임 후 4개월 만에 40%대로 떨어지는 등 허니문 기간이 매우 짧았다. 이후 의회의 탄핵소추, 남북정상회담 개최 등으로 반짝 상승하기도 했지만, 임기 내내 20~40%대에서 움직였다.

재임기간 평균 지지율은 김대중이 57.63%으로 가장 높았고, 다음으로 김영삼 51.89%, 노무현 34.21%였다. 이러한 대통령별 차이는 통계적으로 유의미하다(p=.000). 이는 김영삼, 김대중이 강한 지역적 기반을 가졌던 데 반해 노무현은 그렇지 못했기 때문일 것이다(가상준·노규형, 2010).

3. 연구방법

대통령법안의 국회 통과에 영향을 미치는 요인을 확인하기 위해 먼저 김영삼~노무현 기간의 대통령법안을 수집했다. 대통령법안은 정부제출법안 가운데 대통령의 정책목표를 담은 법안이다. 대통령의 정책목표는 국정연설, 기념사, 담화문, 회견문, 시정연설 등 대통령 연설을 통해 확인했다. 이런 방식으로 수집한 대통령법안은 1582개이다. 국회에 제출된 대통령법안의 양은 노무현이 559개로 가장 많고, 다음으로 김대중 531개, 김영삼 492개이다.

법안의 의결결과는 총 일곱 가지(원안가결, 수정가결, 철회, 폐기, 부결, 대안폐기, 임기만료 폐기)인데, 이 가운데 '원안가결'과 '수정가결'된 경우를 '입법성공(국회 통과)', 나머지는 모두 '입법 실패'로 처리했다.

대통령법안의 국회 통과에 영향을 미치는 요소는 대통령의 개인적 리더십 요소와 실질 권력 요소로 구분해 측정했다. 첫째, 개인적 리더십 요소는 의원 만남 횟수와 대중연설 횟수로 측정했다. 그리고 측정할 수 없는 대통령별 차이를 통제하기 위해 대통령별 가변수를 만들었다.

둘째, 실질 권력은 대통령법안의 국회 의결시점을 기준으로 분점정부 여부, 당정 갈등 정도, 대통령 지지율을 측정했다. 당정 갈등은 빅카인즈(www.kinds.or.kr)에서 검색어(대통령, 여당, 갈등)를 넣고 검색된 기사의 월별 총량으로 측정했다. 대통령 지지율은 리서치앤리서치(R&R)의 월별 자료를 활용했는데, 법안 의결시점의 한 달 전 지지율이 영향을 미칠 것이기 때문에 전월의 지지율 변수(지지도t-1)를 사용했다.

이밖에 대통령법안의 국회 통과에 영향을 미칠 수 있는 외부환경 요인으로, 정치환경과 경제환경을 통제했다. 정치환경은 대통령법안이 의결된 연도에 전국선거(총선, 지방선거)가 있었는지 여부를 측정했다. 정치적 경기순환이론(Nordhaus, 1975)에 따르면, 전국선거를 앞두고 대통령은 적극적으로 입법을 시도하고, 야당은 격렬히 반대할 가능성이 높기 때문이다. 경제환경으로는 국가재정 상황과 체감경기를 통제했다. 국가재정의 경우 전년도의 재정상황이 영향을 미치기 때문에 전년도 통합재정수지(재정t-1)를, 체감경기는 이번 달의 평균주가에서 전달의 평균주가를 뺀 차분변수(Δ주가)를 사용했다.

4. 설득력보다는 실질 권력

대통령법안 1582개 중 국회에서 최종 통과된 법안은 1209개로, 입법 성공률은 76.4%이다. 대통령이 여야 대립의 중심에 놓이는 한국 상황에서 대통령이 관심을 갖고 적극적으로 추진하는 법안일수록 여야 쟁점으로 부각되어 법제화가 어렵다는 점을 고려할 때(신현기, 2012), 꽤 높은 성공률이다.

<표 4-2> 대통령법안의 국회 통과(로짓분석)

변수		모형1		모형2		모형3	
		β	S.E	β	S.E	β	S.E
개인적 리더십	의원 만남	-0.10*	0.04	-0.13*	0.05	-0.31*	0.12
	대중연설	0.01	0.01	0.01	0.01	0.02	0.01
	김영삼	2.19**	0.21	2.51**	0.30	2.14**	0.36
	김대중	1.94**	0.25	2.86**	0.35	2.58**	0.37
	의원 만남 × 김영삼					0.57*	0.28
	의원 만남 × 김대중					0.20	0.13
실질 권력	여대야소			0.46*	0.20	0.41*	0.21
	당정 갈등			0.00	0.00	0.00	0.00
	지지도$_{t-1}$			-0.03**	0.01	-0.02**	0.01
외부 환경	전국선거 실시	-0.27+	0.15	-0.41**	0.16	-0.46**	0.16
	재정$_{t-1}$	0.02+	0.01	0.02*	0.01	0.02*	0.01
	Δ주가	0.00	0.00	0.00	0.00	0.00	0.00
상수		0.26	0.26	1.11**	0.35	0.97**	0.36
N		1582		1582		1582	
Pseudo R^2		0.11		0.13		0.13	
LR x^2		189.77**		218.56**		223.46**	

**p＜.01, *p＜.05, +＜.1

그러나 대통령별 입법 성공률은 김영삼이 90.7%로 가장 높고, 다음으로 김대중 82.7%, 노무현 58.0%이다. 대통령별 편차가 큰데, 이러한 차이는 통계적으로 유의미하다.

그렇다고 해서 김영삼의 입법 리더십이 가장 뛰어나고 노무현이 가장 낮다고 말할 수는 없을 것이다. 대통령의 입법 성과는 대통령의 리더십 외에도 실질 권력, 정치·경제환경의 영향을 받기 때문이다. <표 4-2>는 대통령법안의 입법 성공에 어떤 요인이 영향이 미쳤는지 분석한 결과이다. 종속변수가 이항변수(입법 성공=1, 입법 실패=0)이기 때문에 로짓(logit)분석을 했다.

<표 4-2>에서 모형1은 외부환경 변수를 통제하고 개인적 리더십 변수

를 넣은 모형이고, 모형2는 모형1에 실질 권력 변수를 추가한 모형이다. 모형3은 모형2에 의원 만남 변수와 대통령 간 상호작용을 추가한 모형이다.

대통령의 입법 리더십의 핵심은 의원과 대중을 상대로 한 설득력이다. 그런데 의원에 대한 설득을 측정한 '의원 만남' 변수는 세 가지 모형에서 모두 음(-)의 값이다. 모형3을 기준으로 의원 만남 변수의 한계효과를 분석했더니, 대통령이 의원을 1회 만날 때마다 입법 성공 가능성이 2.4% 감소했다.

또 대중에 대한 설득을 측정한 '대중연설' 변수는 세 가지 모형에서 통계적으로 유의미한 효과가 나타나지 않았다. 대중연설의 효과가 나타나려면 대통령의 지지율이 높아야 하는데, 대통령 지지율(지지도t-1)의 효과는 음(-)의 값이었다. 모형3을 기준으로 대통령 지지율의 한계효과를 봤더니, 지지율이 한 단위 높아질 때마다 입법 성공 가능성은 오히려 0.3% 감소했다.

이러한 결과는 대통령의 설득력을 강조한 노이슈타트(Neustadt, 1960)의 주장과 달리, 한국의 대통령은 의원을 상대로 설득하든 대중을 상대로 설득하든 간에 대통령법안의 입법에는 전혀 도움이 되지 않는다는 것을 의미한다. 이를 좀 더 자세히 살펴보자.

〈그림 4-2〉의 왼쪽 그림은 모형3을 기준으로 의원 만남 변수의 한계효과를 대통령별로 도식화한 것이다. 김영삼의 경우 의원 만남 횟수가 늘어날수록 대통령법안의 입법 가능성이 높아졌다. 그러나 김대중은 완만하게 감소했고, 노무현은 매우 큰 폭으로 감소했다. 즉, 대통령이 의원을 만나 설득하는 것은 김영삼의 경우에만 효과가 있었고, 다른 두 대통령에게는 효과가 없었다. 이것은 의원을 상대로 한 대통령의 설득력이 항상 효과적이지는 않으며, 대통령이 누구인지에 따라 차별적으로 나타난다는 것을 보여준다.

〈그림 4-2〉의 오른쪽 그림은 모형2에 대중연설과 대통령 지지율의 상호작용항을 추가한 모형을 만든 뒤 대중연설의 한계효과를 도식화한 것이다. 대중연설이 여론을 움직여서 의원을 압박하려면 대통령의 지지율이 높

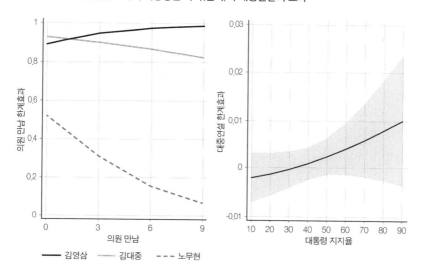

〈그림 4-2〉 의원 만남 효과의 대통령별 차이(왼쪽)와 대중연설의 효과

아야 한다. 인기 없는 대통령은 아무리 대중연설을 해도 여론을 움직일 수 없기 때문에 의원들을 압박할 수 없을 것이기 때문이다. 오른쪽 그림을 보면, 대중연설의 한계효과는 확실히 대통령이 지지율이 높아질수록 커진다. 그러나 그 효과는 대통령 지지율이 40%를 넘어야 겨우 양(+)의 값을 가지며, 대통령 지지율이 90%일 때 한계효과의 크기가 1%, 즉 입법 성공 가능성을 1% 정도 높일 뿐이다. 다시 말해 대중연설을 통한 대중호소전략도 대통령의 입법 성과에는 거의 영향을 미치지 못하는 것이다.

이처럼 대통령의 설득력은 대통령법안의 입법에 별다른 영향을 미치지 못한 반면, 여대야소, 전국선거, 국가재정 상황 등은 영향을 미쳤다. 모형3을 기준으로 한계효과를 살펴보면, 여대야소일 때 입법 성공 가능성은 6.4% 높아졌다. 전년도의 재정상황이 좋을 때도 입법 성공 가능성은 높아졌다. 그러나 전국선거가 있는 해에는 입법 가능성이 7% 낮아졌는데, 임기 중 치러지는 중간선거는 현직 대통령에 대한 심판 정서가 강한 데다 여야가 선거 승리를 위해 더욱 격렬하게 충돌하기 때문일 것이다.

이 장의 결과는 '대통령의 설득력' 명제가 한국 대통령에게는 적용되지 않는다는 점을 보여준다. 왜 그럴까. 아마 민주화 이후 대통령·여당 대 야당의 구도로 이뤄지는 대결정치 상황과 관련이 있을 것이다. 민주화 이후 야당의 공격은 정책 결정과 국정운영을 주도하는 대통령에게 집중되었다(김만흠, 2011). 이런 상황에서 야당 의원들은 법안의 상세한 내용을 모르더라도 일단 대통령법안이면 무조건 반대했을 가능성이 높다(Lee, 2018). 이처럼 민주화 이후 대통령법안은 늘 여야의 쟁점 법안이 되었기 때문에 대통령이 의원을 만나 설득하고 여론의 지지를 동원해 압박해도 국회를 통과하기가 어려웠을 것으로 생각된다.

대통령의 설득정치가 거의 작동하지 않는 상황에서 민주화 이후 대통령-의회 관계는 둘 중 하나였다. 대통령의 정당이 의회 다수파일 때는 다수의 힘으로 밀어붙였고, 의회 소수파가 되면 시행령 등 행정입법을 통해 의회를 우회하는 것이었다. 어느 것이든 다시 대결정치를 강화하는 악순환을 불러왔다.

05

대통령의 시간 관리

    대통령은 대통령법안의 국회 통과뿐 아니라 국회 통과까지 걸리는 시간도 관리해야 한다. 민주화 이후 대통령은 다음 임기가 없는 단임제 대통령이기 때문에 입법 소요시간에 매달릴 수밖에 없었다. 박근혜의 사례는 이를 잘 보여준다.

    2013년 2월, 박근혜 대통령 당선인은 임기 초반에 밀어붙이지 않으면 정치일정에 밀려 국정 동력을 상실할 수 있기 때문에 임기 첫해에 공약 대부분을 입법하겠다고 말했다. 그러나 신임 대통령의 '정부조직법' 개정안이 국회를 통과한 것은 취임한 지 한 달 뒤, 국회 제출 52일 만이었다. 2년 뒤인 2015년 2월, 박근혜는 빠른 입법을 촉구하면서 또 이렇게 말했다.

    경제를 생각하면 저는 좀 불쌍하다는 생각도 든다. 지난번 부동산 3법도 작년에 어렵게 통과되었는데 비유하자면 아주 퉁퉁 불어터진 국수였다. 그것을 그냥 먹고도 경제가, 부동산이 힘을 좀 내 가지고 꿈틀꿈틀 움직이면서 활성화되고 집 거래도 많이 늘어났다. 불어터지지 않고 아주 좋은 상태에서

먹었다면 얼마나 힘이 났겠는가.

박근혜의 사례는 대통령법안의 국회 통과 과정에서 시간 관리가 중요하다는 것을 말해준다. 이 장에서는 대통령법안이 국회를 통과하기까지 걸리는 시간('입법 소요시간')과 여기에 영향을 미치는 요인에 대해 살펴본다.

1. 대통령법안의 입법 소요시간

1) 국정운영의 시간적 차원

대통령의 정책의제가 제도적·재정적 기반을 갖고 실현되려면 국회의 입법과정을 거쳐 법제화되어야 한다. 이때 대통령은 대통령법안의 국회 통과뿐 아니라 시간 관리에도 주의를 기울여야 한다. 이를 5년 단임 대통령제라는 제도적 측면과 정책의 실효성 측면에서 생각해 볼 수 있다. 첫째, 5년 단임 대통령제라는 제도적 측면에서 보면, 대통령에게 시간은 매우 제한된 자원이다. 대통령이 어떤 사회문제에 정책적으로 개입하기로 결정하고 이를 법제화하는 데는 적지 않은 시간이 소요된다. 또 법률에 의거해 예산과 인력의 뒷받침을 받으면서 정책을 집행하기까지도 엄청난 시간이 소요된다. 이처럼 법제화를 포함한 정책결정에서부터 정책집행까지 많은 시간이 소요되지만 대통령의 임기는 5년 단임으로 제한되어 있다는 점을 고려할 때, 대통령법안이 가능한 한 신속하게 국회를 통과해야 한다. 또 대통령의 권력은 시간이 지날수록 약화되는 경향이 있기 때문에 우선순위가 높은 정책일수록 임기 초반에 법제화해야 한다(Peterson, 1990).

둘째, 정책의 실효성 측면에서 보면, 대통령법안의 국회 통과가 너무 지체될 경우 현장에서는 당초 이슈가 되었던 문제가 악화되어 처음의 상태를 전제로 한 정책결정이 아무 효과를 내지 못하게 된다(정정길, 2002a; 2002b). 또 법안 통과가 지연되는 동안 대통령의 정책에 반대하는 집단이나 세력이 결집함으로써 법안의 국회 통과가 더욱 어려워질 수 있다. 따라서 성공적인 국정운영을 위해서는 대통령법안의 국회 통과가 적시에 이뤄져야 한다.

정책연구에서는 시간의 중요성을 강조하는 연구들이 있어왔다. 정정길 (2002a; 2002b)은 여러 개혁 정책을 동시에 추진할 때 이들 정책 간의 시간적 순서를 적절히 고려하지 못해 정책이 실패하거나 역효과가 날 수 있다는 점을 근거로 정책집행론의 관점에서 시차이론을 제시했다. 또 임도빈 (2003)은 조직론의 관점에서 여러 행정부처마다 존재하는 독특한 시계를 관찰하고, 이러한 개별적 시간의 관점에서 행정관료제의 운영방식을 실증적으로 분석했다.

정책연구에서 시간은 여러 차원의 의미를 갖는다. 민병익·이시원(2010)은 정책과 관련된 시간을 ① 시간적 선후, ② 시차, ③ 소요시간과 적시성, ④ 성숙시간, ⑤ 속도 등 다섯 가지 차원으로 구분했고, 임도빈(2007)은 조직 관리의 측면에서 ① 지속, ② 시점, ③ 순서, ④ 시한, ⑤ 주기, ⑥ 리듬 등 여섯 가지 차원으로 구분했다.

이러한 시간의 관점은 대통령의 입법 성공을 분석하는 데도 새로운 시각을 제공한다. 대통령의 입법 성공은 일차적으로 대통령법안의 국회 통과 여부를 의미하지만, 이 과정에서 너무 많은 시간이 소요되면 그 효과는 제한적일 수밖에 없다. 왜냐하면 대통령의 권력은 시간이 지날수록 약화되기 때문에 임기 후반에 통과된 법안은 정책집행의 추동력이 떨어지는 데다 법안의 국회 통과가 늦어질수록 처음의 상황이 악화되어 당초 의도했던 정책 효과를 기대할 수 없기 때문이다.

이처럼 법안 통과의 적시성은 정책의 실효성과 대국민 신뢰를 높이는 데 필수적인 만큼 시간의 차원에서 대통령의 입법 성공을 분석해야 할 필요성이 크다. 이런 관점에서 임도빈 외(2008)는 노무현의 주요 정책 219개를 대상으로 이들 정책이 정책이슈로 설정된 뒤부터 공식정책으로 확정될 때까지 소요된 시간을 분석했다. 분석 결과, 법제화 정책(법안, 시행령 등으로 정책화)의 경우에는 평균 488일, 비법제화 정책은 평균 306일이 소요되었다.

민병익·이시원(2010)은 경상남도 의회에서 조례가 통과되는 데 소요된 시간을 연구했다. 1995~2007년까지 경상남도 의회에서는 심의된 조례 940개가 의회에 접수되어 통과될 때까지 평균 28.5일이 소요되었는데, 여기에는 조례 발의자, 정책유형, 소관 상임위원회, 상임위 및 본회의의 처리결과, 지방의회의 여야 구성 등이 영향을 미쳤다. 이 연구는 지방의회에서의 조례 통과라는 정치적 단계에 초점을 맞추었다는 데 의의가 있지만, 지방의회 수준의 연구라는 점이 한계이다.

목진휴·박기묵(2008)은 14~17대 국회에 접수된 정부제출법안과 의원발의법안 중에서 제정법률안 전체(560개)와 표본추출한 개정법률안(401개)을 대상으로 법안의 국회 통과 소요시간을 분석했는데, 법안 통과 소요시간에는 법안의 접수주체(정부 또는 의원), 의원의 임기, 대통령 선거 실시 여부, 여소야대 여부, 상임위의 여당 비율 등이 영향을 미쳤다.

2) 한국의 입법과정의 특수요인

대통령이 추진하는 정책은 먼저 행정부의 내부 절차를 거친다. 이 가운데 법제화가 필요 없는 정책은 대통령이 주재하는 국무회의에서 최종 결정되지만, 법제화가 필요한 정책의 경우 행정부 내 추가절차(입법예고 → 규제심사 → 법제처심사 → 국무회의)를 거쳐 정부제출법안으로 성안된 뒤 국회에 제출된다. 이때부터 대통령법안의 정치적 단계가 시작된다. 대통령법안의 정치적 단계, 즉 입법과정은 국회를 둘러싼 입법환경 요인과 입법행위자 간 역학관계에 따라 달라진다(최정원, 2004). 따라서 대통령법안의 국회 통과 또는 통과 소요시간은 크게 대통령의 개인적 리더십, 실질 권력, 정치·경제적 환경의 영향을 받는다.

이 외에 한국의 입법과정이 지닌 특수요인도 영향을 미치기 때문에 이를 고려해야 한다. 한국의 입법과정의 특수요인으로는 '우회입법', '무더기입법', '날치기' 등을 꼽을 수 있다. 첫째, 우회입법은 까다로운 정부 내부의 입법절차 또는 정부부처 간 이견 조율 등을 회피할 목적으로 사실상 정부 입법이지만 의원 입법의 형식을 빌려 법안을 제출하는 것을 말한다. 실제로 임도빈 외(2008)의 연구에 따르면, 법제화가 필요 없는 정부 정책은 최종 결정까지 306일이 걸렸지만, 법제화가 필요한 정부 정책은 각종 내부 절차 등으로 시간이 지체되어 488일이 소요되었다. 또 18대 국회에 접수된 규제 법안 1986건 중 93%가 의원발의법안이었는데, 이는 의원 입법의 경우 규제심사와 관련된 입법절차가 정부 입법에 비해 상대적으로 느슨하기 때문이었다(음선필, 2012).

그런데 이러한 우회입법은 '법안 접수단계'에서뿐만 아니라 국회 상임위원회의 '법안 심사단계'에서도 일어난다. 상임위원회는 직접 법안을 만들기도 하지만, 대개는 의원법안이나 정부법안을 심사해서 대안 법안을 만든다. 이 과정에서 상임위원회는 완성도가 높은 정부법안의 내용을 대부분 대안에 반영하는 경향이 있다. 그래서 법제처는 정부법안이 상임위 대안으로 대체되는 '대안폐기'의 경우를 사실상 '국회 통과'로 간주한다(음선필, 2012). 이같은 상임위 대안을 통한 우회입법은 대통령법안의 통과 소요시간을 크게 단축시킬 것이다. 상임위 대안은 이미 여야 간에 합의를 본 사안이기 때문에 대부분 가결되며, 처리기간도 한 달을 넘지 않았다(임종훈·박수철, 2006). 문제는 수많은 의원 입법 가운데 어떤 것이 우회입법을 노린 대통령법안인지

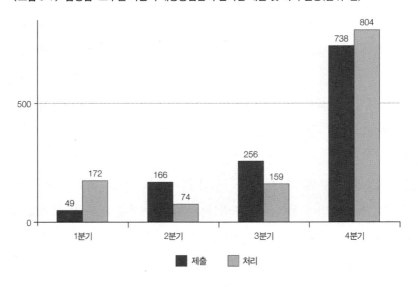

〈그림 5-1〉 김영삼~노무현 기간의 대통령법안의 분기별 제출 및 처리 현황(단위: 건)

구별하기 힘들다는 점이다.

둘째, 한국 입법과정의 또 다른 특징은 정기국회가 열리는 4분기에 법안이 집중적으로 제출되거나 통과되는 '무더기입법' 현상이 나타난다는 점이다. 특히 정기국회 회기에는 국정감사, 예결산심사가 맞물려 법안 심사 시간이 충분하지 않기 때문에 정부제출법안의 대부분이 정부 원안대로 통과되거나 사소한 수정을 거쳐 통과되는 등 졸속 처리되는 경우가 많다. 따라서 정부는 이를 노리고 법안 심사시간을 단축하기 위해 4분기에 법안 제출량을 늘린다(박찬표, 2002; 최정원, 2004). 〈그림 5-1〉은 김영삼~노무현 기간에 이루어진 대통령법안의 분기별 제출 및 처리 현황이다.

마지막으로, 2012년 5월, '국회 선진화법'이 시행되기 전까지 입법과정의 또 다른 특수요인은 '날치기'였다. '국회 선진화법'은 국회의장이 특정 법안을 직권으로 본회의에 상정할 수 있는 경우를 "천재지변, 전시·사변 등 국가 비상사태"로 제한함으로써 다수당의 일방적인 법안 처리, 소위 '날치기'와

<표 5-1> 김영삼~노무현 기간의 날치기 사례

대통령	발생 시점	날치기 내용
김영삼	1993. 11	보사위에서 환경관리공단법 개정안
	1993. 12	예결위, 농림수산위, 재무위에서 예산안 및 관련 법안
	1994. 12	본회의에서 예산안 및 47개 법안
	1996. 12	본회의에서 안기부법, 노동관계법 등 11개 법안
김대중	1999. 1	(1월 6일) 본회의에서 교육공무원법 개정안 등 65개 법안 및 한일어업협정 비준동의안 (1월 7일) IMF국정조사계획서와 영화진흥법 개정안 등 4개 안건
	1999. 5	본회의에서 정부조직법 등 6개 안건
	2000. 7	운영위에서 국회법 개정안
노무현	2005. 12	본회의에서 사립학교법 개정안
	2006. 5	본회의에서 3·30부동산대책 후속 입법 등 6개 법안

그로 인한 물리적 충돌을 방지하기 위해 제정되었다. 그러나 '국회 선진화법'이 시행되기 전까지는 쟁점 법안을 날치기하는 사례가 빈번히 발생했다. 전진영(2011a)은 "쟁점 법안을 둘러싼 원내 정당 간 갈등으로 인해 국회법과 같은 공식적 규범이 정한 원칙과 절차에 따라 해결되지 못하고, 소수당의 의사일정 거부나 회의장 점거로 인해서 의사파행으로 이어지고, 결국 다수당의 단독 강행처리로 귀결"된다고 말했다. <표 5-1>은 김영삼~노무현 기간에 발생한 날치기 사례이다.

날치기는 주로 단점정부에서 일어났으며, 날치기된 쟁점 법안의 대부분은 대통령이 추진하는 법안이었다(전진영, 2011a; 2011b). 이는 대통령이 적극적으로 추진하는 정책이나 법안일수록 쟁점 법안으로 부각될 가능성이 높고, 이로 인해 여당이 날치기를 통해 법안을 강행처리했음을 의미한다. 따라서 대통령법안의 국회 통과와 통과 소요시간에 '날치기'가 적지 않은 영향을 미칠 것으로 예상되는 만큼 실제 분석에서는 이러한 특수요인을 반드시 고려해야 한다.

2. 연구방법

앞 장에서 언급했듯이 김영삼~노무현 기간에 제출된 대통령법안은 1582
개이며, 이 가운데 1209개(76.4%)가 국회를 통과했다. 필자는 국회 통과에
성공한 법안 1209개를 대상으로 입법 소요시간과 영향요인을 분석했다.

대통령법안의 입법 소요시간은 법안이 국회에 제출된 날부터 통과된 날
까지의 일수로 계산했다. 그런데 개별 법안마다 국회 통과라는 사건이 발생
한 시점이 다르기 때문에 데이터가 중도에 절단되었을 가능성이 있다. 따라
서 이런 데이터는 생존분석 방법으로 분석하는 것이 타당하다. 그러나 필자
는 현직 대통령의 임기가 끝난 뒤 처리된 법안은 해당 대통령의 입법 성과라
고 볼 수 없다고 가정하고, 임기 종료 후 처리된 법안은 분석대상에서 제외
했다.

대통령법안의 입법 소요시간에 영향을 미치는 요소는 대통령의 개인적
리더십, 실질 권력 요소, 입법과정 특수요인으로 구분해 측정했다.

첫째, 개인적 리더십 요소로는 대통령의 입법기술을 측정했다. 의원을
상대로 한 설득은 의원 만남 횟수로 측정했다. 특히 입법기술과 관련해 대
통령은 법안의 신속한 통과를 위해 국회 통과가 쉬운 법안과 그렇지 않은 법
안을 적절히 조합해야 한다(Eshbaugh-Soha, 2005). 이러한 관점에서 봤을
때, 신규 법안에 비해 기존 법안이 상대적으로 입법이 쉬울 것이기 때문에
전면개정법안 또는 제정법안을 제외한 법안을 '기존 법안'으로 코딩했다(기
존 법안=1, 기존 법안이 아닌 법안=0). 또 특정 이익집단과 관련된 법안은 이
익집단들의 조직적 관여로 법안 통과가 어려운 반면, 그렇지 않은 법안은
상대적으로 법안 통과가 쉬울 것이다. 의안정보시스템에서 해당 법안의 이
해관계자가 사업자, 농민, 교사 등으로 명확히 명시되었으면 '이익집단법안'
으로 코딩했다(이익집단법안=1, 이익집단법안이 아닌 법안=0). 그리고 측정할

수 없는 대통령 리더십의 개인차를 통제하기 위해 대통령별 가변수를 만들었다.

둘째, 실질 권력은 대통령법안의 의결시점을 기준으로 분점정부 여부, 당정 갈등 정도, 대통령 지지율을 측정했다.

셋째, 입법과정 특수요인으로 무더기입법 여부는 대통령법안이 4분기에 의결되었는지 여부를 가변수로 처리했다. 또 날치기 여부는 김영삼~노무현 기간 동안 날치기가 발생했던 월(〈표 5-1〉 참조)에 대통령법안이 의결되었는지 여부를 가변수로 처리했다.

이밖에 대통령법안의 국회 통과에 영향을 미칠 수 있는 외부환경 요인으로 정치환경, 경제환경, 언론환경 요인을 통제했다. 정치환경 요인으로는 대통령법안이 의결된 연도에 전국선거(총선, 지방선거)가 있었는지 여부를 측정했다. 경제환경 요인으로는 전년도 통합재정수지 변수(재정t-1)를 측정했다. 언론환경 요인으로는 김영삼~노무현 기간에 신문(≪조선일보≫, ≪동아일보≫, ≪경향신문≫, ≪한겨레≫)에 실린 대통령 관련 부정적 사설의 월별 빈도를 측정했다. 부정적 사설은 빅카인즈(www.kinds.or.kr)에 검색어로 '대통령'을 넣고 검색된 사설 중 대통령 개인 또는 대통령의 국정운영을 부정적으로 평가한 사설이다.

3. 소요시간 단축을 위한 대통령 리더십

국회를 통과한 대통령법안 1209개는 국회 제출부터 통과까지 소요된 시간이 평균 92.01일이었다. 대통령별로는 김영삼이 64.77일로 가장 짧았고, 다음으로 김대중 69.93일, 노무현 159.42일이었는데, 이러한 차이는 통계적으로 유의미하다(〈표 5-2〉 참조).

대통령	N	소요시간(일)	표준편차	최솟값	최댓값	F값
김영삼	446	64.77	74.95	3	762	
김대중	439	69.93	72.37	7	490	111.81**
노무현	324	159.42	137.25	17	945	
합계	1209	92.01	103.32	3	945	

**p<.01, *p<.05, +<.1

노무현의 경우 대통령법안의 국회 통과가 다른 대통령보다 2배 이상 지체되었는데, 이는 대통령-의회 관계가 매우 어려웠기 때문일 것이다. 노무현은 임기 첫해 민주당의 분당으로 인해 의회에서 대통령법안을 지원할 여당이 존재하지 않았고, 2004년 17대 총선에서 열린우리당이 과반 의석을 차지한 뒤에도 당정 갈등이 끊이지 않았다. 이후 재보궐선거에서 잇따라 패배하면서 1년 만에 다시 여소야대 상황으로 바뀌었다.

이번에는 대통령법안의 통과에 소요된 시간을 기간별로 재분류했다(〈표 5-3〉 참조). 정책의 시간 관리를 분석하기 위해서는 평균 소요시간보다 기간별 소요시간을 살펴보는 것이 더 실용적이기 때문이다.

〈표 5-3〉을 보면, 김영삼과 김대중의 경우 대통령법안의 80%가량이 3개월 이내에 국회를 통과했다. 노무현은 3개월 이내에 국회를 통과한 대통령법안의 비율이 38.6%에 불과하다. 그러나 대통령이 누구인지를 막론하고 대통령법안의 대부분은 1년 이내에 국회를 통과했음을 알 수 있다.

그렇다면 대통령법안의 입법 소요시간에 영향을 미치는 요인은 무엇일까. 입법 소요시간을 종속변수로 놓고 〈표 5-4〉와 같이 세 가지 모형을 만들었다. 정치·경제·언론환경을 통제한 상태에서 대통령의 개인적 리더십(설득과 입법기술)을 넣은 모형1을 기본으로, 차례로 실질 권력 요인을 추가하고(모형2), 입법과정 특수요인을 추가했다(모형3).

〈표 5-4〉에서 보는 바와 같이, 개인적 리더십 관련 변수는 세 가지 모

<표 5-3> 대통령법안 입법 소요시간의 기간별 비율

	1개월 이하	2개월 이하	3개월 이하	6개월 이하	1년 이하	1년 6개월 이하	2년 이하	2년 6개월 이하	3년 이하
김영삼	149건 (33.4%)	154건 (67.9%)	54건 (80.0%)	70건 (95.7%)	11건 (98.2%)	7건 (99.8%)	0건 (99.8%)	1건 (100%)	0건 (100%)
김대중	129건 (29.4%)	157건 (65.2%)	59건 (78.6%)	60건 (92.3%)	30건 (99.1%)	4건 (100%)	0건 (100%)	0건 (100%)	0건 (100%)
노무현	11건 (3.4%)	65건 (23.5%)	49건 (38.6%)	98건 (68.8%)	77건 (92.6%)	17건 (97.8%)	3건 (98.7%)	3건 (99.6%)	1건 (99.9%)

주: 괄호 안은 법안이 통과된 누적비율을 의미함.

<표 5-4> 대통령법안의 통과 소요시간(회귀분석)

변수		모형1 β	모형1 S.E	모형2 β	모형2 S.E	모형3 β	모형3 S.E
개인적 리더십	의원 만남	-8.64**	1.98	-10.42**	2.32	-11.51**	2.39
	기존 법안	-48.90**	14.54	-58.80**	14.30	-52.55**	14.29
	이익집단법안	38.87**	11.83	75.21**	13.18	79.11**	13.06
	김영삼	-51.58**	10.67	-47.91**	11.64	-46.25**	11.56
	김대중	-17.96	13.11	5.74	14.70	7.98	14.94
실질 권력	여대야소			9.05	11.65	10.86	11.60
	당정 갈등			-0.73**	0.20	-0.60	0.20
	지지도$_{t-1}$			-1.44**	0.22	-1.23	0.23
입법과정상 특수요인	4분기 제출					-29.16**	5.82
	날치기 여부					-10.87*	10.25
통제변수	전국선거 실시	25.21**	6.59	17.78**	6.57	13.46+	7.64
	재정$_{t-1}$	-2.99	2.93	-10.49**	3.10	-10.33**	3.12
	부정적 언론 관계	3.27**	0.59	3.34**	0.64	3.14**	0.65
상수		107.57**	13.22	161.80**	15.86	166.03**	15.83
N		1144		1144		1144	
수정된 R^2		0.20		0.24		0.25	
F		37.21**		33.18**		30.91**	

**$p < .01$, *$p < .05$, +$< .1$

형에서 모두 대통령법안 통과 소요시간에 통계적으로 유의미한 영향을 미쳤다. 대통령의 설득력을 측정한 '의원 만남' 변수는 대통령법안의 통과에는 영향을 못 미쳤지만(제4장 참조), 일단 통과된 대통령법안의 소요시간을 단축하는 데는 효과적이었다. 즉, 대통령의 의원 만남이 1회 증가할수록 대통령법안의 소요시간은 모형에 따라 8.64~11.51일 단축되었다. 대통령이 어떤 식으로 법안을 제출할지와 관련된 입법기술도 소요시간에 영향을 미쳤다. 대통령법안과 연관된 이해관계자가 있는 법안('이익집단법안' 변수)일 경우 소요시간이 38.87~79.11일 증가했다. 반면 기존 법안을 일부 수정한 개정법안일 경우('기존 법안' 변수) 통과 소요시간이 48.90~52.55일 단축되었다.

실질 권력과 관련된 변수 가운데 여대야소 변수의 효과는 나타나지 않았다. 이는 여대야소 상황은 대통령법안의 국회 통과에는 긍정적인 영향을 미치지만(제4장 참조), 법안의 소요시간에는 별다른 영향을 미치지 못했다는 것을 의미한다. 또 대통령 지지율은 대통령법안의 통과에는 부정적이지만, 소요시간 단축에는 긍정적이었다. 따라서 세 가지 변수('의원 만남', '여대야소', '지지도$_{t-1}$')의 경우, 같은 변수라도 대통령법안의 통과와 통과 소요시간에 대해서 각각 다른 효과를 미친다는 것을 알 수 있다.

한편 모형3에서 대통령법안을 4분기에 제출했을 경우 통과 소요시간이 29.16일 단축되었고, 대통령법안 통과 시점에 날치기가 있었을 경우 소요시간이 10.87일 줄었다. 특히 모형2에서 당정 갈등이 입법 소요시간을 단축한다는 의외의 결과는 모형3에서 입법과정 특수요인을 통제했더니 사라졌다. 즉, 당정 갈등이 증가할수록 입법 소요시간이 단축된다는 모형2의 결과는 분석모형에서 입법과정 특수요인이 생략됨으로써 나타난 허위적 인과관계였음을 알 수 있다.

통제변수의 효과는 기존 이론의 예측과 일치했다. 전국선거가 있는 해에는 입법 소요시간이 13.46~25.21일 증가했는데, 이는 대통령법안을 놓고 여야 갈등이 커지면서 대통령법안이 쟁점 법안으로 부각되기 때문일 것이다. 전년도의 양호한 국가재정 상황은 대통령법안의 입법 소요시간을 10일가량 단축시키는 효과가 있었다. 특히 언론이 대통령을 부정적으로 다룰수록 대통령법안의 소요시간이 3일가량 증가했다. 이는 대통령에 대한 언론의 부정적 평가가 대통령법안과 관련한 여야 협상에 부정적인 영향을 미친다는 것으로, 입법과정에 대한 언론의 영향력을 시사하는 것이다.

다시 국회의 느린 입법 속도를 '불어터진 국수'라고 비판했던 박근혜에게로 돌아가 보자. 제4장의 분석에 따르면, 대통령법안을 국회에서 통과시키는 데서 대통령의 설득정치는 별다른 효과가 없었다. 대통령의 관심 법안일수록 여야 정쟁의 중심에 놓이기 때문이다. 그런데 이 장의 분석 결과는 조금 다르다. 일단 국회를 통과한 대통령법안일 경우, 대통령이 의원을 만나 설득하는 것, 또는 법안유형을 적절히 조합하는 입법기술 등이 입법 소요시간을 단축하는 데 매우 효과적이었다. 이는 대통령의 개인적 리더십 요인을 만병통치약처럼 다루는 것도 문제이지만, 그렇다고 아무것도 아닌 것처럼 취급하는 것도 문제라는 것을 보여주는 결과라고 생각된다.

06

인사청문회는 대통령의 인사권을 견제하는가

민주화 이후 핵심 이슈 중 하나는 대통령 권력을 효과적으로 견제하는 것이었다. 특히 대통령의 인사권 견제가 부각되었는데, 입법과정과 달리 행정부 인사권을 배타적으로 행사하는 것이 제왕적 대통령을 만드는 핵심 원인으로 지목되었기 때문이다(이선우, 2022). 이러한 배경 속에서 2000년 대통령 인사권에 대한 견제와 공직 적격자 검증을 목표로 인사청문회가 도입되었다.

2000년 도입된 인사청문회는 헌법이 국회 동의를 필수로 규정한 공직을 대상으로 했다. 이후 인사청문 대상은 2003년 이른바 4대 권력기구장(국가정보원장, 검찰총장, 국세청장, 경찰청장), 2006년 국무위원 등으로 꾸준히 확대되어 현재 66개 공직에 이른다. 그렇지만 인사청문회가 과연 의도했던 목표를 달성했는지에 대해서는 부정적인 평가가 많다. 그 이유는 두 가지이다. 첫째, 제도 설계 측면에서 국회 임명동의가 필요 없는 공직의 경우 국회가 반대하더라도 대통령이 임명을 강행할 수 있기 때문에 대통령 인사권에 대한 견제가 무의미하다는 것이다. 둘째, 제도 운영 측면에서 현행 인사청문회 기간은 최대 3일 이내여서 공직 후보자에 대한 충분하고 실질적인 검증이 어렵다는 것이다.[1] 또 현행 인사청문회는 도덕성 검증이라는 명분으로 공직 후보자에 대한 흠집 내기와 폭로식 의혹 제기에만 몰두하는 여야 정쟁의 장으로 변질되었다. 특히 대통령이 지명한 후보자를 여당은 무조건 두둔하고 야당은 사생결단식으로 공격하는 정파적 모습은 정부와 정치에 대한 불신과 냉소를 키우는 것으로 평가된다.

한국의 인사청문회는 미국을 모델로 삼았다. 그러나 미국도 상원의 인준 지연이 갈수록 심해져 인준절차 변경 등 제도 개선이 논의되고 있다(Bond, Fleisher and Krutz, 2009; Carey, 2012). 따라서 우리도 인사청문회 무용론을 제기하기 전에 우리 제도가 어떤 효과를 만들어냈는지 분석하는 작업이 선행되어야 한다. 이러한 문제의식하에 필자는 인사청문회를 도입한 이후 공직 후보자의 자질과 능력에 어떤 변화가 나타났는지 살펴본다.

1. 한국 인사청문회의 제도적 특징

미국 헌법은 행정부 공직 설치의 권한은 의회에 부여하지만 그 자리를 채우는 임명 권한은 대통령에게 부여함으로써 대통령으로 하여금 의회를 견제하게 한다. 동시에 대통령이 공직 후보자를 임명할 때 반드시 상원으로부터 조언과 동의를 구하도록 규정함으로써 의회로 하여금 대통령의 임명권을 견제하게 한다. 이 같은 견제와 균형의 시스템에 의해 대통령이 공직 후

---

[1] 현행 '인사청문회법'에 따르면, 대통령이 국회에 공직 후보자에 대한 임명동의안 또는 인사 청문 요청안을 제출한 날로부터 20일 이내에 모든 절차를 마무리해야 한다. 임명동의안 회부 후 15일 이내에 인사청문을 실시해야 하므로, 청문회 기간은 단 3일이다. 청문회가 끝나면 3일 이내에 심사경과 보고서를 국회의장에게 제출해야 한다.

<표 6-1> 2025년 기준 인사청문 대상

구분	대상		인원	합계
국회 임명동의 필수 공직	국무총리(대통령 당선인 지명 국무총리 포함), 대법원장, 헌법재판소장, 감사원장, 대법관 13명		17명	23명
	국회가 선출하는 헌법재판관 3명, 중앙선거관리위원 3명		6명	
국회 임명동의 비필수 공직	헌법재판관	대통령 임명 3명, 대법원장 지명 3명	6명	43명
	중앙선거관리위원	대통령 임명 3명, 대법원장 지명 3명	6명	
	주요 기관장	국가정보원장, 국세청장, 검찰총장, 경찰청장, 합동참모의장, 방송통신위원장, 공정거래위원장, 금융위원장, 국가인권위원장, 한국은행 총재, 특별감찰관, 한국방송공사 사장, 고위공직자범죄수사처장	13명	
	국무위원	국무위원(대통령 당선인 지명 국무위원 후보자 포함)	18명	

보자를 임명하는 절차는 대통령의 지명 → 상원 인사청문회의 인준 → 대통령에 의한 임명 등 3단계를 밟는다. 행정부 내에서 인사청문회를 거쳐야 하는 PAS(Presidential Appointees requiring Senate confirmation) 직위의 숫자는 2024년 기준으로 1200~1300개이다.

한국은 2000년, 미국의 인사청문회를 모델로 해서 인사청문회 제도를 도입했다. 당시 인사청문 대상은 헌법에서 국회의 임명동의를 필수로 규정한 23개 공직이었다. 이후 인사청문 대상은 2003년 1월, 대통령 권력의 핵심이라고 할 수 있는 4대 권력기구장(경찰청장, 검찰총장, 국가정보원장, 국세청장)으로 확대되었고, 2005년 초, 교육부총리 후보자가 대학총장 시절 판공비 부당 사용 등으로 임명된 지 사흘 만에 물러난 사건을 계기로 전 국무위원으로 확대되었다. 2025년 1월 기준으로 인사청문 대상은 66개 직위에 이른다.

<표 6-1>에서 알 수 있는 것처럼, 한국 인사청문회의 가장 중요한 제도적 특징은 인사청문 절차가 국회의 임명동의가 필수인 공직('임명동의 공직')과 그렇지 않은 공직('비임명동의 공직')으로 이원화되어 있다는 점이다. 행정부로만 한정해서 보면, 대통령이 국무총리, 감사원장 등을 임명하려면 반

	김대중	노무현	이명박	박근혜	문재인	윤석열 (2024년 9월 기준)
인사청문 횟수(A)	4	49	80	75	90	64
국회의 인준 거부(B) (B/A)	2 (0.50)	4 (0.08)	22 (0.28)	14 (0.19)	25 (0.28)	35 (0.56)
대통령의 임명 강행(C) (C/B)	0 (0.00)	3 (0.75)	16 (0.73)	9 (0.64)	20 (0.80)	30 (0.86)

드시 인사청문회를 거쳐 국회의 동의를 얻어야 한다. 그러나 장관과 4대 권력기구장 등은 여야 갈등 등으로 인사청문회가 열리지 않는 경우도 있으며, 야당이 반대하더라도 대통령이 임명을 강행할 수 있다.

실제로 역대 정부에서는 국회가 거부했음에도 대통령이 임명을 강행한 경우가 적지 않다. 여기서 국회의 거부란 국회 임명동의 대상(국무총리, 감사원장)에 대한 임명동의 부결, 임명동의 요청 철회, 그리고 비임명동의 공직에 대한 청문보고서 미채택, 청문회 중 사퇴 등을 모두 포함한 것이다. 역대 정부마다 인사청문 대상이 달라 단순 비교가 어렵지만, 비임명동의 공직에 대한 대통령의 임명 강행 사례는 〈표 6-2〉와 같다.

〈표 6-2〉를 보면, 최근 대통령으로 올수록 행정부 공직에 대한 국회의 인준 거부, 대통령의 임명 강행이 증가하고 있다. 이는 문재인, 윤석열 시기에 정치적 양극화가 심해지면서 인사청문회를 둘러싼 여야 갈등이 커진 탓이다. 대통령의 임명 강행은 대통령의 인사권에 대한 국회의 견제가 무력화될 수 있음을 의미한다. 이를 대통령-의회의 협상게임으로 자세히 살펴보자.

1) 임명동의 공직

대통령이 공직 후보자를 임명할 때 대통령과 의회, 공직 후보자가 놓인

〈그림 6-1〉 대통령, 의회, 공직 후보자의 위치

정책 입장을 〈그림 6-1〉과 같이 일직선 위에 나타내면, 공직 후보자의 위치(X)는 대통령의 이상점(0)과 의회의 이상점(1) 사이에 놓일 것이다.

대통령은 정책목표 실현과 관료제 통제를 위해 최대한 자신의 정책 입장과 가까운 인물을 임명하고자 할 것이다(Moe, 1985; Wood and Waterman, 1991; 1993). 만약 대통령이 자신의 선호와 완전히 일치하는 후보자를 임명할 수 있다면(즉, X=0), 대통령과 의회의 기대보상은 (대통령, 의회) = (1, 0)이다. 반대로 후보자의 위치가 의회의 이상점과 일치한다면(즉, X=1), 양자의 기대보상은 (대통령, 의회) = (0, 1)이다. 그러나 현실적으로는 대통령은 자신과 의회의 이상점 사이의 한 지점에서 후보자(X)를 선택할 것이고, 이때 양자의 기대보상은 (대통령, 의회)=(1-X, X)가 된다.

따라서 의회의 임명동의가 필수인 공직일 경우 대통령과 의회의 협상은 〈그림 6-2〉와 같이 진행된다. 〈그림 6-2〉에서 보는 바와 같이, 대통령은 먼저 공직 후보자 X_1을 지명한다. 그러면 의회는 이를 받아들일지 말지를 결정해야 한다. 만약 의회가 X_1 후보에 동의하면, 양자의 기대보상은 (대통령, 의회)=(1-X_1, X_1)이 된다. 그러나 의회가 거부할 경우 대통령과 의회는 모두 인준실패에 따른 정치적 부담, 다시 절차를 밟아야 하는 행정비용 등으로 인해 감산요인(대통령 δ_1, 의회 δ_2)이 발생하고, 그만큼 각자의 이상점도 바뀌게 된다.

이 상황에서 대통령은 새로운 공직 후보자 X_2를 지명할 것이고, 만약 의

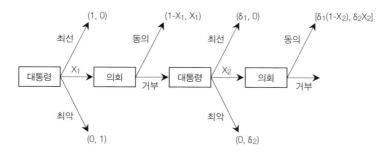

<그림 6-2> 임명동의 공직에 대한 대통령-의회 협상

회가 대통령의 새로운 제안에 동의한다면 첫 번째 지명자에 대한 인준실패로 인해 발생한 감산요인이 반영된 양자의 기대보상은 (대통령, 의회)=[δ_1(1-X_2), δ_2X_2]가 된다.

이상의 설명이 의미하는 바는 대통령은 자신의 이상점과 의회의 이상점, 그리고 첫 번째 지명자가 부결되었을 경우의 정치적 손실 등을 종합적으로 고려하면서 매우 전략적인 선택을 할 것이라는 것이다. 이는 대통령의 인사권이 의회에 의해 실질적으로 견제된다는 것을 의미한다. 그럼에도 대통령은 의회와의 협상에서 먼저 제안할 수 있고, 의회는 대통령의 제안을 받을지 말지 여부만 결정할 수 있다는 점에서 제도적으로 대통령이 우위에 서 있다고 할 수 있다.

2) 비임명동의 공직

이번에는 국회의 임명동의가 필요 없는 공직의 협상게임을 살펴보자. 이 경우에 대통령은 우선 제안자인 데다 국회가 반대하더라도 임명을 강행할 수 있기 때문에 대통령의 제도적 우위는 더욱 확고해진다. <그림 6-3>은 비임명동의 공직에서 대통령-의회 간 협상을 보여준다.

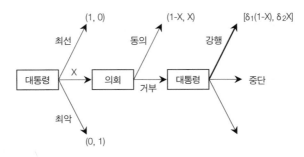

〈그림 6-3〉 비임명동의 공직에 대한 대통령-의회 협상

비임명동의 공직의 결정적인 차이점은 대통령의 첫 번째 지명자(X)를 국회가 거부하더라도 대통령이 임명을 강행할 수 있다는 점이다. 이때 임명 강행에 따른 감산요인(대통령 δ_1, 의회 δ_2)을 감안한 양자의 기대보상은 (대통령, 의회)=[$\delta_1(1-X)$, $\delta_2 X$]가 된다.

대통령의 입장에서는 임명 강행으로 인한 정치적 비용(δ_1)을 치르더라도 자신의 기대보상($\delta_1(1-X)$)이 의회($\delta_2 X$)보다 크다면 임명을 강행할 것이다. 이는 대통령이 확실한 제도적 우위에 섬으로써 의회의 견제가 사실상 무력화된다는 것을 의미한다.

더 큰 문제점은 임명 강행은 대통령·여당 대 야당의 갈등을 더욱 심화시킨다는 것이다. 이를 대통령, 여당, 야당의 이해득실 관점에서 살펴보자.

첫째, 대통령은 재선의 기회가 없기 때문에 재임 중에 관료제를 확실하게 통제해서 정책 성과를 얻으려면 최대한 충성심 높은 인물을 임명하는 것이 유리하다. 둘째, 여당은 대통령의 성공이 차기 정권 재창출과 직결되기 때문에 대통령이 지명한 공직 후보자를 무조건 옹호하는 것이 유리하다. 반면 셋째, 야당은 대통령이 실패하는 것이 차기 대권 경쟁에서 유리하기 때문에 대통령이 지명한 후보자를 무조건 반대하는 것이 유리하다. 특히 야당은 후보자의 자질이나 능력보다 개인 비리, 사생활 등 도덕성을 공격하는 것이 대통령을 흠집 내는 데 더 유리하다. 이런 상황에서 제도적으로 대통령의 임명 강행이 허용된다면, 야당은 무조건 반대하고 도덕성 문제를 쟁점화하는 것이 합리적 선택이 된다. 왜냐하면 야당이 반대하든 말든 대통령은 임명을 강행할 것이기 때문이다. 따라서 대통령의 임명 강행을 제도적으로 허용하는 것은 정파적 갈등과 대결을 더욱 강화할 가능성이 있다.

2. 대통령의 딜레마와 인사청문회 영향요인

대통령이 행정부 공직 인사를 할 때 충성분자와 능력자 중 어떤 사람을 앉히는 게 유리할까. 두 가지 조건을 모두 충족하는 인사가 최상이겠지만 현실적으로 그런 인물을 찾기가 쉽지 않다. 대통령의 딜레마는 여기서 비롯된다.

대통령은 자신과 정책 입장을 공유하는 인물을 고위직에 임명함으로써 행정부 관료제를 통제하고 자신의 정책목표를 실현하고자 한다(Moe, 1985; Weko, 1995). 특히 한국의 대통령은 재선의 기회가 없어 임기 중에 모든 것을 해치우려는 조급증이 강하기 때문에 충성분자 위주의 정실 인사를 할 유인이 더욱 강하다. 관료 집단의 다음과 같은 특징도 대통령이 충성분자를 선호하게 만든다. 첫째, 대통령은 5년의 제한된 시간 안에 최대한 빨리 정책을 집행하기를 원하지만, 관료조직은 이번 대통령의 정책이 다음 대통령 때에도 지속된다는 보장이 없기 때문에 서두를 이유가 없다. 둘째, 대통령은 기존 정책과는 다른 새로운 아이디어, 새로운 일처리 방식을 원하지만, 관료조직은 오랜 기간 축적된 관성적인 일처리 방식을 선호한다. 셋째, 대통령은 행정부처의 모든 일에 관여하기 때문에 부처 간 원활한 협업을 중시하지만, 행정부처는 독자적인 관할영역에만 관심을 갖는 경향이 있다(Rudalevige,

2002; Edwards III, 2001). 이 같은 대통령과 관료조직의 본질적인 차이로 인해 대통령은 자신을 대신해 관료조직을 효율적으로 통제할 충성분자를 선호하게 된다.

문제는 인사청문회가 이러한 대통령의 충성분자 선택에 어떤 영향을 미치는가 하는 점이다. 대통령은 의회가 반대해도 임명을 강행할 수 있기 때문에 마음만 먹으면 충성분자를 임명할 수 있지만, 그럴 경우 리스크가 적지 않다. 능력보다는 충성심 위주로 임명했을 경우 조직 성과가 하락할 가능성이 높고(Lewis, 2008; Gallo and Lewis, 2012; Hollibaugh Jr., 2015), '코드 인사', '부실 인사' 등과 같은 여론의 비난을 감수해야 한다. 이런 리스크 때문에 대통령이 충성분자에 대한 임명을 철회하는 경우나 여론의 압력에 밀려 후보자가 자진 사퇴하는 경우도 적지 않다. 이러한 사실은 비록 제도적으로 허용되더라도 대통령이 충성분자 위주의 인사를 강행하는 데 한계가 있음을 말해준다.

대통령이 공직 후보자의 충성심과 능력 중 어느 것을 중시할지 고민하는 과정에서 중요하게 고려해야 할 또 다른 요소는 후보자가 과연 인사청문회를 통과할 수 있을지 여부이다. 대통령이 아무리 선호하는 인물이고 제도적으로 임명 강행이 가능하다 하더라도 인사청문회에서 탈락하면 임명권자인 대통령의 부담이 커지기 때문이다. 대통령이 지명한 공직 후보자의 인사청문회 통과 여부는 제도 요인, 대통령의 실질 권력, 상황 요인 등의 영향을 받는다(Aberbach and Rockman, 2009; King and Riddlesperger Jr., 2013).

각 요인을 구체적으로 살펴보면, 첫째, 제도 요인으로는 의원의 장관 겸직허용 제도를 꼽을 수 있다. 헌법상 국회의원은 국무총리와 국무위원의 겸직이 허용된다. 문제는 현직 국회의원이 장관 후보자로 지명되어 인사청문회에 나갔을 때 동료 의원들이 후보자에 대해 온정주의적 태도를 취할 수 있다는 점이다. 실제로 현직 국회의원이 공직 후보자일 경우에는 인사청문회 통과 가능성이 높았다(한국의회발전연구회, 2013).

둘째, 대통령의 실질 권력 측면에서 보면 대통령의 실질 권력이 강할수록 후보자의 인사청문회 통과 가능성이 높다. 미국에서는 대통령 정당이 다수당(여대야소)일 때, 공직 후보자의 인사청문회 통과 가능성이 높았다(Lewis, 2005). 그러나 한국에서는 오히려 분점정부일 때 인사청문회 통과 가능성이 높았는데, 이는 대통령이 야당의 반대를 예상하고 타협적인 후보자를 지명했기 때문이다(Soh et al., 2013). 특히 대통령 지지율이 중요하다. 의원들은 대통령이 선택한 인물에 대해 어떤 입장을 취하는 것이 다음 재선에 유리할지를 여론의 추이를 보면서 판단한다(Gronke, Koch and Wilson, 2003). 미국의 경우 대통령의 지지율이 높을수록 피임명자의 인사청문회 통과 가능성이 높았다(McCarty and Razaghian, 1999; Villalobos and Vaughn, 2009).

셋째, 상황 요인은 대통령의 임기와 관련 있다. 예컨대 임기 초 허니문 시기에는 대통령의 인사에 대해 야당과 언론이 비교적 우호적이지만, 임기 말 레임덕 시기에는 정반대의 분위기가 조성된다. 따라서 대통령이 공직 후보자를 임명하는 시점이 언제인지도 인사청문회 통과 여부에 영향을 미칠 것이다.

3. 연구방법

인사청문회가 대통령의 인사권을 견제하는지를 연구하면서 의회가 반대해도 대통령이 임명을 강행할 수 있는 한국 인사청문회의 제도적 특징을 고려해 비임명동의 직위인 장관과 4대 권력기구장을 분석대상으로 삼았다. 장관은 행정부처에서 대통령의 대리인이고, 4대 권력기구는 대통령의 통치를 뒷받침하는 핵심 권력기구이다. 이런 권력기구의 책임자로 누가 임명되

〈표 6-3〉 김영삼~이명박 기간에 임명된 국무위원 및 4대 권력기구장의 분포(단위: 명)

		김영삼	김대중	노무현	이명박	합계
인사청문회	도입 전	119	110	49	0	278
	도입 후	0	0	44	60	104
합계		119	110	93	60	382

는지가 항상 정치적 쟁점이었기 때문에 이들이 인사청문 대상에 포함된 시점(2003년)은 오히려 장관(2006년)보다 빨랐다. 김영삼~이명박 기간에 임명된 장관(330명)과 4대 권력기구장(52명)은 총 382명이다. 이들 직위에 대한 인사청문회가 도입된 시점이 노무현 재임 중이었기 때문에 김영삼과 김대중 재임 중에는 해당 직위에 대한 인사청문회가 열리지 않았다. 자료의 분포는 〈표 6-3〉과 같다.

행정부 공직 인사를 할 때 대통령의 딜레마는 피임명자의 충성심과 능력 중 어느 것을 우선시할 것인가 하는 것이었다(Moynihan and Roberts, 2010). 충성심을 우선시한다면 정실성 기준이 적용될 것이고, 능력을 우선시한다면 실적성 기준이 적용될 것이다.

문제는 피임명자의 정실성과 실적성을 측정하는 방법이 마땅치 않다는 것이다. 그래서 필자는 다음과 같이 가정했다. 우선 정실성은 일반적으로 학연, 지연, 혈연 등 대통령과의 인연이나 특수관계 여부와 관련 있는 만큼 ≪중앙일보≫ 인물데이터베이스와 언론보도를 보면서 피임명자가 다음 두 가지 사항에 해당하는지를 체크했다.

① 피임명자는 대통령과 같은 지역 출신인가
② 피임명자는 대통령과 같은 대학 또는 같은 고교 출신인가

또 실적성은 피임명자의 조직관리 경험과 능력, 정책의 전문성 등과 관련

있기 때문에 피임명자가 다음 두 가지 사항에 해당하는지를 체크했다.

① 피임명자는 해당 직위에 필요한 경력을 쌓았는가
② 피임명자는 국가적 고시(행정, 사법, 외무) 출신인가

그리고 피임명자의 정실성/실적성 차원을 줄이기 위해 주성분 분석을 실시하여 정실성 지표와 실적성 지표를 만들었다. 정실성 지표는 전체 변동의 52.7%를, 실적성 지표는 전체 변동의 56.3%를 설명했다.

만약 인사청문회를 통해 피임명자의 정실성과 실적성에 변화가 있다면, 인사청문회가 대통령의 인사권을 일정하게 견제하거나 적어도 대통령의 인사권에 영향을 미쳤다고 볼 수 있다. 반대로 인사청문회 도입 전후 피임명자의 정실성과 실적성에 차이가 없다면, 인사청문회의 효과는 없다고 볼 수 있을 것이다.

따라서 피임명자의 정실성과 실적성을 각각 종속변수로 놓고, 피임명자가 인사청문회를 경험했는지 여부(인사청문회 경험 있음=1, 인사청문회 경험 없음=0)가 영향을 미쳤는지를 분석했다. 이를 위해 공직 후보자의 인사청문회 통과 여부에 영향을 미치는 변수를 다음과 같이 통제했다. 첫째, 제도 요인으로는 피임명자가 현직 국회의원인지 여부(현직 국회의원=1, 현직 국회의원 아님=0)를 가변수로 만들었다. 둘째, 대통령의 실질 권력으로는 피임명자가 임명된 시점을 기준으로 분점정부인지 여부와 대통령 지지율을 통제했다. 셋째, 상황 요인으로는 피임명자 임명 시점에서의 잔여 임기, 허니문/레임덕 여부, 전국선거 실시 여부를 통제했다. 허니문 여부는 대통령이 취임 후 3개월까지를, 레임덕 여부는 퇴임 전 1년까지를 기준으로 각 기준에 해당하면 1, 그렇지 않으면 0으로 가변수화했다. 전국선거가 실시될 때는 대통령의 인사를 놓고 여야 정쟁이 격화되기 때문에 통제변수에 포함시켰

다. 마지막으로, 대통령별 인사 스타일 등이 피임명자의 정실성과 실적성에 영향을 미치기 때문에 대통령별로 가변수를 만들어 통제했다.

4. 인사청문회의 실적성 제고 효과

인사청문회 도입 이후 피임명자의 정실성과 실적성에는 어떤 변화가 나타났을까. 〈표 6-4〉를 보면, 인사청문회 도입 이후 통계적으로 유의미한 수준으로 피임명자의 정실성은 감소하고 실적성은 증가했다. 이를 대통령의 관점에서 해석하면, 인사청문회 도입 이후 대통령이 충성심 중심의 인사를 줄이고 능력 중심의 인사를 했다는 것이다.

그렇지만 〈표 6-4〉는 인사청문회 도입 전후를 단순 비교한 것이기 때문에 인사청문회에 영향을 미치는 요인을 충분히 통제한 상태에서 인사청문회의 효과를 살펴봐야 할 것이다(〈표 6-5〉 참조).

〈표 6-5〉의 모형1은 피임명자의 정실성을 종속변수로 설정한 모형인데, 인사청문회의 효과는 나타나지 않았다. 즉, 인사청문회 도입 이후에도 피임명자의 정실성에는 통계적으로 유의미한 변화가 나타나지 않았다. 흥미로운 점은 이명박을 기준으로 했을 때, 김영삼이 임명한 인사들의 정실성이 통계적으로 유의미한 수준에서 높았다는 것이다. 이는 김영삼이 최초의 문민대통령이라는 사실에 큰 자부심을 가졌으므로 과거 권위주의 정부에서 일했던 인사의 등용을 꺼렸고, 대신 민주화투쟁 과정에서 신세진 사람들을 정치적 보상 차원에서 또는 지역·계층 등을 고려한 상징적인 대표성 차원에서 정치적으로 임명하는 경우가 많았기 때문이다(배병용·민병익, 2003).

모형2는 피임명자의 실적성을 종속변수로 설정한 모형인데, 인사청문회 도입 이후 피임명자의 실적성이 통계적으로 유의미하게 높아졌다. 또 현직

<표 6-4> 인사청문회 도입 이후 피임명자의 정실성 및 실적성 변화

	인사청문회 도입 이전 (N=278)	인사청문회 도입 이후 (N=104)	t값
정실성	0.08	-0.22	2.61***
실적성	-0.11	0.28	-3.21***

*** p<0.01, ** p<0.05, * p<0.1

<표 6-5> 장관 및 4대 권력기구장의 정실성 및 실적성에 대한 회귀분석

	모형1 (종속변수: 정실성)		모형2 (종속변수: 실적성)	
	β	S.E	β	S.E
인사청문회	0.01	0.21	0.65***	0.24
현직 국회의원	-0.35	0.23	-0.98***	0.27
분점정부	0.10	0.15	-0.22	0.17
대통령 지지율	0.00	0.00	0.00	0.01
잔여 임기	0.00	0.01	0.00	0.01
허니문	0.02	0.19	-0.29	0.22
레임덕	-0.11	0.19	0.63***	0.23
전국선거	0.15	0.18	0.48**	0.21
김영삼	0.99***	0.27	0.12	0.31
김대중	-0.36	0.29	0.15	0.33
노무현	-0.24	0.22	0.40	0.26
상수	-0.02	0.35	-0.61	0.41
N	382		382	
조정된 R^2	0.273		0.211	
F값	14.06***		4.22***	

*** p<0.01, ** p<0.05, * p<0.1

국회의원일 경우 실적성이 유의미하게 낮은데, 이는 현직 국회의원들이 다른 직군 출신보다 능력치가 낮다는 것을 의미한다. 레임덕 기간에 임명된 장관과 권력기구장일 경우 실적성이 높아졌는데, 대통령이 임기 말에는 그동안 추진한 정책 등을 무탈하게 마무리하고 관리하기 위해 능력과 경험을 갖춘 인물을 선택하기 때문인 것으로 보인다. 또 전국선거가 있는 해에는 피임명자의 실적성이 높아졌는데, 이는 부실 인사 스캔들이 전국선거에 악영향을 미칠 것을 우려해 대통령이 능력 중심의 인사를 했기 때문인 것으로 보인다.

이상의 분석 결과를 정리하면 다음과 같다. 인사청문회는 장관과 권력기구장의 정실성에는 영향을 미치지 않았지만, 이들의 실적성을 높이는 데는 통계적으로 유의미한 영향을 미쳤다. 그렇다면 왜 인사청문회는 피임명자의 실적성만을 높이는 효과로 나타났을까.

이를 앞의 〈그림 6-3〉의 비임명동의 공직에 대한 대통령-의회 협상으로 설명할 수 있다. 먼저 대통령이 가장 선호하는 대안은 자신을 대리해서 행정부처를 통솔할 충성분자를 임명하는 것이다. 이 사람이 능력까지 갖추면 좋겠지만, 그렇지 못하다면 충성심과 능력 중 충성심을 더 선호한다. 그러나 야당이 가장 선호하는 대안은 대통령의 열렬한 충성분자가 임명되는 것을 막는 것이기 때문에 대통령의 선택을 정실 인사라고 비판하고 실적인사를 요구한다. 이때 대통령은 장관과 4대 권력기구장에 대해 국회가 거부하더라도 임명을 강행할 수 있다.

그렇지만 임명을 강행할 경우 대통령은 야당의 반발과 여론의 비판이라는 정치적 비용을 감수해야 한다. 정치적 부담을 고려한 대통령은 충성분자 후보군 가운데 어느 정도 능력을 갖춘 인물을 선택하게 된다. 이러한 대통령-야당 간 협상의 결과로 인사청문회는 대통령의 정실 인사를 제어하지는 못하지만, 피임명자의 실적성은 높이는 효과로 나타난다. 이는 비임명동의 공직의 경우 야당이 반대해도 임명을 강행할 수 있는 대통령의 제도적 우위에도 불구하고, 인사청문회로 인해 대통령의 인사권이 일정하게 견제된다는 것을 시사한다.

또한 본문에는 제시하지 않았지만, 인사청문회 도입 이후 장관 및 4대 권력기구장의 재임기간이 통계적으로 유의미한 수준에서 평균 4.2개월가량 증가했다. 이는 인사청문회로 인해 자질과 능력을 갖춘 적격자가 임명되었기 때문일 수도 있고, 또는 대통령이 인사청문회 통과의 어려움을 고려해 기관장 교체를 자제했기 때문일 수도 있다. 어느 쪽이든 인사청문회는 기관장의 빈번한 교체를 막아 행정의 안정성을 높이는 부수적인 효과를 가져왔을 가능성이 있다.

또한 인사청문회는 공직 후보자 검증에 대한 대통령의 부담을 늘림으로써 대통령부서의 인사 기능 제도화에 영향을 미쳤다. 실제 박근혜는 2014년 6월, 청와대의 인사 시스템을 강화하는 조치로 이명박정부 초기인 2008년 폐지된 인사수석실을 6년 만에 부활시켰다. 이는 공직 후보자가 인사청문회를 통과하는 데 실패하는 일이 잦아지자 대통령 차원에서 제도적으로 대응한 것이었다.

07

민주화 이후 대통령-여당 관계

 윤석열이 가장 미워한 사람은 누구였을까. 최대 정적은 이재명이지만, 인간적으로 가장 미워한 사람은 한동훈이지 않았을까. 윤석열은 12·3 비상계엄 당일, 한동훈 체포를 지시했다. 이 둘은 검사 선후배로 수십 년을 동고동락했지만, 한동훈이 여당 대표가 된 뒤로는 못 잡아먹어 안달이었다. 대통령과 여당 대표는 왜 앙숙이 되는 것일까. 시점을 더 뒤로 돌리면, 역대 대통령과 여당 대표였던 노태우-김영삼, 김영삼-이회창, 노무현-정동영, 이명박-박근혜, 박근혜-김무성 등의 관계도 매우 불편했다. 대통령은 왜 여당 대표와 좋은 관계를 유지하기 어려운 걸까. 더 흥미로운 점은 임기 초기에는 대통령 우위였던 관계가 임기 후반이 되면 여당 대표의 우위로 변한다는 것이다. 왜 그럴까.

 필자는 민주화 이후 대통령-여당 관계를 분석하기 위해 '대통령제화한 정당(presidentialized parties)'이라는 분석틀을 사용한다(Samuels and Shugart, 2010; Passarelli, 2015).[1] 대통령제에서 집권당은 자신들이 대선후보를 선출하지만, 그렇게 당선된 대통령의 국정운영에 대해 책임을 물을 권한은 없다.

대통령은 여당의 요구에 매이기는커녕 오히려 여당을 지배하려고 한다. 그러나 대통령은 임기 후반으로 갈수록 실질 권력이 감소하면서 차기 대선후보나 당내 분파와 갈등한다. 이러한 대통령-여당 관계의 패턴은 대통령제화한 정당의 특성과 대통령의 실질 권력, 집권당의 자율성 요구 등에 따라 다양하게 나타난다.

1. 대통령제에서의 대통령-여당 관계

1) 권력분립과 대통령제화한 정당

대통령제에서 대통령은 의회선거와 별도의 대중 선거를 통해 선출되고, 당선된 대통령은 의회의 신임과 관계없이 고정된 임기를 보장받는다. 전자는 기원의 분리이고, 후자는 생존의 분리이다(Shugart and Carey, 1992: 158~165). 이는 총리가 의회 다수파에서 나오고(기원의 융합) 총리와 내각의 생존이 의회의 신임에 달려 있는(생존의 융합) 의원내각제와 대비된다. 이러한 대통령제의 제도적 특징은 집권당 내 갈등과 협력의 원인으로 작용한다. 새뮤얼스와 슈가르트(Samuels and Shugart, 2010)는 대통령제의 고유한 특성인 대통령과 의회 간 기원의 분리와 생존의 분리는 집권당 내 행위 유인과 책임성에 균열을 낳는다고 지적한다.

첫째, 기원의 분리라는 측면에서 보면, 대통령제에서는 의회 선거와 분리

---

1 '대통령제화(presidentialization)'라는 용어는 포군트케와 웹(Poguntke and Webb, 2005)이 먼저 제시한 바 있다. 하지만 그들은 의원내각제 국가의 수반들이 대통령제 국가처럼 개인화하는 경향을 지목한 것이므로 이 글의 '대통령제화'와는 다르다(Elgie and Passarelli, 2019).

된 대중 선거로 대통령을 선출하기 때문에 정치권 밖의 외부자와 같이 정당 조직과 노선에 부합하지 않는 사람이 후보자가 되는 역선택이 발생할 수 있다. 이러한 인물은 공천 시점에 천명한 노선과 입장을 집권 후에 지키지 않는 도덕적 해이를 저지를 수 있다. 또한 집권당이 대통령을 공천하므로 양자 간에는 주인-대리인 관계가 성립하지만, 대통령제에서는 대통령에 의한 대리 손실의 문제가 발생하더라도 고정된 임기로 인해 이를 제어할 방법이 없다.

이러한 문제는 둘째, 대통령의 생존이 의회의 신임에 의존하지 않기 때문에 발생한다(생존의 분리). 의회내각제에서 행정수반인 총리는 집권당(연합)의 신임을 얻지 못하면 총리직을 유지할 수 없다. 하지만 대통령제에서는 행정수반인 대통령이 집권당의 노선으로부터 일탈하거나 선거공약을 어기는 도덕적 해이를 일으키더라도 집권당이 이를 통제할 방법이 없다. 이처럼 대통령은 집권당의 통제로부터 자율성을 누릴 뿐 아니라, 더 나아가 경우에 따라 주인-대리인 관계를 역전시켜 스스로 주인이 됨으로써 대통령 중심으로 정당을 재편할 수 있다. 즉, 대통령제에서 집권당은 대통령제화되는 것이다.

대통령제화한 정당에서는 대통령이 정당 지도자로서 선거운동, 조각, 정책결정 등에서 소속 당으로부터 상당한 자율성을 가지며 정당에 대해 책임지지 않는 행태를 보인다(Passarelli, 2015: 8). 대통령제에서는 이처럼 정당과 대통령 간의 주인-대리인 관계가 역전되므로 책임정당정부를 실현하기 어렵다(Samuels and Shugart, 2010: 53). 의원내각제에서는 정당의 모든 구성원이 집권을 위한 의석 확대라는 단일 목표를 공유하지만, 대통령제에서는 같은 정당에 속하더라도 행정부의 대통령과 의회의 지도부 또는 의원 사이에 행위 유인이 상충할 수 있는 것이다.

2) 한국 대통령제의 정당 정치와 당정 관계

정당의 대통령제화는 권력분립이라는 제도적 특성으로부터뿐만 아니라 정당 발전의 역사적 궤적으로부터도 큰 영향을 받는다(Passarelli, 2020). 한국의 정당체제는 민주화 이행 과정에서 '권위주의 지속'과 '민주화'를 둘러싼 양극화된 동원으로 구축되었다(박상훈, 2006: 20). 한국의 정당체제는 다른 후발 민주주의 국가처럼 이념이나 계급균열이 정당체제로 대표되지 않았을 뿐 아니라(이현우, 2008; 신진욱, 2017), 후발 민주주의 국가에서 일반적으로 나타나는 정당-유권자 간 후원-수혜관계도 미약하다. 권위주의 시기 발전국가의 강력한 유산으로 인해 유권자에게 국지적인 선심성 특수재를 제공하는 정당 간의 경쟁이 제어되었기 때문이다. 대신 권위주의 발전국가는 정당 간의 경쟁을 '민주 대 반민주', '산업화 세력 대 민주화 세력'의 양자 간 경쟁구도로 만들었다. 결과적으로 사회적 기반이 취약한 정당체제에서 대통령 권력을 향한 동심원적 경쟁구도는 유력 대권 후보를 중심으로 하는 양당제 속성을 강화했다(박상훈, 2015).

한국은 대통령제 국가 중에서도 미국과 같이 양당제가 자리 잡았지만, 미국과 달리 중앙당이 공천을 주도한다. 한국의 양당제는 강한 응집력을 갖고 있고, 중앙당이 의원들의 재선 여부에 막대한 영향력을 행사하며, 의회 내 정당이 대통령 권력을 차지하기 위한 경쟁에 몰두한다. 이로 인해 한국에서는 집권당과 대통령 사이에 주인-대리인 관계의 균열이 일어나는 것이 아니라 대리인인 대통령이 주인 행세를 하는 주인-대리인 관계의 역전이 일어나기도 한다(Samuels and Shugart, 2010: 251). 대통령제에서 흔히 나타나는 정치 아웃사이더[2] 대통령은 소속 당으로부터 독립하는 것이 아니라 여당을

---

[2]   정치 외부자에 대해 새뮤얼스와 슈가르트는 중앙당과의 연계 정도로 파악하며, 외부자를 정

장악하게 된다. 이렇게 되면 여당은 대통령에 대해 자율성을 갖기는커녕 대통령과의 친소관계에 따라 계파가 재구성된다.

예컨대 노무현은 민주당의 비주류였지만, 대통령이 되자 그를 중심으로 당이 재편되고 분당되었다. '당정분리'를 지향한 열린우리당 내에서도 친노·비노라는 계파 간 경쟁구도가 자리 잡았다. 노무현 이후 모든 대통령 집권기에도 여당 내부에 대통령 친위세력과 반대세력의 구도가 형성되었다. 이러한 계파정치의 소용돌이 속에서 어느 줄에 서느냐에 따라 공천과 재선가능성이 좌우되었다. 대통령 권력의 향배에 따라 어제의 실세가 오늘은 주변부로 밀려나서 의원직조차 유지하기 힘든 상황에 놓이는 일이 비일비재했다.

대통령제에서 대통령과 여당 간 갈등은 근본적으로 양측 간 이해관계의 불일치에서 비롯된다(Samuels and Shugart, 2010). 대통령의 목표는 재선, 정책적 성공, 역사적 유업 등 세 가지인데(Light, 1999), 한국의 단임제 대통령은 재선 도전이 불가능하기 때문에 정책적 성공을 통해 역사적인 업적을 남기고자 한다. 이를 위해 대통령은 여당을 통해 의회를 통제할 목적으로 먼저 여당에 대한 지배력을 높이고자 한다.

반면 여당은 통상적으로 득표, 공직, 정책 등 세 가지를 추구하지만(Strøm, 1990), 대통령제에서 공직과 정책은 결국 대선 승리를 통해 달성되는 것이기 때문에 대선에서의 득표 극대화를 제1의 목표로 삼는다. 특히 여당은 현직 대통령이 퇴임한 이후에도 미래 선거에서 지속적으로 생존해야 하기 때문에 현직 대통령과 충돌할 가능성이 상존한다.

대통령과 여당의 이러한 이해관계의 불일치와 대통령제 권력구조에 내

당·내각·의회 등의 정치경력이 없거나 미미한 인사로 규정한다(Samuels and Shugart, 2010: 67).

재된 대통령의 여당 지배 경향을 현실화하는 것이 대통령의 실질 권력이다. 다시 말해 여당에 대한 대통령의 현실적 지배력은 대통령의 실질 권력에 달려 있다.

민주화 이후 정당 총재직을 겸직한 대통령(노태우, 김영삼, 김대중)의 경우 공직 후보자에 대한 공천권, 정당의 인사·예산권을 바탕으로 여당을 지배했다. 또한 행정부 권력 가운데 장관 및 공공기관 인사권, 검찰 등을 통한 수사권, 당정협의를 통한 정책 통제 등도 중요한 권력자원이었다(최항순, 2008; 가상준·안순철, 2012). 그러나 2000년대 이후 정당 민주화의 일환으로 당권과 대권이 분리되면서 대통령은 더 이상 여당 총재로서의 권한을 행사할 수 없었고, 민주화의 진척으로 행정부 권력 행사에 대한 견제도 증가했다. 따라서 대통령의 지지율이 여당 통제를 위한 대통령의 가장 중요한 실질 권력으로 부각되었다(Yang, 2017). 예컨대 문재인의 사례에서 볼 수 있듯이, 대통령의 높은 지지율과 이로 인한 여당의 선거 이득을 가능케 하는 후광효과는 대통령에 대한 여당의 순응을 이끌어내는 가장 중요한 요인이었다. 문제는 지지율과 같은 대통령의 실질 권력은 시간이 지날수록 감소한다는 것이다(신현기·이종원, 2022). 또한 임기 중 치러지는 각종 선거에서 여당이 자주 패배하면 대통령의 통제로부터 벗어나려는 여당의 자율성 요구가 증대된다. 이들 요인이 복합적으로 작용하면서 여당에 대한 대통령의 지배력에 부침이 발생한다.

기존 연구에서는 대통령과 여당의 관계를 대통령 주도형, 협력형, 분기형 등으로 분류하기도 하고(손병권, 2014), 정당 무시형, 정당 수용형, 정당 양보형 등으로 분류하기도 했다(Corrales, 2010). <그림 7-1>은 시간의 흐름에 따라 변하는 대통령 실질 권력, 비정기적인 선거 요인 등으로 인해 여당의 자율성 요구가 커지면 대통령과 여당의 관계가 어떻게 변하는지를 도식화한 것이다. Y축은 대통령 실질 권력, X축은 여당의 자율성 요구를 나타낸다.

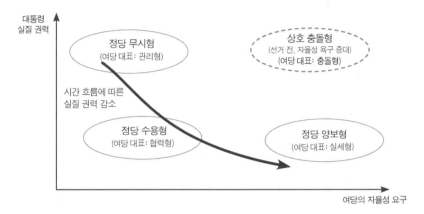

〈그림 7-1〉 대통령과 여당 관계의 변화

〈그림 7-1〉을 보면, 대통령의 실질 권력이 시간의 흐름에 따라 감소하고, 이에 따라 대통령과 여당의 관계는 '대통령 우위의 정당 무시형' 관계에서 양자 관계가 비교적 평등한 '정당 수용형'을 거쳐 '여당 우위의 정당 양보형'으로 변화된다. 한편 선거가 다가오면 대통령은 자신의 충성파가 당에 많이 포진하기를 원하는 반면, 여당 내 독립적인 계파는 대통령과 거리두기를 원한다. 이 경우 대통령의 실질 권력이 크더라도 여당 내 세력분포에 따라 대통령-여당 관계는 상호 충돌의 관계가 될 수도 있다.

이처럼 대통령의 실질 권력과 여당의 자율성 요구라는 두 가지 차원에 따라 대통령과 여당의 관계가 변화하는데, 이에 따라 여당 대표의 유형도 달라진다. 〈표 7-1〉은 민주화 이후 여당 대표의 유형을 구분한 것이다.

이러한 여당 대표의 유형을 〈그림 7-1〉을 바탕으로 다시 살펴보면, 첫째, 대통령의 실질 권력이 큰 임기 초에는 대통령 우위의 정당 무시형 당정 관계하에 관리형 여당 대표가 등장한다. 이들은 대통령의 대리인으로서 수직적인 당정 관계를 유지하는 역할을 한다. 둘째, 대통령과 여당의 관계가 비교적 평등한 정당 수용형 당정 관계에서는 협력형 대표가 나타난다. 셋

〈표 7-1〉 민주화 이후 여당 대표의 유형

		여당의 자율성 요구	
		약함	강함
대통령의 실질 권력	많음	관리형 대표	충돌형 대표
		정당 총재형 대통령 시기의 대표들 강재섭 - 이명박 박희태 - 이명박 황우여 - 박근혜 이정현 - 박근혜	김근태 - 노무현 김무성 - 박근혜
	적음	협력형 대표	실세형 대표
		정세균 - 노무현 이해찬 - 문재인 이낙연 - 문재인	김영삼 - 노태우 이회창 - 김영삼 정동영 - 노무현 박근혜 - 이명박

째, 임기 말에는 당정 관계가 여당 우위인 정당 양보형 관계로 변하면서 차기 대선후보이기도 한 실세형 대표가 현직 대통령과의 차별화를 추구하면서 당정 관계를 주도한다. 마지막으로, 대통령의 실질 권력이 크더라도 선거 목표와 당내 세력분포 등에 따라 여당의 자율성 요구가 크게 증대될 경우에는 충돌형 대표가 나타날 수 있다.

이상에서 살펴본 바와 같이, 대통령제화한 정당이라는 제도적 특성, 그리고 한국 정당 정치의 역사적 특성이라는 배경 아래에서 대통령의 실질 권력과 여당의 자율성 요구가 상호작용하면서 당정 관계에서 협력과 갈등의 동학이 나타난다.

2. 민주화 이후 대통령 유형과 여당의 자율성 요구

민주화 이후 당정 갈등은 대통령의 실질 권력과 여당의 자율성 요구가 상호작용한 결과였다. 대통령의 권력은 크게 헌법 권력, 실질 권력, 개인적 권력 등 세 가지로 구분할 수 있다. 첫째, 헌법 권력은 헌법 등에 의해 대통령에게 부여된 공식적·제도적 권한으로, 여기에는 의회와의 관계에서 대통령에게 부여된 입법 권한, 그리고 행정부 구성 및 운영과 관련한 배타적인 인사권과 권력기구 통제 등과 같은 행정 권한이 포함된다.

둘째, 실질 권력은 다시 '의회기반 권력'과 '대중기반 권력'으로 나눌 수 있다. 의회기반 권력은 의회 내 여당의 의석수인데, 이러한 여당의 의석 규모가 전적으로 대통령의 권력으로 전환되려면 여당의 응집성이 중요하다. 그러니까 의회기반 권력은 전적으로 대통령에게 협력하는 여당의 응집성을 바탕으로 의회 내에서 여당이 차지하는 의석 규모라고 할 수 있다. 또한 대중기반 권력은 대통령이 대중에게 영향력을 행사함으로써 대중의 지지를 이끌어내는 능력으로, 대통령은 의회의 지지를 얻지 못할 경우 국민수권이라는 명분을 앞세워 여론에 호소함으로써 의회를 압박할 수 있다(Kernell, 1997).

마지막으로, 개인적 권력은 대통령이 보유한 경험, 자질, 성격, 설득력 등 개인적 리더십 요소와 관련이 있다(Barber, 1972; Greenstein, 2000). 특히 노이슈타트(Neustadt, 1960)는 설득력을 대통령의 가장 중요한 권력이라고 주장했는데, 이러한 맥락에서 미국의 역대 대통령들이 동일한 헌법 권력을 가졌음에도 대통령마다 권력의 차이가 나는 것은 개인적 권력인 설득력의 차이 때문이라고 주장했다.

이러한 대통령의 권력 가운데 가장 중요한 권력은 실질 권력이라고 할 수 있다. 왜냐하면 대통령의 헌법 권력은 대통령마다 차이가 없고, 설득력과 같은 개인적 권력은 개인차가 너무 큰 데다 그 영향력도 미심쩍기 때문이다.

대통령의 실질 권력 중 의회기반 권력은 대통령에게 협력하려는 여당의 응집성을 바탕으로 한 여당의 의석 규모이다. 특히 대통령을 뒷받침하는 여당의 응집력이 작동하는 데에는 대통령의 여당 내 위상이 중요한 역할을 한다. 만약 대통령이 여당의 공천과 인사 등에 전권을 갖고 여당의 주류에 속한다면 여당은 대통령을 전적으로 지원하는 응집력 있는 여당이 될 것이다. 그러나 대통령에게 반대하는 분파가 존재한다면 여당의 의석 규모가 그대로 대통령의 의회기반 권력으로 전환되지 못할 것이다. 이처럼 대통령을 중심으로 한 여당의 응집성을 만드는 데는 대통령의 당내 위상이 핵심적인 역할을 한다. 이를 기준으로 민주화 이후 대통령을 정당 총재형 대통령, 정당 비주류형 대통령, 정당 주류형 대통령 등 세 가지 유형으로 구분할 수 있다.

먼저 정당 총재형 대통령은 대통령이 선출직 후보자에 대한 공천권과 정당의 예산 및 인사권을 가진 총재직을 겸직하는 경우로, 노태우, 김영삼, 김대중이 해당한다. 정당 총재형 대통령 이후로는 대통령의 여당에 대한 지배력은 대통령의 여당 내 위상과 관련이 있는데, 대통령이 여당의 지배 분파에 속하면서 여당의 대선후보로 선출되어 당선된 경우를 '정당 주류형 대통령', 그렇지 않고 여당의 소수 분파 출신으로 대통령이 된 경우를 '정당 비주류형 대통령'으로 분류했다(Azari, 2023). 이런 기준으로 봤을 때, 정당 비주류형 대통령에는 노무현, 이명박, 윤석열이, 정당 주류형 대통령에는 박근혜, 문재인이 속한다. 그러나 어떤 유형의 대통령이든 간에 시간이 흐름에 따라 대통령의 실질 권력이 하락하고 여당의 자율성 요구가 커지면서 여당의 응집성은 약화되기 마련이다.

여당의 자율성 요구와 관련해서는 자율성 요구를 직접 측정하는 것이 현실적으로 어렵기 때문에 언론에 보도된 당정 갈등을 측정했다. 이를 위해 빅카인즈(www.kinds.or.kr)에서 검색어로 '대통령', '여당', '갈등' 등을 넣고, 4개 일간지(≪조선일보≫, ≪중앙일보≫, ≪경향신문≫, ≪한겨레≫)에 게재된 기사의 개수를 각 대통령의 집권 연도별로 구한 뒤 이를 최대-최소 방법으로 표준화했다. '표준화된 당정 갈등 지수'는 0부터 1까지의 값을 갖는다.

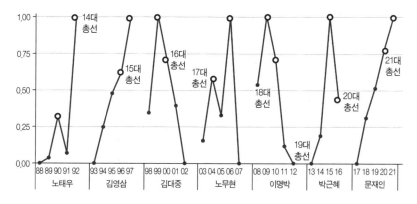

이러한 방식은 결과론적 설명이 되겠지만, 기사화된 당정 갈등을 통해 여당의 자율성 요구를 간접적으로 확인할 수는 있을 것이다.

〈그림 7-2〉는 언론보도를 바탕으로 계산한 '표준화된 당정 갈등 지수'를 각 대통령의 임기별로 도식화한 것이다. 특히 각 대통령에서 큰 원으로 표시된 2개 지점은 대통령 임기 중 '표준화된 당정 갈등 지수'의 값이 높은 1순위와 2순위 시점을 표시한 것이다.

〈그림 7-2〉에서 보면 임기 후반으로 갈수록 대통령의 실질 권력이 경향적으로 감소하면서 당정 갈등이 점차 증가했음을 알 수 있다. 실제로 노태우(임기 5년차 최고), 김영삼(임기 5년차 최고), 노무현(임기 4년차 최고), 박근혜(임기 4년 중 3년차 최고), 문재인(임기 5년차 최고)은 이러한 경향을 비교적 잘 보여준다. 그러나 김대중, 이명박의 경우 임기 중반에 당정 갈등이 최고치를 기록한 뒤 임기 말기에는 오히려 하락했다. 이는 두 대통령의 경우 당정 갈등을 촉발하는 여당의 자율성 요구가 일찌감치 터져나왔기 때문으로 판단된다.

이처럼 여당의 자율성 요구가 증가하는 시기는 총선 등 전국 단위 선거를 전후해서 선거 전략상 대통령과의 거리두기가 필요하거나 공천 갈등이 불 거졌을 때, 또는 여당 내 분파가 대통령과 대립할 정도로 규모가 커졌을 때 라고 할 수 있다.

첫째, 14대 총선(노태우), 15대 총선(김영삼), 16대 총선(김대중), 17대 총 선(노무현), 20대 총선(박근혜), 21대 총선(문재인) 등 총선이 있는 해에는 당 정 갈등이 크게 증가했다. 다만 이명박의 경우는 예외인데, 이는 18대 총선 의 경우 이른바 '공천 학살'로 공천에서 탈락했다가 무소속 등으로 당선된 친박계 의원들의 복당을 둘러싸고 그다음 해인 2009년 당정 갈등이 증가했 기 때문이다. 또한 19대 총선의 경우 당정 갈등이 상대적으로 적었던 것은 당권이 이미 박근혜 비상대책위원장으로 완전히 넘어간 상태였기 때문인 것으로 판단된다.

둘째, 차기 대선후보를 포함한 당내 분파는 여당의 자율성 요구를 추동함 으로써 당정 갈등을 주도했다. 노태우의 경우 임기 3년차에 당정 갈등이 증 가한 것은 3당 합당 이후 김영삼계와 현직 대통령을 지지하는 민정계 사이 의 갈등 때문이었다. 김영삼은 임기 5년차에 차기 대선후보 이회창계와의 갈등으로 당정 갈등이 최고치를 기록했다. 노무현은 임기 4년차에 차기 대 선후보 정동영계와의 갈등으로 당정 갈등이 고조되었다. 이명박의 경우 특 이하게도 임기 2, 3년차에 당정 갈등이 최고치를 기록했는데, 이는 박근혜 계가 사실상 여당 내 야당으로 조직적으로 저항했기 때문이다. 이러한 당정 갈등은 임기 3년차인 2010년 박근혜계의 반대로 세종시 수정안이 최종 부 결되면서 폭발했다. 박근혜의 경우도 임기 3년차에 당정 갈등이 최고치를 기록했는데, 김무성·유승민 등 비박계와의 갈등이 주요 원인이었으며, 이로 인해 이들 세력은 임기 4년차에 박근혜 탄핵에 동조하는 조직적 결정을 내 렸다.

이상의 설명을 통해 민주화 이후 당정 갈등과 관련해 다음의 두 가지 상황을 예측할 수 있을 것으로 판단된다.

1) 실질 권력이 감소하고 선거를 앞둔 상황('실질 권력 감소-선거')

대통령의 실질 권력이 경향적으로 감소하고 총선이나 대선 등을 전후할 경우 여당의 자율성 요구가 커지면서 당정 갈등이 증가한다.

민주화 이후 대통령은 임기 중 2~3번의 전국 단위 선거와 잦은 재보궐선 거를 치러야 했는데, 이들 선거는 대통령에 대한 중간 평가적 성격이 강해 여당이 패배하는 경우가 많았다(이준한, 2008). 따라서 여당은 다음 선거에 서도 패배할지 모른다는 불안감이 증가하면서 대통령으로부터의 자율성을 요구하는 목소리가 증대했고, 이 과정에서 당정 갈등이 불거졌다. 특히 여 당 내 유력 대선후보가 존재할 경우 차기 대선 승리를 위해 전략적으로 현직 대통령과의 차별화를 시도하면서 당정 갈등이 불거졌다. 이는 임기 후반으 로 갈수록 대통령의 실질 권력이 소진되는 데다 재선의 기회가 없는 단임제 대통령과 미래 선거를 준비해야 하는 여당의 이해관계 불일치가 극대화되 기 때문이다.

2) 실질 권력이 감소하고 여당 내 분파가 존재하는 상황('실질 권력 감소- 여당 분파')

대통령의 실질 권력이 경향적으로 감소하고 여당 내 분파가 존재할 경우 여당의 자율성 요구가 커지면서 당정 갈등이 증가한다.

특히 노무현과 이명박처럼 정당 비주류형 대통령일 경우 기존의 지배 분 파가 대통령에 대한 비판을 주도했다. 또한 정당 총재형 대통령이나 박근혜 처럼 여당의 주류라고 하더라도 당내 분파의 저항으로 인해 당정 갈등이 증가하는 경향이 있었다.

3. 민주화 이후 대통령-여당의 갈등 사례 분석

이상에서 살펴본 것처럼, 민주화 이후 당정 갈등은 '대통령제화한 정당'을 만드는 대통령제의 제도적 특성과 정당의 사회적 기반이 취약한 상태에서 대통령 권력을 차지하기 위한 정당 간의 극한 대결이 대통령의 여당 지배 충동을 더욱 강화시키는 한국 정당 정치의 특징을 배경으로 대통령의 실질 권력과 여당의 자율성 요구가 상호작용한 결과로 나타난다. 이에 근거해 민주화 이후 당정 갈등에 대한 두 가지 예측을 제시했다. 이번에는 이러한 예측이 민주화 이후 당정 갈등 사례[3]에 실제로 부합하는지 살펴본다.

1) 정당 총재형 대통령: 노태우, 김영삼, 김대중

(1) '실질 권력 감소-선거' 상황

정당 총재형 대통령의 경우 선거를 앞두고 기존 여당을 해체하고 대통령 지지 세력을 중심으로 새로운 여당을 창당했는데, 이 과정에서 기존 인사 물갈이 등으로 당정 갈등이 증가했다. 김영삼은 집권 초기, 개혁에 대한 여론의 압도적인 지지를 바탕으로 여당을 사실상 지배했다. 이러한 압도적인 지배력을 바탕으로 1995년 말, 기존 민자당을 해체하고 새로운 여당인 신한국당을 창당함으로써 여당에 대한 지배력을 높였다.

---

[3] 민주화 이후 대통령-여당 갈등 사례는 빅카인즈(www.kinds.or.kr)에 검색어로 '대통령', '여당', '갈등' 등을 넣고 4개 일간지(≪조선일보≫, ≪중앙일보≫, ≪경향신문≫, ≪한겨레≫)에 게재된 기사를 검토하는 방식으로 정리했다.

김대중도 김영삼과 마찬가지로 재임 중에 새로운 여당을 창당했다. 2000년 16대 총선을 앞두고 전국 정당화를 목표로 기존 새정치국민회의를 해체한 뒤 새천년민주당을 창당하면서 여당을 재구조화했다. 그러나 이후 재보궐선거와 2002년 지방선거에서 잇따라 패배하면서 대통령과 여당 간 갈등이 표출되기 시작했다. 차기 대선을 앞두고 선거 패배가 되풀이되자 위기감을 느낀 여당은 이른바 소장파 의원을 중심으로 당내 민주화를 요구하면서 대통령의 측근 배제를 주장하고 대통령의 인사 등을 비판하고 나섰다. 이러한 당내 민주화 요구는 2001년 10월 재보궐선거 패배, 2002년 5월 대통령의 세 아들 비리 의혹으로 대통령의 레임덕이 가속화되면서 결국 대통령의 탈당 요구로 이어졌다. 김대중은 이러한 여당의 압력에 밀려 2002년 5월 새천년민주당에서 탈당했다.

(2) '실질 권력 감소-여당 분파' 상황

노태우는 임기 초의 여소야대 국면을 돌파하기 위해 1990년 1월, 기존 여당인 민정계와 김영삼계, 김종필계 등 이질적인 집단이 결합한 민주자유당을 창당했다. 이러한 정계개편을 통해 인위적으로 여당을 다수당으로 만들었지만, 이로 인해 여당 내 분파가 주도하는 당정 갈등이 증폭되었다. 노태우 집권 시기의 당정 갈등은 3당 통합으로 거대 여당 민자당이 창당된 시점을 전후해 갈등의 양상이 달라진다. 3당 통합 이전에는 민정당 내에서 전직 대통령인 전두환 5공 세력의 청산을 둘러싸고 5공 세력 분파와 현직 대통령 지지 분파 간의 갈등이 주를 이루었다. 그러나 1990년 3당 합당 이후에는 차기 대권을 노리는 김영삼계와 이를 견제하는 민정계의 갈등이 주요 원인으로 부상했다. 김영삼은 차기 대권 후보로 선출되기 위해 당내 견제세력인 박철언의 퇴진을 밀어붙였고, 3당 합당의 조건이었던 내각제 합의를 무산시킴으로써 대통령과 정면으로 충돌했다. 특히 1991년 5월, 학생들과 노동자들의 잇따른 분신으로 국정 위기가 찾아왔을 때는 노재봉 총리의 사퇴를 주장하면서 대통령과 충돌했다. 또한 김영삼은 대통령 임기 4년차인 1992년 8월, 제2이동통신 선정 후보자로 노태우 대통령의 사돈 기업인 선경이 낙점되자 무효화를 주장하고, 같은 해 9월 부정 관권선거 폭로로 여론이 악화되자 개각을 요구하는 등 대통령과 정면으로 충돌했다. 노태우는 결국 1992년 8월, 민자당 총재직을 사퇴한 데 이어 같은 해 9월에는 선거 중립 내각을 이유로 민자당을 탈당했다.

김영삼의 경우 집권 5년 차인 1997년 초, 노동법 날치기 통과와 그에 따른 노동계의 총파업으로 여론이 악화되기 시작했다. 특히 같은 해 4월, 한보 부도 사태를 시작으로 IMF 외환위기가 닥치자 대통령을 비판하는 여당의 목소리가 커졌다. 그러던 차에 대통령이 야당 대선후보였던 김대중의 비자금 수사를 대선 이후로 미룬 것에 반발해 여당의 대선후보였던 이회창이 대통령 탈당을 요구하면서 갈등이 폭발했다. 여당의 대선후보가 국정 실패로 여론이 악화된 대통령과의 차별화를 시도한 것이 갈등의 주요 원인이었다. 이러한 이해 충돌 속에서 김영삼은 대선 직전인 1997년 11월, 여당인 신한국당을 탈당했다.

정당 총재형 대통령은 공통적으로 기존 여당을 해체하고 새로운 여당을 만들어 여당을 지배하고 의회에 영향력을 행사하려고 했다. 김영삼과 김대중은 임박한 총선을 앞두고 대통령 지지 세력으로 재편된 여당을 창당했고, 노태우의 경우 3당 합당으로 새로운 당을 만들었다. 정당 총재형 대통령들은 총재 권한을 바탕으로 여당을 사실상 지배했지만, 임기 말에는 선거로 촉발된 갈등과 여당 내 분파 갈등 등으로 여당에서 쫓겨나는 신세가 되었다.

⟨표 7-2⟩ 정당 총재형 대통령의 당정 갈등 사례

	시기	내용	갈등 주체
노태우	1989. 4	주택 200만호 건설 등 부동산 투기 억제책	민정당 대 정부
	1989. 6	5공 세력 청산을 둘러싸고 당정 갈등	민정당 대 정부
	1990. 4	박철언 정무장관 및 민정계 주도 당 운영 반발	김영삼 대 대통령
	1990. 10	내각제 합의각서 유출 파문	김영삼 대 대통령
	1991. 5	노재봉 총리 사퇴를 둘러싸고 갈등	김영삼 대 대통령
	1991. 8	전당대회 조기소집을 두고 갈등(1992년 총선 전 조기 전당대회를 통해 후보 확정)	김영삼 대 대통령
	1992. 5	전당대회 개최(이종찬 경선 중도 하차)	김영삼 대 대통령
	1992. 8	제2이동통신 선정 관련 갈등	김영삼 대 대통령
	1992. 9	부정 관권선거 폭로, 개각 요청 → 중립 내각	김영삼 대 대통령
	1992.9	대통령 탈당	
김영삼	1994. 8	세계무역기구(WTO) 설립헌장 국회 비준 시기 논란	민자당 대 청와대
	1995. 7	실명제 등 종합과제 보완 논란	민자당 대 재정경제부
	1997. 1	노동법 날치기 통과와 총파업 책임 논란	신한국당 대 청와대
	1997. 4	한보사태를 두고 갈등	이회창 대 청와대
	1997. 7	전두환, 노태우 사면을 두고 갈등	이회창 대 청와대
	1997. 10	김대중 비자금 수사 유보	이회창 대 청와대
	1997. 11	대통령 탈당	
김대중	1998.10	법무부의 인권법 시안(국가인권위원회 위상 및 조사대상 등)	국민회의 대 법무부
	1999. 3	국민연금 확대 실시 시기	국민회의 대 청와대
	1999. 6	옷 로비 사건, 법무부 장관 거취	국민회의 대 청와대
	2000. 3	동강댐 건설 계획	민주당 대 행정부
	2000. 8	의약분업	민주당 대 행정부
	2000. 12	당 쇄신 주장 제기(정풍운동)	민주당 소장파 대 여당 지도부·대통령
	2001. 5	안동수 법무부 장관 충성메모 파동, 인사 파동	민주당 소장파 대 여당 지도부·대통령
	2001. 8	김중권 당대표 당무 거부	민주당 대 청와대
	2001. 9	한광옥 비서실장을 당대표에 내정한 데 반발	민주당 소장파 대 여당 지도부·대통령
	2002. 4	대통령 아들 비리	여당 대 대통령
	2002. 5	대통령 탈당	

2) 정당 비주류형 대통령: 노무현, 이명박

(1) '실질 권력 감소-선거' 상황

노무현은 2014년 탄핵 반대 여론을 등에 업고 17대 총선에서 여당인 열린우리당이 원내 과반을 차지하는 승리를 거뒀지만, 이후 각종 재보궐선거 등에서 패배하면서 당정 갈등이 폭발했다.

2005년 대연정론과 2006년 한미FTA는 선거와 관련된 대통령의 목표와 여당의 목표가 충돌한 대표적인 사례로 꼽을 수 있을 것이다. 다음 선거의 유인이 없었던 대통령은 2006년 야당이 선거법 개정에 동의한다면 총리 등 국정운영 권한의 절반을 양보할 수 있다면서 야당인 한나라당에 대연정을 제안했다. 당시 박근혜 한나라당 대표는 이를 거절했고, 다음 선거를 치러야 하는 여당 의원들은 지지기반을 허무는 이러한 대통령의 제안을 격렬하게 반대했다. 2007년 한미FTA 추진도 여당의 주요 지지기반이었던 진보세력이 격렬하게 반대하는 사안이었기 때문에 지지기반 붕괴를 우려하는 여당 의원들은 한미FTA를 강력하게 반대했다.

이처럼 대통령과 여당 간 이해관계의 불일치가 격렬한 당정 갈등으로 표면화되고 재보궐선거에서 여당이 잇따라 패배하자 여당 내에서 대통령의 탈당을 요구하기 시작했다. 결국 집권 말, 대통령의 지지율이 급락하고 여당 내부에서 차기 대선을 위해 열린우리당 해체에 이은 재창당 움직임이 가속화되자 노무현은 2007년 2월, 열린우리당을 탈당했다.

이명박은 대선 승리 직후 치러진 2008년 18대 총선에서 대통령 지지 세력을 중심으로 여당을 재편하기 위해 경쟁자인 박근혜 지지 세력을 공천에서 배제하는 이른바 '친박 공천 학살'을 단행했다. 여당 공천에서 밀려난 친박계 의원들은 '친박연대'를 만들어 대거 당선되었는데, 이로써 이후 이들의 복당 문제가 여당의 핵심 갈등 사안으로 부상했다. 이명박은 관리형 당대표인 박희태를 통해 여당을 통제하려고 했지만, 친박계와의 갈등은 좀처럼 해소되지 않았다.

(2) '실질 권력 감소-여당 분파' 상황

노무현이 대통령에 당선될 수 있었던 것은 김대중정부 말, 당내 민주화의 일환으로 국민경선제가 도입된 덕분이었다. 당시 여당이던 새천년민주당에서는 이인제가 여당 주류의 지원을 받는 유력한 대선후보였다(박수형, 2014). 이처럼 당내 비주류였던 노무현은 집권 초기부터 대북송금 특검법을 둘러싸고 여당 주류와 갈등을 빚기 시작했다. 김대중정부의 역사적 유업을 훼손하는 것으로 인식했던 여당 주류는 노무현을 정면으로 비판했고, 정당 민주화를 추진했던 소장파들은 대통령과 함께 새로운 여당인 열린우리당 창당을 밀어붙었다. 결국 당정 갈등은 여당의 주류가 야당인 한나라당과 합세해 대통령 탄핵소추안을 가결시키는 것으로 폭발했다. 이를 계기로 대통령은 기존의 여당과 완전히 결별했고, 2004년 17대 총선에서 새로운 여당인 열린우리당이 원내 과반 확보로 승리하면서 새로운 당정 관계의 조건이 형성되었다.

노무현은 정당 총재형 대통령들이 추진했던 수직적 당정 관계를 당정분리를 통해 수평적 당정 관계로 재편하고자 했다. 노무현은 이러한 당정분리를 정치개혁의 핵심 과제 중 하나라고 인식했다. 이를 위해 2004년 5월, 청와대 정무수석실을 폐지했다. 또 수직적 당정 관계의 상징이었던 당 총재직을 없애고, 당원 경선을 통해 당 의장을 선출했다.

그러나 노무현의 당정분리는 당초 의도와 달리 대통령을 반대하는 당내 분파를 양산하는 결과를 가져왔다. 여당에 대한 대통령의 공식 권한이 사라지자 여당 분파들은 대통령의 정책과 인사를 직접적으로 공격하기 시작했다. 국가보안법, 사립학교법 등 개혁입법과 부동산정책 등에 대한 비판이 수시로 터져나왔다. 또한 김혁규 총리 후보자, 유시민 보건복지부 장관 후보자, 김병준 교육부총리 후보자, 문재인 법무부 장관 후보자 등 대통령의 인사에 대해서도 여당 분파들이 공개적으로 반대 의사를 밝혔다. 정당 총재형 대통령 시절에는 정부 정책을 비판하더라도 대통령을 직접 거론하는 경우는 없었는데, 노무현 재임 중에는 여당 의원들이 대통령을 직접 비판하는 경우가 드물지 않았다. 아파트 분양원가 공개를 둘러싼 갈등에서 당시 여당 의원이었던 김근태가 대통령을 향해 "계급장 떼고 붙어보자"고 공격한 것이 대표적이다.

이명박의 경우 친박계와의 갈등은 2010년 정부안이었던 세종시 수정안 부결을 계기로 폭발했다. 이명박은 정운찬 총리 임명을 통해 행정수도의 세종시 이전을 무효화하고, 그 대안으로 충청권 과학비즈니스벨트 건설을 추진하고자 했다. 그러나 박근혜는 국민과의 약속을 명분으로 이에 반대했고, 결국 국회 표결에서 정부안이 최종 부결되었다. 대통령이 정권의 명운을 걸고 추진했던 정책이 여당 내 경쟁자가 주도한 반란에 의해 부결된 이 사건을 계기로 대통령의 여당 지배력이 급속히 약화되면서 레임덕이 본격화된 것으로 평가된다(박명호, 2010).

세종시 수정안 부결 이후 친박계 의원들은 사실상 대통령을 비판하는 야당의 역할을 하기 시작했다. 김태호 총리 후보자, 신재민 문체부 장관 후보자, 정동기 감사원장 후보자에 대한 여당의 비판이 노골적으로 터져나왔다. 재보궐선거의 잇따른 패배로 여당의 위기감이 고조되자 박근혜는 2011년 말, 비상대책위원장을 맡으면서 여당의 당명을 새누리당으로 바꾸는 등 사실상 여당을 재편했다. 그리고 2012년 4월 19대 총선에서 새누리당이 원내 과반 의석 확보에 성공하면서 여당은 사실상 박근혜의 통제 아래 놓이게 되었다. 이명박은 임기 말인 2012년, 내곡동 사저 의혹과 측근 비리 등으로 여당 의원들로부터 탈당 요구를 받았지만, 박근혜의 반대로 당적을 유지할 수

<표 7-3> 정당 비주류형 대통령의 당정 갈등 사례

	시기	내용	갈등 주체
노무현	2003. 3	대북송금 특검법 공포	민주당 대 청와대
	2003 4	이라크 파병 결정	민주당 대 청와대
	2003. 4	고영구 국정원장 임명	민주당 대 청와대
	2003. 7	신당(열린우리당) 창당	민주당 대 청와대
	2004. 6	김혁규 전 경남지사 총리인준안	열린우리당 대 청와대
	2004. 6	아파트 분양원가 공개	열린우리당 대 청와대
	2004. 9	국보법, 사학법 등 4대 개혁입법	열린우리당 대 청와대
	2004. 12	3주택 양도소득세 중과	열린우리당 대 청와대
	2005. 6	정부 부동산정책 전반, 철도공사의 유전개발 및 행담도 의혹	열린우리당 대 청와대
	2005. 8	대연정론	열린우리당 대 청와대
	2006. 1	유시민 보건복지부 장관 입각	열린우리당 대 청와대
	2006. 2	정책 갈등(△1~2인 가구를 대상으로 한 소수자 근로소득세 추가공제 폐지, △중앙정부의 재건축 승인권 환수 문제, △소주세율 인상 논란)	열린우리당 대 정부
	2006. 5	사학법 재개정	열린우리당 대 청와대
	2006. 8	김병준 교육부총리, 문재인 법무부 장관 임명	열린우리당 대 청와대
	2006. 8	비전2030 관련 증세 논란	열린우리당 대 청와대
	2006. 9	한미FTA	열린우리당 대 청와대
	2006. 12	신당 창당	열린우리당 대 청와대
	2007. 2	대통령 탈당	
이명박	2008. 4	18대 총선 친박계 공천 학살 및 총선 후 복당	박근혜 대 청와대
	2008. 11	수도권 규제 완화	한나라당 대 청와대
	2009. 5	당정청 쇄신론	한나라당 대 청와대
	2010.6	세종시 수정안 부결	한나라당 대 청와대
	2010. 8	김태호 총리, 신재민 문체부 장관 임명	한나라당 대 청와대
	2010. 10	불법사찰 등 권력사유화 논쟁	한나라당 대 청와대
	2011. 1	정동기 감사원장 인사	한나라당 대 청와대
	2011. 3	충청권 과학비즈니스벨트 재검토, 동남권 신공항 백지화 논란	한나라당 대 청와대

있었다. 이명박은 여당에 대한 지배력을 완전히 상실했지만, 박근혜 덕분에 민주화 이후 탈당하지 않고 임기를 마친 첫 대통령이 될 수 있었다.

3) 정당 주류형 대통령: 박근혜, 문재인

(1) '실질 권력 감소-선거' 상황

박근혜의 경우 당정 갈등은 2016년 19대 총선을 앞두고 본격적으로 분출했다. 박근혜는 자신에게 완전히 종속된 여당을 원했고, 이를 위해 친박계 인사 위주로 공천을 시도했다. 이에 대해 김무성 대표는 당무를 거부하거나 총선 직전 공천 도장을 갖고 잠적하는 등의 소동을 일으키며 저항했다. 그러나 공천권을 둘러싼 이러한 극심한 계파 갈등으로 인해 여당은 더불어민주당에 패하고 말았다. 총선 패배의 책임을 지고 김무성이 물러나자 2016년 8월, 후임 당대표로 박근혜의 복심으로 불리는 이정현이 선출되었다.

내부 계파 갈등에도 불구하고 견고했던 박근혜의 지배력은 19대 총선 이후인 2016년 8월, 우병우 민정수석의 거취를 둘러싼 논란, 그리고 같은 해 10월, 비선 실세였던 최순실의 국정개입 의혹이 세상에 알려지면서 무너졌다. 결국 여당 의원 상당수가 대통령 탄핵소추에 동참함으로써 박근혜는 헌정 사상 최초로 탄핵되었다. 대통령 탄핵으로 몰락한 여당은 대선 보궐선거 직전인 2017년 2월, 자유한국당으로 당명을 바꿨고, 같은 해 11월 박근혜를 제명했다.

문재인은 2017년 3월, 박근혜 탄핵에 따른 궐위 선거를 통해 대통령에 당선되었다. 1년 전, 김종인 비상대책위원장의 지휘로 치러진 20대 총선에서 더불어민주당은 원내 1당이 되었다. 이와 더불어 당내 역학관계에서 중요한 사실은 20대 총선 직전 문재인 당대표를 흔들던 안철수와 호남지역 의원들이 국민의당을 창당해서 더불어민주당을 나감으로써 결과적으로 당내 분파가 사라지고 문재인 지지 세력을 중심으로 당이 재편되었다는 점이다. 이는 집권 이후 안정적인 당정 관계를 확립하는 데 긍정적인 영향을 미쳤다. 또한 재임 중 치러진 21대 총선은 코로나19라는 국가적 재난 상황에서 이뤄졌기 때문에 상대적으로 여당의 응집력이 높아 선거 국면인데도 공천 등을 둘러싼 당정 갈등이 상대적으로 적었다. 특히 21대 총선에서 여당이 대승함으로써 당정 갈등은 더욱 잦아들었다.

(2) '실질 권력 감소-여당 분파' 상황

박근혜는 자신이 재창당한 새누리당의 대선후보로 대통령에 당선된 이후 철저히 수직적인 당정 관계를 요구했다. 청와대에는 김기춘 비서실장을, 여당 대표로는 관리형 대표인 황우여를 두고 대통령 주도의 수직적인 당정 관계를 확립했다. 이로 인해 집권 초기에는 국정운영에 대한 여당의 비판이 완전히 사라졌다.

이러한 수직적 당정 관계에 균열이 나기 시작한 것은 2014년 7월, 전당대회에서 대통령이 지원하는 친박계 서청원 대신 김무성이 당대표로 당선되면서부터였다. 취임 직후 김무성이 제기한 개헌 주장은 "임기 내 개헌은 없다"라는 박근혜의 입장과 배치되는 것이어서 당정 갈등이 재연될 조짐을 보였지만, 김무성 대표가 서둘러 개헌 입장을 철회하면서 당정 갈등은 가라앉았다. 박근혜의 지배력에 균열이 간 두 번째 사건은 2015년 2월, 원내대표로 박근혜가 지원하는 이주영 대신 유승민이 당선된 일이었다.

이처럼 여당의 당대표와 원내대표를 모두 비박계 소수파가 맡게 되면서 여당 내에서 공무원연금 개혁, 복지정책에 대한 비판이 터져나왔다. 박근혜는 공무원연금 개혁에 대한 여야의 합의안을 정면으로 비판하면서 불만을 드러냈다. 또한 유승민은 2015년 4월, 원내대표 연설에서 "박근혜 대통령의 증세 없는 복지는 허구"라고 직격함으로써 박근혜의 분노를 샀다. 이어 같은 해 6월, 박근혜는 행정입법에 대한 국회의 통제를 강화하는 내용의 국회법 개정안에 대해 거부권을 행사하면서 유승민을 '배신의 정치인'으로 지목했다. 유승민을 축출하라는 대통령의 명령이 떨어지자 친박계 의원들이

<표 7-4> 정당 주류형 대통령의 당정 갈등 사례

	시기	내용	갈등 주체
박근혜	2014. 7	당대표 김무성 당선(친박 서청원 탈락)	새누리당 대 청와대
	2014. 10	김무성 개헌 논의	새누리당 대 청와대
	2015. 2	원내대표 유승민 당선(친박 이주영 탈락)	새누리당 대 청와대
	2015. 5	공무원연금 개혁	새누리당 대 청와대
	2015. 6	박근혜가 국회법 개정안에 거부권 행사, 배신의 정치	새누리당 대 청와대
	2015. 7	유승민 사퇴	새누리당 대 청와대
	2015. 10	안심번호 국민공천제 갈등, 김무성 당무 거부	새누리당 대 청와대
	2016. 3.	19대 총선, 공천 갈등	새누리당 대 청와대
	2016. 8	우병우 수석 거취 논란	새누리당 대 청와대
	2016. 11	최순실 사태 → 12월 국회 탄핵소추 통과	새누리당 대 청와대
문재인	2021. 7	재난지원금 범위	민주당 대 재정기획부
	2021. 7	송영길 대표의 중도 노선(조국사태 사과, 부동산정책 수정)에 친문 반발	민주당 대 청와대
	2021. 11	방역지원금 등 초과세수 관련	민주당 대 재정기획부

일제히 들고 일어나 퇴진을 요구했고, 유승민은 같은 해 7월, 결국 원내대표 직에서 물러나야 했다. 공석이 된 원내대표는 친박계 원유철이 승계했다. 이처럼 박근혜에게 지속적으로 공격받았던 비박계 분파는 이후 박근혜 탄핵 과정에 동참함으로써 박근혜 몰락에 결정적으로 기여했다.

문재인은 노무현정부 시절 당정분리의 폐해를 경험했기 때문에 집권 내내 '당정 일치'를 내세우면서 안정적으로 당정 관계를 관리했다. 특히 재임 중 치러진 21대 총선에서 여당이 승리함으로써 여당 내 분파는 거의 존재감을 드러내지 못했다. 다만 2022년 대선을 앞둔 시기에 재난지원금의 지원 범위를 둘러싸고 여당과 재정기획부 간 갈등이 불거지는 경우가 있었는데, 이때마다 문재인은 여당의 손을 들어주었다. 문재인이 집권 후반기까지 40%를 넘는 높은 지지율을 유지한 것도 대선을 앞둔 여당이 대통령과의 차별화를 자제한 이유 중 하나였다. 임기 마지막까지 대통령의 인기가 높았기 때문에 여당도 대통령을 비판하기 부담스러웠던 것이다. 문재인 집권 내내 도드라진

당정 갈등이 없었던 것은 이러한 요인들이 작용한 결과였다.

이상에서 살펴본 바와 같이, 대통령제 권력구조라는 제도적 요인과 한국 정당의 형성이라는 역사적 요인으로 인해 민주화 이후 대통령과 여당 사이에는 항상 이해관계의 불일치로 인한 갈등이 재연되곤 했다. 특히 한국의 단임제 대통령은 재선의 유인이 없는 반면, 여당은 현직 대통령의 퇴임 이후에도 다음 선거를 치러야 할 유인이 있다. 이로 인해 단임제 대통령은 재임 중의 역사적 유업을 달성하기 위해 여당을 강하게 통제하려고 하지만, 여당은 선거 전략상 그러한 대통령으로부터 자율성을 추구하려는 경향을 갖게 된다.

민주화 이후 대통령과 여당 대표 간의 갈등은 배신과 암투로 점철된 흥미로운 정치드라마이다. 그러나 이런 개인주의적 접근은 대통령과 여당의 역학관계를 역사적·제도적 관점에서 객관적으로 보는 것을 방해한다. 따라서 필자는 개인의 드라마를 지우고 철저히 역사적·제도적 관점에서 민주화 이후 대통령과 여당의 관계를 분석했다.

08

윤석열은 왜 비상계엄을 일으켰는가

2024년 12월 3일의 비상계엄은 왜 일어났을까. 평온했던 그날 하루를 떠올리면 윤석열의 비상계엄은 불가사의한 일처럼 느껴진다. 국회 의결에 의해 세계사에 유례가 없을 정도로 초단기로 종결된 그날의 비상계엄 이후 한국 사회는 다시 격랑 속으로 빠져들었다. 박근혜 탄핵 이후 다시는 없을 것 같던 대통령 탄핵 소추가 다시 이뤄졌고, 헌법재판소의 최종 결정이 나왔다.

그럼에도 왜 대통령이 그날 비상계엄을 선포했는지는 의문으로 남는다. 사태의 전모가 밝혀질 때까지 어떤 설명도 충분하지 않겠지만, 12·3 사태의 원인에 대해서는 대략 세 가지 관점이 존재한다. 첫째 관점은 12·3 비상계엄을 윤석열이라는 개인의 이상 심리와 돌출 행동으로 설명하는 관점이다. 이는 윤석열이라는 개인의 성장환경, 집권과정, 부인과의 관계 등 개인적 삶의 이력을 바탕으로 비상계엄 결정을 설명하려는 관점이다.

둘째 관점은 12·3 사태를 헌법상의 결함으로 설명하는 관점이다. 현행 87년 헌법은 태생적 한계에도 불구하고 40년 가까이 장수한 헌법이다. 그 이전의 헌법들은 평균 생존기간이 10년 내외였던 점을 고려하면 87년 헌법은 민주화 이후 민주주의 공고화에 적지 않게 기여했다고 평가할 수 있다. 그럼에도 이 헌법에 의해 탄생한 여덟 번째 대통령이 친위쿠데타를 시도했다는 사실은 현행 헌법에 문제의 단초가 있다는 추론을 가능하게 한다. 12·3 비상계엄은 윤석열이라는 문제적 개인에서 비롯된 측면도 있을 것이고, 87년 헌법의 내적 결함에서 비롯된 측면도 있을 것이다. 이는 향후 지속적으로 논의하고 해명해야 할 문제이다.

필자는 윤석열의 비상계엄을 대통령의 헌법 권력과 실질 권력 간의 불균형에서 비롯되었다고 설명하는 제3의 관점을 제시한다. 대통령의 헌법 권력과 대통령을 뒷받침하는 의회·정당·시민사회의 지지기반, 즉 실질 권력의 격차가 클수록 대통령이 일방적으로 권력을 행사하려는 유인이 커지고, 이에 맞서 대통령을 제거하려는 의회의 유인도 커진다. 그러면 대통령과 의회 간의 정보비대칭성, 미래 권력구도 변동에 대한 불확실성으로 인해 상호 협상이 더욱 어려워진다. 이러한 조건에서 의회에 의한 대통령 탄핵의 가능성이 높아지면 대통령은 선제적으로 예방적 친위쿠데타를 시도하게 된다.

필자는 국가 관계에서 발생하는 예방전쟁 개념을 바탕으로 만든 대통령과 의회 간 동태적 협상모형을 통해 2024년 12월 3일 발생한 비상계엄의 발생 원인을 설명한다. 이를 바탕으로 민주화 이후 반복된 대통령의 실패를 극복하기 위한 제도적 대안이 무엇인지 고찰한다.

1. 이론 모형: 대통령-의회 간 동태적 협상모형

헬름케(Helmke, 2017)는 대통령과 의회 간 동태적 협상모형을 통해 남미 국가에서 반복적으로 발생하는 대통령의 권력 남용, 의회의 탄핵, 대통령의 예방적 쿠데타 등을 체계적으로 설명한다.

〈그림 8-1〉 대통령-의회의 협상모형

L: 의회(의회 권력은 없음(0)에서 최대치(1))
E: 대통령(대통령 권력의 크기는 (1-의회 권력))
SQ: 현재 상태에서 대통령과 의회의 권력 배분 수준
X_E: 대통령이 제안하는 권력 확대안(혹은 정책 제안)
X_L: 의회의 역제안 또는 대통령 권력 축소안(혹은 정책 제안)
자료: Helmke(2017) 참조.

남미 국가에서 대통령은 강한 헌법 권력을 갖지만 다당제로 인해 대통령 정당이 의회 소수파일 때가 많기 때문에 대통령은 실질 권력이 약해지는 경우가 잦다. 한국의 민주화 이후 대통령 역시 상대적으로 강한 헌법 권력을 갖지만, 실질 권력은 집권 초에는 제왕적으로 불릴 만큼 강한 반면 집권 후반기에는 레임덕 대통령으로 불릴 만큼 약해지는 식으로 진폭이 매우 크다. 윤석열의 경우 집권 기간 내내 여당의 의석수가 전체 의석의 3분의 1 수준에 머무를 정도로 소수파 대통령이었다. 남미 국가의 대통령이나 윤석열 대통령처럼 강한 헌법 권력과 약한 실질 권력이 조합된 상황에서의 대통령-의회의 협상모형을 그리면 〈그림 8-1〉과 같이 표현할 수 있다.

먼저 대통령이 현재 상태(SQ)보다 더 많은 권력 행사를 의미하는 정책 X_E를 의회에 제안했다고 가정해 보자. 이때 의회는 대통령의 제안을 수용할 수도 있고, 이를 거부하고 대통령 탄핵을 시도할 수도 있다. 대통령의 제안을 수용할 경우 의회의 기대보상은 SQ이다($U_{수용}=SQ$). 대통령 탄핵을 시도할 경우 탄핵의 성공확률과 비용을 각각 p, d라고 했을 때 의회의 기대보상은 (p-d)이다($U_{탄핵}=p-d$).[1] 의회는 대통령 제안을 수용할 때의 기대보상보다 대통령 탄핵의 기대보상이 크다면(즉, $U_{수용} < U_{탄핵}$), 탄핵을 시도할

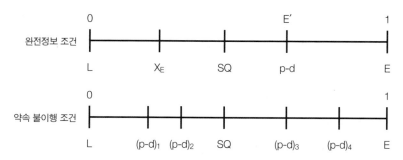

것이다. 즉, SQ<(p-d)이면 의회는 현상유지보다 대통령 탄핵이 낫다고 판단하고 탄핵을 시도할 것이다. 특히 대통령 지지율이 더 하락하거나 집권세력 내분 등으로 대통령의 실질 권력이 더 약해질 것으로 전망된다면 탄핵의 성공확률(p)은 더 커지고 그에 따른 비용(d)은 줄어들기 때문에 더 과감하게 탄핵 시도에 나설 것이다.

이렇게 의회의 탄핵 유인이 커질 때 대통령은 어떻게 대응해야 할까. 만약 완전정보 상황이라면 대통령은 의회가 탄핵에 나서지 않을 정도의 적절한 권력 배분안을 제시하며 협상에 나설 것이다. 〈그림 8-2〉의 완전정보 조건에서 E' 지점 제안의 기대보상은 의회가 탄핵했을 때 얻는 기대보상(p-d)과 차이가 없는 수준이기 때문에 대통령의 최선책이 된다. 이론적으로 대통령이 E' 수준으로 권력을 조정하는 타협안을 의회에 제시한다면 의회는 탄핵으로 얻을 이득과 비슷하거나 더 나은 대안을 갖게 되므로 탄핵 시도를 멈출 것이다.

---

1   대통령 탄핵을 시도할 때, 의회의 기대보상은 다음과 같이 구할 수 있다. 첫째, 성공(확률 p)할 경우, 대통령직을 장악하거나 의회가 주도권을 되찾아 큰 이익을 얻기 때문에 편의상 이득을 1로 놓을 수 있다. 둘째, 실패(확률 1-p)할 경우, 의회는 아무 이득도 얻지 못하기 때문에 편의상 이득은 0이 된다. 또한 대통령 탄핵 시도에 드는 정치적·재정적 비용을 d라고 하면 대통령 탄핵에 따른 의회의 기대보상은 다음과 같이 단순화할 수 있다. $U_{탄핵}=p\times(1-d)+(1-p)\times(0-d)=p-d$

<그림 8-3> 탄핵 위기에서의 대통령의 예방적 쿠데타

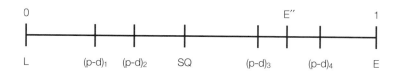

그러나 현실에서는 정보 비대칭성, 미래 권력 변동 등의 이유로 대통령이 E′를 제시해도 의회가 거절할 수 있다. 여기에는 의회와 대통령 간 약속 불이행의 문제가 있기 때문이다. <그림 8-2>의 아래 그림은 약속 불이행의 문제를 고려한 동태적 협상모형이다. 즉, 실제 현실에서는 의회가 지금은 "대통령의 제안을 수용하고 향후 탄핵을 시도하지 않겠다"고 약속하더라도 미래에 탄핵의 유인이 생기면 의회는 언제든 약속을 깰 수 있다. 예컨대 시간이 흐르면서 대통령 지지율이 더 떨어지거나 대통령의 의회 지지기반이 더 약화될수록, 즉 실질 권력이 약화될수록 (p-d)값이 더 커진다. 이처럼 시간이 흐르면서 (p-d)가 계속 변하기 때문에 의회는 당장 탄핵할 유인이 없어도 나중에는 생길 것으로 예상하고 협상을 결렬시킨다. 이로 인해 대통령도 장래의 탄핵 가능성에 대비해 대응책을 고민하게 된다.

시간이 흐르면서 의회의 탄핵 가능성이 점점 높아진다면 대통령은 선제적으로 의회를 공격함으로써 탄핵을 원천 봉쇄할 유인을 갖게 된다. 이는 국제 관계에서 "상대 국가가 나를 공격할 것 같으면 내가 먼저 선제공격해서 상대 전력을 꺾겠다"는 예방전쟁의 논리와 비슷하다(Powell, 1999). <그림 8-3>은 시간이 흐르면서 의회의 탄핵 가능성이 점점 커질 때($(p-d)_1 \rightarrow (p-d)_4$), 대통령이 선제적으로 의회를 공격하는 예방적 친위쿠데타를 단행할 수 있음을 보여준다.

선제적으로 의회를 공격하는 예방적 쿠데타를 단행할 때 대통령은 국민

지지, 군·경의 협조 등 성공확률과 그에 따른 정치적·재정적 비용을 고려한다. 그리고 지금 공격을 감행했을 때 얻는 기대보상이 아무것도 하지 않고 미래를 기다리는 기대보상보다 커지는 지점이 존재하는데, 그것이 〈그림 8-3〉의 E″ 지점이다. E″는 대통령이 현 상태를 관망하는 것과 의회를 선제공격하는 것 중 어느 쪽이 유리한지를 가르는 임계점이 된다. 즉, E″의 왼쪽(혹은 그 근방)에서는 대통령이 "아직은 선제공격을 안 하는 것이 낫다"고 판단해 기다리지만, E″에 도달하거나 넘어서면 "차라리 지금 의회를 공격해서 없애는 편이 낫다"고 판단한다. SQ가 대통령 탄핵을 시도하는 의회의 임계점이라면, E″는 예방적 쿠데타를 단행하는 대통령의 임계점인 것이다.

이상의 설명은 의회가 대통령을 탄핵할 유인과 대통령이 의회를 선제공격할 유인이 서로 맞물리면서 탄핵과 같은 대통령의 위기가 의회의 위기로 전환되는 과정을 잘 보여준다. 그렇다면 이러한 제도적 위기가 발생하는 제도적·역사적 배경은 무엇일까.

헬름케(Helmke, 2017)에 따르면, 남미 국가에서 제3의 민주화 물결 직후인 1985~2008년에 탄핵 등으로 의회가 대통령을 공격한 사례는 36회(성공 13회, 실패 23회), 그리고 예방적 쿠데타 등으로 대통령이 의회를 공격한 사례는 9회(성공 6회, 실패 3회)였다.

먼저 탄핵 등 대통령의 위기는 비상대권, 의회 해산권 등 대통령의 헌법 권력은 강하지만 의회·정당·시민사회 기반의 실질 권력은 약할 때 발생한다. 의회의 입장에서 봤을 때, 대통령이 헌법상 막강한 권력 수단을 갖고 있기 때문에 장차 그 권한을 활용해 의회를 제압하거나 의회가 원하는 입법·정책을 저지할 것이라는 우려를 갖게 된다. 그런데 대통령의 실질 권력이 약하다면 의회는 탄핵 성공 가능성을 높게 점쳐 대통령을 공격할 유인이 커진다. 특히 대통령 지지율이 하락하거나 중간선거 등에서 대통령 정당의 의석수가 감소한다면 탄핵에 따른 비용이 더욱 감소하기 때문에 야당이 대통령 탄핵을 시도할 가능성은 더욱 높아진다. 따라서 대통령의 헌법 권력과 실질 권력 간의 불균형, 즉 강한 헌법 권력과 약한 실질 권력의 조합이 대통령 탄핵의 제도적 배경이 된다.

이처럼 대통령이 의회 소수파인데도 헌법적으로 매우 강력한 권력을 갖고 있다면 탄핵 위기에 빠진 대통령은 선제적으로 의회를 해산하거나 무력화하는 방식의 예방적 쿠데타를 단행할 유인이 커진다. 특히 과거에 대통령 탄핵의 경험이 있을 경우 대통령은 전임자처럼 자신도 탄핵당할 수 있다는 우려가 더욱 커져 선제적으로 의회를 공격하려고 한다(Helmke, 2017). 또한 여당의 의석수, 조직력과 지지기반 등이 약화되면 대통령이 선제적으로 의회를 공격할 가능성이 더욱 높아진다. 이는 의회에 대한 영향력이 약화되어 탄핵될 가능성이 더욱 높아지기 때문이기도 하고, 다른 한편으로 대통령의 일탈을 견제할 수 있는 여당의 영향력이 더욱 감소하기 때문이기도 하다(Samuels and Shugart, 2010; Martínez, 2024).

이상을 종합하면, ① 대통령 권력의 불균형(강한 헌법 권력과 약한 실질 권력), ② 과거 탄핵 경험 등 정치문화와 역사적 선례, ③ 대통령에게 종속된 허약한 정당 등이 복합적으로 작용하면서 의회의 탄핵 시도와 대통령의 예방적 쿠데타와 같은 제도적 위기가 발생한다.

2. 윤석열정부에서의 대통령-의회 갈등

대통령의 헌법 권력은 크게 입법 권력과 행정 권력으로 나누어 살펴볼 수 있다. 첫째, 입법 권력 측면에서 보면, 한국 대통령은 미국 대통령보다 강한 권한을 갖고 있다. 미국 대통령은 법률안 발의권과 개헌 제안권이 없지만, 한국 대통령은 이를 직접 행사할 수 있으며, 긴급명령권 및 계엄선포권과 같은 비상대권도 보유하고 있다. 이는 한국 대통령이 입법과정에서 더 적극적인 역할을 수행할 수 있음을 의미한다. 따라서 한국 대통령의 입법 권력 수준은 남미 국가들과 비슷하다고 할 수 있다. 다만, 남미 대통령들은 헌법적 명령권한을 통해 의회의 동의 없이도 입법적 효력을 갖는 명령을 단독으로 발동할 수 있지만, 한국 대통령의 명령권한은 국회의 위임을 받아야 한다는 점에서 제한적이다. 따라서 한국 대통령은 미국 대통령보다는 강한 입법 권력을 갖고 있지만, 남미 국가들의 대통령만큼 절대적인 입법 권한을 행사하지는 못한다.

둘째, 행정 권력 측면에서 보면, 한국 대통령과 미국 대통령은 큰 차이가 없다. 미국 대통령은 의회의 동의를 받아 내각을 구성해야 하지만, 한국 대통령은 국무총리의 추천을 받아 장관을 임명할 수 있다. 또한 미국에서는 의회가 개별 장관을 해임할 수 없지만, 한국에서는 국회가 해임 건의권을 행사할 수 있으므로 내각 운영에 대한 견제 장치가 존재한다. 그럼에도 한국 대통령의 행정 권력이 미국 대통령보다 강해보이는 것은 검찰, 경찰, 국정원 등 권력기구를 편법적으로 동원할 수 있기 때문이다.

종합해 보면, 한국 대통령의 입법 권력은 미국보다 강하지만 남미보다는 약한 수준이며, 행정 권력은 미국과 유사하다. 이는 한국 대통령의 헌법 권력이 다른 나라와 비교해 제왕적이라고 불릴 만큼 강하지는 않지만, 그렇다고 아주 약한 수준도 아니라는 기존 연구 결과(Shugart and Carey, 1992; 신우철, 2011)와 일치한다.

1) 입법 권력을 둘러싼 대통령-의회 갈등

대통령-의회 갈등은 헌법이 규정한 이러한 입법 권력과 행정 권력을 둘러싼 갈등이라고 할 수 있다. 이런 맥락에서 윤석열은 야당의 특검법안, 장관

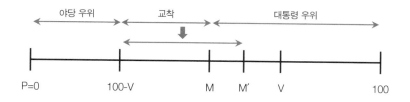

P=대통령 정당의 국회 의석 비율
M=법안 통과를 위해 필요한 의석 비율
M′='국회 선진화법'에 따라 법안 통과에 필요한 의석 비율
V=의회가 대통령 거부권을 무력화하기 위해 필요한 의석 비율

에 대한 탄핵소추안 등에 대해 삼권분립과 대통령 권한을 침해한 것이라고
주장했다. 그런데 대통령의 헌법 권력은 행정부와 의회 사이의 기본적인 관
계만 규정할 뿐 두 권력기관의 실질적인 역학관계는 대통령의 실질 권력에
따라 달라진다.

윤석열은 집권 내내 의회 소수파였다. 여당 의석은 2022년 취임 당시 113
석이었고, 2024년 22대 총선 이후에는 108석으로 더욱 축소되었다. 그렇다
고 야당이 국정을 주도한 것도 아니었다. 야당은 특검법 등 대통령이 반대
하는 법안을 통과시킬 수 있었지만, 대통령의 거부권을 무력화하기에는 의
석수가 부족했다. 윤석열정부 기간은 '의회독재'라는 윤석열의 주장과 달리,
실제로는 대통령과 의회 중 어느 쪽도 국정을 주도하지 못하는 '교착' 구간
에 위치했기 때문에 두 권력기관 간 갈등이 끊이지 않았다. 〈그림 8-4〉는
체이법(Cheibub, 2007)을 참고해 대통령-의회 간 교착 상황을 도식화한 것
이다.

〈그림 8-4〉에서 대통령이 국정을 주도하는 '대통령 우위' 구간이 되려
면 의회에서의 여당 점유율(M)이 50%(300석 중 150석) 이상이어야 한다. 여

야가 대립하는 쟁점 법안의 경우 '국회 선진화법'의 적용을 받아(M') 여당 점유율이 60%(180석) 이상이어야 한다. 반대로 '야당 우위' 구간이 되려면 야당의 의석 점유율(V)이 2/3(200석) 이상이어야 한다. 이 경우 야당은 대통령의 거부권을 무력화하고 국정을 주도하게 된다. 그러나 윤석열정부에서는 대통령이 원하는 입법을 추진할 수도 없었고, 그렇다고 야당이 야당 주도 법안에 대한 대통령의 거부권을 극복할 수도 없었기 때문에 대통령-의회 간 교착이 지속되었다.

이러한 교착으로 인해 윤석열은 재임 동안 총 12회에 걸쳐 25개 법안에 대해 거부권을 행사함으로써 역대 대통령 가운데 가장 많은 거부권을 행사했다(<표 8-1> 참조). 역대 대통령의 거부권 행사 법안은 이승만 45건, 박정희 5건, 노태우 7건, 노무현 6건, 이명박 2건, 박근혜 2건이었다(전진영, 2023). 윤석열의 재임기간이 채 3년이 안 된다는 점을 고려할 때, 의회 관계에서 윤석열이 얼마나 수세적이었는지를 알 수 있다. 또한 채 상병 특검법과 김건희 특검법 등 대통령과 주변 인물이 연루된 사건의 경우에는 대통령이 매번 거부권을 행사하는 바람에 같은 법안이 3차례 이상 반복 제출될 정도였다. 이러한 거부권 행사는 의회와의 관계를 더욱 적대적으로 만들었다.

적대적 의회 관계는 야당을 국정의 파트너로 인정하지 않고 적대시하는 윤석열의 인식과 깊은 관련이 있었던 것으로 보인다. 윤석열은 2023년 8월 15일, 광복절 경축사에서 "공산전체주의 세력이 민주주의 운동가, 인권운동가, 진보주의 행동가로 위장하고 야비하고 폐륜적인 공작을 일삼는다"라고 주장하며 야당과 시민단체를 싸잡아 비판했다. 또 이재명 민주당 대표의 면담 요청을 '범죄 피의자'라는 이유로 수차례 거부하다가 22대 총선 패배 직후인 2024년 4월 29일, 첫 회담을 가졌다. 민주화 이후 대통령 가운데 처음으로 2024년 9월 열린 22대 국회 개원식에 불참한 데 이어 같은 해 11월 4일, 현직 대통령으로는 11년 만에 처음으로 예산안 시정연설에 불참했다.

<표 8-1> 윤석열 대통령의 거부권 행사 법안

거부권 행사 일자	법안 명칭	주요 내용	거부권 행사 이유
2023년 4월 4일	양곡관리법 개정안	• 쌀 초과 생산량에 대한 정부 매입 의무화	• 재정 부담, 시장 왜곡 우려 • 포퓰리즘 법안
5월 16일	간호법 제정안	• 간호사들의 업무 범위와 처우 개선 • 간호 인력의 권리와 책무 규정	• 직역 간 갈등 심화 • 국민 건강 우려
12월 1일	노란봉투법(1차)	• 원청 기업도 사용자로 간주, 간접고용 및 하도급 노동자와 교섭 • 파업 등에 대한 과도한 손해배상 청구 제한	• 불법 파업 조장 우려 • 경제적 부담 증가
	방송법 개정안(1차)	• 공영방송 이사회 확대 및 추천권 다변화 • 공영방송 사장 선출 방식 변경	• 방송의 공정성과 공익성 훼손 우려 • 대통령 임명권 제한 및 민주적 정당성 결여
	방송문화진흥회법 개정안(1차)	• 이사회 확대 및 추천권 분산 • 사장 선임 방식 변경	• 편향성 우려 및 공정성 훼손 • 대통령 임명권 제약
	한국교육방송공사법 개정안(1차)	• 이사회 확대 및 추천권 분산 • 사장 선출 방식 개선	• 공영방송의 공정성과 공익성 훼손 우려 • 여야 협의 및 사회적 공감대 부족
2024년 1월 5일	화천대유 50억 원 클럽 특검법	• 고위 법조인 및 정치인들의 대장동 개발사업 관련 50억 원 뇌물 의혹	• 총선용 여론 조작 • 기존 검찰 수사 신뢰
	김건희 특검법(1차)	• 도이치모터스 주가 조작 등 의혹	• 중복 수사 및 정치적 편향성 • 대통령 임명권과 삼권분립 침해
1월 30일	이태원 참사 특별법	• 진상규명 및 특별조사위원회 설치 • 피해자 지원 및 추모사업	• 특별조사위의 권한 남용 우려 • 공정성과 재정적 부담
5월 21일	채 상병 특검법(1차)	• 대통령실 등으로 수사대상 확대 • 민주당이 특검 후보 추천	• 헌법정신 위배 • 기존 수사의 충분성
5월 29일	전세사기특별법	• 선구제 후회수 방안 도입 • 피해자 인정 범위 확대	• 재정 부담 및 형평성 문제 • 법적·사회적 합의 부족
	민주유공자 예우법	• 민주화운동 관련자와 유족에 대한 예우 • 대상자 선정 및 지원 내용	• 대상자 선정 기준의 모호성 • 국가보안법 위반자 포함 가능성

거부권 행사 일자	법안 명칭	주요 내용	거부권 행사 이유
	농어업회의소법	• 지역농어업회의소 법제화	• 기능 중복 및 갈등 유발 우려 • 국가 지원에 따른 관변화 우려
	한우산업지원법	• 한우산업 발전 종합계획 수립 • 한우농가 지원 강화	• 다른 축종과의 형평성 문제 • 축산법 체계 훼손 우려
7월 9일	채 상병 특검법(2차)	• 대통령실 등으로 수사대상 확대 • 민주당이 특검 후보 추천	• 헌법정신 및 삼권분립 원칙 위반 • 수사의 공정성과 중립성 문제
8월 12일	방송법 개정안(2차)	• 공영방송 이사회 확대 및 추천 권 다변화 • 공영방송 사장 선출 방식 변경	• 이사회 편향성 우려 • 대통령 임명권 제한 및 민주적 정 당성 결여
	방송문화진흥회법 개정안(2차)	• 이사회 확대 및 추천권 분산 • 사장 선임 방식 변경	• 편향성 우려 및 공정성 훼손 • 대통령 임명권 제약
	한국교육방송공사법 개정안(2차)	• 이사회 확대 및 추천권 분산 • 사장 선출 방식 개선	• 공정성과 공익성 훼손 우려 • 대통령 임명권 침해 및 권력분립 원칙 위배
	방송통신위원회법 개정안	• 방송통신위원회 의사정족수 강 화 • 공영방송 지배구조 개선	• 공정성과 공익성 훼손 우려 • 대통령 임명권 침해
8월 16일	전국민 25만 원 지원법	• 민생경제 회복을 위해 전 국민 에게 1인당 25만-35만 원 지원	• 집행 불가능성과 비현실성 • 정부의 예산편성권 침해
	노란봉투법(2차)	• 원청 기업도 사용자로 간주, 간 접고용 및 하도급 노동자와 교섭 • 파업 등에 대한 과도한 손해배 상 청구 제한	• 사회적 공감대 부족 및 일방적 처 리 • 불법 파업 조장 우려
10월 2일	김건희 특검법(2차)	• 도이치모터스, 명태균 선거개입 등 의혹	• 대통령 임명권과 삼권분립 침해 • 정치적 선동 및 중복 수사 문제
	채 상병 특검법(3차)	• 대통령실 등으로 수사대상 확대 • 민주당이 특검 후보 추천	• 삼권분립 원칙 위배 • 정치적 중립성 훼손 우려
	지역화폐법	• 지역화폐에 대한 재정 지원 의 무화	• 정부 예산편성권 침해 • 효과성 및 부작용 우려
11월 26일	김건희 특검법(3차)	• 도이치모터스, 명태균 선거개입 등 의혹	• 대통령 임명권과 삼권분립 침해 • 정치적 선동 및 중복 수사 문제

그로부터 한 달 뒤인 12월 3일, 윤석열은 느닷없이 비상계엄을 선포하고 의회 해산을 시도했다.

국회와의 협상이 어려워지자 윤석열은 이른바 '시행령 정치', 즉 대통령령을 통해 국회를 우회하는 방법을 선택했다. 역대 대통령 취임 이후 1년 동안 입법예고된 대통령령은 윤석열이 809건으로 가장 많았고, 다음으로 문재인 660건, 박근혜 653건, 이명박 609건이었다(문상현, 2023). 윤석열은 여소야대 국회로 인해 '정부조직법' 개정이 어려워지자 2022년 6월 대통령령을 통해 법무부에 인사정보관리단을, 2022년 8월 행정안전부에 경찰국을 신설했다. '정부조직법'상 법무부 사무에는 인사 관련 조항이 없고 행정안전부 사무에는 치안 관련 조항이 없기 때문에 우선 '정부조직법'을 개정했어야 했지만 대통령령을 통해 우회했던 것이다. 또한 전임 정부에서 검찰의 수사 범위를 2대 범죄(부패, 경제범죄)로 제한한 법률 문구, 즉 "부패·경제범죄 등 대통령령으로 정하는 중요 범죄"에서 대통령령으로 '중요 범죄'에 '사법질서 저해 범죄'를 포함시키는 방식으로 검찰의 수사 범위를 대폭 확대했다. 이 밖에 다주택자에 대한 양도세 중과 유예, 주택분 종부세 공정시장가액비율 인하(100% → 60%), 일시적 2주택 등 주택 수 제외 특례 등 부동산 관련 규제를 대폭 완화하는 데서도 '소득세법'을 개정하는 대신 관련 시행령을 개정하는 방식을 택했다.

한국의 대통령은 법률안 제출권 외에 시행령 등의 명령권한을 통해서도 정책 변경을 할 수 있는데 이 경우 의회와 사법부가 통제하기가 쉽지 않다. 따라서 행정입법을 편법적으로 활용하는 것은 한국의 대통령이 헌법 권력 이상의 영향력을 행사하도록 만드는 주요 요인이다(박용수, 2016; 성예진, 2023). 윤석열의 시행령 정치는 여소야대 상황에서 국정운영의 효율성을 위한 효과적인 수단이었지만, 국회의 견제 기능을 무력화함으로써 대통령-의회 간 갈등을 더욱 심화시키는 요인이기도 했다.

2) 행정 권력을 둘러싼 대통령-의회 갈등

대통령제의 중요한 특징 중 하나는 입법과정에서는 의회와의 협력이 필수이지만 내각 구성과 운영에서는 대통령이 배타적인 권력을 행사한다는 점이다. 인사청문회 등을 통한 의회 견제가 가능하지만, 내각에 대한 대통령의 임명·해임권은 대통령의 헌법상 고유 권한으로 인정된다. 그러나 윤석열의 인사권은 인사청문회, 야당이 주도한 국무위원 해임건의안과 탄핵소추안 등으로 강한 견제를 받았다.

인사청문회는 2000년 헌법상 국회 임명 동의가 필수인 직위(23개 직위)에 대해 처음 도입된 이후 2005년 행정부 소속 국무위원으로 확대되었다. 인사청문회 대상 직위는 2025년 현재 기준으로 총 66개인데, 이 가운데 총리, 국무위원, 주요 기관장 등 행정부 소속이거나 관할인 직위는 총 32개이다. 이들 직위에 대해서는 대통령의 배타적 인사권을 인정하는 취지로 국회가 반대해도 대통령이 임명을 강행할 수 있다. 그러나 대통령이 임명을 강행할 경우 의회와의 갈등, 여론 악화 등 적지 않은 정치적 비용을 감수해야 한다.

윤석열정부에서 행정부 소속 및 관할 공직에 대한 인사청문회는 2024년 11월 기준으로 총 64회 있었다. 이 가운데 의회의 청문보고서 미채택, 청문회 중 공직 후보자 사퇴 등을 포함한 의회의 인준 거부 비율은 56%(35회)로, 김대중 때 인사청문회가 처음 도입된 이후로 가장 높다. 또 의회의 반대에도 불구하고 대통령이 임명을 강행한 비율 역시 윤석열이 86%로 가장 높다. 다음으로 문재인 80%, 노무현 75%, 이명박 73%, 박근혜 64% 순이다.

이처럼 야당은 대통령의 임명권을 견제하는 한편, 이미 임명된 행정부 인사에 대해서도 국무위원 해임건의안, 탄핵소추안 등을 통해 인사권을 견제했다. 국무위원 해임건의안은 헌법 제63조 "국회는 국무총리 또는 국무위원의 해임을 대통령에게 건의할 수 있다"는 조항에 근거하는데, 1987년 개헌 때 해임건의의 법적 구속력이 사라지고 '건의권' 형태가 되었다. 87년 헌법 아래에서 해임건의안이 국회를 통과한 경우는 김대중 1회(임동원 통일부 장관), 노무현 1회(김두관 행정자치부 장관), 박근혜 1회(김재수 농림축산식품부 장관) 등 총 3회였다. 김대중과 노무현은 해당 장관의 자진 사퇴라는 형식으로 해임건의안을 수용한 반면, 박근혜는 거부권을 행사했다. 한편 윤석열정부에서는 민주화 이후 가장 많은 3명의 장관에 대한 해임건의안이 국회를 통과했지만, 모두 거부했다. 윤석열정부에서 해임건의안이 국회를 통과한 경우는 ① 2022년 9월, 박진 외교부 장관(영국과 미국 순방 중 발생한 외교 논란 책임), ② 2022년 12월, 이상민 행정안전부 장관(이태원 참사 부실 대응 책임), ③ 2023년 9월, 헌정 사상 처음으로 한덕수 총리(잼버리 사태, 후쿠시마 원전 오염수 방류 등 여러 사안에 대한 책임)에 대한 해임건의안이다.

　　대통령의 행정부 인사권은 고유 권한으로 인정되기 때문에 인사청문회를 통한 임명권 견제와 해임건의안을 통한 해임권 견제의 효과는 제한적이다. 이에 따라 야당은 대통령의 인사권을 탄핵 심판의 대상으로 끌고 가서 정치 쟁점화했다. 윤석열정부에서 행정부 인사에 대한 탄핵소추안이 발의된 이후 가결되거나 당사자가 자진 사퇴한 경우는 총 16회에 이른다(〈표 8-2〉 참조). 역대 정부에서 행정부 인사에 대한 탄핵소추안 발의는 노무현 3건, 박근혜 1건, 문재인 5건 등에 불과하며, 이마저 모두 국회를 통과하지 못했던 것과 대비된다.[2] 이처럼 윤석열정부에서 대통령의 인사권을 둘러싼

2　역대 정부에서 발의된 탄핵소추안은 다음과 같다.
　- 노무현정부: 2007년 12월, BBK 은폐 의혹으로 검사 3명(최재경, 김기동, 김홍길) 발의, 모두 폐기
　- 이명박정부: 2009년 11월, 재판개입 의혹으로 신영철 대법관 발의, 폐기
　- 박근혜정부: 2015년 9월, 중립 위반으로 정종섭 행안부 장관 발의, 폐기
　- 문재인정부: 중립 위반으로 홍남기 기재부 장관, 추미애 법무부 장관 각각 3회, 2회 발의, 모두 부결, 임성근 법관 발의, 가결

〈표 8-2〉 윤석열정부에서 야당이 발의한 탄핵소추안

날짜	탄핵소추안 발의	탄핵소추 사유	국회 결과
2023년 2월 6일	이상민 행정안전부 장관	이태원 참사 책임	가결
9월 19일	안동완 검사	간첩조작 사건 공소권 남용 의혹	가결
11월 9일	이동관 방송통신위원장	방통위 운영 문제	폐기 (자진 사퇴)
	손준성 검사	고발사주 의혹	가결
	이정섭 검사	위장전입 및 청탁금지법 위반 등 직무상 비위 의혹	가결
2024년 6월 27일	김홍일 방송통신위원장	방통위 운영 관련 논란	폐기 (자진 사퇴)
7월 2일	강백신 검사	대선 여론조작 사건 관련 위법한 압수수색 의혹	가결
	김영철 검사	최순실 사건 관련 장시호와의 뒷거래 의혹	가결
	박상용 검사	경기도 대북송금 사건 관련 허위 진술 회유 의혹	가결
	엄희준 검사	한명숙 사건 관련 위증 교사 의혹	가결
7월 25일	이상인 방통위원장 직무대행	방통위 운영 관련 논란	폐기 (자진 사퇴)
8월 1일	이진숙 방송통신위원장	방통위 운영 관련 논란	가결
12월 2일	최재해 감사원장	감사원 독립성 훼손	가결
	이창수 서울중앙지검장	김건희 사건 봐주기 의혹	가결
	조상원 검사	김건희 사건 봐주기 의혹	가결
	최재훈 검사	김건희 사건 봐주기 의혹	가결

의회의 견제와 이에 대한 대통령의 반발은 적대적 의회 관계를 더욱 악화시키는 주요 원인이었다.

윤석열이 검찰총장 출신 대통령이라는 점과 이재명 민주당 대표가 검찰 조사를 받는 범죄 피의자라는 사실은 윤석열정부의 대통령-의회 관계를 근본적으로 규정했다. 검찰총장 출신 대통령이 통제하는 검찰 수사의 공정성에 대한 야당의 불신, 그리고 사법 리스크에서 벗어나 정치적 생존을 모색해야 하는 야당 대표의 절박함과 그에 대한 대통령의 불신 등이 복합적으로 작용하면서 야당은 검사 탄핵과 특별검사법 등으로 윤석열을 압박했다.

<표 8-3> 윤석열정부에서 야당이 발의한 특별검사법

날짜	특검법 이름	발의 이유	결과
2023년 3월	대장동 50억 클럽 특검법	대장동 개발사업 관련 뇌물 의혹(50억 클럽) 및 정치권 연루 의혹	국회 통과, 대통령 거부권
2004년 6월	쌍방울 대북송금 의혹 특검법	쌍방울 그룹의 대북송금 의혹 및 이재명 대표와의 연관성 조사	국회 논의 중
2023년 8월 2024년 5월 2024년 7월	채 상병 사망 사건 특검법	군 복무 중 사망한 채 상병 사건에 대한 진상규명 및 책임자 처벌	국회 통과, 대통령 거부권
2023년 3월 2024년 10월 2024년 11월	김건희 여사 특검법	도이치모터스 주가조작 의혹 및 허위 경력 논란	국회 통과, 대통령 거부권

윤석열정부에서는 〈표 8-3〉과 같이 세 가지 특검법이 국회를 통과했지만 그때마다 대통령은 거부권을 행사했다. 특히 채 상병 특검법과 김건희 여사 특검법은 모두 대통령과 그의 부인이 연루된 의혹을 다루는 법안이었기 때문에 2024년 11월 말까지 각각 3차례에 걸쳐 야당 주도의 법안 발의와 국회 통과, 대통령의 거부권 행사가 반복되었다.

이런 와중에 2024년 11월 중순, 정치브로커 명태균이 윤석열이 대선후보로 당선된 2022년 당시 여당 경선에서 불법 개입한 의혹, 불법 여론조사 의혹, 김건희와의 관계 등을 이유로 구속되면서 그의 핸드폰 통화녹음 등을 통해 윤석열과 김건희가 연루된 정황이 조금씩 드러났다. 헌법 제65조는 대통령의 탄핵 요건을 "직무집행에 있어서 헌법이나 법률을 위배"한 경우라고 규정하고 있다. 그런데 명태균의 구속으로 대통령의 위법 행위가 밝혀질 경우 대통령 탄핵의 가능성이 현실화될 수 있었다. 이는 야당이 대통령 탄핵의 임계점에 도달하는 것을 의미하기 때문에, 대통령의 입장에서는 선제적으로 야당의 탄핵 시도를 차단해야 할 유인이 점점 커졌다.

3. 대통령의 예방적 쿠데타

민주화 이후 한국 대통령의 헌법 권력은 비교적 강한 편이다. 그러나 윤석열의 실질 권력은 여소야대 상황으로 인해 매우 취약했다. 대통령의 실질 권력은 의회기반과 대중기반으로 구성된다(신현기·허석재, 2024). 먼저 의회 기반 권력은 여당의 의회 점유율과 여당의 응집력으로 구성되는데, 2024년 말 기준으로 여당 의석은 108석으로, 야당 주도 법안을 대통령 거부권으로 겨우 막을 수 있는 수준이었다. 또 여당의 응집력은 윤석열 지지 분파와 한동훈 지지 분파 간의 갈등으로 인해 높지 않았다. 한편 대중기반 권력인 대통령 지지율은 2024년 말 기준으로 20% 초반대였는데, 이는 민주화 이후 대통령의 집권 3년차 기준으로 가장 낮은 수준이었다. 이처럼 대통령의 '강한 헌법 권력과 약한 실질 권력' 조합은 야당이 대통령 탄핵을 시도하기에 매우 유리한 조건이었다. 이를 〈그림 8-3〉을 변형한 〈그림 8-5〉를 통해 살펴보자.

야당은 현 상황의 기대보상($U_{수용}=SQ$)보다 대통령 탄핵의 기대보상($U_{탄핵}=p\text{-}d$)이 크다고 판단되면, 탄핵을 시도한다. 탄핵에 따른 야당의 기대보상은 탄핵 성공 가능성(p)에서 탄핵 시도의 비용(d)을 뺀 값(p-d)인데, 2024년 들어 이 값이 꾸준히 커지고 있었다.

먼저 탄핵 성공 가능성(p)은 언론에서 윤석열 대통령의 탄핵을 언급한 횟수로 측정했는데, 〈그림 8-6〉에서 보는 바와 같이 2024년 들어 그 빈도가 큰 폭으로 증가하기 시작했다.[3] 다음으로 야당의 탄핵 시도 비용(d)은 대통령의 실질 권력의 크기와 직결된다. 예컨대 대통령의 대중적 인기가 높거나

---

[3] 언론의 탄핵 언급 횟수는 빅카인즈(www.kinds.or.kr)에서 4개 일간지(≪조선일보≫, ≪동아일보≫, ≪경향신문≫, ≪한겨레≫)를 대상으로 네 가지 검색어(윤석열, 대통령, 야당, 탄핵)을 넣고 2023~2024년 사이 월 단위로 검색된 기사 수로 측정했다.

〈그림 8-5〉 윤석열정부에서의 야당의 탄핵 시도와 대통령의 예방적 쿠데타

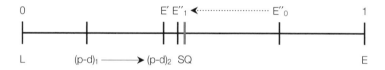

의회의 지표: SQ(현상유지), p(탄핵 성공 가능성), d(탄핵 시도 비용)
대통령의 지표: E′(타협책), E″(예방적 쿠데타를 단행하는 임계점)

〈그림 8-6〉 언론의 윤석열 탄핵 언급 빈도(왼쪽)와 윤석열의 실질 권력 변화

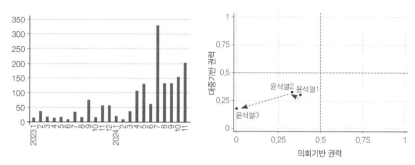

여당의 의석수가 많을 때, 야당이 대통령 탄핵을 시도한다는 것은 여론의
역풍 등으로 인해 정치적 자살 행위나 마찬가지일 것이다. 반대로 대통령의
실질 권력이 약하다면 야당의 탄핵 부담은 크게 감소할 것이다. 그런데
〈그림 8-6〉을 보면 윤석열 대통령의 실질 권력은 집권 연차가 지날수록
점차 줄어들었기 때문에 야당의 탄핵 비용은 점차 감소하고 있었다.[4] 이에

---

4   〈그림 8-6〉에서 대통령의 실질 권력은 다음과 같이 측정했다. 첫째, Y축의 대중기반 권력
     은 한국 갤럽 기준으로 집권한 각 연도의 4분기 대통령 지지율로 구했다. 둘째, X축의 의회
     기반 권력은 집권한 각 연도의 여당 의석 비율에 여당의 응집성 정도 가중치를 곱하는 방식
     으로 구했다. 즉, 다음의 수식으로 구할 수 있다.
     대통령의 의회기반 권력=여당의 의석 비율(%)×(1-'표준화된 당정 갈등 지수')
     여기서 표준화된 당정 갈등 지수는 당정 갈등을 다룬 언론의 기사 개수를 집권 연도별로 구
     한 뒤 이를 최대-최소 방법으로 표준화한 값이다. 이에 대한 자세한 설명은 신현기·허석재

따라 대통령 탄핵에 따른 야당의 기대보상(p-d)은 〈그림 8-5〉에서 $(p-d)_1$ → $(p-d)_2$로 시간이 지날수록 증가하고 있었다.

그러나 야당의 탄핵 기대보상은 좀처럼 탄핵 결정의 임계점(SQ)을 넘지 못했다. 이는 한국의 대통령 탄핵 제도와 관련 있다. 즉, 헌법 제65조는 대통령 탄핵을 위해 "헌법과 법률 위배"라는 강한 요건을 부여하기 때문에 대통령의 위법성이 명백히 드러나지 않는 한 야당이 탄핵의 임계점(SQ)을 넘을 수 없었기 때문이다.

이처럼 탄핵 가능성이 높아질 때, 〈그림 8-5〉에 표시된 대통령의 타협책(E')으로 어떤 것이 가능할지 생각해 볼 필요가 있다. 타협책(E')은 야당의 탄핵 기대보상(p-d)과 차이가 없어지는 제안인데, 2024년 말 기준으로 대통령의 타협책은 야당의 특검법을 전격 수용하는 것이었을 것이다. 이렇게 되면 야당은 특검법 통과 이후 정국을 주도함으로써 얻게 될 기대보상과 정치적 역풍의 우려가 있는 탄핵의 기대보상을 서로 비교하면서 저울질할 것이다.

그러나 윤석열의 입장에서 그러한 타협책을 제시하는 것은 불가능했을 것으로 판단된다. 그 이유는 첫째, 대통령이 특검법 수용을 제안하더라도 야당이 탄핵 시도를 멈출 것이라고 믿을 수 없는 문제, 즉 약속 불이행의 문제가 존재했고, 둘째, 특검법을 수용할 경우 수사 결과에 따라 대통령의 위법성이 드러나면 오히려 대통령 탄핵의 요건이 충족되기 때문이다.

이처럼 타협책의 유인이 없다는 점이 명백해지자 윤석열은 2024년 12월 3일 오후 10시 23분 비상계엄 대국민 담화를 발표하면서 의회를 선제공격하는 예방적 쿠데타를 단행했다. 여기서 흥미로운 점은 〈그림 8-5〉에서 윤석열이 머릿속에서 계산한 선제공격의 임계점(E''_1)이 이론적 지점(E''_0)보다

(2024) 참조.

대통령의 실질 권력은 대중기반 권력과 의회기반 권력의 벡터값이기 때문에 집권 연도 4분기 기준으로 윤석열의 실질 권력은 집권 1년차 0.49, 2년차 0.47, 3년차 0.18로 감소했다.

훨씬 앞당겨져 있다는 점이다. 특히 윤석열이 선제공격을 단행한 지점(E''_1)은 의회의 탄핵 임계점(SQ)보다도 앞서는 지점이었다. 이는 대통령의 명백한 위법성이 드러나지 않는 한 탄핵이 불가능함에도 윤석열은 의회의 탄핵 가능성을 실제보다 과대 추정했음을 의미한다. 따라서 의회 선제공격의 이론적 지점과 그보다 앞당겨진 실제 공격 지점 사이의 거리, 즉 (E''_0-E''_1) 값은 의회의 탄핵 가능성에 대한 윤석열의 주관적 과대 추정과 관련 있어 보인다. 이에 대해서는 향후 연구에서 윤석열 개인의 성격, 성장환경, 리더십 특성 등에 대해 개인적·심리학적으로 설명해야 할 것이다. 여기서는 윤석열의 예방적 쿠데타를 제도적 관점에서 설명하는 데 집중한다.

4. 예방적 쿠데타의 제도적·역사적 배경

12·3 비상계엄 사태는 대통령-의회 갈등이 대화와 타협을 통한 정치적 해법을 찾지 못할 경우 의회의 탄핵 시도와 대통령의 예방적 쿠데타 등과 같은 제도적 위기로 비화될 수 있음을 보여준다. 그렇다면 대통령-의회 갈등을 제도적 위기로 비화시킨 제도적·역사적 배경은 무엇일까.

가장 먼저 대통령의 헌법 권력과 실질 권력 간의 불균형을 꼽을 수 있다. 특히 남미 국가와 윤석열의 경우처럼 강한 헌법 권력과 약한 실질 권력의 조합이 가장 위험하다. 야당의 입장에서 대통령의 강한 헌법 권력은 대통령이 언제든 야당을 제압할지도 모른다는 우려를 갖게 만드는데, 이런 상황에서 대통령의 실질 권력이 취약하다면 야당은 대통령이 행동에 나서기 전에 먼저 대통령을 탄핵하려는 유인을 갖게 된다. 한편 대통령의 입장에서는 취약한 실질 권력으로 인해 야당에게 국정주도권을 뺏긴 상황이라면 비상대권 등과 같은 강한 헌법 권력을 활용해 야당의 탄핵 시도를 사전적으로 제어하고 국정을 장악하려는 유인을 갖게 된다. 따라서 대통령과 의회 간 제도적 위기를 발생시키는 요인은 대통령의 헌법 권력과 실질 권력 간 불균형이라고 할 수 있다.

실제 남미 국가의 사례를 살펴보면, 대통령 권력이 '강한 헌법 권력과 약한 실질 권력' 조합일 때, 의회는 대통령에게 매우 적대적이었고, 이로 인해 양 기관의 갈등이 제도적 위기로 발전했다. 반면 대통령 권력의 조합이 '강한 헌법 권력과 강한 실질 권력'일 때, 의회는 대통령에게 굴종함으로써 대통령의 일방적 통치가 나타났다. 이에 비해 협력적인 대통령-의회 관계는 대통령의 헌법 권력이 적절하고 실질 권력이 중간 수준일 때 나타났다(Cox and Morgenstern, 2002). 이러한 남미 국가의 역사적 사례는 대통령의 헌법 권력의 적정 수준과 실질 권력의 중간 수준이 각각 어느 정도인가라는 의문을 제기하지만, 적어도 대통령제를 안정적으로 운영하기 위해서는 대통령의 헌법 권력 자체가 아니라 헌법 권력과 실질 권력의 균형이 중요하다는 점을 시사한다(Helmke, 2017; Pérez-Liñán, Schmidt and Vairo, 2019). 이러한 통찰은 대통령의 헌법 권력의 축소만을 목표로 하는 현재의 개헌 논의에 많은 시사점을 준다.

둘째, 윤석열정부에서 대통령-의회 갈등이 제도적 위기로 비화된 이유는 한국 정당의 제도화 수준이 낮고 여당이 허약한 탓도 적지 않다. 여당인 국민의힘은 윤석열정부 내내 대통령에게 굴종했고, 대통령-의회 갈등 상황에서 파국적 결정을 내린 대통령을 전혀 견제하지 못했다. 여기에는 대통령제에서 여당이 대통령에게 종속될 수밖에 없는 구조적 압력, 즉 '대통령제화한 정당'의 문제와 유력 대선후보를 중심으로 이합집산을 거듭했던 한국 정당의 조직적·역사적 특성 등이 복합적으로 작용했다(신현기·허석재, 2024).

1985~2023년 사이 남미 7개국에서 발생한 대통령 탄핵과 임기 중단 등 제도적 위기를 분석한 마르티네즈(Martínez, 2024)에 따르면, 소수파 대통령이더라도 정당의 제도화 수준이 높을 경우 대통령-의회 갈등이 제도적 위

기로 비화되지 않았다. 다른 남미 국가와 달리 민주화 이후 대통령 탄핵과 같은 위기를 단 한 번도 겪지 않은 칠레의 사례는 이를 잘 보여준다. 칠레의 세바스티안 피녜라(Sebastián Piñera) 대통령[1차 임기(2010~2014), 2차 임기 (2018~2022)]은 두 번째 임기 중인 2019년에는 대규모 대중시위에 대한 과잉 진입과 인권 침해 문제로, 2021년에는 가족 소유 광산 사업 매각과 관련된 의혹으로 두 차례의 탄핵 위기를 맞았다. 그러나 첫 번째 탄핵 시도는 하원에서, 두 번째 탄핵 시도는 상원에서 각각 부결되었다. 이는 대통령 탄핵이 선례로 남을 경우 향후 당파적으로 악용될 것을 우려해서 좌·우 정당 연합이 정치적으로 타협한 결과였다. 이러한 정치적 타협을 할 수 있었던 것은 기율 강한 정당들 간의 협약을 통해 약속 불이행 문제를 해소함으로써 상호 신뢰할 수 있는 정치적 거래가 가능했기 때문이다. 또한 높은 수준의 정당 제도화는 여당이 대통령에게 종속되지 않고 대통령의 일탈을 견제하는 데 기여했다(Martínez, 2024).

마지막은 역사적 선례가 미래에 미치는 효과에 관한 것이다. 앞서 언급했듯이, 윤석열은 야당의 탄핵 가능성을 실제보다 과대 추정함으로써 이론적 지점보다 앞선 지점에서 예방적 쿠데타를 단행했다. 이러한 과대 추정에는 8년 전 박근혜 탄핵의 선례가 작용했을 것으로 판단된다. 과거에 야당이 대통령을 탄핵했던 역사적 선례는 이후 대통령으로 하여금 여차하면 자신도 탄핵될지 모른다는 공포감을 갖게 했을 것이고, 야당의 입장에서는 과거에 그렇게 했듯이 이번에도 정적인 대통령을 탄핵해 몰아낼 수 있다는 자신감을 갖게 했을 것이다. 칠레의 경험과 달리 페루, 에콰도르, 볼리비아 등 일부 남미 국가에서 대통령 탄핵이 반복적으로 일어나는 데는 이러한 역사적 선례의 효과가 작용했다(Helmke, 2017).

미국 헌법 제2조 제4절은 대통령의 탄핵 요건을 "반역죄, 수뢰죄 또는 그 밖의 중대한 범죄 및 경범죄"라고 규정한다. 탄핵 요건 가운데 일종의 부당

행위라고 할 수 있는 경범죄가 포함된 것은 대통령이 명박한 위법 행위를 저지르지 않았더라도 대통령답지 못한 행위에 대해서도 정치적 심판을 받도록 하기 위한 것이었다. 이처럼 탄핵 요건이 포괄적인데도 미국 대통령 가운데 실제 상원의 탄핵 심판까지 통과되어서 탄핵된 경우는 없다. 이는 대통령 탄핵이라는 역사적 선례를 남기지 않으려는 정치적 지혜의 결과라고 해석할 수 있다(양자오, 2015). 이에 비해 윤석열은 2차례의 전임 대통령 탄핵 선례(노무현, 박근혜)를 지켜보면서 자신의 탄핵 가능성을 실제보다 과대 추정함으로써 서둘러 예방적 쿠데타를 단행했던 것으로 보인다. 역사적 선례는 탄핵 제도에 대한 심리적 장벽을 낮춤으로써 현재 상태를 바꾸는 현실적 힘을 발휘했던 것이다.

필자는 대통령의 헌법 권력과 실질 권력 간의 불균형이라는 관점에서 윤석열의 비상계엄을 설명했다. 이것이 함의하는 바는, 대통령의 헌법 권력의 제한(또는 조정)을 목표로 하는 작금의 개헌 논의가 타깃을 잘못 설정했다는 점이다. 따라서 대통령의 헌법 권력과 실질 권력 간 균형을 어떻게 달성할 것인가에 논의의 초점을 맞춰야 한다.

이와 함께 대통령에게 완전히 종속된 여당이 어떤 비극적 결말을 초래하는지에 대해서도 살펴봤다. 사실상 오지 않을지도 모를 헌법의 시간을 기다리는 것보다 정상적인 대통령 후보자를 선발하고 대통령을 견제할 수 있는 수준으로 정당의 체질과 구조를 바꾸는 것이 더 중요할 수도 있다.

마지막으로 역사적 선례의 중요성에 대해 강조했다. 현재의 문제를 모두 제도적 결함으로 귀인시키고 최적의 제도적 조합을 발견하려는 헌법 공학적 발상은 어쩌면 인간사의 모든 일을 제어하고 통제할 수 있다는 근대 이성주의의 변종일 수 있다. 제도적 결함을 메우는 것은 더 완벽한 제도가 아니라 역사적 선례에 대한 존중과 제도적 절제일지도 모른다.

제3부

대통령-관료제 관계

들어가며

—

지금까지 민주화 이후 대통령-의회 관계를 살펴봤다. 제3부에서는 민주화 이후 대통령-관료제 관계를 살펴본다. 제왕적 대통령이라는 주장 속에는 민주화 이후 대통령이 의회뿐 아니라 관료제도 완전히 장악하고 통제했다는 가정이 깔려 있다. 특히 민주화 이후 대통령은 의회와 협력해야 하는 입법과정에서와 달리, 정책의 결정과 집행과정에서는 행정부 수반으로서 완전한 자율성을 누린다고 가정된다. 그러나 대통령은 의회와 협상하듯이 관료제와도 협상해야 했다. 이는 행정학자라면 누구나 인정하듯이 관료제는 버튼만 누르면 군말 없이 자동으로 일을 처리하는 기계가 아니기 때문이다.

권위주의 시절, 발전국가로 상징되는 효율적인 관료제가 작동할 수 있었던 것은 대통령과 관료 집단 사이에 암묵적인 계약 관계가 있었기 때문이다. 관료 집단은 대통령에게 충성과 복종을 제공하는 대가로 신분 보장과 물질적 보상을 받았으며, 이러한 계약 관계의 안정성은 종신직 대통령에 의해 보증되었다. 그러나 민주화 이후에는 대통령이 주기적으로 교체되었기 때문에 권위주의 시절의 안정적인 계약 관계가 더 이상 지속될 수 없었다. 다시 말해 민주화 이후 대통령은 관료제와의 관계에서도 새로운 불확실성에 직면함으로써 이를 안정적으로 제도화할 필요성이 커졌다. 관료제와의 관계에서 등장한 새로운 불확실성은 민주화 이후 대통령이 공통적으로 직면한 문제였기 때문에 관료제 관계의 제도화에서는 대통령별 차이보다 공통점이 더 두드러지게 나타난다.

민주화 이후 5년마다 단임제 대통령이 주기적으로 교체되면서 관료 집단의 입장에서는 새로운 대통령과 어떤 식으로 관계를 맺어야 하는가라는 고민에 빠지게 되었고, 새로운 대통령은 이러한 관료 집단의 기회주의적 행동을 어떻게 통제할 것인가라는 문제에 직면했다. 대통령은 재임기간 동안 국정 전반을 관리해야 할 뿐 아니라 국정 어젠다를 설정하고 이를 성공적으로 집행해야 한다. 국정 어젠다의 성공적인 집행을 위해서는 관료 집단의 협력이 필수적인데, 대통령의 입장에서 관료 집단이 과연 자신의 뜻대로 따라줄지 확신할 수 없다. 이런 상황에서 대통령은 관료제를 통제하기 위해 정치적 임명, 예산 편성, 규제 심사, 조직개편, 성과 관리 등 다양한 수단을 활용한다(Lewis and Moe, 2009; 한승주·최흥석·이철주, 2022). 이 가운데 가장 대표적인 관료제 통제 수단이 정치화와 집권화이다(Moe, 1985; Aberbach and Rockman, 1988). 제3부의 제10장과 제11장은 정치화에 대해, 제12장과 제13장은 집권화에 대해 다룬다.

첫째, 정치화는 대통령실과 내각, 또는 공공기관의 핵심 직위에 대통령의 대리인을 임명함으로써 관료제를 통제하는 것을 말한다. 문제는 이러한 정치화가 관료제의 실적주의 기반을 붕괴시켜 결국 관료제의 경쟁력을 떨어뜨릴 수 있다는 점이다. 즉, 대통령이 관료제를 통제할 목적으로 관료제의 상층부 또는 핵심 라인에 대리인을 임명하는 정치화가 일어나면, 관료들은 승진 등의 기회를 잡기 위해 대통령의 정책목표에 맞춰 당파적으로 정책의 결정과 집행을 왜곡하고, 나아가 정치적 중립 의무를 버리고 노골적으로 대통령과 집권세력에 영합하게 된다.

민주화 이후 대통령은 정치적 임명을 통해 관료제를 더욱 강하게 통제해야 했을까, 아니면 관료제의 정치적 중립성을 위해 정치적 임명의 범위를 제한해야 했을까. 이에 대한 학계의 합의는 존재하지 않는다. 다만 관료 집단을 반개혁 기득권 세력으로 보는 입장에서는 더 많은 정치화를 주장하는 반면, 정치권의 무능력과 변덕을 문제 삼는 입장에서는 정치적 임명의 제한과 관료제 보호를 강조한다.

이와 관련해 필자는 어느 한쪽 입장에 서는 대신 제10장과 제11장에서 민주화 이후 대통령이 정치적 임명을 할 때 부딪히는 문제에 대해 분석했다. 대통령은 행정부 인사를 할 때, 어떤 견제도 받지 않는 배타적 인사권을 행사한다는 주장과 달리, 실제로는 피임명자의 충성심과 능력 간의 상충관계로 어려움을 겪을 뿐 아니라(제10장), 재임 중 추진할 정책의 우선순위까지 종합적으로 고려하면서 매우 신중하게 정치적 임명을 한다(제11장). 다시 말해, 민주화 이후 대통령은 행정부 인사에서도 제왕적이지 않았다.

둘째, 집권화는 대통령 주변으로 자원과 권한을 집중시키는 것으로, 통상 대통령부서의 제도화로 나타난다. 문제는 대통령부서의 규모와 권한이 확대되면 필연적으로 내각의 역할이 축소되고 무력화된다는 점이다. 국정 전반에 대통령만 보이고 장관이 허수아비로 전락하는 상황이 벌어지는 것이다.

권위주의 시절에는 대통령(또는 대통령부서) 중심의 국정운영으로 인한 부작용이 심각했기 때문에 민주화 이후에는 내각 중심으로 국정을 운영해야 한다는 주장이 정설처럼 받아들여져 왔다. 여기에 대통령 중심의 국정운영은 제왕적 대통령과 등치됨으로써 더욱 청산해야 할 권위주의적 적폐로 간주되어 왔다.

그러나 필자는 이러한 주장이야말로 전형적으로 현실과 동떨어진 규범적 주장이라고 생각한다. 내각 중심의 국정운영은 규범적으로는 옳을지 모르지만, 5년 안에 국정과제를 완수해야 하는 대통령의 이해관계에는 부합하지 않기 때문이다. 민주화 이후 대통령은 민중권력을 대변하는 사회개혁의 조타수로 인식되었다. 그러나 이러한 국민적 기대와 요구를 제한된 임기 안에 완수하기에는 대통령의 권한과 자원이 매우 제한적이다. 부처의 경계를 가로지르는 복합적인 위기상황도 내각 중심의 국정운영을 어렵게 한다. 이런 상황에서 민주화 이후 대통령은 권위주의 시절의 대통령처럼 대통령 주변으로 권한과 자원을 집중하는 선택을 할 수밖에 없었다. 이런 관점에서 제12장과 제13장은 민주화 이후 불확실한 환경에 적응하는 과정에서 나타난 대통령부서(즉, 청와대 또는 대통령실)의 제도화 경향을 분석하고(제12장), 제도화의 결과로 비서실장-정책실장-안보실장의 3실장 체제로 대통령부서가 표준화되고 있음을 밝힌다(제13장).

09

대통령의 '공무원 때리기'

  이 장에서는 민주화 이후 대통령의 '공무원 때리기' 문제를 살펴본다. 민주화 이후 대통령들은 시민들의 직선 대통령 쟁취 요구로 탄생했기 때문에 자신을 민중권력의 화신이자 사회개혁의 조타수로 생각하면서 대통령에 대한 반대를 기득권 세력의 저항으로 몰아붙였다. 그리고 종종 공무원 집단이 기득권 세력으로 지목되었다. 미국의 트럼프도 2025년 두 번째 집권하면서 연방 정부를 '딥 스테이트(deep state)'로 규정하고 연방 공무원들을 공격했다. 딥 스테이트는 선출되지 않은 관료나 기득권 세력이 정부 내부에 뿌리 깊게 자리 잡고 국가 정책과 정치를 조정한다는 음모론적 개념이다. 첫 번째 임기에서 실패한 이유가 딥 스테이트 때문이라고 믿는 트럼프는 두 번째 임기 초반부터 대대적으로 '공무원 때리기'에 나서고 있다. 사실 이런 '공무원 때리기'는 닉슨, 레이건 등 주로 공화당 출신 대통령의 단골 레퍼토리인데, 공화당 출신 대통령은 주로 연방정부의 축소를 주장하기 때문이다. 한국의 민주화 이후 대통령은 트럼프와 같은 포퓰리스트는 아니었지만 민주화 이후 민중적 개혁이라는 포퓰리스트적 열정의 영향으로 종종 공무원 집단을 희생양으로 삼았다.

　흥미로운 사실은 민주화 이후 새 정부가 들어설 때마다 행정개혁, 행정쇄신, 정부혁신 등 다양한 이름으로 개혁이 추진되었지만 그럴수록 공무원에 대한 부정적 이미지가 오히려 강화되었다는 점이다. 이는 역대 정부가 추진한 행정개혁이 소기의 목적을 달성하지 못하고 실패했기 때문일 수도 있지만, 다른 한편으론 역대 정부에서 행정개혁의 정당성을 확보하기 위해 공무원의 부정적인 측면을 부풀리고 적극적으로 유포했기 때문일 수 있다(임도빈, 2010; 박종민·윤견수, 2015). 미국에서도 카터 대통령과 레이건 대통령 시절처럼 반정부 레토릭 또는 공무원 때리기가 극성을 부릴 때면 공무원은 국민 위에 군림하면서 세금을 낭비하는, 무능한 악당의 이미지로 묘사되곤 했다(Hubbell, 1991; Terry, 1997). 한국의 경우 공무원에 대한 부정적 이미지는 민주화 이후 대통령이 관료제를 통제하는 맥락에서 형성된 사회적 구성물일 수 있다.

1. 국정운영 주기와 공무원 때리기

　민주화 이후 공무원에 대한 부정적 이미지가 형성된 데에는 대통령과 언론의 영향이 크다. 민주화 이후 대통령은 개혁을 명분으로 공무원을 희생양으로 삼았고 언론이 이에 적극 호응하면서 공무원에 대한 부정적 이미지가 만들어졌다.

　문제는 공무원에 대한 부정적 이미지가, 사실이든 아니든, 현실적인 힘을 갖는다는 점이다. 공무원에 대한 부정적 이미지는 공무원들에게 좌절감을 안겨줄 뿐 아니라 자신들을 희생양으로 삼는 정치인이나 정치체제에 대해 적대감을 갖도록 한다. 또한 공무원의 사기를 저하하고 공직으로 우수한 인

재가 유입하는 것을 가로막아 정부의 경쟁력을 떨어뜨린다. 나아가 대중의 정부 불신을 강화해 효율적인 정책 집행을 어렵게 한다(박천오, 1999; Garrett et al., 2006; 임도빈, 2009).

민주화 이후 대통령들은 임기 초반에는 과거 정부와의 단절, 새 정부의 개혁과제 달성을 명분으로, 그리고 임기 중반에는 느슨해진 관료제를 통제하는 수단으로 공직부패 척결, 공직기강 확립을 들고 나왔다. 이러한 주기성은 민주화 이후 대통령과 관료제 간의 관계 변화, 그리고 5년 단임제라는 한국 대통령제의 특성과 깊은 관련이 있다.

첫째, 민주화 이후 대통령-관료제 관계는 질적인 변화를 겪었다. 과거 권위주의 시절에는 대통령을 포함한 정치엘리트와 관료가 이념적·인적 네트워크 측면에서 높은 동질성을 보였지만, 민주화 이후에는 대통령과 내각으로 구성된 '선출된 정치권력'과 '관료제'의 구분이 명확해졌으며, 전자에 의한 후자의 통제가 중요해졌다(강원택, 2014). 이런 맥락에서 대통령은 임기 초기의 행정개혁과 임기 중반의 공직기강 확립을 명분으로 공무원 때리기에 나서곤 했다.

둘째, 민주화 이후 대통령은 5년이라는 제한된 시간 안에 수많은 국정 현안과 정책을 처리해야 하지만 시간이 지날수록 실질 권력이 감소하는 문제에 직면했다. 임기 중 터진 돌발 사건과 사고, 그리고 중간선거의 결과 등으로 실질 권력이 감소하면서 임기 말에는 레임덕 대통령으로 전락했다. 이처럼 대통령의 실질 권력이 지속적으로 감소하는 상황에서 국정운영의 주기는 취임 이후 2년의 '개혁기', 이후 2년의 '안정기', 마지막 1년의 '퇴임 준비기'로 구분될 수 있다. 대통령의 실질 권력이 비교적 강한 임기 초반에는 대통령이 국정목표를 중심으로 과감한 개혁을 추진하지만, 임기 중반 이후부터는 관리 위주의 국정운영을 하는 것이다. 김영삼정부에서 정무수석과 홍보수석을 역임했던 주돈식은 5년 단임제 대통령의 국정운영 주기를 이렇게 말했다.

　5년 단임제의 한계를 극복하기 위해 2년 안에 모든 개혁내용을 제도화하지 못하면 통치에 어려움이 올 것이다. …… 취임부터 2년간은 강력한 장악, 개혁의 제도화와 완성 등으로 지지를 확보하고 신뢰를 구축하는 기간으로 삼고, 다음 2년은 일관성 위에서 안정을 다지는 시기로 한다. 마지막 1년은 후계자와 야당에 참여 지분을 인정해 퇴임 후의 안정을 이룩하는 것이 필요하다. (주돈식, 1997)

　취임 직후 2년을 개혁기로 본 것은 대통령이 취임해 자신의 국정목표를 법안으로 만드는 데 일정한 시간이 필요하고 이렇게 만들어진 법안이 국회에 제출되어 통과될 때까지 대략 1년의 시간이 소요되기 때문이다(신현기, 2013). 이렇게 임기 초반 2년을 보내고 나면 대통령의 국정운영은 '관리 모드'로 전환한다. 임기 중반에 들어서면 새로운 개혁과제를 추진하기에는 시간이 부족하고 실질 권력도 넉넉지 않다. 그래서 임기 3년차쯤 되면 국정주도권을 확보하기 위한 새로운 국정과제가 필요한데, 민주화 이후 대통령은 공통적으로 '부패 척결'이라는 카드를 들고 나왔다. <표 9-1>은 민주화 이후 대통령이 임기 3년차에 제기한 주요 국정의제를 정리한 것이다.

　임기 3년차의 부패 척결은 부정부패 해소와 범죄 소탕을 통한 사회기강 확립을 명분으로 삼았지만, 실제로는 이완된 관료조직에 대한 통제와 국정주도권 장악으로 레임덕을 차단하는 것이 목표였다. 특히 부패 척결은 주로 권력형 비리와 고위층을 타깃으로 했기 때문에 여론의 전폭적인 지지를 받았으며, 대통령은 이를 권력 재충전의 기회로 활용했다. 대통령이 주도하는 부패 척결은 정치권, 고위층, 공무원 등에 대한 감찰과 고강도 사정의 형태로 진행되었으며, 이를 위해 경찰, 검찰, 국세청과 같은 권력기구가 대거 동

<표 9-1> 민주화 이후 대통령의 임기 3년차 국정과제

	임기 3년차	국정의제	집권 3년차에 발생한 주요 사건
노태우	1990	범죄와의 전쟁	3당 합당, 전교조 출범, 보안사 민간인 사찰
김영삼	1995	역사바로세우기	이형구 노동부 장관 수뢰사건
김대중	2000	병무비리 척결	진승현게이트, 이용호게이트
노무현	2005	과거사 정리와 부패 청산	철도공사 유전개발 게이트, 행담도 개발 의혹
이명박	2010	공정사회	영포라인 의혹
박근혜	2015	공직기강 확립	4자방(4대강, 자원외교, 방위산업) 비리

자료: 신문기사를 참조해 재구성.

원되었다.

2. 언론에 의한 부정적인 인식 확산

새 대통령이 집권하면 개혁의 정당성을 명분 삼아, 그리고 대통령이 위기에 처하면 느슨해진 국정운영의 주도권을 잡기 위해 공무원을 희생양으로 삼는 관행이 공무원에 대한 부정적인 인식을 심화시켰다. 이러한 관점에서 임도빈(2010)은 한국 관료제 혹은 공무원의 문제는 '관리의 문제'라기보다는 '권력의 문제'라고 비판했다. 마이어(Meier, 1997)는 현재 미국이 직면한 문제는 공무원이 해결할 수 없는 정치적 문제인데도 이것을 공무원에게 해결하라고 요구하는 것은 어불성설이라며, 진짜 문제는 관료제가 아니라 선거에 의해 선출되는 정치인이라고 주장했다. 1980년대 미국에서 극성을 부렸던 공무원 때리기는 관료제의 문제에서 비롯된 것이 아니라 정당 간 이념 갈등, 즉 정치적 요인에서 비롯된 것이라는 분석도 있다(Wildavsky, 1988).

민주화 이후 한국의 사례를 살펴보자. 최초의 문민대통령인 김영삼은 '신한국 창조'와 '국가경쟁력 강화'를 목표로 공무원에 대한 대대적인 사정에

착수했다. 특히 대통령으로부터 시작된 공직자 재산공개를 계기로 고위 공무원들의 부정축재와 도덕적 해이가 만천하에 드러나면서 공직부패에 대한 비난 여론이 들끓었다. 이와 함께 대통령 주도의 공직사정이 가속도를 내면서 공무원들의 업무기피 현상, 이른바 '복지부동' 현상도 나타났다. 이에 대해 김호정(1994)은 복지부동은 갑자기 나타난 현상이 아니며, 과거부터 지속되어 온 공무원의 병리적 행태들이 당시의 사정, 개혁, 그리고 민주화현상으로 인해 더욱 두드러지게 나타난 것에 불과하다고 분석했다.

이처럼 대통령이 주도하는 공직개혁에 의해 그동안 잠복해 있던 공직부패와 관료적 병리현상이 잇따라 부각됨에 따라 공무원에 대한 국민들의 부정적 인식은 극에 달했다. 1996년 1월, 심야영업 단속을 나갔던 공무원 20여 명이 술집 종업원에게 집단구타를 당하고 감금까지 당했다가 구출된 사건은 당시 공무원에 대한 국민들의 인식이 어떠했는지를 상징적으로 보여준다. 이 사건에 대해 당시 한 일간지는 "공권력의 권위가 이렇듯 실추된 것은 결국 공직사회의 해묵은 부조리와 부패에 원인이 있다"고 보도했다(≪경향신문≫, 1996. 1. 7).

IMF 외환위기의 와중에 집권한 김대중은 당시의 위기를 행정개혁의 명분으로 삼아 시장주의와 신공공관리론(New Public Management: NPM)에 근거한 개혁을 밀어붙였다(정광호, 2005). 특히 이 시기에 추진된 인력 감축, 성과급제, 목표관리제, 개방형직위제도 등의 개혁조치는 공무원들의 신분보장을 약화시키고 공공부문의 기능을 위축할 것이라는 우려에도 불구하고 위기 극복을 위한 행정개혁이라는 명분 아래 일사천리로 추진되었다(박천오, 2002). 무엇보다 당시의 개혁조치들은 공무원에 대한 사회적 신망을 떨어뜨렸을 뿐 아니라, 공무원들 스스로에게도 적지 않은 위기감과 자괴감을 심어주었던 것으로 보인다. 당시 중앙부처 고위 공무원은 개혁으로 인해 추락한 공무원의 위상을 다음과 같이 말했다.

조국 근대화의 깃발 아래 자랑스러운 새마을 역군으로 초가집도 없애고 마을길도 넓히고 …… 마침내 세계교역 11대국으로까지 오르는 데 우리 공무원은 정말 감동적인 노력을 기울였다. IMF 시대라는 누란의 국가 위기를 맞음에 그때 그 기억과 경험을 되살려 다시 열심히 해보려 하나, 오히려 지금은 공무원이 앞서서 무엇 하는 걸 규제니 감독이니 하며 개혁의 걸림돌 보듯이 한다. (허명관, 1999: 146)

이처럼 민주화 이후 대통령들은 임기 1년차에 새로운 국정과제 추진, 그리고 임기 3년차에 공직기강 확립을 명분으로 주기적으로 '공무원 때리기'에 나섰다. 그리고 이러한 대통령의 '공무원 때리기'에 언론이 적극적으로 호응하면서 공무원에 대한 부정적인 보도가 증가했다(Wanta and Foote, 1994; Edwards III and Wood, 1999).

대통령은 정부 정책이나 국정의제에 대한 대중의 지지를 확보하기 위해 언론에 영향력을 행사한다. 그러나 역으로 언론이 대통령에게 영향력을 행사하기도 한다. 따라서 대통령과 언론 중 누가 의제설정의 주도권을 갖는가라는 문제는 한쪽이 일방적 우위에 있기보다는 이슈화의 방법(Cobb, Ross and Ross, 1976) 또는 이슈의 특성(Wanta and Foote, 1994; Edwards III and Wood, 1999) 등에 따라 달라진다. 예컨대 외교정책처럼 정부가 관련 정보를 독점하는 경우에는 의제설정의 영향력이 마치 폭포수가 흘러넘치듯이 대통령 → 정치엘리트집단 → 언론 → 대중 순으로 확산된다. 엔트먼 (Entman, 2004)은 이런 식의 의제(혹은 프레임) 확산과정을 폭포수 모형 (cascade model)이라고 불렀다.

의제설정의 폭포수 모형은 민주화 이후 대통령이 주도하고 언론이 호응하는 방식으로 형성된 공무원의 부정적 이미지를 설명하는 데 적합하다. 이는 민주화 이후 대통령들이 임기 초반에는 과거 정부와의 단절 및 새 정부의 개혁과제 달성을 명분으로, 그리고 임기 중반에는 느슨해진 관료제 통제를 목표로 주기적으로 공직부패 척결과 공직기강 확립을 위한 '공직사정' 의제를 제기하고 언론이 이에 적극적으로 호응하면서 공무원에 대한 부정적 이미지가 형성되었을 가능성이 높기 때문이다.

공무원에 대한 언론의 부정적 보도는, 폭포수 모형이 가정하는 것처럼, 대중의 인식에도 적지 않은 영향력을 행사했을 가능성이 높다. 이는 미디어효과 이론이 가정하는 것처럼, 언론은 뉴스 선택과정을 통해 적극적으로 사회적 현실을 재구성하며(Tuchman, 1978; Iyengar and Kinder, 1987; Goffman, 1974) 이를 통해 대중의 인식에 영향을 미칠 수 있기 때문이다. 언론은 의제설정이론의 주장처럼 특정 의제를 반복적으로 보도함으로써 대중들로 하여금 관련 의제가 중요하다고 생각하게 만들기도 하고, 프레이밍 이론이 함의하는 것처럼 일정한 틀에 따라 뉴스를 제시함으로써 대중이 그 틀에 따라 메시지를 해석하고 평가하도록 만들기도 한다(김성태·이창호, 2007). 특히 정부 정책의 속성상 일반 시민들이 관련 정보에 접근하는 것이 쉽지 않고 언론이 사실상 유일한 정보원이라는 점을 고려할 때, 언론이 정부 정책과 그 일을 수행하는 공무원을 어떻게 표상하는지에 따라 정부 정책과 공무원에 대한 시민들의 인식과 태도가 달라질 것이다(박치성·남기범·오재록, 2009).

여기에 언론은 공무원의 선행이나 모범사례보다는 스캔들, 비리 같은 선정적이고 부정적인 뉴스에 더 높은 뉴스가치를 부여하는 경향이 있다(Goodsell, 1994; Orren, 1997). 예컨대 언론이 정치현상을 부정적으로 다룰수록 시민들은 '정치란 그렇고 그런 싸움일 뿐'이라는 반정치 편견을 강화함으로써 결국 정치에 대한 혐오와 냉소주의를 갖게 된다(Patterson, 1993; Cappella and Jamieson, 1996). 같은 논리로 언론이 공무원의 부정부패, 무능력, 무사안일, 보신주의 등 부정적인 행태만 부각시킬 경우 시민들은, 스테레오타입 이론(Allport, 1958)이 시사하는 것처럼, 공무원에 대한 과잉 일반화와 선택적 정보처리를 통해 기존에 갖고 있던 공무원에 대한 부정적 이미지를 더욱 강화할 것이다.

3. 대통령의 공직사정 의제와 언론보도

필자는 대통령과 언론에 의한 부정적 공무원상을 확인하기 위해 대통령의 공직사정 의제('공무원 때리기')와 언론보도를 측정했다. 첫째, 대통령의 공직사정 의제는 대통령의 취임사와 연도별 시정연설문을 통해 측정했다. 대통령은 취임사에서는 임기 1년차의 국정의제를, 그리고 시정연설문에서는 그다음 해의 국정의제를 밝힌다. 특히 대통령이 어떤 의제를 강조할수록 (즉, 그 의제의 우선순위가 높을수록) 그 의제에 대한 언급이 많을 것이기 때문에 연설문에 등장하는 해당 의제 관련 문장의 비율을 측정했다. 즉, 취임사와 시정연설문에서 대통령이 부패 척결, 공직기강 확립 등을 언급한 문장 수를 센 뒤 이를 인사말과 마무리말을 제외한 전체 문장의 수로 나눈 비율을 구했다. 이런 식으로 공직사정 의제의 연도별 비율을 구했다. 〈그림 9-1〉은 김영삼~이명박 기간의 공직사정 의제의 임기별 비율을 나타낸 것이다.

〈그림 9-1〉에서 보는 바와 같이, 대통령의 공직사정 의제는 임기 1년차에 최고점을 찍은 뒤 임기 3년차에 다시 상승한다. 앞서 설명했듯이, 임기 1년차에는 과거 정부와의 단절, 새 정부의 개혁과제 달성을 명분으로 부패 척결 및 공직기강 확립을 밀어붙이고, 이어 '관리 모드'에 진입하는 임기 3년차가 되면 그간 느슨해진 관료제에 대한 통제 강화 및 국정주도권 확보를 통한 레임덕 차단을 목표로 다시 공직사정 의제를 들고 나오기 때문이다. 즉, 대통령은 임기 1년차와 3년차에 주기적으로 '공무원 때리기'에 나서는 것이다.

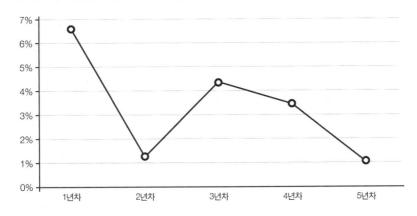
〈그림 9-1〉 김영삼~이명박 기간의 대통령의 공직사정 의제 비율

　둘째, 공무원에 대한 언론보도는 빅카인즈(www.kinds.or.kr)에서 4개
신문사(≪조선일보≫, ≪동아일보≫, ≪경향신문≫, ≪한겨레≫)의 사설에서 키
워드로 '공무원', '공직'을 입력한 뒤 검색된 사설을 통해 확인했다. 김영삼~
이명박 기간(1993~2012년)에 검색된 사설은 총 1315개였다. 사설에는 신문
사의 정치적 입장이나 의견이 공개적으로 드러나기 때문에 공무원에 대한
평가를 분석하기 좋다. 또 모든 신문이 매일 3개의 사설을 싣기 때문에 일부
신문이 과대 또는 과소 표집되는 것을 피할 수 있다.

　신문 사설은 2명의 연구자가 읽으면서 묘사된 공무원의 이미지가 무엇인
지를 개방형으로 코딩했다. 연구자가 각자 사설을 읽고 토론하면서 키워드
를 선정하고 각 키워드에 해당하는 이미지에 이름을 붙이는 방식으로 모두
12개의 이미지를 추출했다. 이어 12개의 부정적 이미지를 박천오(1999)가
제시한 4개의 범주로 재분류했다(〈표 9-2〉 참조). 박천오(1999)는 공무원
에 대한 부정적 인식을 ① 정책과정상의 민주성, ② 정책 내용의 소망성과
정책 적용의 공정성, ③ 능력과 성과, ④ 윤리성 등 네 가지로 범주화했다.
즉, 공무원에 대한 부정적 인식은 정책과정에 다수 시민의 요구가 반영되지

〈표 9-2〉 사설에 나타난 공무원의 부정적 이미지

부정적 인식 범주	부정적 이미지	키워드
윤리성	도덕적 해이	도덕적 해이, 준법정신 미비, 방만경영, 조직증원, 위장전입, 부동산투기, 주식신탁, 재산등록(특히 인사청문회 고위 공무원에 많이 적용)
	부정부패	공직비리, 부패, 스폰서, 횡령, 복지급여 가로챔, 매관매직, 뇌물, 부당수령, 인사청탁
능력과 성과	기강해이	안전불감증, 감시 소홀, 직불금, 공무원 품위손상, 공직기강, 엉터리 유공자, 하드디스크 훼손, 상습도박, 품위손상, 윤리 붕괴, 상하이 스캔들, 허술한 보안의식, 부적절한 처신, 공직저항
	기회주의	코드 맞추기, 자리보전, 정치적 기회주의, 권력굴종, 무소신 (특히 검찰의 무소신, 꼬리 자르기, 권력형 비리 비호 등)
	무사안일	복지부동, 무사안일, 솔선수범 않음, 대충대충 행정, 정책방향 없음, 책임감 부재, 낡은 관행, 비효율
	예산낭비	세금, 예산절감, 예산낭비, 예산전용
정책 내용의 소망성과 정책 적용의 공정성	규제만능	과도한 규제, 큰 정부
	정치종교적 편향성	정치적 중립 위반, 정치적 보복, 공무원 노조 탄압, 이념투쟁, 정치투쟁, 정치활동, 선거개입, 전교조 탄압, 정치편향, 법관 임용 탈락, 종교편향
	정실주의	금융기관 취업, 유관기관 재취업, 낙하산 인사, 인사잡음, 공정성, 대형로펌, 유착
정책과정상의 민주성	권력 남용	민간인 사찰, 월권, 독직, 불법, 제 식구 감싸기 (특히 권력형 비리에 대한 청와대의 은폐 등)
	권위주의	국회비협조, 권위주의 행태, 비민주성, 인권 역주행, 비공감, 비대응성, 비판 차단, 가혹행위, 인권 경시, 항응, 갑을관계, 언론비판 무시, 특권, 특권의식
	비밀주의	불투명, 비밀주의, 정보공개 거부, 언론제한, 언론자유 침해

않는 데서 비롯되기도 하고('정책과정상의 민주성'), 실현가능성이 없는 정책을 추진하거나 정책의 일관성이 없거나 정책이 공정하게 적용되지 않아 시민들이 피해를 입는 데서 비롯되기도 한다('정책 내용의 소망성과 정책 적용의 공정성'). 또한 사회문제를 해결할 공무원의 역량과 의지가 현저히 떨어져 효과성과 능률성이 부족할 때('능력과 성과'), 또는 부패와 정실주의, 사익추구 등('윤리성')으로 인해 공무원을 부정적으로 인식한다는 것이다.

4. '공무원 때리기'의 희생양

1) 대통령별 언론보도의 변화

민주화 이후 대통령은 주기적으로 공무원 때리기를 했지만, 이에 호응한 언론보도의 내용은 대통령별로 차이가 있다. 〈그림 9-2〉는 언론에 보도된 공무원에 대한 네 가지 부정적 범주가 대통령별로 어떻게 달라졌는지 보여준다.

김영삼과 김대중 시기의 언론의 부정적 보도 범주는 윤리성 〉 능력/성과 〉 소망성/공정성 〉 민주성 순으로 동일하다. 이 시기에 언론은 공무원의 부정부패, 도덕적 해이 등 윤리성 범주를 가장 많이 보도했다.

그러나 윤리성 보도의 비중은 노무현, 이명박 시기에 최하위로 떨어진다. 이는 전자정부 등 정보화에 따른 행정의 투명성 제고(임도빈, 2007a), 공무원 보수의 현실화(안병영, 1998) 등으로 인해 실제 공무원 범죄가 감소했기 때문일 수 있다. 그러나 언론에 대한 대통령의 영향력을 고려할 때, 대통령이 공무원집단에 요구하는 우선순위가 바뀌었기 때문일 수도 있다.

노무현 시기의 공무원 보도의 특징은 능력과 성과, 그리고 민주성에 대한 보도의 비중이 높아졌다는 점이다. 이들 범주에 대한 언론의 부정적 인식이 커졌다는 것인데, 이는 능력과 성과, 민주성에 대한 불만 또는 개선 요구가 그만큼 많아졌음을 의미한다. 그렇다면 왜 노무현 재임 중에 공무원의 능력과 성과, 그리고 민주성에 대한 불만이 커졌을까. 먼저 공무원의 능력과 성과에 대한 불만과 관련해서는 신공공관리 개혁의 실패에 따른 공무원의 전문성 하락(임도빈, 2007a), 민주적 합의 형성의 부족으로 인한 거버넌스의 효과성 하락(정광호, 2005) 등으로 해석할 수 있다. 또한 민주성에 대한 불만이 높아진 것은 민주화의 진척에 따라 민주적 행정과 정책과정 참여에 대한

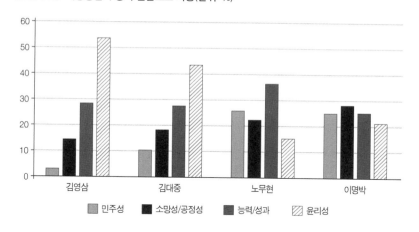

〈그림 9-2〉 대통령별 부정적 언론보도 비중(단위: %)

민주성 소망성/공정성 능력/성과 윤리성

요구가 더욱 높아졌기 때문일 수 있다(김창수, 2008).

이명박 시기의 특징은 정책 내용의 소망성과 정책 적용의 공정성 범주가 차지하는 비중이 가장 커졌다는 점이다. 이것은 이에 대한 불만이 그만큼 많았다는 것인데, 이는 민주화가 진척됨에 따라 행정·정책과정에서 시민 참여와 공정성에 대한 요구가 커진 결과로 해석할 수 있다. 또는 이 시기 정치 종교적 편향성, 정실주의 등의 부정적 행태가 많이 나타났기 때문일 수도 있다.

2) 대통령, 언론, 대중의 관계

〈그림 9-2〉에서 주목해야 할 점은 공무원의 부정부패와 도덕적 해이 등과 관련된 윤리성 보도가 극적으로 변했다는 것이다. 김영삼, 김대중 때는 공무원의 윤리성 관련 보도가 가장 큰 비중을 차지했지만, 노무현 이후 최하위로 낮아졌다. 이러한 보도 비중의 변화가 어디에서 비롯되었는지를 분석하기 위해 윤리성 보도, 대통령의 공직사정 의제, 대중의 부패인식, 공무

<표 9-3> 공직사정 의제, 윤리성 보도, 대중의 부패인식(편상관관계 분석)

	공직사정 의제	윤리성 보도	대중의 부패인식	공무원 범죄
공직사정 의제	1			
윤리성 보도	.779**	1		
대중의 부패인식	.624*	.526*	1	
공무원 범죄	-.251	-.147	-.419	1

**p<.01, *p<.05,

원 범죄 간 상관관계를 분석했다, 특히 윤리성 보도 외의 다른 보도 내용을 통제해야 하기 때문에 다른 범주의 부정적 보도를 통제한 상태에서 편상관관계 분석을 실시했다(<표 9-3> 참조).

<표 9-3>을 보면, 대통령의 공직사정 의제('공무원 때리기')는 윤리성 보도, 대중의 부패인식과 통계적으로 유의미한 수준에서 양(+)의 상관관계가 있다. 이것은 대통령이 주기적으로 공무원을 부패한 집단으로 공격하면 이를 언론이 보도하고 대중들도 공무원을 부패한 집단으로 인식하게 될 가능성이 높음을 의미한다. 물론 상관관계분석만으로 이들 3개 변수 간의 인과관계를 확정할 수는 없지만, 앞서 언급한 폭포수 모형에 근거한다면, 대통령 → 언론 → 대중의 위계에 따라 영향력이 행사되었을 가능성이 있다.

그러나 대통령의 공직사정 의제와 실제 현실에서 발생한 공무원의 직무 관련 범죄 간에는 통계적으로 유의미한 상관관계가 발견되지 않았다. 이는 윤리성 보도, 대중의 부패인식의 경우에도 마찬가지였다. 다시 말해 대통령이 주도하고 언론이 호응해서 대중의 머릿속에 각인된 '부패한 공무원'의 이

1 　대중의 부패인식과 공무원 범죄는 각각 이렇게 측정했다. 첫째, 대중의 부패인식은 국제투명성기구(TI)의 부패인식지수(CPI)로 측정했다. 이 지수는 부패하다고 느낄수록 지표값이 적어지기 때문에 10점에서 연도별 부패인식지수를 뺀 값을 활용했다. 즉, 이 값이 커질수록 대중들은 공공부문의 부패 정도가 심하다고 느낀다는 것을 의미한다.
둘째, 공무원 범죄는 김영삼~이명박 기간 동안 발생한 연도별 공무원 범죄 건수를 한국행정연구소 자료(임성근, 2014)에서 구했다. 이 자료에서 공무원 범죄는 직무와 관련된 범죄로, 직무유기, 직권남용, 수뢰, 증뢰 등 네 가지가 포함된다.

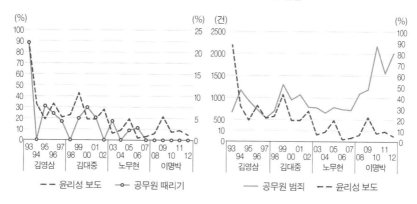

〈그림 9-3〉 언론보도와 공무원 때리기(왼쪽) 대비 공무원 범죄와 언론보도

미지는 실제 공무원의 부패 범죄와는 상관성이 없을 가능성이 있는 것이다.

〈그림 9-3〉을 보면, 왼쪽 그림에서 대통령의 공직사정 의제('공무원 때리기')와 언론의 윤리성 보도는 비슷한 패턴으로 움직이는 반면, 오른쪽 그림에서 언론의 윤리성 보도와 공무원의 직무 관련 범죄는 따로 움직이고 있다. 즉, 민주화 이후 공무원에 대한 부정적 보도는 현실에서 일어난 공무원들의 직무 관련 범죄와는 무관하며, 대통령의 공직사정 의제와 더욱 밀접히 연관되어 있다.

이상의 내용을 종합해 보자. 첫째, 언론의 윤리성 보도가 대통령의 공직사정 의제와 밀접히 연관되어 있다는 것은 대통령의 공무원 때리기가 공무원에 대한 언론의 부정적 보도에 영향을 미쳤음을 암시한다. 둘째, 언론의 부정적 보도가 공무원 범죄의 증감과 무관했다는 것은 부정적 보도가 전혀 근거가 없는 것은 아니더라도 다분히 구성된 현실일 수 있음을 암시한다. 마지막으로, 공무원에 대한 대중의 부정적 인식은 객관적 현실을 반영하기보다는 대통령과 언론에 의해 형성되었을 가능성이 있음을 암시한다.

박천오(1999)는 "정치인과 언론이 정부 관료제에 대한 시민의 불신을 조장하는 데 실제로 얼마나 기여하고 있는가?"라는 질문을 던졌다. 지금까지 필자는 민주화 이후 대통령의 주기적인 공무원 때리기가 언론보도로 증폭되면서 대중의 인식에 영향을 미쳤을 가능성을 살펴봤다. 결론적으로 공무원에 대한 부정적 이미지는 민주화 이후 대통령의 관료제 통제라는 맥락 속에서 실제보다 부풀려졌을 가능성이 있다.

10

충성심이 우선인가, 능력이 우선인가

정치적 임명은 대통령이 관료제를 통제하기 위해 활용하는 수단이지만, 국민에게 정책 우선순위를 알리는 수단이기도 하다. 즉, 국민들은 대통령이 어떤 부처에 어떤 인물을 임명하는지를 보고 대통령의 국정운영 방향과 정책 우선순위를 인식하고 해당 정책과 대통령에 대한 지지 여부를 결정한다 (Hollibaugh Jr., 2017). 그래서 민주화 이후 대통령들의 잦은 '인사 실패'는 대통령의 국정운영 방향과 정책에 대한 국민의 신뢰와 지지를 떨어뜨리는 주요 원인이었다. 예컨대 윤석열은 집권 초기부터 지지율이 큰 폭으로 하락했는데, 한국갤럽이 2022년 6월 초에 실시한 조사에 따르면 대통령 부정 평가 이유 중 인사 문제가 32%로 가장 많았으며, 이후 조사에서도 인사 문제는 대통령 부정 평가의 1순위 요인이었다(심진용, 2022.8.16). 이처럼 인사 문제로 인한 대통령 지지율의 하락은 민주화 이후 대통령에게 공통적으로 나타나는 현상이었다(채진원, 2017).

문제는 대통령이 정치적 임명을 할 때 피임명자의 충성심만 우선시할 경우 당초 목표했던 관료 집단의 통제와 성공적인 정책 집행을 보장할 수 없다는 것이다. 예컨대 대통령이 특정 부처에 충성심 위주의 인사를 할 경우 조직의 성과가 낮았다(Light, 1987; Edwards III, 2001; Lewis, 2008). 반대로 대통령이 충성심 대신 오직 경험과 능력만을 기준으로 정치적 임명을 할 경우 피임명자는 대통령의 의지보다는 관료조직의 이해관계와 관성에 매몰되어 대통령의 정책목표를 좌절시킬 가능성이 있다. 이런 상황에서 대통령은 피임명자의 충성심과 능력 가운데 어떤 것을 우선시할지를 선택해야 한다. 이에 대한 최상의 해결책은 충성심과 정책 전문성·경험 등 능력을 모두 갖춘 인물을 임명하는 것이지만 현실에서 이러한 두 가지 기준을 모두 충족하는 후보자를 발견하기란 쉽지 않다. 그래서 대통령은 현실적으로 충성심과 능력 사이에서 양자택일을 하게 된다.

기존의 연구들은 대통령이 어떤 기준으로 정치적 임명을 하는지 구체적으로 분석하기보다는 대통령 인사권의 강력함을 규범적으로 비판하는 데 그쳤다. 필자는 정치적 임명을 대통령의 전략과 동기라는 관점에서 설명하고, 여기서 도출되는 충성심과 능력이라는 임명 기준이 현실에서 어떻게 상충하는지 분석한다.

1. 대통령의 정치적 임명

대통령의 정치적 임명은 관료제 통제, 정책의제 설정, 국민 지지 확보 등 다양한 목적을 위해 대통령이 활용할 수 있는 가장 중요한 권력 수단 중 하나이다(한승주·최흥석·이철주, 2022). 특히 내각과 대통령실에 대한 대통령의 임명권은 사실상 견제받지 않는 배타적 권력이기 때문에 '제왕적 대통령'을 만드는 핵심 요인 중 하나로 평가된다(이선우, 2019; 2022).

그런데 민주화 이후 대통령의 정치적 임명은 관료제의 정치화를 야기함으로써 관료제의 자율성과 경쟁력을 하락시키는 요인으로 비판받았다(이창길, 2020; 이병량, 2022; 이건·서원석, 2020). 관료제의 정치화는 '인사의 정치화', '정책의 정치화', '행위의 정치화' 등 세 가지 차원으로 구분할 수 있다(Hustedt and Salomonse, 2014; Limbocker, Richardson and Selin, 2022). 먼저 새로운 대통령이 관료제를 통제할 목적으로 자신의 대리인을 관료제의 상층부 또는 핵심 라인에 임명할 경우(인사의 정치화), 관료들은 승진 등의 기회를 잡기 위해 대통령의 정책목표에 맞춰 당파적으로 정책의 결정과 집행을 왜곡할 수 있고(정책의 정치화), 나아가 정치적 중립 의무를 버리고 노골적으로 대통령과 집권세력에 영합하는 식으로 행동할 가능성이 높아진다(행위의 정치화). 즉, 대통령의 정치적 임명은 관료 집단으로 하여금 정치적 중립성 위반, 당파적 결정, 기회주의적 행동을 하도록 조장하는 부작용을 낳는다. 그럼에도 불구하고 민주화 이후 단임 대통령들은 5년이라는 짧은 시간 안에 국민과의 약속을 실현하기 위해 관료제를 강하게 통제할 필요성이 컸고, 이러한 대통령의 전략과 동기에 따라 정치적 임명을 단행했다.

그런데 여기서 짚고 넘어가야 할 것은 대통령의 정치적 임명과 정실 임명은 얼핏 보기에는 비슷하지만 개념적으로는 구분된다는 점이다. 정실 임명은 정당 정치의 맥락에서 피임명자의 능력을 거의 고려하지 않은 채 임명권자와의 개인적·정치적 이해관계에 따라 이뤄지는 관직 임용 관행을 말한다(Bearfield, 2009). 정실 임명은 정당 정치와 밀접히 연관되어 있기 때문에 한 나라의 정실 임명 정도는 정당 정치의 발전, 정당체제의 제도화 수준, 관료제의 자율성 수준 등 역사적·제도적 요인의 영향을 받는다(Panizza, Peters and Ramos, 2019). 이러한 정실 임명이 초래할 수 있는 부작용을 극복하기 위해 역사적으로 능력에 기반한 선발과 채용 등을 제도화하려는 노력이 있어왔다(Dahlström and Lapuente, 2017).

반면 정치적 임명은 관료제 통제 등을 위해 대통령의 전략과 동기에 따라 이뤄지는 관직 임용 방식이다(김판석, 2005). 따라서 대통령의 정치적 임명은 정실에 의한 것일 수도 있고, 반대로 능력주의 기준에 의한 것일 수도 있다. 정실 임명이 정당 정치의 맥락과 관련 있는 개념이라면, 정치적 임명은 대통령의 관료제 통제와 관련 있는 개념이다.

대통령의 정치적 임명 동기는 크게 '선거적 동기'와 '정책적 동기'로 나눌 수 있다. 첫째, '선거적 동기'에 의한 정치적 임명은 대선캠페인 과정에 기여한 사람들에 대한 보상, 안정적인 국정운영을 위한 통치연합의 관리, 국민 통합 목적의 지역적·성별·직업적 대표성 확보 등을 위해 이뤄진다. 이러한 선거적 동기에 따라 임명된 피임명자는 대통령의 대리인으로서 안정적인 지지기반을 구축하는 것이 핵심 역할이다. 그렇기 때문에 대통령은 이들의 충성심을 최우선적으로 고려한다. 그런데 오직 충성심만을 기준으로 정치적 임명을 할 경우 여론의 비판, 정책 실패 등의 우려가 있기 때문에 선거적 동기에 의한 정치적 임명은 대통령의 우선순위와 다소 거리가 먼 공공기관 등을 중심으로 이뤄지는 경향이 있다(김병섭·박상희, 2010; 유승원, 2014; 임재진, 2017).

둘째, '정책적 동기'에 의한 정치적 임명은 대통령이 관료제 통제와 성공적인 정책 집행을 위해 실시하는 인사이다. 정책적 동기에 따라 임명된 피임명자는 대통령을 보좌해 성공적인 정책 결정과 정책 집행을 이뤄내야 하기 때문에 충성심보다는 정치적·정책적·관리적 능력이 우선적으로 고려된다. 대통령의 정치적 임명에서 '선거적 동기'와 '정책적 동기'는 완전히 상호 배타적이지는 않지만 대통령의 국정운영과 정책 추진을 핵심적으로 뒷받침하는 내각과 대통령실의 인사에서는 주로 정책적 동기에 의한 정치적 임명이 이뤄진다. <표 10-1>은 대통령의 정치적 임명 동기에 따른 피임명자의 역할과 임명 기준 등을 정리한 것이다.

정책적 동기에 의한 정치적 임명에서 최상의 선택은 충성심과 능력을 모

대통령		피임명자		임명 직위
정치적 임명 동기	목적	역할	자질(임명 기준)	
선거적 동기	- 선거 기여에 대한 보상 - 통치연합 유지 - 지역·성별·직업적 대표성	지지기반 확대와 안정	- 충성심 - 최소한의 능력	주로 공공기관
정책적 동기	- 정책적 성공 - 관료제 통제	정책적 성공	- 능력(정치능력/정책능력/ 관리능력) - 최소한의 충성심	- 내각 - 대통령실

두 갖춘 인물을 선택하는 것이지만, 현실적으로 이를 충족하는 후보자를 찾는 것이 쉽지 않다. 따라서 대통령은 피임명자의 충성심과 능력 가운데 한 가지를 우선적으로 고려해야 하는 상황에 놓이게 된다. 기존 연구에서는 대통령이 핵심 정책을 담당하는 부처의 고위직을 임명할 때 충성심을 우선시한다는 입장(Parsneau, 2012)도 있지만, 반대로 능력을 우선시한다는 입장(Hollibaugh Jr., Horton and Lewis, 2014; Hollibaugh Jr., 2017)도 있다.

피임명자의 충성심만을 기준으로 정치적 임명을 할 경우 부처의 정책 추진 과정에서 대통령의 의지가 왜곡될 가능성은 감소하지만, 피임명자의 능력 부족으로 조직 성과가 하락함으로써 결과적으로 대통령이 당초 의도한 정책목표를 달성하지 못할 위험성이 커진다(Waterman, 1989; Gallo and Lewis, 2012; Hollibaugh Jr., 2017; Moynihan and Roberts, 2010). 따라서 반대로 대통령이 오직 피임명자의 능력만을 기준으로 정치적 임명을 할 경우에는 피임명자가 대통령의 의지가 아니라 관료 집단과 이해집단에 포획될 위험성이 있다. 이런 딜레마적 상황에서 대통령은 부처의 고위직을 임명할 때 피임명자의 충성심과 능력 사이에 상충관계가 존재한다는 사실을 인식하고 어떤 기준을 우선시할지를 결정해야 한다.

정치적 임명에서 대통령의 이상점은 충성심과 능력을 모두 갖춘 적재적

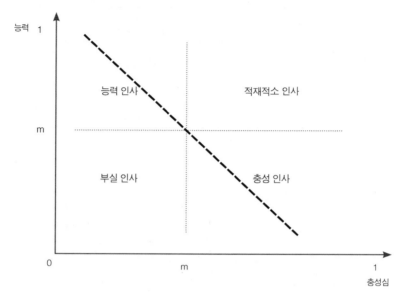

〈그림 10-1〉 대통령의 정치적 임명의 유형

주: m은 충성심 지표와 능력 지표의 평균값.

소형 인물을 선택하는 것이지만 현실적으로 그런 인물을 찾는 것은 쉽지 않기 때문에 대통령은 피임명자의 충성심과 능력 가운데 한 가지를 포기해야한다. 이로 인해 대통령의 정치적 임명에서는 피임명자의 충성심과 능력 사이의 상충관계가 발생한다(Lewis, 2008). 〈그림 10-1〉에서 대각선 점선은충성심과 능력 사이의 상충관계를 나타낸다.

또한 〈그림 10-1〉은 피임명자의 충성심과 능력 사이의 상충관계로 인해 대통령의 정치적 임명 유형이 네 가지 유형으로 구분될 수 있다는 점을보여준다. 만약 피임명자의 충성심과 능력을 지표화해 평균값(m)을 구할수 있다면, 대통령의 정치적 임명은 ① 피임명자의 충성심과 능력이 모두평균 이상인 경우(적재적소 인사), ② 충성심은 평균 미만이지만 능력은 평균이상인 경우(능력 인사), ③ 두 가지 기준 모두 평균 미만인 경우(부실 인사),

④ 능력은 평균 미만이지만 충성심은 평균 이상인 경우(충성 인사) 등 네 가지 유형으로 구분할 수 있다.

앞서 언급한 대로, 대통령의 이상점은 적재적소형 인사이지만 충성심과 능력을 모두 갖춘 인물을 찾는 것이 쉽지 않기 때문에 대통령은 상대적으로 능력을 우선시한 인사(능력 인사), 또는 상대적으로 충성심을 우선하는 인사(충성 인사)를 선택하게 된다. 그러나 민주화 이후 대통령의 인사 실패에서 알 수 있듯이, 대통령이 두 가지 기준에 모두 미달하는 인사를 선택하는 경우도 있다(채진원, 2017).

기존 연구는 행정부 고위직에 대한 대통령의 정치적 임명과 관련해 임명 기준(박경효, 1995; 김순양, 1996; 김호균, 2002; 박영원, 2011; 김진주·곽진영, 2022), 고위직의 역할과 자질(박동서·함성득·정광호, 2003; 김경은, 2015; 조선일, 2015), 재임기간 및 교체사유(안병만, 2001; 이시원·민병익, 2002; 성시영, 2015), 인구사회학적 배경(박종민, 1996; 박영원, 2011; 강혜진·김병섭, 2018) 등을 분석했다. 또한 입법부의 관점에서 국회가 대통령의 인사권을 적절히 견제했는지를 분석한 연구가 있다(김판석 외, 2008; 박경미, 2010; 손병권, 2010; 오성호, 2008; 조진만, 2009; 최준영 외, 2008; 최성주, 2017; 윤영관 외, 2020). 그러나 대통령이 행정부 고위직을 임명할 때 피임명자의 충성심과 능력 사이에 상충관계가 있다는 것과 대통령이 둘 중 어떤 요인을 우선시하는지에 대해서는 본격적으로 연구하지 않았다.

2. 장관과 차관의 임명 기준

권위주의 정부 시절의 장관은 대통령의 대리인에 불과해서 상대적으로 자율성이 적었지만, 민주화 이후 장관은 대통령과 관료제 사이에서 정치와 행정을 연결하는 독자적인 지위를 부여받았다(박동서·함성득·정광호, 2003; Jung, Moon and Hahm, 2008; 김경은, 2015).

대체로 장관은 행정적으로 전문성을 갖추고 관료조직을 관리해야 할 책임, 그리고 정치적으로 대통령의 국정비전을 구현해야 할 책임을 갖고 있다(김광웅 외, 2007). 이삼열·문명재·함성득(Lee, Moon and Hahm, 2010)은 장관의 역할을 대통령을 보좌하는 정치적 역할과 부처 관리 등의 행정적 역할로 구분했다. 특히 부처의 이익과 대통령의 이익이 충돌할 때 장관은 양자를 조율하는 역할을 해야 한다(Lee, Moon and Hahm, 2010; 김경은, 2015). 즉, 장관은 행정부처의 수장으로서 대통령의 핵심 정책을 효율적으로 집행하고, 대통령의 대리인으로서 관료들을 통제해야 한다(성시영, 2014). 이런 면에서 장관은 정치와 행정을 구분하기 어려운 지점에서 두 가지 영역의 일을 병행해야 하는 위치(성시영, 2014)에 있다고 할 수 있다. 그렇기 때문에 성공적인 장관이 되기 위해서는 행정가와 정치가로서의 두 가지 역량을 겸비해야 한다(박동서·함성득·정광호, 2003). 안병영(2002)은 장관직을 수행했던 자신의 경험을 토대로 한국의 장관을 관리자형, 전문가형, 정치가형 등세 가지 유형으로 나누었다. 김경은(2015)은 장관의 리더십을 '관계 지향적', '조직 지향적', '정책 지향적', '대외 지향적' 등 네 가지로 유형화했다.

장관의 임명 기준과 관련해서 김호균(2002)은 장관의 역할을 '정치적 역할', '일반관리자로서의 역할', '정책 전문가로서의 역할' 등 세 가지로 구분하고(Wyszomirski, 1982), 각 역할에 따른 임명 기준을 제시했다. 즉, 정치적 역할을 위해서는 정치적 보상이나 상징적 대표성이라는 기준을, 일반관리자와 정책 전문가 역할을 위해서는 조직관리역량 및 정책 전문성이라는 기준을 제시했다. 특히 대통령이 장관을 임명할 때 전문성, 개혁성, 풍부한 행정 경험 등 여러 능력주의적 기준을 고려하지만, 일반적으로 지역이나 성별, 혹은 대통령과의 친소관계 등 정치적 요소가 반영된다는 것은 부인하기 어렵다고 봤다(김호균, 2002).

민병익·이시원(2007)은 장관의 임명 기준을 실적 요인(실적성)과 비실적 요인(정실성, 엽관성)으로 구분했다. 각각을 측정하는 지표로는 실적성은 자격과 능력을, 정실성은 학연, 지연, 혈연을, 엽관성은 정당관계를 제시했다. 박영원(2010)은 장관의 임명 기준으로 실적성, 정실성, 엽관성 외에 대표성을 추가로 제시했다. 그러나 이들의 연구에서는 정실성과 엽관성에 대한 개념 규정이 모호해서 양자가 개념적으로 어떻게 구별되는지 명확하지 않다. 또한 박민정·김판석(Park and Kim, 2016)은 장관의 임명 기준으로 능력, 대표성, 정치적 연결성 등 세 가지를 제시했다. 각각을 측정하는 지표로는 능력은 주요 경력, 직무 관련성, 학력 배경, 해외 연수, 고시 출신 등을, 대표성은 출생지역과 성별을, 정치적 연결성은 대통령직 인수위 참여, 동일 정당 소속 등을 제시했다.

한편 차관의 경우 유관 부처에서 경력을 쌓아온 관료들이 내부 승진하는 경우가 장관에 비해 압도적으로 많다. 이는 차관의 경우 정치적 고려보다는 해당 분야의 전문성과 경험을 더 중요하게 고려하기 때문이다(배병용·민병익, 2003; Park and Kim, 2016).

전반적으로 기존 연구는 장·차관의 임명 기준으로 다양한 요인을 제시하고 있지만, 정실성과 엽관성 등과 같이 각 기준의 의미가 무엇인지에 대한 개념적 정의가 모호하고 각 기준을 측정하는 지표가 일관되지 않아 혼란스럽다. 이러한 개념적 혼란과 측정의 비일관성은 대통령의 정치적 임명에 대한 후속 연구를 가로막는 주요 원인 중 하나였다. 반면 필자는 장·차관의 임명 기준으로 충성심과 능력이라는 두 가지 기준을 제시하고 각각을 측정하는 방법을 제시할 것이다.

3. 연구방법

1) 자료 수집

대통령의 정치적 임명은 일반 직업공무원의 경우와는 달리 공개 경쟁을 거치지 않고 핵심 직위에 필요한 인력을 정치적 필요에 따라 임명하는 것을 말한다(김판석, 2005). 한국에서 정치적 임명 대상은 정무직 공무원과 고위 공무원단에 속한 고위직 공무원이다. 정무직 공무원은 선거와 국회 동의에 의해 임용되는 공무원, 고도의 정책결정업무를 담당하거나 이를 보조하는 공무원으로, 2022년 기준으로 장관급 33명, 차관급 96명, 국무총리 1명 등 총 130명이다. 또한 고위공무원단에 속하는 고위직 공무원에는 주요 정책 결정, 관리 등 핵심 역할을 담당하는 국장급 이상의 경력직 공무원(일반직과 특정직 포함)과 특수경력직에서 정무직을 제외한 별정직 등 1565명이 포함 된다(인사혁신처, 2023).

필자는 이러한 대통령의 정치적 임명 대상 가운데 정무직에 속하는 장관 과 차관을 분석대상으로 삼는다. 이들을 분석대상으로 선택한 이유는 내각 의 경우 정무직은 대통령의 가장 중요한 제도적 권력자원이므로 대통령은 이곳에 충성심과 능력을 모두 갖춘 인물을 임명하려고 하기 때문이다(신현 기·함성득, 2023). 반면 고위공무원단의 경우 행정부처 국장급 이상 직위에 임명되는 과정에서 대통령의 의중이 반영되더라도 직업공무원인 이들의 임 명에 대해서는 표면적으로 능력주의 원칙이 강조되기 때문에 이들에 대한 정치적 임명 여부를 파악하는 데 한계가 있다. 이런 점을 고려해 필자는 장 관과 차관 등 정무직으로 한정해 대통령의 정치적 임명을 분석코자 한다.

정무직 가운데 장관은 공무원들의 지지와 협조를 얻어내고 부처를 관리 함으로써 대통령의 우선순위를 최일선에서 구현하는 대통령의 대리인이라는 점에서 가장 중요한 분석대상이다. 장관에게는 대통령의 의지를 관철하는 정치력, 행정가로서의 관리능력, 정책결정 및 집행의 전문성이 요구된다(김경은, 2015).

반면 차관의 위상과 역할은 장관과는 다르다. '정부조직법' 제7조 제2항은 "차관 또는 (국무조정실) 차장은 그 기관의 장을 보좌해 소관사무를 처리하고 소속공무원을 지휘·감독하며, 그 기관의 장이 사고로 직무를 수행할수 없으면 그 직무를 대행한다"고 규정하고 있다. 이처럼 장관과 차관은 위상과 역할이 서로 다르기 때문에 대통령이 장관과 차관을 임명할 때의 임명기준과 고려사항 역시 다르다. 이를 고려해 장관과 차관을 본 연구의 분석대상으로 삼았다.

분석자료로는 대통령기록관(www.pa.go.kr)에서 노무현정부와 이명박정부(2003~2012년)에서 임명된 부처별 장·차관 323명의 명단을 수집했다. 이들 두 정부를 선택한 것은 김영삼, 김대중과 같은 제왕적 대통령이 물러난 뒤 이들 대통령부터 장관에 대한 인사청문회 도입 등 대통령의 정치적 임명과 관련된 제도와 절차가 정착된 점, 두 정부의 정치이념이 진보(노무현)와 보수(이명박)로 상반되고 인사 스타일이 서로 달랐던 점 등을 고려할 때이들 두 대통령을 우선적으로 비교하는 것이 향후 민주화 이후 대통령 전체를 대상으로 한 대통령의 정치적 임명을 연구하는 데 효과적일 것으로 판단했기 때문이다.

그런데 대통령이 바뀔 때마다 정부조직개편으로 행정부처의 명칭이 바뀌는 경우가 많았기 때문에 비슷한 임무와 기능을 가진 부처를 하나의 부처로 처리했다. 그리고 각 부처를 기능별로 '공공행정', '경제', '사회', '외교안보', '기타' 등 5개 범주로 재분류했다. 〈표 10-2〉는 노무현, 이명박 대통령재임기간에 각 부처별로 임명된 장관과 차관의 수를 정리한 것이다.

<표 10-2> 노무현정부와 이명부정부에서 임명된 장관과 차관(단위: 명)

부처 범주	부처	장관		차관		합계
		노무현	이명박	노무현	이명박	
공공 행정	법무부	5	3	5	4	17
	행정안전부, 행정자치부	5	3	7	9	24
경제	건설교통부, 국토해양부, 해양수산부	10	2	8	7	27
	고용노동부, 노동부	3	5	4	5	17
	정보통신부, 과학기술부	7	-	10	-	17
	기획예산처, 기획재정부, 재정경제부	7	3	11	9	30
	농림부, 농림수산식품부	4	4	4	8	20
	산업자원부, 지식경제부	4	4	7	9	24
사회	교육인적자원부, 교육과학기술부	6	3	5	9	23
	문화관광부, 문화체육관광부	4	3	4	8	19
	보건복지가족부, 보건복지부	4	5	4	5	18
	여성부, 여성가족부	2	4	4	6	16
	환경부	5	2	4	3	14
외교 안보	외교통상부	3	2	9	9	23
	통일부	4	3	4	3	14
	국방부	3	3	4	3	13
기타	특임장관실	-	3	-	4	7
	합계	76	52	94	101	323

2) 피임명자의 충성심/능력 측정 방법

정치적 임명 기준으로 피임명자의 충성심과 능력은 다음과 같은 방식으로 측정했다. 첫째, 피임명자의 충성심은 기존 연구에서 정실성, 엽관성, 대표성 등을 포괄하는 개념이다. 필자는 충성심을 피임명자가 대통령과 정치적으로 어느 정도 연결되어 있는지를 의미하는 것으로 정의하는데, 이는 박민정·김판석(Park and Kim, 2016)이 장관의 임명 기준으로 제시한 능력, 대표성, 정치적 연결성 가운데 정치적 연결성과 일맥상통하는 개념이다. 대통령이 충성심에 근거한 정치적 임명을 통해 선거캠페인 기여자에 대한 보상,

지지기반의 확대와 안정 등을 추구한다는 점을 고려할 때, 정치적 연결성을 충성심의 기준으로 삼아도 무방할 것으로 판단했다.

또한 기존의 연구들(Krause and O'Connell, 2011; 2016; 2019; Ouyang, Haglund and Waterman, 2017; Waterman and Ouyang, 2020)은 피임명자의 충성심을 측정하는 기준으로 ① 의회에서 일한 경험, ② 마지막 직업이 정치 관련 직업이었음, ③ 대통령 인수위원회에서 일한 경험, ④ 백악관에서 일한 경험, ⑤ 정당에서 일한 경험, ⑥ 대통령 선거운동에서 일한 경험, ⑦ 대통령 취임식 준비팀에서 일한 경험 등을 제시하고 있다. 그러나 필자는 한국의 정치적 맥락에서 대통령에 대한 충성심은 주로 정당 및 의원 활동 등으로 맺어진 개인적 인연, 당파성, 대통령의 참모로 일한 경험 등에 의해 형성된다는 점을 고려해 피임명자의 충성심을 다음의 다섯 가지 질문으로 측정했다(김진주·곽진영, 2022).

피임명자의 충성심 측정 질문
1. 피임명자는 대통령과 같은 정당 출신인가
2. 피임명자는 전직 또는 현직 국회의원 출신인가
3. 피임명자는 자신을 임명한 대통령의 선거 캠프에서 일한 경험이 있는가
4. 피임명자는 자신을 임명한 대통령의 대통령직 인수위에서 일한 경험이 있는가
5. 피임명자는 자신을 임명한 대통령의 대통령실(청와대) 또는 내각에서 일한 경험이 있는가

둘째, 피임명자의 능력은 대통령의 대리인으로서 부처를 장악하고 이해관계자와 협력하면서 대통령의 정책을 성공시킬 수 있는 역량을 의미한다. 기존 연구에서는 장관과 차관의 능력으로 의회/이해관계자와의 소통을 통

해 이해관계를 조정하는 정치적 능력, 부처 직원들을 동기 부여해서 조직성과를 높이는 조직관리 능력, 해당 정책에 대한 정책 전문성 등을 꼽았다(김경은, 2015).

또한 기존의 연구들(Krause and O'Connell, 2011; 2016; 2019; Ouyang, Haglund and Waterman, 2017; Waterman and Ouyang, 2020)은 피임명자의 능력 측정기준으로 ① 이전 정부 기관에서 일한 경험, ② 행정부에서 일한 경험, ③ 이전에 고위직에 임명된 경험, ④ 선출직 경력, ⑤ 공공 관리 경험, ⑥ 주정부 수준의 경험, ⑦ 민간 부문 관리 경험, ⑧ 비영리 관리 경험, ⑨ 업무 전문성, ⑩ 주제 관련 전문성 등을 제시하고 있다. 필자는 미국과 달리 정책 및 행정 분야 전문성의 기준으로 박사학위 취득 여부, 고시 합격 여부, 직업 관료 경험 등을 중시하는 한국적 특수성을 고려해 피임명자의 능력을 다음의 세 가지 질문으로 측정했다(김진주·곽진영, 2022).

피임명자의 능력 측정 질문
1. 피임명자는 해당 분야에서 근무한 경력이 있는가
2. 피임명자는 해당 분야의 전문성(박사학위 여부 등)을 갖추었는가
3. 피임명자는 직업공무원이든 임명직이든 행정부에서 일한 경험이 있는가

이렇게 피임명자의 충성심과 능력을 측정하는 질문을 확정한 뒤 각각의 질문에 대해 앞서 수집한 장·차관 323명이 해당하는지 여부를 체크했다. 장·차관의 경력 정보는 ≪중앙일보≫의 인물정보 데이터베이스와 언론보도 등을 참조했다. 각 인물이 충성심과 능력과 관련한 질문에 해당하면 1, 그렇지 않으면 0의 값을 부여했다. 그리고 전체 표본 중 30%의 피임명자를 무작위로 추출해 2명의 연구자가 각각 코딩한 결과의 일치도를 홀스티

(Holsti, 1969)의 방법으로 측정한 결과, 코더 간 일치도가 0.8~0.95의 값이 나와 신뢰할 만한 수준인 것으로 판단했다.

이렇게 코딩을 마친 뒤 각 인물의 충성심과 능력의 측정값은 다음의 3단계 절차를 밟아 구했다. 1단계에서 요인분석(주성분분석, 베리맥스 회전)을 통해 충성심 관련 5개 질문과 능력 관련 3개 질문이 각각 단일 잠재변수를 구성하는지를 검증했다. 이 과정에서 단일 잠재변수에 속하지 않는 질문은 제외된다. 고유값이 0.5 이상인 요인만 선택하도록 요인분석을 실시한 결과, 충성심 관련 질문 5개와 능력 관련 질문 3개는 각각 1개의 요인을 구성했다. 충성심 관련 질문들의 회전후 요인적재량은 모두 0.5 이상이어서 충성심 요인과 강한 상관관계를 갖고 있었다. 또한 능력 관련 질문들의 회전후 요인적재량도 질문3을 제외하고 0.5 이상이어서 능력 요인과 비교적 강한 상관관계를 갖는 것으로 판단했다. 2단계에서는 각 요인에 속하는 질문들의 요인 점수를 계산해서 충성심 요인과 능력 요인을 단일 지표(또는 측정값)로 변환했다. 3단계에서는 충성심 변수와 능력 변수를 비교할 수 있도록 최대-최소 표준화 방식으로 각 지표를 0~100 값으로 표준화했다. 이렇게 구한 장·차관 323명의 평균값은 충성심 10.1(표준편차 23.2), 능력 77.0(표준편차 31.3)이었다.

4. 정치적 임명에서 충성심-능력의 상충관계

대통령은 충성심과 능력을 모두 갖춘 적재적소형 인물을 임명하고 싶어하지만, 실제로는 그런 인물이 매우 드물다. 따라서 대통령은 충성심과 능력 중 한 가지를 우선적으로 고려하게 되는데, 이로 인해 피임명자의 충성심과 능력 사이에 상충관계가 생겨난다. 다시 말해 대통령이 피임명자의 충성심을 상대적으로 더 중요하게 고려할 경우 피임명자의 능력의 손실을 감수할 수밖에 없으며, 그 역의 관계도 마찬가지이다.

대통령의 정치적 임명에서 이러한 충성심과 능력 간 상충관계가 실제 나타나는지 확인하기 위해 전체 피임명자를 대상으로 양자 사이의 회귀계수를 구했다. 회귀계수는 다음의 회귀식 (능력)=α+β(충성심)+ϵ에서 β값을 의미한다.

〈표 10-3〉에서 보는 바와 같이, 전체 피임명자를 대상으로 한 전체 모델에서 능력(종속변수)에 대한 충성심의 회귀계수는 -0.56이다. 이는 〈그림 10-2〉의 피임명자의 충성심-능력 산점도에서 실선으로 그려진 회귀선의 기울기를 의미한다. 즉, 대통령이 장관이나 차관을 임명한다고 했을 때, 충성심이 한 단위 높은 인물을 선택할 경우 해당 인물의 능력에서 0.56만큼의 손실을 감수해야 한다는 것이다. 또는 현재보다 능력이 높은 인물을 선택하면 해당 인물의 충성심 감소를 감수해야 한다는 뜻이기도 하다. 이처럼 정치적 임명을 할 때, 대통령은 피임명자의 충성심과 능력 사이의 상충관계에 부딪히게 된다.

이러한 상충관계를 대통령별로 비교하기 위해 충성심-능력 상충관계를 의미하는 β값을 비교해 보면, 절댓값 기준으로 노무현이 -0.79로, 이명박(-0.46)보다 컸다. 이는 장관과 차관을 임명할 때, 충성심을 우선시함으로써 발생하는 피임명자의 능력 손실 정도가 노무현 대통령의 정치적 임명에서 상대적으로 더 컸음을 의미한다. 그러나 이러한 사실이 노무현의 경우 피임명자의 능력 손실을 감수하고 충성심 중심 인사를 했다거나, 혹은 반대로 충성심 손실을 감수하고 능력 중심 인사를 했다는 것을 의미하지는 않는다. 다만 노무현의 경우 피임명자의 충성심과 능력 사이의 상충관계가 더 컸기 때문에 충성심과 능력 사이에서 한 가지를 포기해야 하는 딜레마가 더 컸다는 것으로 해석해야 할 것이다.

〈표 10-3〉 피임명자의 능력에 대한 충성심의 회귀분석

종속변수=능력	전체 모델	노무현	이명박
충성심	-0.56***	-0.79***	-0.46***
상수	0.82***	0.87***	0.78***
N	323	170	153
수정된 R^2	0.17	0.16	0.17
F값	69.49***	33.35***	32.17***

***$p < 0.01$, **$p < 0.05$

〈그림 10-2〉 전체 피임명자의 충성심과 능력의 산점도

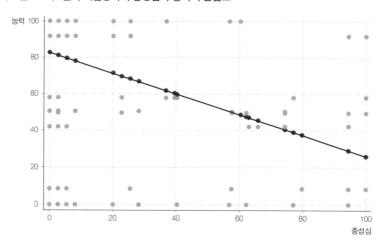

이번에는 이러한 충성심-능력 간 상충관계가 부처별로 어떻게 차이 나는 지 분석했다. 이를 위해 정부 부처를 기능에 따라 공공행정, 경제, 사회, 외 교안보 등 네 가지로 범주화하고 각 범주별 상충관계의 크기(회귀분석에서 β 값의 절댓값)를 비교했다. 〈표 10-4〉에서 보는 바와 같이, 충성심-능력의 상충관계는 절댓값 기준으로 외교안보가 1.67로 가장 크고, 다음으로 공공 행정 0.64, 경제 0.45, 사회 0.36 순이었다.

이는 현직 대통령이 해당 부처의 장관이나 차관으로 좀 더 충성심 높은

〈표 10-4〉 정부 부처별 충성심-능력 상충관계

종속변수=능력	공공행정	경제	사회	외교안보
충성심	-0.64***	-0.45***	-0.36***	-1.67***
상수	0.92***	0.89***	0.65***	0.89***
N	41	135	90	50
수정된 R2	0.35	0.14	0.07	0.39
F값	23.34***	23.64***	7.85***	32.83***

***p < 0.01, **p < 0.05

인물을 임명했을 경우 그에 따른 능력의 손실 정도가 외교안보 부처가 가장 크고 사회 부처가 가장 적다는 것을 의미한다. 외교안보 부처에 속하는 외교부나 국방부의 경우 직업 외교관이나 직업 군인이 장·차관으로 임명되는 능력 중심 인사가 많기 때문에 충성심을 우선시했을 때 피임명자의 능력 손실 정도가 컸을 것으로 추정된다. 반면 교육부, 문화부, 보건복지부, 여성가족부, 환경부 등이 속한 사회 부처의 경우 직업 관료가 장·차관으로 임명되는 경우가 상대적으로 적었기 때문에 충성심-능력의 상충관계 정도가 덜했던 것으로 추정된다.

한편 대통령이 장관과 차관을 임명할 때의 임명 기준은 각각 다르다. 장관에 대해서는 정치적·행정적·정책적 능력이 모두 요구되지만, 상대적으로 정치적 고려가 많이 작용하기 때문에 정치인, 관료, 시민사회, 학계 등 다양한 영역에서 발탁하는 경우가 많다. 이에 따른 조직 안정성과 정책 전문성 저하를 보완하기 위해 차관은 관료 집단 내부에서 발탁하는 경우가 상대적으로 많다(김호균, 2002; 배병용·민병익, 2003; Park and Kim, 2016). 이에 따라 장관은 상대적으로 충성심 중심 인사를, 차관은 능력 중심 인사를 하는 경향이 있다. 이러한 경험적 사실이 실제 데이터와 일치하는지를 살펴봤다. 〈표 10-5〉는 장관과 차관의 충성심과 능력을 비교한 것이다.

〈표 10-5〉에 따르면, 장관의 경우 충성심 점수는 평균 19.9로, 차관(3.7)

〈표 10-5〉 장관과 차관의 충성심과 능력 비교

피임명자의 자질	장관/차관	평균	표준편차	T값
충성심	장관	19.9	30.8	6.49***
	차관	3.7	12.9	
능력	장관	65.2	33.2	-5.76***
	차관	84.8	27.4	

***p < 0.01, **p < 0.05

보다 통계적으로 유의미하게 높고, 능력 점수는 평균 65.2로, 차관(84.8)보다 통계적으로 유의미하게 낮았다. 즉, 통계적으로 유의미한 수준에서 장관은 차관에 비해 충성심은 높고 능력은 낮았다. 이는 앞서 언급했듯이 대통령이 장관을 임명할 때는 충성심 중심 인사를, 차관에 대해서는 능력 중심 인사를 한다는 점을 뒷받침하는 결과이다.

또한 충성심과 능력 사이의 상충관계를 의미하는 능력에 대한 충성심의 회귀계수를 비교해 보면, 장관 -0.34(p<0.00), 차관 -0.99(p<0.00)로 차관의 상충관계 정도가 더 크다. 즉, 현재 후보자보다 충성심이 높은 인물을 선택했을 때 감수해야 할 능력의 손실 정도가 장관에 비해 차관이 3배가량 더 크다는 것이다. 이는 역대 대통령들이 장관을 충성심 중심으로 발탁했을 때의 능력 손실을 보완하기 위해 차관은 관료 집단 내부에서 능력 중심으로 발탁했기 때문인 것으로 해석된다. 실제로 장관은 충성심 중심 인사, 차관은 능력 중심 인사였는지를 확인하기 위해 〈그림 10-1〉의 정치적 임명 유형을 비교해 봤다.

〈표 10-6〉에서 보는 바와 같이, 정치적 임명 유형에서 장관과 차관 사이에는 통계적으로 유의미한 차이가 발견된다(p-value=0.00). 능력 인사의 경우 차관이 75.3%를 차지하는 반면, 장관은 24.6%에 불과하다. 반면 충성 인사의 경우 장관이 82.5%를 차지하는 반면, 차관은 17.5%에 불과하다.

<표 10-6> 장·차관과 정치적 임명 유형 관계

| | | 장관/차관 | | 전체 |
		장관	차관	
임명 유형	적재적소 인사	6명(46.1%)	7명(53.8%)	13명(4.0%)
	능력 인사	51명(24.6%)	156명(75.3%)	207명(64.0%)
	부실 인사	38명(60.3%)	25명(39.6%)	63명(19.5%)
	충성 인사	33명(82.5%)	7명(17.5%)	40명(12.3%)
합계		128명(39.6%)	195명(60.3%)	323명(100%)

x^2=61.6, df=3, p-value=0.00

이는 역대 대통령들이 장관은 충성심 중심 인사를, 차관은 능력 중심 인사를 했다는 점을 다시 한 번 확인하는 결과이다. 즉, 민주화 이후 대통령들은 장관은 충성심 중심으로 발탁하되, 그에 따른 능력 손실을 보완하기 위해 차관은 능력 중심으로 발탁함으로써 장관과 차관 사이에, 또는 그들의 충성심과 능력 사이에 균형을 맞추려고 했던 것으로 해석된다.

의원내각제는 의회 다수당이 행정부를 구성하고 총리와 장관들이 국정운영에 대해 집단적으로 책임을 지는 구조인 데 비해, 대통령제는 의회 선거와 분리된 대중 선거에서 선출된 대통령이 단독으로 행정부를 구성하고 책임을 지는 구조이기 때문에 행정부처의 장·차관은 대통령의 개인 비서라는 성격이 강하다(Samuels and Shugart, 2010). 대통령제에서 행정부 구성과 운영의 권한과 책임이 오롯이 대통령에게 귀속된다는 점은 대통령 권한이 막강하다는 것을 의미하기도 하지만, 동시에 그만큼 대통령의 입장에서 국정운영이 어렵다는 것을 의미하기도 한다. 이런 관점에서 봤을 때, 기존 연구는 행정부처에 대한 대통령 인사권의 막강함을 비판할 뿐, 대통령의 입장에서 인사권 행사에 대해 지닌 어려움과 딜레마에 대해서는 상대적으로 관심을 기울이지 않았다. 또한 기존 연구는 장관과 차관 등 피임명자의 역할과 구성에 대해서는 비교적 많이 다루었지만, 정작 이들을 임명하는 대통령의 관심과 선호에 대해서는 충분한 관심을 기울이지 않았다.

필자는 이러한 문제의식에 근거해 피임명자(장·차관)가 아니라 임명권자(대통령)의 입장에서 임명 권한을 행사할 때의 어려움과 딜레마에 대해 분석했다. 이를 통해 정치적 임명과정에서 대통령이 겪게 되는 충성심과 능력의 상충관계가 실제로 존재하며 이것이 어느 정도인지에 대해 다루었다.

11

대통령의 정치적 임명에서의 정책 우선순위

　　대통령은 정치적 임명을 할 때 피임명자의 충성심과 능력 사이에서 저울질을 한다. 충성심을 우선시하면 조직 성과가 낮아질 우려가 있고, 반대로 능력을 우선시하면 대통령의 우선순위가 뒷전으로 밀릴 수 있다. 그런데 대통령은 피임명자의 충성심과 능력뿐 아니라 그가 임명되는 행정부처가 어떤 곳인지도 고려해야 한다. 전자가 누구를 임명할지의 문제라면, 후자는 어디에 임명할지의 문제이다. 그러니까 대통령은 정치적 임명을 할 때 피임명자의 충성심과 능력, 그리고 임명되는 행정부처의 정책 우선순위 등 세 가지를 동시에 고려해야 한다. 대통령은 정책 우선순위에 근거해 행정부처의 중요도를 판단하고 이에 근거해 정치적 임명을 한다(Edwards III, 2001; Gerhardt, 2000; Light, 1999). 다시 말해 대통령은 자신의 최우선 정책을 추진하는 부처의 장관으로 충성심이 높은 사람을 임명해야 할까, 능력이 출중한 사람을 임명해야 할까. 그리고 대통령의 정책과 그다지 관련이 없는 부처의 장관이라면 충성심과 능력 사이에 무엇을 기준으로 장관을 임명해야 할까. 이 장에서는 대통령의 정책 우선순위에 따라 피임명자의 충성심과 능력에 어떤 변화가 나타나는지 살펴본다.

1. 대통령의 정치적 임명에 영향을 미치는 요인

대통령의 정치적 임명은 대통령의 배타적 권력이기 때문에 대통령의 성격이나 인사 스타일 등 대통령의 개인적 특성이 주로 작용한다(Edwards III, 2001). 민주화 이후 대통령 중 김영삼은 최초의 문민대통령이라는 사실에 큰 자부심을 가졌기 때문에 과거 권위주의 정부에서 일했던 고위직 인사의 등용을 꺼렸고, 대신 민주화 투쟁 과정에서 신세진 사람들을 정치적 보상이나 지역적·계층적 대표성 차원에서 고위직에 임명하곤 했다(배병용·민병익, 2003). 특히 사전에 인사 정보가 유출되면 해당 인사를 철회할 정도로 '깜짝 인사'를 선호했다.

김대중은 인사의 독립성을 목표로 중앙인사위원회를 설치했지만, 실제로는 임기 초반 행정부 100대 요직에서 호남 출신 비율이 영남 출신을 넘어설 정도로 장·차관을 포함한 고위직 인사에서 충성심 중심의 인사를 했던 것으로 평가된다. 이는 당시까지 영남 출신이 장악한 행정부 관료제를 동향 출신인 호남 인사를 통해 통제하려는 의도 때문이었다(양재진, 2003).

노무현은 최초로 청와대에 인사수석실을 설치하는 등 이른바 '시스템 인사'를 통해 고위직 인사의 공정성과 투명성을 높이려고 했다(김관석·박홍엽, 2005). 실제 공공기관을 대상으로 한 분석 결과에 따르면, 노무현정부 시절에 공공기관 임원에 대한 낙하산 인사가 가장 적었다(김병섭·박상희, 2010).

반면 이명박은 초대 내각 구성 때부터 이른바 '고소영'(고려대, 소망교회, 영남 출신) 내각이라는 말이 나돌 정도로 정실주의 인사라는 비판이 제기되었고, 인사권을 둘러싼 정권 실세들 간의 암투가 자주 언론에 노출되는 등 인사 잡음이 많았다.

대통령의 정치적 임명에는 이러한 대통령의 개인적 특성 외에도 인사청문회 등과 같은 제도 요인, 대통령 정당의 의석수, 대통령 지지율과 같은 대통령의 실질 권력 등 다양한 요인이 영향을 미친다(Aberbach and Rockman, 2009).

첫째, 제도 요인으로 한국의 인사청문회는 헌법상 국회 임명 동의가 필수인 공직과 그렇지 않은 공직으로 이원화되어 있다. 2000년 인사청문회가 처음 도입될 당시의 인사청문 대상은 헌법에서 국회 동의를 필수로 규정한 고위공직자 17명과 국회 선출직 6명 등 총 23명이었다. 이후 인사청문 대상이 2003년 4대 권력기구장(경찰청장, 검찰총장, 국가정보원장, 국세청장), 2006년 국무위원으로 확대되면서 2025년 1월 기준 인사청문 대상은 66명에 이른다.

총리, 감사원장 등과 같이 국회 동의가 필수인 23개 공직에 대해서는 의회가 반대하면 대통령이 임명을 강행할 수 없기 때문에 인사청문회가 실질적으로 대통령의 인사권을 제약한다. 그러나 행정부처 장관처럼 헌법상 국회 동의가 필수가 아닌 공직의 경우 여야 합의 불발로 인사청문회가 열리지 않을 수도 있고, 인사청문회에서 의회가 반대하더라도 대통령이 임명을 강행할 수 있기 때문에 인사청문회가 대통령의 인사권을 제약하는 효과는 크지 않다. 그럼에도 장관 후보자에 대한 인사청문회는 후보자의 충성심에는 영향을 미치지 않지만 후보자의 능력을 높이는 데에는 효과가 있었다. 이는 대통령이 장관 후보자로 최측근 인물과 같은 충성분자를 임명했을 때 예상되는 야당의 반발을 무마하기 위해 일정한 능력을 갖춘 인물, 즉 '능력 있는 충성분자'를 임명하기 때문이다(Shin, 2016).

둘째, 대통령이 보유한 실질 권력도 대통령의 정치적 임명에 영향을 미친다. 장관 후보자는 의회가 반대해도 대통령이 임명을 강행할 수 있고, 차관 후보자에 대해서는 인사청문회와 같은 제도적 제약이 없다. 따라서 대통령은 자신이 원하는 사람이면 누구든 장관과 차관으로 임명할 수 있지만, 실제로는 의회, 언론, 여론의 눈치를 살핀다. 먼저 대통령의 정당이 의회 소수파인 분점정부 상황에서 대통령의 인사권은 크게 제약된다(Lewis, 2005). 분점정부에서는 대통령이 능력을 고려하지 않고 오직 충성심만을 기준으로 고위직을 임명하는 가능성이 크게 낮아졌다(Shin, 2016). 또한 대통령의 지지율이 높을수록 피임명자가 인사청문회를 통과할 가능성이 높아지기 때문에 대통령은 여론의 반응을 예의주시하면서 인사권을 행사한다(McCarty and Razaghian, 1999; Gronke, Koch and Wilson, 2003; Villalobos and Vaughn, 2009).

마지막으로 행정부처의 특성이 대통령의 정치적 임명에 영향을 미치기도 한다. 고도의 정책전문성이 필요한 부처이거나 대통령 공약 등 대통령의 최우선 정책을 담당하는 부처일 경우 대통령은 능력 중심의 인사를 하는 경향이 있다. 그러나 해당 부처가 대통령의 정책 우선순위와 그다지 관련이 없거나 해당 부처의 정책 선호가 대통령과 일치할 경우에는 충성심 중심의 인사를 하는 경향이 있다(Hollibaugh Jr., Horton and Lewis, 2014). 이와 반대로 대통령의 최우선 정책을 담당하는 부처일 경우 오히려 충성심 중심의 인사가 이뤄진다는 연구도 있다(Parsneau, 2012).

이상에서 살펴본 바와 같이, 대통령은 장·차관 등 행정부 고위직을 임명할 때 실질 권력의 수준, 정책 우선순위, 행정부처의 특성 등 다양한 요인을 고려하면서 피임명자의 충성심과 능력 사이에서 저울질을 한다.

2. 연구방법

자료 수집을 위해 대통령기록관(www.pa.go.kr)에서 김영삼~이명박 기

<표 11-1> 김영삼~이명박 기간에 임명된 장·차관 수(단위: 명)

	김영삼	김대중	노무현	이명박	합계
부처 장관	107	95	76	52	330
부처 차관	82	81	94	101	358
합계	189	176	170	153	688

간(1993~2012년) 임명된 장·차관의 명단을 수집했다. 대통령별로 재임 중 임명된 장·차관 현황은 <표 11-1>과 같다.

대통령은 장·차관을 임명할 때, 이들의 충성심과 능력 사이에서 저울질을 한다. 제10장에서 봤듯이, 피임명자의 충성심과 능력에 대해 다음의 질문 문항으로 측정한 뒤 요인분석 방법을 이용해 각자의 충성심과 능력에 대한 단일 지표를 구했다(구체적인 방법은 제10장 참조). 이렇게 측정된 장·차관의 충성심과 능력을 회귀분석모형의 종속변수로 설정했다.

충성심 질문	능력 질문
1. 피임명자는 대통령과 같은 정당 출신인가 2. 피임명자는 전직, 또는 현직 국회의원 출신인가 3. 피임명자는 임명한 대통령의 선거 캠프에서 일한 경험이 있는가 4. 피임명자는 임명한 대통령의 대통령직 인수위에서 일한 경험이 있는가 5. 피임명자는 임명한 대통령의 대통령실(청와대) 또는 내각에서 일한 경험이 있는가	1. 피임명자는 해당 분야에서 근무한 경력이 있는가 2. 피임명자는 해당 분야의 전문성(박사학위 여부 등)을 갖추었는가 3. 피임명자는 직업공무원이든 임명직이든 행정부에서 일한 경험이 있는가

필자의 질문은 "대통령의 정책 우선순위에 따라 피임명자의 충성심과 능력에 어떤 변화가 나타나는가" 하는 것이다. 따라서 대통령의 정책 우선순위를 측정해야 하는데, 이는 다음과 같은 방법으로 구했다.

〈표 11-2〉 대통령 연설에 나타난 대통령 정책의제

대통령 정책의제	정책범주 및 관련 부처
신한국창조, 국민통합, 재신임, 국가기강 세우기, 부정부패 척결, 정의화해	정무·법무
정부혁신 정치개혁, 국민생활편익, 안전사고 예방, 행정쇄신, 지방행정체계 개편, 지방분권 균형발전	행정
국가경쟁력 강화, 경제개혁, 경제경쟁력기반 강화, 신경제 5년계획, 중소기업 구조조정, 기업경영 환경 개선, 물가안정, 한미 FTA, 경제위기, 농어촌구조 개선, 과학기술 발전	경제·산업
노사관계안정, 일자리/고용 안정, 교통편의 증진, 부동산 안정, 4대강	노동·건설
교육개혁, 문화, 사회복지	교육·문화·복지
통일남북, 외교안보, G20	통일·외교

대통령의 정책 우선순위는 대통령의 연설문을 통해 확인했다. 대통령의 취임사에서는 임기 1년차의 정책의제를, 그리고 시정연설문에서는 그다음 해의 정책의제를 알 수 있다. 특히 대통령이 특정 정책의제를 강조할수록 (해당 의제의 우선순위가 높을수록) 그에 대한 언급이 많을 것이기 때문에 연설문에서 해당 의제 관련 문장의 비율($\frac{해당 의제 관련 문장 수}{전체 문장 수}$)을 연도별로 구했다. 예컨대 '국민통합' 의제의 우선순위를 측정할 경우 대통령이 국민통합과 관련해 언급한 문장 수를 센 뒤 이를 인사말과 마무리말을 제외한 전체 문장의 수로 나눈 비율을 구했다. 이런 식으로 김영삼부터 이명박까지의 대통령들이 재임 중 제기한 정책의제들과 그 의제들의 우선순위를 연도별로 측정했다.

김영삼~이명박 기간에 재임 중 제기한 정책의제는 모두 34가지였는데, 이를 다시 정책범주에 따라 재분류했다(〈표 11-2〉 참조). 그리고 각 정책의제를 중점적으로 추진하는 전담 행정부처를 짝지었다.

〈표 11-2〉에 정리된 정책의제의 연도별 우선순위는 해당 정책의제를 중심적으로 추진하는 행정부처에 대한 대통령의 정책 우선순위이다. 따라서 장·차관이 임명된 연도를 기준으로 해당 부처의 정책 우선순위를 측정했다.

제11장 _ 대통령의 정치적 임명에서의 정책 우선순위   **227**

<표 11-3> 대통령별 신설 부처

	신설 부처
김영삼	문화체육부(1994.12), 재정경제원(1994.12), 통상산업부(1994.12), 해양수산부(1996.2)
김대중	과학기술부(1998.2), 외교통상부(1998.2), 통일부(1998.2), 행정자치부(1998.2), 기획예산처(1999.5), 교육인적자원부(2001.1), 여성부(2001.1)
노무현	여성가족부(2005.1)
이명박	교육과학기술부(2008.2), 기획재정부(2008.2), 지식경제부(2008.2), 특임장관실(2008.2), 보건복지부(2010.3), 여성가족부(2010.3), 고용노동부(2010.7)

주: 이명박 때의 보건복지부와 여성가족부는 이명박정부 출범 당시의 보건복지가족부가 2010년 3월의 정부조직개편으로 각각 분리되었기 때문에 신설 부처로 간주함.

그런데 앞서 살펴봤듯이, 어떤 부처의 우선순위(즉, 그 부처가 추진하는 정책의 우선순위)가 정해졌더라도 장관과 차관은 서로 위상과 역할이 다르기 때문에 대통령이 각각을 임명하는 기준 역시 달라질 것이다. 이를 감안해 장관의 가변수(장관=1, 차관=0)와 대통령의 정책 우선순위 변수 간 상호작용항을 만들었다. 이를 통해 장관인지 차관인지에 따라 정책 우선순위가 피임명자의 충성심과 능력에 미치는 영향이 어떻게 달라지는지 분석할 수 있다.

통제변수로는 행정부처가 신설 부처인지 여부를 통제했다(신설 부처=1, 신설 부처 아님=0). 신설 부처는 대통령이 국정비전이나 중요한 정책을 효과적으로 추진하기 위해 신설한 것이기 때문에 정책 우선순위가 높은 부서일 수 있으므로 이를 통제했다(<표 11-3> 참조).

이와 함께 대통령의 정치적 임명에 영향을 미치는 제도 요인, 대통령의 실질 권력, 상황 요인 등을 통제했다. 첫째, 제도 요인으로 인사청문회 경험 여부를 가변수로 설정했다(인사청문회 경험=1, 인사청문회를 경험하지 않음=0). 둘째, 대통령의 실질 권력으로 피임명자가 임명된 시점에서 분점정부인지 여부와 대통령 지지율을 통제했다. 셋째, 상황 요인으로 피임명자를 임명한 시점에서의 잔여 임기, 허니문/레임덕 여부를 통제했다. 허니문 여부는 대통령이 취임 후 3개월까지를, 레임덕 여부는 퇴임 전 1년까지를 기준으로 각 기준에 해당하면 1, 그렇지 않으면 0으로 가변수화했다. 마지막으로 대통령별 인사 스타일을 통제하기 위해 대통령별 가변수를 만들어 통제했다.

3. 정책 우선순위가 높은 부처에 능력 중심 인사

민주화 이후 대통령들이 재임 중 최우선적으로 추진한 정책들은 무엇이었을까. 〈표 11-4〉에서 보는 바와 같이, 김영삼~이명박 기간에 대통령의 정책 우선순위는 통일·외교 분야가 19.84%로 가장 높았고, 다음으로 행정 18.23%, 경제·산업 17.27%, 정무·법무 13.81%, 교육·문화·복지 6.61%, 노동·건설 6.08% 순이었다.

그러나 대통령별로는 차이가 났다. 김영삼~노무현까지는 행정과 통일·외교 분야 정책의 우선순위가 높았던 반면, 이명박은 정무·법무와 경제·산업 분야 정책의 우선순위가 높았다. 이명박의 경우 재임 중 법질서 확립과 경제 살리기 등과 관련된 정책들을 상대적으로 더 많이 강조하고 추진했기 때문일 것이다.

그렇다면 대통령이 정책 우선순위가 높은 부처의 장·차관을 임명할 때 피임명자의 충성심과 능력에는 어떤 변화가 나타날까. 〈표 11-5〉는 피임명자의 충성심과 능력을 각각 종속변수로 놓은 상태에서 부처의 정책 우선순위가 피임명자의 충성심과 능력에 어떤 영향을 미치는지를 분석한 것이다.

〈표 11-5〉의 모형1은 피임명자의 충성심을 종속변수로 한 모형인데, 정책 우선순위는 통계적으로 유의미한 효과가 나타나지 않았다. 그러나 상호작용항(장관×정책 우선순위)의 효과가 나타나 장관을 임명할 경우와 차관을 임명할 경우 차이가 났다. 그밖에 이명박이 임명한 인사와 비교했을 때,

<표 11-4> 대통령별 정책 우선순위(단위: %)

정책범주 및 부처	김영삼	김대중	노무현	이명박	전체 평균
정무·법무 (N=59)	13.60	14.11	6.44	19.00	13.81
행정 (N=56)	24.66	17.50	14.01	10.70	18.23
경제·산업 (N=197)	11.87	17.01	10.74	35.10	17.27
노동·건설 (N=79)	5.02	8.55	5.48	5.17	6.08
교육·문화·복지 (N=199)	6.19	7.75	5.73	6.72	6.61
통일·외교 (N=98)	19.82	26.51	20.94	11.01	19.84

주: 음영은 각 대통령의 정책 분야에서 1, 2위인 최우선순위를 의미함.

<표 11-5> 장·차관의 충성심/능력에 대한 정책 우선순위 효과(회귀분석)

	모형1 (종속변수: 충성심)		모형2 (종속변수: 능력)	
	β	S.E	β	S.E
정책 우선순위	0.00	0.00	0.01***	0.00
장관	0.15	0.10	-0.99***	0.11
장관×정책 우선순위	-0.01**	0.00	0.01**	0.01
김영삼	0.93***	0.12	-0.03	0.14
김대중	-0.37***	0.14	-0.04	0.16
노무현	-0.23*	0.12	0.14	0.14
신설 부처	0.00	0.09	-0.15	0.11
인사청문회	-0.06	0.14	0.18	0.16
분점정부	0.02	0.11	0.03	0.13
대통령 지지율	0.00	0.00	0.00	0.00
잔여 임기	0.01**	0.00	0.00	0.00
허니문	-0.28*	0.15	-0.03	0.17
레임덕	0.13	0.14	0.24	0.16
상수	-0.35*	0.19	0.36*	0.22
N	688		688	
조정된 R^2	0.27		0.21	
F값	20.44***		12.05***	

*** $p < .01$, ** $p < .05$, * $p < .1$

김영삼이 임명한 장·차관의 충성심이 통계적으로 유의미하게 높았다. 반면 김대중과 노무현이 임명한 장·차관의 충성심은 이명박이 임명한 인사보다 통계적으로 유의미하게 낮았다. 이것은 김영삼과 이명박의 경우 상대적으로 충성심 위주의 인사를 많이 했음을 의미한다. 임기가 많이 남아 있을수록 충성심 위주의 인사가 많았지만, 취임 3개월 이내의 허니문 기간에는 오히려 충성심 위주의 인사가 감소했다.

모형2는 피임명자의 능력을 종속변수로 설정한 모형인데, 임명되는 부처의 정책 우선순위가 높을수록 피임명자의 능력이 통계적으로 유의미한 수준에서 상승했다. 또한 피임명자의 능력 수준은 차관이 장관보다 유의미하게 높았다. 상호작용항(장관×정책 우선순위)의 효과가 나타나 부처의 정책 우선순위에 따른 피임명자의 능력 변화는 장관과 차관이 다르게 나타났다. 〈그림 11-1〉은 이상의 분석 결과를 이해하기 쉽도록 도식화한 것이다.

〈그림 11-1〉의 왼쪽 그림은 부처의 정책 우선순위가 높아짐에 따라 장관과 차관의 한계효과가 다르게 나타난다는 것을 보여준다. 먼저 장관의 경우 해당 부처의 정책 우선순위가 높아질수록 충성심이 감소한다. 반면 차관의 충성심은 부처의 정책 우선순위와 관련 없이 일정하다. 한편 〈그림 11-1〉의 오른쪽 그림은 부처의 정책 우선순위가 높아짐에 따라 장관과 차관의 능력 수준이 상승한다는 것을 보여준다. 능력 수준의 상승은 차관보다 장관이 더욱 가파르다.

이상의 결과를 종합하면 이렇다. 대통령은 장·차관을 임명할 때 이들이 임명될 부처의 정책 우선순위를 고려하는데, 장관의 경우 임명되는 부처의 정책 우선순위가 높다면 충성심 위주의 인사를 줄이고 능력 위주의 인사를 한다. 이는 충성심 위주의 인사를 할 경우 부처의 성과가 낮아질 우려가 있고 이는 대통령의 정책 실패로 이어질 수 있으므로 피임명자의 충성심보다는 능력을 우선시하기 때문이다. 또한 차관의 경우에도 임명되는 부처의 정

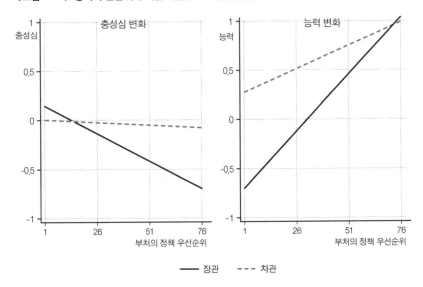

〈그림 11-1〉 정책 우선순위에 따른 피임명자의 충성심/능력 변화

책 우선순위가 높다면 대통령은 능력 위주의 인사를 한다. 차관은 관료 출신이 내부 승진하는 경우가 많기 때문에 부처의 정책 우선순위와 충성심과는 별다른 관계가 없는 것으로 보인다.

　이번에는 부처의 정책 우선순위가 상승함에 따라 충성심과 능력의 변화가 뚜렷한 장관만을 대상으로 대통령별로 어떤 차이가 있는지 살펴보자. 〈표 11-5〉의 모형1, 2에 각각 대통령과 정책 우선순위의 상호작용항(대통령×정책 우선순위)을 추가한 모델을 만들어 대통령별 한계효과를 도식화했다(〈그림 11-2〉 참조). 앞서 살펴봤듯이, 대통령은 부처의 정책 우선순위가 높아질수록 해당 부처의 장관을 임명할 때 충성심 위주의 인사를 줄이고 능력 위주의 인사를 늘린다. 〈그림 11-2〉의 왼쪽 그림을 보면, 장관에 대해 충성심 위주의 인사가 감소하는 정도는 김대중이 가장 크다. 반면 노무현은 큰 변화가 없다. 또한 〈그림 11-2〉의 오른쪽 그림을 보면, 부처의 정책 우

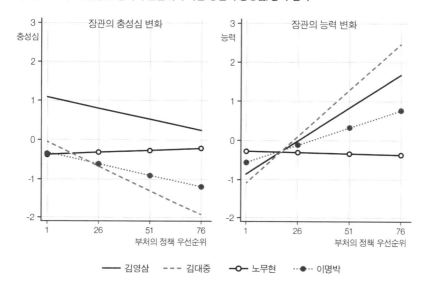

〈그림 11-2〉 대통령별 정책 우선순위에 따른 장관의 충성심/능력 변화

선순위가 증가할수록 능력 위주의 인사를 늘리는 정도 역시 김대중이 가장 큰 반면 노무현은 별다른 변화가 없다. 즉, 장관을 임명할 때 해당 부처의 우선순위 변화에 가장 민감하게 반응하는 대통령은 김대중이었고, 가장 둔감하게 반응하는 대통령은 노무현이었다.

민주화 이후 대통령은 행정부 인사에 대해 거의 견제받지 않는 배타적 권력을 행사한다는 비판을 받는다. 그러나 지금까지의 분석 결과는 대통령이 장관과 차관을 임명할 때 피임명자의 충성심과 능력 사이에서 저울질하고 부처의 정책 우선순위까지 모두 고려한 상태에서 매우 전략적인 선택을 한다는 것을 보여준다. 이처럼 고민하는 대통령의 모습은 대통령이 아무 견제도 받지 않으면서 자의적으로 인사권을 행사한다는 일부의 비판과는 거리가 멀다.

12

민주화 이후 대통령부서의 제도화

민주화 이후 대통령에 대한 가장 흔한 비판 중 하나는 대통령이 만기친람 (萬機親覽, 임금이 온갖 정사를 친히 보살핌)함으로써 장관과 내각을 무력화한 다는 것이다. 박상훈(2018)은 이런 식의 국정운영을 "청와대 정부"라고 부른다. 청와대 정부는 두 가지 의미를 내포한다. 첫째, 대통령이 의회·정당 등 기존 정치제도를 거치지 않고 대중과 직접 소통하는 '대중 동원식' 국정 운영을 하는 것이고, 둘째, 대통령이 국정의 모든 사안에 개입하면서 대통 령 주변으로 인력과 권한을 집중시켜 내각·여당 등을 허수아비로 만드는 국 정운영을 하는 것이다. 이에 대한 대안은 대통령실(또는 청와대)을 슬림화하 고 국정운영의 권한과 책임을 내각과 여당으로 넘기는 것이었다.

권위주의 시절에는 청와대가 제왕적 대통령의 상징이었기 때문에 민주 화 이후에는 '청와대 정부' 대신 장관과 내각이 국정을 주도해야 한다는 주 장은 매우 합리적인 것처럼 들린다. '청와대 정부'가 물러나고 내각 정부가 국정 중심에 서는 것은 대통령 권한의 축소와도 연결되기 때문에 민주화에 도 부합하는 주장인 것 같다.

그러나 내각 정부(또는 책임장관)는 현실정치의 관점에서 현실적이지 않고 대통령의 이해관계에도 부합하지 않는다. 국민들의 마음속에는 대통령이 '국가문제의 최종 해결자'로 각인되어 있다. 이러한 이미지는 박정희로 상징되는 강력한 리더십 아래 국가 주도의 경제 성장을 이뤄냈던 발전국가의 유산, 그리고 민주화 과정에서 각종 사회개혁과 민주화의 요구가 '대통령 직선제' 개헌 요구로 응집·표출되었던 역사적 배경 속에서 만들어졌다(최장집·박찬표·박상훈, 2007). 또한 당내 경선 도입 등으로 대선캠페인 기간이 길어지고 대선후보들이 당면한 국가문제에 대한 해결책을 선거공약의 형태로 제시하면서 국민들의 기대감을 키운 점, 그리고 복잡한 정치현상을 특정 인물을 중심으로 표상하는 미디어의 속성 등이 대통령을 국가문제의 최종 해결자로 각인시키는 데 기여했다(Ragsdale, 2010). 다시 말해, 물난리가 나도, 대형 사고가 터져도, 심지어 축구 한일전에서 져도, 국민들은 대통령이 나서서 해결하라고 요구한다. 이 같은 상황이 정상이든 아니든 간에 현실이 그렇다.

그러나 이처럼 부풀려진 국민 기대를 모두 충족하기에는 대통령의 자원과 권한이 너무 부족하다. 대통령은 중요한 국가정책을 결정할 때 의회와 협력해야 하고 이를 집행하는 과정에서 행정부 관료들의 도움을 받아야 하지만 권한과 자원이 충분치 않다. 이러한 국민적 기대감과 대통령의 능력 간 괴리로 인해 시간이 흐를수록 기대는 실망으로 바뀌고 대통령 지지율은 하락한다. 이런 상황에서 대통령이 취하는 선택은 자기 주변으로 권한과 자원을 집중시키는 것이다. 그 결과 대통령부서의 확대 또는 제도적 대통령의 출현이라는 현상이 나타난다. 대통령부서의 확대는 자원이 제약된 조건에서 대통령의 리더십을 발휘하기 위한 구조적 역량을 구축하는 과정이라고 할 수 있다(Moe, 1993). 이 장에서는 이러한 관점에서 민주화 이후 대통령부서의 제도화 수준을 분석한다.

1. 한국 대통령부서의 특수성

우선 정해야 할 문제는 한국 대통령부서의 범위를 어디까지로 할 것인가 하는 점이다. 대통령부서는 "대통령 직위의 근접한 위치에 존재하는 행정적 또는 집행적 기구를 의미하며, 그 역할은 대통령의 국정관리와 정책결정을 지원하기 위한 것으로서 수석참모, 자문역, 기타 고위 관료를 포함"하는 것으로 정의된다(유현종·이윤호, 2010). 이 경우 대통령실(또는 청와대) 외에 대통령부서에 국무총리실을 포함할지 여부가 쟁점이다. 헌법 제86조 제2항은 "국무총리는 대통령을 보좌하며, 행정에 관해 대통령의 명을 받아 행정 각부를 통할한다"고 규정하기 때문이다.

미국과 한국의 대통령부서의 범위를 비교해 보자. 〈그림 12-1〉에서 보는 바와 같이, 미국의 대통령부서는 대통령 집행부(Executive Office of President: EOP)이며, 흔히 아는 백악관 비서실(White House Office: WHO)은 EOP에 소속된 조직이다. 이에 비해 한국의 대통령부서는 청와대 비서실(또는 대통령실)과 국무총리로 나뉘어 있다.

미국의 EOP는 대통령이 여러 행정부처를 원활하게 통제하도록 지원하는 기관이다. EOP는 1939년 브라운로 위원회(Brownlow Commission)의 제안에 따라 프랭클린 루즈벨트 대통령 때 백악관 비서실, 재무부의 예산국(BOB) 등 4개의 기구를 합쳐서 만들어졌다. 이후 연방정부의 프로그램과 조직이 확대되면서 1946년 경제정책자문위원회(CEA), 1947년 국가안보위원회(NSC)가 추가되었다. 그리고 1973년 닉슨 대통령이 대통령의 예산 권한과 관리 기능을 강화하기 위해 기존의 예산국(BOB)을 관리예산처(OMB)로 확대·개편하면서 지금의 형태가 되었다.[1] 통상적으로 이 시점을 기준으

---

1   이와 함께 대통령의 인사권한은 1978년 카터 대통령이 독립기관으로 설치한 인사관리처

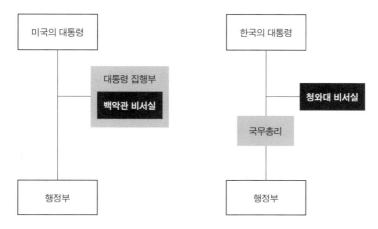

〈그림 12-1〉 미국과 한국의 대통령부서

로 대통령부서의 제도화가 완료된 것으로 평가된다(Ragsdale and Theis, 1997; Krause and Cohen, 2000). 2025년 기준으로 EOP 인원은 2000여 명이다(EOP, 2025). 백악관 비서실은 EOP의 하위 조직이며, 주로 대통령의 일상적인 국정운영, 정책 조정, 커뮤니케이션 관리 등의 역할을 담당한다. 백악관 비서실 인원은 프랭클린 루스벨트 대통령 당시에는 소수에 불과했지만, 아이젠하워 대통령 때 250명, 그리고 카터 대통령 때 500명 가까이로 늘어났다가 지금은 다소 줄어 2025년 기준으로 380여 명이다(Burke, 2010; EOP, 2025).

　EOP는 대통령의 행정부 통제를 보좌하기 위해 기획, 예산, 조직 및 행정 관리, 법령 심사 등의 기능을 갖고 있다. 이에 비해 한국은 이런 기능이 국무총리에게로 분산되어 있다. 김대중은 1998년, 재정경제원을 재정경제부로 축소 개편하면서 대통령 직속으로 기획예산위원회(예산편성지침 작성)를, 재

(Office of Personnel Management: OPM)를 통해 행사된다. 미국 대통령은 5500개의 공직에 대한 인사권을 갖고 있는데, 인사관리처는 이 권한을 보다 효율적으로 활용하기 위해 만들어진 조직이다(Lewis, 2008).

정경제부 외청으로 예산청(예산 편성·집행 사무)을 각각 설치했다. 대통령 직속으로 기획예산위원회를 둔 것은 IMF 외환위기 직후 재정개혁과 행정개혁을 위해 대통령에게 예산 권한을 부여하기 위해서였다. 그러나 대통령이 예산 권한을 갖는 것은 헌법상 보장된 국무총리 지위와 맞지 않는다는 야당의 비판 등으로 인해 1999년 2차 정부조직개편 때 기획예산위원회와 예산청을 합쳐 국무총리 산하 기획예산처로 재편했다(김다혜, 2022).

따라서 한국은 국정운영에 필요한 기획, 예산, 조직 및 행정관리, 법제 등의 기능이 내각과 이를 통합하는 국무총리에게 있다. 그러나 이러한 기능이 형식적으로 국무총리에게 귀속되었더라도 실질적으로 청와대 비서실의 지휘·통솔을 받는다는 점에서 한국의 대통령부서는 청와대 비서실이라고 할 수 있다. 청와대 비서실은 1948년 건국 당시부터 존재했지만 1963년 12월 박정희 대통령 시절 '대통령비서실 직제'[2]에 의해 대통령 비서실이 신설되면서 규모가 확대되었다. 청와대 비서실 인원은 박정희 대통령 초기 48명에 불과했지만 2025년 기준으로 490명에 달한다(김정해, 2003; 대통령실, 2025).

그런데 한국은 청와대 비서실이 실질적 권한을 행사하면서도 형식적으로는 내각 통할의 책임과 권한이 국무총리에게 있다. 이로 인해 행정부처의 운영 및 정책의 실패 등과 같은 국정 실패의 책임이 국무총리에게 귀속되고, 이 덕분에 대통령은 국무총리를 방패막이 삼아 책임을 피한다. 이처럼 국무총리 제도는 실질적 권한과 책임을 분리시킴으로써 국정운영에 대한 대통령의 책임성을 약화시키는 요인으로 작동한다.

---

[2]   대통령 비서실은 1949년 1월, 이승만에 의해 재가된 '대통령비서관 직제'가 효시였으며, 1960년 8월 제정된 '대통령비서실 직제'에 의해 대통령 비서실로 명칭이 변경되었다. 이후 1963년 12월, 박정희 때 '대통령비서실 직제'에 의해 대통령 비서실이 신설되었다.

2. 대통령부서 제도화의 원인

1) 제도화 요인

대통령부서의 제도화를 추동하는 요인은 크게 개인적 요인과 환경적 요인으로 나뉜다. 먼저 개인적 요인을 강조하는 입장은 대통령들의 개성, 기술, 경험, 이념, 정책결정 스타일이나 관리스타일 같은 개인적 특성이 대통령부서의 제도화에 영향을 미친다고 본다. 예컨대 프랭클린 루스벨트의 EOP 창설, 또는 닉슨의 관리예산처(OMB) 신설 등에서 볼 수 있는 것처럼, 대통령의 관리스타일이 대통령부서의 제도화에 영향을 미쳤다. 한국에서는 1963년 대통령 비서실이 신설된 데 박정희 대통령의 군대조직 관리경험이 영향을 미친 것으로 알려져 있다(최진, 2007).

이에 비해 환경적 요인을 강조하는 입장은 대통령이 자신을 둘러싼 제도적 환경의 변화에 적응하는 과정을 통해 대통령부서의 제도화가 이뤄졌다고 본다. 이러한 환경 변화는 시스템적 측면과 정치적 측면으로 나눌 수 있다. 시스템적 변화는 행정부 규모 및 정책이 확대됨에 따라 대통령 업무량이 급속히 증가했음을 의미한다(Ragsdale and Theis, 1997). 정치적 변화는 대통령과 그를 둘러싼 제도, 즉 의회, 대중, 정당, 미디어 등 간의 관계가 변화했음을 의미한다.

1940년에서 2000년대까지 미국 대통령부서가 제도화되는 데 있어 이러한 세 가지 요인 중 정치적 요인의 영향력이 가장 컸다. 시스템적 요인의 효과는 무시할 만한 수준이었고 개인적 요인의 효과는 거의 없었다(Dickinson, 2000; Dickinson and Lebo, 2007). 특히 정치적 환경 측면에서 1960년대를 전후해 대통령과 제도적 행위자 간에 '협상의 불확실성'이 증가한 영향력이 컸다. 정당의 통제력이 약화되고 개별 의원들의 자율성이 높아지면서 대통령에 대한 거부점이 증가했다. 이로 인해 과거처럼 대통령이 일부 정치인과 흥정해서 타협점을 찾는 것이 점차 어려워졌다(Dickinson, 2000; Dickinson and Lebo, 2007). 이러한 협상의 불확실성을 줄이기 위해 대통령이 자기 주변으로 권한과 자원을 집중시키면서 대통령부서가 확대되었다.

2) 민주화 이후 협상의 불확실성

협상의 불확실성은 민주화 이후 대통령들이 직면했던 문제였다. 민주화 이후 정치, 경제, 사회 각 세력의 자율성이 확대되었지만, 대통령의 권한은 축소되었고 협상을 위한 자원은 충분치 않았다.

가장 두드러진 제도 변화는 대통령의 임기가 5년 단임으로 제한되었다는 것이다. 대통령이 수많은 국정 현안과 정책을 처리하기에 5년이라는 시간은 너무 짧고, 시간이 지날수록 대통령의 자원과 실질 권력은 감소한다. 여기에 임기 중 터진 돌발 사건과 사고, 그리고 중간선거 결과 등이 대통령의 실질 권력을 약화시키고, 임기 말에는 레임덕 대통령이 된다. 이처럼 민주화 이후 대통령은 의회, 대중, 정당, 미디어 등과의 관계에서 점차 커지는 협상의 불확실성이라는 문제에 직면했다.

첫째, 의회와의 관계를 보면, 민주화 이후 첫 대통령인 노태우는 사상 최초로 여소야대(분점정부) 의회와 직면했다. 대통령 재임기간 60개월 중 분점정부 기간을 살펴보면, 노태우 22개월(재임기간의 37%), 김대중 35개월 (재임기간의 58%), 노무현 48개월(재임기간의 80%) 등이다. 특히 노무현은 재임기간의 대부분을, 김대중은 절반 이상을 분점정부 상태로 보내야 했다. 김영삼은 재임 중 치러진 15대 총선에서 의회 과반을 확보하는 데 실패했지만, 이후 인위적 정계개편을 통해 의회 과반을 확보했다. 반면 이명박은 재임 중 치러진 두 번의 총선(18대, 19대)에서 모두 과반 확보에 성공했지만,

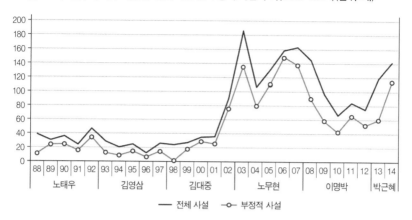

〈그림 12-2〉 민주화 이후 대통령 관련 사설 및 부정적 사설 추이(1988~2014)(단위: 개)

노태우　김영삼　김대중　노무현　이명박　박근혜

—— 전체 사설　―○― 부정적 사설

자료: ≪조선일보≫, ≪동아일보≫, ≪경향신문≫, ≪한겨레≫ 4개 신문을 대상으로 분석.

대통령의 핵심 국정과제였던 미디어법, 한미FAT 비준동의안 등을 여야 합
의로 처리하지 못해 결국 국회 날치기를 하는 등 의회와의 관계가 순탄치 않
았다.

둘째, 언론과의 관계에서도 협상의 불확실성이 증가했다. 민주화 이후 언
론은 권력의 공백기를 이용해 시민사회 내에서 가장 영향력 있는 세력으로
성장하면서 대통령의 국정운영을 흔들기 시작했다(박승관·장경섭, 2000).
〈그림 12-2〉는 1988~2014년 동안 4개 신문사(≪조선일보≫, ≪동아일보≫,
≪경향신문≫, ≪한겨레≫)를 대상으로 대통령을 다룬 사설의 수와 이 가운데
대통령을 부정적으로 다룬 사설의 수를 연도별로 나타낸 것이다.

〈그림 12-2〉를 보면, 대통령 관련 사설은 김영삼 때까지 많지 않았다.
그러나 김대중 후반기부터 증가하기 시작해 노무현 때 정점을 찍은 뒤 이명
박 이후 점차 감소하다가 2014년 세월호 참사 이후 다시 증가하고 있다. 대
통령을 비판하는 부정적 사설의 수는 대통령을 다룬 사설의 수와 거의 같은

추세로 움직이고 있다. 민주화 이후 대통령에 대해 언론이 비판적 또는 적대적 태도를 강화함에 따라 대통령은 대언론 관계 조율 및 대중과의 직접 소통 확대를 추진했으며, 이를 위해 대통령부서 내 커뮤니케이션 기능이 강화되었다.

셋째, 민주화 이후 대통령은 행정부 관료조직과도 새로운 관계를 맺어야 했다. 실제로 민주화 이후 대통령에게 관료조직 통제는 매우 현실적인 문제였다(양재진, 2003). 권위주의 대통령은 권위주의적 강압과 미래의 보상이라는 인센티브를 통해 관료들의 순응을 확보할 수 있었다. 특히 대통령이 장기 집권했기 때문에 관료들은 정권교체에 대한 불안감 없이, 무조건 현재 권력에 충성하면 그 대가로 가까운 장래에 승진과 같은 보상을 받을 것이라는 믿음이 확고했다.

그러나 민주화 이후 정치권력이 주기적으로 교체되면서 과거와 같은 교환관계가 더 이상 지속될 수 없게 되자 관료들은 독자적인 권력자원을 확보하기 시작했다. 민주화와 함께 진행된 시장 자유화로 시장에서 재벌, 언론 등 사적 이익집단들의 영향력이 강화되자 관료들은 이들과 사적 네트워크를 구축하면서 정치권력의 변덕에 대항할 수 있는 독자적인 권력자원을 구축하기 시작했다. 다시 말해, 권위주의 대통령들이 장기 집권을 통해 주인-대리인 문제를 해결했던 데 반해, 민주화 이후 대통령들은 그런 기제가 사라지고 이를 보완할 다른 제도적 대안이 없는 상황에서 공무원의 기회주의를 어떻게 통제할 것인가라는 문제에 직면했던 것이다(한병진, 2009). 김영삼 시절의 '복지부동', 김대중 시절의 '관료 물갈이', 박근혜 시절의 '관피아' 등은 모두 민주화 이후 대통령의 관료 통제 문제와 직결된 사례이다.

이처럼 민주화 이후 대통령은 의회, 언론, 관료제와의 관계에서 협상의 불확실성에 직면했다. 여기에 강한 정치리더십에 근거한 발전국가의 성공 경험에서 유래한 전능한 대통령에 대한 기대는 민주화 이후에도 사라지지 않았다. 민주화 이후 대통령들은 제한된 시간 안에 이러한 국민적 기대감을 충족하기 위해 청와대 비서실로의 강력한 집권화를 추진했다. 필자는 민주화 이후 자원 제약과 협상의 불확실성을 극복하는 과정에서 대통령부서의 제도화가 이뤄졌다고 보고, 이 관점에서 김영삼~박근혜 시기 대통령부서의 변화 과정과 제도화 수준을 분석한다.

3) 제도화의 개념

헌팅턴(Huntington, 1968)에 따르면, 제도화란 (정치기능을 담당하는) 조직이 그 자체를 목적으로 가치와 안정성을 획득하는 과정이다. 여기서 가치란 조직이 그 자신의 존속을 목표로 하는 것을 의미하며, 안정성이란 조직이 단순한 기계적인 결합의 수준에서 벗어나 쉽게 바뀌거나 소멸되지 않는 것을 뜻한다(Selznick, 1957). 따라서 조직이 가치와 안정성을 획득하면 조직은 제도가 되었다고 평가할 수 있다. 이렇게 형성된 제도는 독자적인 정체성과 행동방식, 과업을 가지며(Moe, 1985), 다양한 내·외부의 도전을 극복하면서 스스로를 지속한다(Ragsdale and Theis, 1997).

헌팅턴은 조직의 제도화 수준을 평가하는 기준으로 자율성, 적응성, 복잡성, 응집성 등 네 가지를 제시했다. 첫째, 자율성은 종속성과 대비되는 개념으로, 조직이 다른 조직이나 환경으로부터 독립해 독자적인 정체성을 구축했는지 여부를 의미한다. 둘째, 적응성은 경직성과 대비되는 개념으로, 조직이 외부환경의 도전과 내부 구성원의 기대에 반응하면서 지속하는지 여부를 의미한다. 셋째, 복잡성은 단순성과 대비되는 개념으로, 조직이 다양한 업무를 수행할 수 있도록 업무 분업과 기능의 전문화가 이뤄진 정도를 의미한다. 넷째, 응집성은 비통일성와 대비되는 개념으로, 조직이 즉흥적인 업무 기준에서 벗어나 업무량과 일처리에 관한 명확한 기준을 마련했는지 여부, 즉 조직이 관리 가능한 수준인지를 의미한다(Huntington, 1968; Ragsdale and Theis, 1997).

폴스비(Polsby, 1968)는 미국 하원의 제도화 수준을 평가하는 기준으로 ① 조직이 환경으로부터 차별화되어 조직과 환경 간의 경계가 확립되었는지 여부(자율성), ② 조직의 복잡성 정도(복잡성), ③ 조직 업무와 절차에 대한 보편적 기준의 적용 여부(응집성) 등 세 가지를 제시했는데, 적응성 개념을 제외하면 헌팅턴의 네 가지 기준과 일치한다.

그런데 헌팅턴의 제도화 기준들은 서로 상충하는 측면이 있다. 예컨대 어떤 조직이 외부환경의 영향으로부터 독립해 자율성이 증가할수록 환경 변화에 대한 적응성이 떨어질 수 있다. 또한 조직의 적응성과 복잡성이 증가하면 업무량의 급격한 증가가 수반되어 조직의 응집성이 떨어질 수 있다(Kesselman, 1970). 따라서 헌팅턴의 제도화 기준은 이러한 상충성으로 인해 다분히 자의적일 수 있다. 이런 한계를 감안하더라도 헌팅턴의 네 가지 제도화 기준에 비춰봤을 때, 미국의 대통령부서는 1970년대 초반에 제도화가 완료된 것으로 평가된다(Ragsdale and Theis, 1997; Krause and Cohen, 2000).

한국 대통령부서의 제도화 수준과 관련해 김정해(2003)는 박정희~김대중까지의 청와대 비서실의 제도화 수준이 상당 수준에 도달했다고 평가한 바 있다. 필자는 민주화 이후 기간을 대상으로 대통령부서의 제도화 수준을 분석한다. 이를 위해 <표 12-1>과 같이 헌틴텅이 제시한 네 가지 제도화 기준과 이를 측정한 지표를 활용할 것이다.

〈표 12-1〉 제도화 수준 평가기준과 측정지표

	제도화 기준	측정지표
자율성	외부 환경으로부터의 독립	예산 증가율
	조직과 환경의 경계 확립	구성원의 평균 근속기간
적응성	유연성	조직개편 횟수
	항상성	상위 직위의 존속기간 및 생존율
복잡성	업무 분업	정원 증가율
	기능 전문화	비서관 수 증가
응집성	조직 관리 가능성(적정 업무량)	정부법안 제출 수, 대중연설 횟수

3. 민주화 이후 대통령부서의 제도화 수준

1) 자율성: 외부 환경으로부터의 독립, 조직과 환경의 경계 확립

자율성은 조직이 다른 조직을 포함한 외부 환경으로부터 독립되었는지 (Huntington, 1968) 또는 조직과 환경 간 경계가 확립되었는지(Polsby, 1968) 를 의미한다.

먼저 외부 환경으로부터의 독립은 조직의 의사결정이 외부 요인에 의해 결정되지 않고 조직 내부의 방침에 의해 결정되는 정도를 의미하는데, 이러 한 독립성은 재정적 독립과 깊은 관련이 있다. 재정적 독립은 예산 편성 및 운영의 독립성(또는 자율성)과 재원 조달의 자주성이라는 두 가지 측면을 갖 는다. 예컨대 촘촘한 통제를 받는 정부조직이 자율적으로 예산을 편성하고 운용할 수 있다면 해당 조직이 외부 간섭으로부터 벗어나 독립했다고 할 수 있다(오영균, 2010). 또 재원에 대한 외부 의존이 감소할수록 해당 조직의 독 립성이 높다고 평가할 수 있다(정광호·권기헌, 2003).

청와대 비서실의 예산은 국회 심의와 언론 감시를 받고 정부의 통제를 받

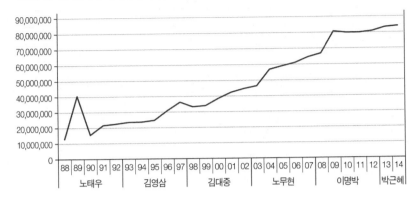

〈그림 12-3〉 청와대 비서실의 예산(1988~2014)(단위: 만 원)

자료: 기획재정부.

는다. 그럼에도 청와대 비서실은 특수활동비 항목을 통해 예산 편성과 운영에서 상당한 자율성을 누린다. 특수활동비는 '기밀유지가 요구되는 정보 및 사건수사, 기타 이에 준하는 국정수행활동에 직접 소요되는 경비'이다.

이처럼 특수활동비의 불투명한 사용에도 불구하고 예산이 지속적으로 증가한다면, 이는 외부의 통제로부터 벗어나 독립성(또는 자율성)을 획득한 것으로 평가할 수 있다. 따라서 청와대 비서실의 예산 증가율을 통해 자율성 수준을 평가했다. 〈그림 12-3〉을 보면, 민주화 이후 청와대 비서실 예산은 연평균 13.0%씩 증가했다. 김대중은 1998년 IMF 외환위기의 여파로 예산을 9% 감축했지만, 노무현 때 예전의 증가 추세를 회복했다. 재임 중 예산 증가율($\frac{\text{임기 5년차 예산} - \text{임기 1년차 예산}}{\text{임기 1년차 예산}}$)은 노태우 72%, 김영삼 55%, 김대중 35%, 노무현 39%, 이명박 21%이다. 이 같은 예산 증가는 청와대 비서실이 정부의 다른 조직이나 국회, 언론 등과 같은 외부환경으로부터 자율성을 획득하는 과정으로 볼 수 있다.

조직 자율성의 두 번째 차원은 조직과 환경의 경계가 확립된 정도이다. 조직 경계가 확립되었다는 것은 조직 내부의 규범에 따라 조직 고유의 정체

<표 12-2> 청와대 비서관급 이상 직위의 평균 근속기간(단위: 개월)

	노태우	김영삼	김대중	노무현	이명박
평균 근속기간	22.6	17.5	12.8	8.8	14.7

주: 이명박정부의 경우 수석비서관 이상만 포함함.
자료: 국가기록원.

성과 가치가 형성되고 조직 구성원들이 이것을 공유한다는 것을 의미한다 (Polsby, 1968). 필자는 이러한 조직 내부 규범의 확립 정도를 청와대 구성원들의 근속기간으로 측정했다. 어떤 조직의 구성원들이 오래 근무할수록 조직 고유의 정체성과 가치가 형성되었을 가능성이 높기 때문이다.

<표 12-2>를 보면, 민주화 이후 청와대 비서실의 비서관급 이상 직위의 근속기간은 노태우 22.6개월, 김영삼 17.5개월, 김대중 12.8개월, 노무현 8.8개월로 갈수록 짧아지는 것을 알 수 있다. 이것은 그만큼 청와대 구성원들의 이동이 빈번했음을 의미하는데, 이는 선출직이나 다른 공직을 목표로 하는 사람들이 경력 관리를 위해 청와대 비서실을 잠시 거쳐 가는 곳으로 활용하기 때문이다. 이러한 잦은 인사이동은 조직기억을 파괴하고 규범적 제도화를 지체시켜 민주화 이후 청와대 비서실의 제도화에 부정적인 영향을 미쳤다.

2) 적응성: 유연성과 항상성

적응성은 조직이 외부환경의 도전과 내부 구성원의 기대에 반응하면서 지속하는지 여부를 의미하며, 유연성과 항상성이라는 두 가지 차원을 갖는다(Ragsdale and Theis, 1997). 이를 청와대 비서실에 적용해 보면, 대통령은 자신의 필요에 따라 하위 조직을 쉽게 신설, 변경, 폐지할 수 있어야 하고 (유연성 차원), 동시에 비서실의 핵심 조직은 현직 대통령이 누구인지와 관

<표 12-3> 민주화 이후 청와대 비서실 조직개편(단위: 회)

	임기 중 개편 횟수					총 개편 횟수
	1년차	2년차	3년차	4년차	5년차	
노태우	2	1	0	0	1	4
김영삼	2	3	1	2	1	9
김대중	4	2	2	0	2	10
노무현	5	2	5	3	1	16
이명박	3	4	3	2	2	14
박근혜	1	1	1	-	-	3
합계	17 (30.4%)	13 (23.2%)	12 (21.4%)	7 (12.5%)	7 (12.5%)	56 (100.0%)

주 1) 합계란의 괄호 안 비율은 임기 연차별 개편 횟수를 전체 개편 횟수로 나눈 값임.
2) 박근혜의 경우는 2015년 6월 현재 기준임.
자료: 대통령기록관.

계없이 지속되어야 한다(항상성 차원). 유연성은 청와대 비서실의 조직개편을 통해 측정하고, 항상성은 핵심 조직의 존속기간 및 정권교체 후 생존 여부로 측정했다.

청와대 비서실의 설립 근거는 '정부조직법' 제14조이다. 이 조문은 ① 대통령의 직무를 보좌하기 위해 대통령 비서실을 둔다, ② 대통령 비서실장에 실장 1명을 두되, 실장은 정무직으로 한다 등 2개 항으로 구성되어 있다. 조직 구성과 운영과 관련된 세부사항은 대통령령인 '대통령 비서실 직제'를 따르고 있다. 이처럼 대통령은 상당한 재량권을 갖고 청와대 비서실을 구성하고 운영할 수 있기 때문에 필요할 때마다 청와대 비서실 조직개편을 단행했다.

<표 12-3>에서 보는 바와 같이, 청와대 비서실의 조직개편 횟수가 김영삼 때부터 증가하더니, 노무현, 이명박 때는 1년에 2~3차례의 조직개편이 이뤄질 정도로 빈번해졌다. 이는 그만큼 조직이 유연하다는 의미이기도 하지만, 민주화 이후 환경 변화에 맞춰 대통령부서가 새롭게 제도화되는 중이라고 해석할 수 있다.

조직개편 시기는 임기 1년차 30.4%, 임기 2년차 23.2%로, 절반 이상의

조직개편이 임기 전반기에 이뤄졌다. 이는 신임 대통령이 임기 초반 시행착오를 많이 겪기 때문일 것이다.

다음으로 조직의 항상성 차원과 관련해 대통령의 선호와 필요에 따라 조직을 자주 개편하더라도 핵심 조직은 유지해야 한다. 이러한 항상성 차원은 핵심 조직의 존속기간 및 정권교체 후 생존 여부 등 두 가지로 측정했다 (Wyszomirski, 1982: Ragsdale and Theis, 1997).

핵심 조직 여부는 수행 기능과 관계없이 상위 직위인지 여부로 판단했다. 상위 직위일수록 권한과 책임이 크므로 핵심 조직으로 분류할 수 있기 때문이다. 따라서 조직개편 시점에 실장급 직위(정책실장, 안보실장 등)와 수석비서관급 직위의 존속기간 및 정권교체 후 생존 여부를 측정했다.

존속기간은 어떤 직위의 신설부터 폐지까지의 기간으로 측정했다. 어떤 직위가 폐지되었다가 이후 같은 명칭으로 신설된 경우에는 해당 직위는 폐지되고 새로운 직위가 신설된 것으로 가정하고 각각의 존속기간을 따로 측정했다. 예컨대 정무수석의 경우 노태우(1988년 2월 25일) 이후 계속 존속하다가 노무현(2003년 12월 22일) 때 당정분리 원칙에 따라 폐지되었다. 그러나 이명박 때 부활(2008년 3월 3일)한 뒤 현재(2015년 6월 기준)까지 존속하고 있다. 이럴 경우 전자의 정무수석의 존속기간은 16.17년, 후자는 7.25년으로 계산했다.

〈표 12-4〉에서 상위 직위의 평균 존속기간은 노태우~김대중 기간에는 9.7년 → 10.8년으로 점차 길어지다가 노무현 5.8년, 이명박 5.3년으로 급격히 짧아졌다. 이는 잦은 조직개편으로 조직의 신설과 폐지가 반복되었기 때문이다.

또한 상위 조직의 생존율은 현 정부에서 신설한 조직이 다음 정부에서 얼마나 생존했는지를 측정한 것이다. 낮은 생존율은 차기 정부에서 폐지되었음을 의미한다. 이런 기준으로 봤을 때, 청와대 비서실에 가장 큰 변화가 일

<표 12-4> 민주화 이후 청와대 비서실 상위 직위의 존속기간 및 생존율

	상위 직위 평균 존속기간	차기 정부에서 생존한 상위 직위 개수(생존율)	생존한 상위 직위
노태우	9.7년	8개(53.3%)	정무, 경제, 행정, 안보, 공보, 민정, 총무, 의전
김영삼	10.3년	6개(40.0%)	정무, 정책기획, 경제, 사회복지, 안보, 공보
김대중	10.8년	2개(16.7%)	정무, 민정
노무현	5.8년	4개(18.2%)	경제, 사회정책, 안보, 민정
이명박	5.3년	7개(24.1%)	정무, 경제, 고용복지, 교육문화, 안보, 홍보, 민정
박근혜	5.9년	-	-

주 1) 상위 직위는 실장급 직위(정책실장, 안보실장 등), 수석비서관, 기획관, 보좌관을 포함함.
2) 박근혜의 경우는 2015년 6월 현재 기준임.
자료: 대통령기록관.

어난 시기는 노무현 때이다. 노무현은 김대중의 청와대 비서실에서 2개의 상위 직위(정무수석과 민정수석)만을 계승한 뒤 재임 중 총 22개의 상위 직위를 새로 만들었지만, 이 가운데 이명박 때 살아남은 직위는 4개(경제, 사회정책, 안보, 민정)뿐이다. 또 이명박은 재임 중 가장 많은 29개 직위를 신설했지만, 이 가운데 다음 정부에서 생존한 직위는 7개에 불과하다. 이는 노무현과 이명박이 재임 중 큰 폭의 조직개편을 단행했지만, 그 결과가 다음 정부로 이어지지 못했음을 의미한다.

조직의 적응성 차원에서 민주화 이후 청와대 비서실은 조직개편이 잦은 유연한 조직이었지만, 그만큼 조직의 항상성(상위 직위의 존속기간 및 생존율)은 감소했다. 이는 민주화 이후 변화된 환경에 적응하면서 대통령부서의 제도화가 진행 중이라는 것을 의미한다.

3) 복잡성: 업무 분업, 기능 전문화

복잡성은 조직의 업무 분업과 기능 전문화를 의미하는 것으로, 청와대 비서실의 정원과 연평균 비서관 수로 측정할 수 있다. 청와대 비서실의 정원

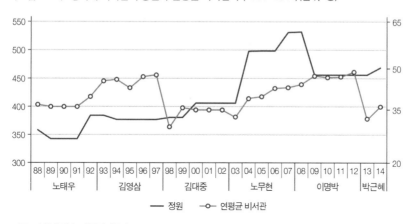

〈그림 12-4〉 청와대 비서실의 정원과 연평균 비서관 수(1988~2014)(단위: 명)

자료: 기획재정부; 대통령기록관.

과 예산이 조직의 제도화에 미치는 영향은 각기 다르다. 예산의 증가는 외부 환경으로부터의 독립을 의미한다는 점에서 조직의 업무가 '무엇'인지를 보여주는 반면, 정원은 조직이 그 업무를 '어떻게' 수행하는지를 보여준다 (Ragsdale and Theis, 1997).

〈그림 12-4〉는 민주화 이후 청와대 비서실의 정원과 연평균 비서관 수를 보여준다. 특히 비서관의 수는 잦은 조직개편으로 매우 유동적이어서 연평균 수를 구했다. 〈그림 12-4〉를 보면, 청와대 비서실의 정원은 김대중 때까지 완만하게 늘어나다가 노무현 때 크게 증가했다. 노무현 임기 2년차인 2004년 93명(405명→498명)이 순증한 뒤 임기 5년차인 2007년 531명까지 늘어났다. 이후 이명박 때 456명으로 줄어든 뒤 큰 변화가 없다. 재임 중 정원 증가율은 노태우 7.3%, 김영삼 -1.8%, 김대중 6.6%, 노무현 31.1%, 이명박 -14.3%이다.

특히 노무현 때 정원 증가폭이 매우 컸던 것은 관료조직 통제 필요성 및 청와대 비서실의 조직 재설계와 관련이 있다. 노무현정부는 김대중정부를 계승했기 때문에 임기 초 정부조직개편을 하지 않았다. 대신 청와대 비서실로의 강력한 집권화를 추진하면서 정원이 큰 폭으로 증가했다. 이와 함께 조직 재설계로 신설 조직이 생겨난 것도 정원 증가의 원인이었다.

한편 연평균 비서관 수는 김영삼 때 크게 증가했다가 김대중 들어 IMF 외환위기의 여파로 크게 감소했다. 그러나 이명박 때에는 김영삼 시기의 수준에 도달했다가 박근혜정부 들어 다시 감소했다.

전체적으로 조직의 복잡성 차원을 측정한 두 지표(정원, 연평균 비서관 수)는 민주화 이후 대통령에 따라 변화가 있지만 대체로 완만하게 증가하는 추세이다. 이는 민주화 이후 대통령부서의 제도화가 진행 중이라는 것을 의미한다.

4) 응집성: 조직의 관리 가능성(적정 업무량)

응집성은 적정한 업무량과 명확한 업무절차가 존재하는지 여부인데, 이것이 존재할 경우 조직의 관리 가능성이 높다고 판단된다. 미국 대통령부서의 제도화가 완료된 시점인 1969년을 기준으로 이전 30년과 이후 30년을 비교한 결과, 제도화 완료 이후 기간에 발표한 대통령의 행정명령 건수가 제도화 완료 이전 기간에 발표한 건수보다 통계적으로 유의미하게 감소했다. 이는 대통령부서의 제도화 수준이 높아지면서 대통령의 자의적 활동이 제약되었기 때문이다(Krause and Cohen, 2000). 따라서 관리 가능한 수준의 적정 업무량은 마구잡이식 업무관행이 사라지고 제도화 수준이 고도화되었음을 보여주는 지표이다.

필자는 민주화 이후 대통령의 업무량을 대통령 연설 횟수와 정부법안 제출 수로 측정했다. 대통령 연설은 국정 전반에 대한 대통령의 관심(또는 의제설정)을 표명하는 것이고 정부법안은 그러한 관심을 의회에 법안 형태로

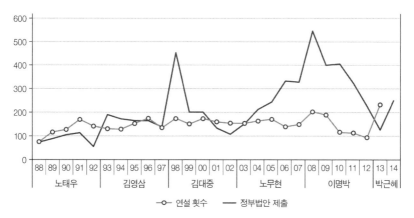

〈그림 12-5〉대통령의 연설 횟수와 정부법안 제출 추이(1988~2014)(단위: 건)

자료: 대통령기록관; 역대 대통령 연설문집.

제출하는 것이기 때문에 대통령의 일상적 업무량을 측정하기에 적절하다. 〈그림 12-5〉는 민주화 이후 대통령의 연설 횟수와 정부법안의 제출 추이를 보여준다. 대통령의 연평균 연설 횟수는 노태우 126회, 김영삼 144회, 김대중 162회, 노무현 155회, 이명박 143회로 안정된 추세를 보이고 있다.

그러나 정부법안 제출 수는 노태우 때 연평균 87개에 불과했지만, 김영삼 때 연평균 166개로 두 배가량 증가한 뒤 김대중 219개, 노무현 252개, 이명박 382개로, 꾸준히 증가하고 있다. 김영삼 때 전임 정부에 비해 법안 제출이 2배가량 증가한 것은 본격적인 민주화 개혁 입법에 따른 것이다(박영도·신영수·이순태, 2006). 또 1998년은 IMF 외환위기 극복을 위한 입법 수요로 인해, 2008년은 이명박정부의 국정과제 입법 수요로 인해 제출된 법안이 이례적으로 많았다.

지금까지 민주화 이후 대통령부서의 제도화 수준을 ① 예산의 증가, 평균 근속기간의 단축(자율성 차원), ② 잦은 조직개편과 상위 직위의 존속기간 및 생존율 감소(적응성 차원), ③ 정원과 비서관 수의 증가(복잡성 차원), ④ 정부제출법안의 증가(응집성 차원) 등 네 가지 차원으로 살펴봤다. 결론적으로 대통령부서는 민주화 이후 환경 변화에 적응하면서 지속적인 변화를 겪었으며, 아직 제도적 안정기에는 이르지 못한 것으로 보인다. 이는 민주화 이후 권위주의 대통령의 청와대 비서실이 해체된 후로 청와대 비서실은 변화된 환경에 적응하면서 재구조화가 진행 중이라는 것을 의미한다. 따라서 민주화 이후 제도적 대통령은 꾸준히 제도화 수준을 높이는 제도화 진행 단계에 있다고 할 수 있다.

13

대통령부서의 표준모델

윤석열은 대선 당시 민정수석 폐지를 공약으로 내세웠고, 2022년 3월 당선인 시절 이를 실행했다. 민정수석이 과거 정권에서 사정기관을 장악하거나 정적과 정치적 반대 세력을 통제하는 데 악용된 만큼 이를 청산하겠다는 이유에서였다. 민정수석이 폐지된 뒤 대통령실의 공직자 인사 검증 기능은 법무부로 이관되었고, 경찰 조직 통제는 신설된 행안부 경찰국으로 넘어갔다.

그러나 22대 총선 참패 직후인 2024년 5월, 윤석열은 슬그머니 민정수석을 부활시켰다. 이번에는 국민들의 목소리를 국정에 반영하기 위해서라는 이유를 달았다. 야당과 일부 시민단체는 자신과 부인의 사법 리스크를 방어하고 사정기관 장악력을 강화하려는 조치라고 비판했다. 초대 민정수석으로 검찰 출신인 김주현 전 법무부 차관이 임명된 것이 의혹을 더욱 증폭시켰다.

윤석열은 왜 민정수석을 다시 부활시켰을까. 검찰총장 출신이니까 민정수석 없이도 검찰을 통제할 수 있다는 당초의 자신감이 오판임을 깨달았기 때문일까. 점점 조여오는 사법 리스크를 방어하기 위해서였을까. 모두 일리 있는 추측이지만 여기서는 대통령부서의 제도화라는 관점에서 생각해 보자.

제12장에서는 노태우~박근혜 기간에 대통령부서가 민주화 이후 변화된 환경에 적응하면서 제도화 진행 단계에 있었음을 밝혔다. 제도화의 또 다른 측면은 대통령이 누구인지를 막론하고 비슷한 선택을 하게 만든다는 점이다. 즉, 대통령의 선택에 의해 대통령부서의 제도화가 진행되지만, 이렇게 제도화된 대통령부서는 역으로 대통령의 선택을 제약한다. 권위주의 대통령은 사실상 제도 위에 군림했기 때문에 개인적 특성이 강하게 반영된 자의적 통치를 실시했지만, 민주화 이후 대통령은 87년 헌법이라는 동일한 제도적 제약 아래 통치했기 때문에 대통령별 차이에도 불구하고 유사한 통치형태가 나타났다. 즉, 제도화된 대통령부서는 대통령의 개인적 차이에도 불구하고 대통령으로 하여금 외부 환경의 변화와 국민적 기대에 비슷하게 반응하도록 만들었는데, 이러한 대통령과 외부 환경 간의 관계의 제도화는 다시 그 제도화된 관계 속에서 대통령의 선택과 행위를 제약한다(Krause and Cohen, 2000). 이는 대통령의 리더십이 이전 대통령이 구축한 제도적 환경, 즉 리더십 상황에 의해 제약 또는 구속된다는 역사적 제도주의의 통찰과 일맥상통한다(Skowronek, 1993; 2011).

제도화의 관점에서 봤을 때, 윤석열이 민정수석을 부활시킨 것은 역대 대통령으로 하여금 민정수석을 존속시키도록 한 외부 환경과 동일한 환경에 윤석열도 직면했기 때문이다. 이는 민주화 이후 변화된 환경 속에서 어느 대통령이든지 비슷한 구조로 대통령부서가 표준화되고 있음을 의미한다. 이 장에서는 민주화 이후 대통령부서의 표준모델에 대해 살펴본다.

1. 민주화 이후 대통령부서의 변화와 지속

민주화 이후 청와대 비서실은 어떻게 변해 왔을까. 이를 분석하기 위해

⟨표 13-1⟩ 민주화 이후 청와대 비서실의 변화

		비서실장	정무 / 행정	민정 / 사정	인사	공보/홍보	시민사회 / 국민참여	총무	의전	정책실장	기획조정	경제	농수산	과학기술/미래	일자리	사회	복지노동/저출생	교육문화	안보실장	안보	국가위기관리
노태우	1					공보															
	2																				
	3																				
	4																				
	5																			외교안보	
김영삼	1											농수산						교육문화			
	2																				
	3										정책기획										
	4											농림해양					사회복지				
	5																				
김대중	1																				
	2																복지노동	교육문화			
	3																				
	4																				
	5																				
노무현	1					홍보	국민참여				정책										
	2						시민사회 참여혁신				정책기획						사회정책				
	3						혁신관리														
	4																			안보정책	
	5																				
이명박	1					홍보					국정기획							교육과학 문화		외교안보	
	2						사회통합										사회통합	고용복지			국가위기 관리
	3																				
	4																				
박근혜	1										국정기획			미래전략				교육문화			
	2										정책조정										
	3																				
	4																				
문재인	1					국민소통	사회혁신 시민사회									사회					
	2																				
	3																				
	4																				
윤석열	1					홍보										사회					
	2										정책기획 /국정기획										
	3												과학기술				저출생				

⟨표 13-1⟩ 민주화 이후 청와대 비서실의 변화

1) 음영된 칸은 해당 업무의 실장이나 수석비서관이 존속했음을, 빈칸은 폐지되었음을 의미함.
) 진한 음영은 표준모델인 3실장 체제를 이루는 비서실장, 정책실장, 안보실장을 표시한 것임.

노태우~윤석열 기간 실장급 직위와 수석비서관급 직위의 존치 여부를 살펴봤다. 수석비서관의 경우 담당 업무에 따라 ① 정치(정무, 민정, 인사), ② 대외관계(공보/홍보, 시민사회), ③ 정책(기획조정, 경제, 사회), ④ 안보(외교, 국방), ⑤ 운영관리(총무, 의전) 등 다섯 가지로 구분하고, 각 업무를 담당하는 수석비서관의 존속 여부를 체크했다. ⟨표 13-1⟩은 민주화 이후 청와대 비서실의 변화를 정리한 것인데, 음영된 칸은 해당 업무의 실장이나 수석비서관이 존속했음을, 빈칸은 폐지되었음을 의미한다. ⟨표 13-1⟩을 토대로 민주화 이후 청와대 비서실에 나타난 특징적인 변화를 정리하면 다음과 같다.

첫째, 민주화 이후 대통령과 청와대 비서실의 일상적인 업무를 담당하는 총무수석과 의전수석의 직급이 비서관으로 하향되었다. 총무수석은 청와대의 살림을 담당하고, 의전수석은 대통령 행사를 담당한다. 이들 수석은 대통령과 지근거리에 있기 때문에 권한이 강했는데, 김대중 이후 대통령부서의 권한을 축소하는 차원에서 직급이 낮아졌다.

둘째, 민주화 이후 대통령부서의 정책 조정 기능이 강화되었다. 박정희 때는 경제개발이 최우선 국정과제였기 때문에 경제수석실이 3개나 설치되기도 했지만, 정책 조정을 위한 수석급 직위는 존재하지 않았다. 이는 전두환 대통령과 노태우 대통령 때도 마찬가지였다. 그러나 김영삼 때 처음으로 정책기획수석이 신설된 이래로 박세일(김영삼정부), 박지원, 김한길(김대중정부) 등 중량급 인사들이 기용되었다. 그만큼 대통령의 국정과제를 기획·관리하는 일과 부처 간 정책을 조율하는 일이 중요해졌기 때문이다.

특히 노무현 때는 비서실장과 별개로 정책을 총괄하는 장관급의 정책실장을 신설해 정책 기획 및 조정의 기능을 더욱 강화했다. 정책실장은 이명박정부 출범 때 폐지되었지만, 임기 2년차(2009년 8월 31일) 때 다시 부활했다. 또 이명박 때는 국정 전반을 기획·조정하고 긴 호흡으로 대통령의 국정과제를 추진할 목적으로 국정기획수석이 신설되었는데, 국정기획수석은 세종시 수정안, 4대강 사업, 종합편성채널 등 대통령의 주요 국정과제를 총괄 관리하는 역할을 했다. 국정기획수석을 맡은 박재완, 곽승준은 정권의 실세로 꼽혔다. 박근혜정부도 취임 당시 국정기획수석을 뒀지만, 2015년 2월 조직개편 때 정책 조정 기능을 강화하기 위해 기존 명칭을 정책조정수석으로 바꿨다.

문재인은 다시 정책실장을 부활시켜 노무현의 청와대 비서실 모델을 복원했다. 문재인은 청와대 비서실을 비서실장과 정책실장의 투톱 체제로 운영하면서 정책실장은 경제·사회 관련 정책을 총괄하고 비서실장은 정무적 사안을 주로 담당하도록 역할을 분리했다. 특히 대통령의 핵심과제였던 일자리 창출을 뒷받침하기 위해 정책실장 산하에 일자리수석을 신설했다.

윤석열은 취임 당시 대통령실 슬림화를 명분으로 정책실장과 정책기획수석을 폐지했다. 그러나 노동시간 개편, 의대 정원 확대 등 주요 정책에서 혼선을 빚자 2022년 9월 정책기획수석을 부활했다가 정책 컨트롤타워 기능을 강화하기 위해 정책기획수석을 정책실장으로 승격했다.

이처럼 민주화 이후 대통령들은 정책기획수석(김영삼, 김대중), 정책실장(노무현, 이명박, 문재인, 윤석열), 또는 국정기획수석(이명박, 박근혜) 등을 신설해 대통령의 국정과제를 기획·관리하고 정부 부처 간 정책을 조율하도록 했다. 대통령의 국정과제와 관련해 재임 중 성과를 내려면 빠른 집행이 요구되고 이슈가 여러 부처에 걸쳐 있거나 새로운 정책 이슈인 경우가 많았기 때문에 대통령은 이러한 기능을 대통령 비서실로 집권화했던 것으로 판단된다(Rudalevige, 2002). 한편 양다승(2012)은 민주화 이후 대통령 중 노태우~김대중까지를 제왕적 대통령으로 규정하고, 정책 조정 및 기획 기능이 제왕적 대통령 이후에 나타났다고 주장했다. 그러나 〈표 13-1〉에서 보는 바와 같이, 실제로는 제왕적 대통령으로 평가되는 김영삼, 김대중 때부터 해당 기능을 담당하는 수석비서관이 존재했다는 점에서 정책 조정 및 기획 기능 강화는 민주화 이후 대통령의 공통된 특징으로 보는 것이 타당하다.

셋째, 민주화 이후 청와대 비서실의 또 다른 특징은 소통 및 대외관계 기능이 강화되었다는 점이다. 이는 김대중 대통령 후반기부터 대통령에 대한 언론의 비판적 또는 적대적 태도가 강화되자 언론 관계를 조율하고 대중과의 직접 소통을 강화하기 위한 조치였다.

노태우~김대중까지 언론 관계 기능은 공보수석의 주도 아래 신문과 방송 등 전통 미디어를 담당하는 공보 업무가 중심이었다. 그러나 노무현은 인터넷 등 미디어 환경의 변화에 대응해 기존 공보수석을 홍보수석으로 확대·개편했다. 또한 노무현은 시민사회의 영향력을 반영해 국민참여수석, 시민사회수석 등을 신설했다.

이명박의 경우 출범 당시 홍보수석과 시민사회수석을 폐지했지만, 2008년 촛불시위로 정치적 위기를 겪은 이후 홍보수석을 부활하고 국민통합특보, 사회통합수석을 신설하는 등 소통 기능을 강화했다. 이 사례 역시 새로운 문제가 등장했을 때 대통령은 비서실의 관련 기능을 강화하는 집권화를 추진한다는 것을 보여준다.

넷째, 2000년 인사청문회 제도가 도입된 이후 강화된 인사 검증으로 대통령의 인사 실패가 되풀이되자 청와대 비서실의 인사 기능이 강화되었다.

인사청문회 도입 당시 인사청문 대상은 국회 동의가 필수인 고위공직자 17명과 국회에서 선출하는 6명 등 총 23명이었다. 그러다가 2003년 1월, 인사청문 대상이 4대 권력기구장(경찰청장, 검찰총장, 국가정보원장, 국세청장)으로 확대되었고, 2005년 초에는 이기준 교육부총리 낙마를 계기로 전 국무위원으로 확대되었다. 2025년 기준 인사청문 대상 공직은 66개이다.

문제는 인사청문 대상이 확대되면서 낙마하는 공직 후보자가 속출하는 등 대통령의 인사 실패가 증가했다는 점이다. 인사 실패가 되풀이되자 대통령은 청와대 비서실의 인사 기능을 강화했는데, 이는 대통령부서의 제도화는 대통령과 의회 간 경쟁의 결과라는 점을 잘 보여준다(Krause, 2002).

미국의 경우 백악관 인사보좌관실(Office of Presidential Personnel: OPP)이 대통령의 인사를 보좌한다. 트루먼 시절 1명에 불과했던 인사담당자가 케네디 시절 3명으로 늘어났고, 닉슨 때는 인사보좌관실 직원이 30명에 달했다(Patterson and Pfiffner, 2007).

노무현은 처음으로 청와대 내에 인사보좌관과 인사수석(인사보좌관에서 확대 개편)을 신설했다. 인사수석실은 인사 추천을 하고, 인사 검증은 민정수석 산하 공직기강비서실이 담당하는 역할 분담이 이뤄졌다. 이는 백악관 인사보좌관실이 인사 추천을 하고 백악관 법률고문관실이 FBI의 도움을 받아 인사 검증을 하는 것과 유사한 것으로, 인사의 추천과 검증을 분리함으로써 인사의 공정성과 투명성을 높이기 위한 것이었다(김판석·박홍엽, 2005).

그러나 이명박 때 인사수석이 폐지되고 인사기획관으로 축소되는 등 인사 기능이 크게 약화되었다. 박근혜는 인사 실패가 되풀이되자 2014년 6월, 2차 청와대 조직개편에서 6년 만에 인사수석실을 부활시켰다. 이후 인사수석은 문재인 때 존속되었다. 그러나 윤석열은 대통령실 슬림화를 명분으로 민정수석과 함께 인사수석을 폐지되고 인사비서관으로 직급을 낮추었다. 이에 따라 인사비서관이 인사수석의 업무를 맡게 되었고, 종전까지 민정수석실이 했던 인사 검증은 법무부 산하 인사정보관리단으로 이관되었다.

그러나 앞서 언급했듯이, 윤석열 때 폐지되었던 민정수석실은 2024년 5월 다시 부활했다. 앞서 김대중도 1998년 취임 직후 민정수석실을 폐지했다가 1999년의 '옷 로비 사건'을 계기로 같은 해 5월 민정수석실을 부활시킨 바 있다.

민정수석실의 주요 기능은 ① 민심과 여론 파악, ② 공직기강 확립과 감찰, ③ 고위공직자 인사 검증, ④ 대통령 친인척과 측근 관리, ⑤ 대통령의 법률 자문과 대응, ⑥ 권력기구(국가정보원, 검찰, 경찰, 국세청, 감사원 등) 관리 등이다. 특히 민정수석실은 대통령이 권력기구를 통제하고 권력기구를 편법적으로 동원하는 데 핵심적인 역할을 했기 때문에 김대중이나 윤석열의 사례에서 볼 수 있듯이 잠시 폐지되었다가 곧 다시 신설되었다. 이는 대통령부서의 제도화를 통해 대통령과 외부 환경의 관계가 제도화되고 그 제도화된 관계 속에서 대통령의 선택과 행위도 제도화된다는 것을 의미한다. 대통령부서의 제도화는 대통령이 외부 환경의 변화에 좀 더 효과적이고 예측 가능한 방식으로 반응하도록 하며, 이렇게 제도화된 반응에 의해 대통령별 차이가 감소하고 유사한 행위 패턴이 나타난다고 할 수 있다(Krause and Cohen, 2000).

이처럼 청와대 비서실은 민주화 이후 계속 변했지만(제도화 진행 단계), 권위주의 시절의 부처별 수석 체제는 지속되었다. 부처별 수석 체제는 수석이 행정부처 장관 위에 군림해 장관을 무력화하고 부처 간 협력을 저해하는 요인으로 지적되어 왔다. 이에 따라 노무현은 취임 직후 부처별 수석 체제를 폐지하고, 미국처럼 기능별 보좌관제를 도입했다. 그러나 2003년 발생한 물류사태 당시 기능별 체제가 제대로 작동하지 않자 다시 부처별 수석 체제로 회귀했다. 당시 상황을 김병준 전 정책실장은 이렇게 말했다.

우리의 문화 자체가 청와대에 이야기하지 않고는 독자적으로 일할 수 없는 시스템이다. 즉, 부처 입장에서 어떠한 정책을 추진할 때 청와대에 긍정적인 사인을 받음으로써 그 책임을 나누고자 하는 경향이 강하다. 이러한 분위기는 노무현 대통령의 기능별 청와대 조직 실험을 실패하게 한 가장 큰 원인이었다. 결국 경제수석실과 사회정책수석실 등이 신설되었고, 정책실장 산하에 부처형 조직으로 개편되었다. (김정해(2013) 재인용)

부처별 수석 체제를 통해 대통령부서로 집권화하는 것은 권위주의 대통령의 고유한 특징이었던 것이 아니라 민주화 이후 대통령에게도 절실히 필요했던 것이다. 민주화 이후 청와대 비서실의 효율성을 높이기 위한 다양한 조직개편 실험이 있었지만, 이를 추동하는 근원적인 힘은 대통령이 관료제를 통제함으로써 집권화하는 것이었기 때문이다. 이에 따라 민주화 이후 청와대 비서실(또는 대통령실)은 정책 기획/조정 기능 강화, 소통/시민사회와의 관계 기능 강화, 인사 기능 강화라는 방향으로 제도화가 이뤄졌다.

2. 대통령부서의 표준모델

민정수석, 인사수석, 정책실장의 사례에서 봤듯이, 민주화 이후 이들 직위는 폐지와 신설을 반복했다. 대통령과 외부 환경의 관계가 대통령부서의 제도화 형태로 나타났고 이렇게 제도화된 관계 속에서 대통령의 행위와 선택이 제약되었기 때문이다. 이로 인해 민주화 이후 40년 정도의 시간이 흐르면서 대통령부서는 비서실장, 정책실장, 안보실장의 3실장 체제가 표준모델로 안착되고 있는 것으로 보인다. 향후 취임할 대통령에 따라 일부 변화는 있겠지만 3실장 체제는 지속될 가능성이 높다.

〈표 13-1〉에서 보듯이, 3실장 체제가 처음 등장한 것은 노무현 때였다. 노무현은 과거 정부에서 비서실장이 지나치게 많은 권한을 행사했던 문제를 해소하기 위해 비서실장의 권한을 분산하고 업무를 분업화했다. 비서실장은 정무적 업무와 민정, 인사, 국민 소통 등을 담당하고, 정책 기획 및 조정 업무는 정책실장이, 외교·안보 업무는 안보실장이 각각 맡도록 했다.

2003년 장관급으로 신설된 정책실장은 정책의 통합적 조정을 전담하면서 국정과제를 체계적으로 관리하고 추진하는 컨트롤타워 역할을 했다. 정책실장 산하에 경제수석과 사회수석을 기본으로 두고, 필요에 따라 특정 정책을 전담하는 수석비서관 직위를 신설했다. 정책실장은 이명박 때 잠시 폐지되었다가 부활했고, 박근혜 때 국정기획수석, 정책조정수석 등으로 조정되기도 했다. 문재인 때는 노무현 모델로 완전히 복원되었다가 윤석열 때 잠시 폐지된 뒤 다시 부활했다.

2006년 장관급으로 신설된 안보실장(통일외교안보정책실)은 기존의 외교안보수석실을 대체해 외교·안보·통일과 관련된 사안을 전담했으며, 국가안전보장회의(NSC)와 연계해 안보정책의 전문성과 일관성을 강화하는 데 역점을 뒀다. 안보실장은 김대중 때 NSC 사무처를 상설화한 경험을 바탕으로 외교·안보 분야를 독립적으로 운영하려는 의도로 신설되었다. 안보실장은 이명박 때 다시 외교안보수석 체제로 회귀하기도 했지만, 박근혜 이후부터 줄곧 존속하면서 외교·안보 정책의 컨트롤타워 역할을 하고 있다. 안보실장은 산하에 2~3명의 차장을 두는 체제로 운영되면서 현재에 이르고 있다. 윤석열의 대통령실 역시 이러한 3실장 체제를 기본 축으로 하고 있다.

그렇다면 민주화 이후 제도화 진행 단계에 있는 대통령부서는 최종적으로 3실장 체제로 제도화가 완료된 것일까. 흥미로운 사실은 윤석열정부에서는 대통령부서의 예산과 정원이 거의 증가하지 않았다는 점이다.[1] 이는 그 이전까지 대통령부서의 예산과 정원이 꾸준히 증가한 것과 대조적인데, 이것이 제도화가 완료되었기 때문인지 빈약한 국정과제 때문인지는 분명치 않다.

그럼에도 대통령부서가 3실장 체제의 표준모델로 안정화되고 있다는 것은 분명하다. 민주화 이후 보수 성향 대통령은 대통령부서의 축소를, 진보 성향 대통령은 확대를 선호하는 경향이 있었다. 3실장 체제는 노무현 때 처음 등장한 확장형 모델이다. 그 이후 대통령들이 이념 성향과 무관하게 '노무현 모델'을 채택한 것은 공통적으로 협상의 불확실성이라는 조건에서 대통령부서로의 집권화를 추진했기 때문일 것이다. 민주화 이후 대통령들의 동병상련이 대통령부서의 표준모델을 낳은 것이다.

---

1 민주화 이후 역대 대통령부서의 전 정부 대비 예산 및 정원 증가율은 다음과 같다.

	예산 증가율(%)	정원 증가율(%)
노태우	90.6	7.3
김영삼	61.7	-1.8
김대중	22.8	7.4
노무현	44.6	31.1
이명박	25.6	-14.1
박근혜	9.8	2.9
문재인	9.6	4.5
윤석열(2023년 말 기준)	0.9	0

제4부

대통령-언론/대중 관계

들어가며

—

민주화 이후 대통령은 언론과도 새로운 관계 설정이 필요했다. 민주화 이후 대통령
-언론 관계를 상징하는 두 장면을 꼽으라면, '노무현의 자살'과 'MBC 〈PD수첩〉의
광우병 보도'를 들 수 있다.

노무현의 자살은 정파화된 언론과 대통령 간 갈등이 정점으로 치달으면서 벌어진
비극적인 사건이었다. 언론은 민주화 이후 권력의 공백을 틈타서 시민사회에서 가
장 영향력 있는 세력으로 성장했고, 1990년 후반쯤에는 스스로 '대통령을 만드는
언론'을 자임하면서 권력화되었다. 그러나 1997년 대선에서 사상 처음으로 진보
성향 대통령(김대중)이 당선되자 주류 보수 언론과 대통령의 갈등이 본격화되었
다. 이때를 기점으로 주류 언론 내부도 보수 언론 대 진보 언론으로 분열되기 시작
했다.

노무현의 당선은 주류 보수 언론에 다시 한번 좌절감을 안겼다. 노무현은 과거 언
론과의 유착 관행을 청산하고, 언론과 건전한 경쟁과 긴장의 관계를 만들려고 했
다. 이는 그동안 정권 핵심부와 인적·물적 네트워크를 유지하면서 영향력을 유지
하고 사익을 챙기던 주류 언론의 기득권을 무너뜨리는 것이었기 때문에 주류 언론
은 매우 정파적인 방식으로 노무현을 공격했다. 언론과의 악연은 퇴임 후 검찰 수
사를 받는 노무현에 대한 린치에 가까운 보도로 이어졌고, 결국 비극적으로 종결되
었다. 노무현의 자살은 이후 진보 성향 대통령의 언론 관계를 규정하는 트라우마로
작용했다. 진보 성향 대통령들은 인터넷, 유튜브 등 뉴미디어를 이용해 대중과 직
접 소통하는 방식으로 주류 언론의 영향력을 낮추려고 했다.

반면 'MBC 〈PD수첩〉의 광우병 방송'은 보수 성향 대통령의 언론 관계를 규정하
는 트라우마였다. 이명박은 2008년 취임하자마자 미국을 방문해 그때까지 한미
FTA 협상의 핵심 쟁점이었던 미국산 쇠고기 검역조건 완화에 덜컥 합의했다. 이명

박은 대선과 18대 총선에서 연이어 승리하고 보수 언론의 지원까지 받고 있었기 때문에 이후 이 문제가 정권을 뿌리째 흔들 것이라고는 생각하지 못했다. 그러나 이명박의 결정에 반대하는 광우병 쇠고기 촛불시위가 전국을 휩쓸면서 취임 초 50%였던 대통령 지지율은 취임 6개월 만에 20%대로 곤두박질쳤다.

대통령은 이러한 민심 이반에 'MBC 〈PD수첩〉의 광우병 보도'가 결정적인 역할을 했다고 믿었다. 진보 성향 방송이 자극적인 화면과 근거 없는 주장으로 대통령을 흔들었다고 생각했다. 이후 이명박은 〈PD수첩〉 관계자를 검찰에 고발하고, MBC 사장에 대학 후배인 김재철을 임명해 MBC를 장악하는 한편, 국회 날치기로 미디어법을 통과시켜 보수 신문들의 방송 진출을 허용했다. 2012년 말, 종합편성채널의 출범은 기존 지상파 방송의 독점구조를 허물어 방송의 영향력을 낮추려는 시도였다. 아이러니한 사실은 보수 정권에 의해 만들어진 TV조선과 JTBC가 이후 '최순실 국정개입 특종보도'와 '태블릿PC 특종보도' 등을 통해 박근혜의 몰락에 결정적인 역할을 했다는 것이다.

또한 광우병 쇠고기 촛불시위는 정부가 인터넷의 정치적 영향력을 최초로 확인한 사건이었다. 이명박의 결정에 대한 주류 언론의 비판은 많지 않았다. 그런데 당시 인터넷 게시판 등을 통해서 의견을 나눈 시민들이 갑자기 거리로 쏟아져 나왔다. 이 사건을 계기로 정부는 온라인이 여론 형성의 주요 거점임을 확인하고 온라인 여론을 체계적으로 모니터링하기 시작했다.

정부가 기존 언론뿐 아니라 온라인 여론까지 모니터링한 것은 긍정적인 일이었지만, 모니터링과 여론 조작의 간격은 백짓장 한 장보다 얇았다. 온라인 여론 모니터링은 언제든지 온라인 여론 조작으로 이어질 수 있었고, 실제로 2012년 말, 대통령 선거 과정에서 국정원, 기무사 등 국가기관이 앞장서 온라인 댓글을 통해 여론을 조작한 사실이 폭로되기도 했다.

특히 광우병 쇠고기 촛불시위는 대통령의 국정운영에서 '소통'의 중요성이 크게 부각되는 데 결정적인 역할을 했다. 2008년 5월 대국민 담화에서 이명박은 "정부가 국민들께 충분한 이해를 구하고 의견을 수렴하는 노력이 부족했고, 국민의 마음을 헤아리는 데 소홀했다는 지적을 겸허히 받아들인다"며 소통 부족을 인정했다. 이때부터 소통은 대통령의 국정운영을 평가하는 첫 번째 기준으로 자리 잡았다. 때마침 인터넷, 유튜브 등 뉴미디어의 발전이 대통령과 국민 사이의 직접 소통을 용이하게 만들면서 대중을 상대로 한 대통령의 직접 소통활동이 활발해졌다.

뉴미디어를 매개로 한 대통령-대중 간 직접 소통은 기존 언론에 의해 대통령의 메시지가 왜곡되지 않는 장점이 있다. 그러나 동시에 대통령과 대중이 직접 연결됨으로써 시민사회가 대통령 지지파와 반대파로 분열되고 국정운영이 여론에 좌지우지되는 부작용을 낳았다. 예컨대 최근에는 '유튜브 저널리즘'이라는 말이 나올 정도로 기존 언론의 영향력이 약화되었고, 윤석열의 사례에서 봤듯이 대통령이 극우 유튜버와 직접 소통하면서 부정선거 음모론을 퍼뜨릴 정도에 이르렀다.

이처럼 민주화 이후 대통령이 대중과 직접 소통하게 된 것은 민주화 이후 대중 참여가 확대된 영향도 있지만, 대통령이 여론의 지지를 새로운 권력자원으로 동원한 탓도 크다. 민주화 이후 대통령은 야당을 압박하는 수단으로 여론의 지지를 동원하곤 했다. 그리하여 제15장, 제16장에서는 대통령 지지율과 관련된 두 가지 현상을 다룬다. 제15장은 임기 말까지 유례없이 높은 지지율을 기록한 문재인을 대상으로 누가 끝까지 문재인을 지지했는지 분석했다. 제16장은 2018년 말부터 임기 말까지 문재인에 대한 여성의 지지율이 남성보다 일관되게 높게 나타났던 원인이 무엇인지 분석했다.

마지막으로 제17장은 민주화 이후 부각된 대통령의 소통 리더십이 무엇인지를 이론적으로 규명하고, 민주화 이후 대통령들의 소통 수준을 실증적으로 비교했다.

14

대통령 후보자에 대한 개인화/사인화 보도

포군트케와 웹(Poguntke and Webb, 2005)은 의원내각제 국가의 정치 운영 방식이 대통령제와 비슷해지는 현상을 '정치의 대통령화(presidentialization of politics)'라고 불렀다. 정치의 대통령화는 행정부, 정당, 선거 등 세 가지 영역에서 나타난다. 첫째, 행정부의 대통령화는 총리 등 정부 수반의 권한이 강화되면서 행정부 정책 결정 과정의 자율성이 높아지는 현상을 말한다. 둘째, 정당의 대통령화는 정당 안에서 정당 리더의 권력이 커지면서 유권자와 직접 소통하는 경향이 증가하는 현상을 말한다.

마지막으로, 선거의 대통령화는 ① 선거캠페인이 점점 후보자 중심으로 변하고, ② 미디어가 정당보다는 후보자 개인에 초점을 맞춰 보도하며, ③ 유권자들도 정당이 아닌 후보자의 개인적 특성을 기준으로 투표하는 경향이 강화되는 현상을 말한다. 이 장에서는 선거의 대통령화의 두 번째 현상, 즉 미디어가 정당보다는 후보자 개인에 초점을 맞추는 '미디어 개인화' 현상을 살펴본다.

1. 미디어 개인화

미디어 개인화란 언론이 정치나 선거를 보도할 때, 정당, 조직, 제도 대신 정치인 개인에 초점을 맞춰 보도하는 현상을 말하는데(Rahat and Sheafer, 2007; 김춘식·이강형, 2008; Van Aelst, Sheafer and Stanyer, 2011), 이러한 보도 경향은 정치인의 행위, 유권자의 인식 등에 다음과 같은 영향을 미친다.

첫째, 정치인의 행위 측면에서 보면, 언론이 특정 이슈에 대해 이슈의 실질적인 내용보다 인물 간의 갈등 위주로 묘사할수록 정치인들은 언론의 관심을 끌기 위해 더욱 튀는 발언과 행동을 하게 되고, 이를 통해 상대방과의 차이점을 부각시키는 선명성 경쟁을 벌임으로써 정치적 갈등과 양극화가 심화될 수 있다(Bond and Fleisher, 2000). 이와 함께 정치과정이 언론을 통해 개인 간의 투쟁과 갈등으로 축소되어 묘사될 경우 심층에서 그러한 갈등을 야기한 근본적인 권력구조의 본질을 은폐하는 효과를 낳을 수 있다(Bennett, 1996).

둘째, 유권자의 인식 측면에서 보면, 인물 위주의 보도는 인물의 특성을 통해 향후 그가 발휘할 리더십과 정책방향을 사전적으로 검증할 수 있다는 점에서 긍정적인 측면이 있다. 그러나 언론이 정치인을 공인으로서 다루지 않고, 취미, 결혼생활 등 사인(私人)으로서의 모습에 초점을 맞출 경우 유권자들은 정치인을 공동체의 문제를 해결하는 집합적 과정의 대리인이 아니라, 마치 신변잡기를 노출하는 연예인이나 오락거리로 소비할 우려가 있다. 이는 정치인을 자신과 비슷한 사람이라고 인식하도록 함으로써 정치와의 심리적 거리감을 좁히는 효과가 있지만, 다른 한편으론 정치인에게 더욱 가까이 다가갈수록 정치에 실망하고 환멸을 느낄 개연성 역시 높아진다(Hart, 1992).

미디어 개인화는 최근 20~30년 사이에 보편적으로 나타나는 현상으로 알려져 있지만, 실제로는 국가마다, 또는 같은 국가라도 연구자마다 서로 다른 결과를 보여준다. 예컨대 매캘리스터(MacAllister, 2005)는 "선거보도의 초점이 정당 대신 개인에 맞춰진" 미디어 개인화가 갈수록 보편화되고 있다고 주장했다. 그러나 카보넨(Karvonen, 2010)이 16개 의원내각제 국가를 대상으로 분석한 결과, 미디어 개인화 현상이 뚜렷이 나타난 국가와 그렇지 않은 국가가 혼재하는 등 일관된 경향을 발견할 수 없었다.

이처럼 엇갈린 결과는 국가별 정치 및 미디어체제의 차이, 연구시점의 차이 등에서 비롯된 측면도 있지만(Karvonen, 2010), 보다 근본적으로는 미디어 개인화의 개념을 규정하고 측정하는 방법이 제각각 달랐기 때문이다(Van Aelst, Sheafer and Stanyer, 2011).

미디어 개인화는 '개인화 보도'와 '사인화 보도' 두 가지로 구분된다(Van Aelst, Sheafer and Stanyer, 2011). 첫째, 개인화 보도는 선거보도의 초점이 정당이나 제도보다 개인에게 맞춰졌을 경우를 의미한다. 주의할 점은 이런 개인화 보도가 증가하더라도 동시에 정치인을 매개로 정책 보도도 함께 증가할 수 있다는 점이다. 이는 인물 보도를 통해 후보자 검증, 배경 설명, 관련 정책 갈등 등에 대한 사실 추적이 이뤄질 수 있기 때문이다(강희정·민영, 2010; 정성호, 2009; 김소형·이건호, 2015).

둘째, 사인화 보도는 언론이 정치인 개인을 다룰 때 공인으로서의 자질이나 삶보다는 성격 등과 같은 개인적 특성과 가족, 외모, 성장환경, 결혼생활, 취미, 종교 등 사적 삶에 초점을 맞춘 경우를 의미한다. 인물 보도로 인해 정책 보도가 사라지는 문제점은 사인화 보도에서 나타난다.

선거보도에서 개인화/사인화 보도가 증가하는 원인이 정치제도 때문인지 아니면 미디어 논리 때문인지는 논란거리이다. 먼저 '정치제도 원인론'은 정당이 쇠퇴하고 개인 정치인의 역할이 확대되는 현상을 강조한다(MacAllister, 2005). 이러한 정당 쇠퇴는 기존의 사회적 균열에 기초한 대중정당의 조직동

원력과 유권자들의 정당일체감이 약화되면서 갈수록 정치에 무관심해지는 유권자들의 관심을 끌기 위해 총리 등 유력 정치인들의 역할이 확대된 것과 관련이 있다. 이런 상황에서 1960년대 이후 TV와 같은 이미지 중심 매체가 등장하면서 개인 정치인이 더욱 부각되었다. TV라는 새로운 매체에 맞춰 대중 동원을 극대화하기 위해 동원의 주체가 정당에서 정치인 개인으로 바뀐 것이다(Garzia, 2011). 특히 대중매체와 여론조사 전문가의 참여, TV토론과 유료 정치광고 활성화 등 이른바 미국식 선거캠페인 스타일이 확산되면서 선거의 초점이 더욱 후보자 개인에게 맞춰지게 되었다(Swanson and Mancini, 1996).

반면 '미디어 논리 원인론'은 미디어가 독자와 시청자를 확보하기 위한 경쟁에서 우위를 차지하려는 내적 동기에 의해 개인화/사인화 보도가 나타난다고 주장한다. 미디어 논리란 "미디어가 사람들의 관심을 끌기 위해 다른 매체와 경쟁하는 과정에서 사용하는 특정의 포맷, 과정, 그리고 관습"을 뜻한다(Strömbäck and Esser, 2009). 여기에는 추상적인 현실을 일화적이고 구체적인 사건으로 묘사하는 일화적 프레임(Iyengar, 1991), 정치를 전략게임이나 경마식으로 보도해 흥미를 극대화하는 경쟁보도(Cappella and Jamieson, 1997; Patterson, 1993), 뉴스를 단순화, 극단화, 개인화, 시각화, 전형화하는 각종 스토리텔링 기법(Strömbäck and Esser, 2009) 등이 포함된다.

문제는 이러한 미디어 논리에 정치가 종속되는 정치의 미디어화 현상이 나타난다는 점이다. 정치의 미디어화는 ① 미디어가 정보교환과 커뮤니케이션의 주요 수단이 되는 단계(1단계), ② 미디어가 정치 논리로부터 분리되어 점차 자율성을 획득하는 단계(2단계), ③ 정치가 미디어 논리에 적응하는 단계(3단계), ④ 정치와 사회세력이 미디어 논리를 내면화해 외부의 강제 없이도 미디어의 입맛에 맞게 스스로 행위하는 단계(4단계) 등 4단계로 진행된다(Strömbäck, 2008; 권혁남, 2014). 따라서 미디어 논리 원인론에 따르면,

개인화/사인화 보도는 정치체제와 정치인이 미디어의 상업적 동기에 맞춰
변화한 결과라고 할 수 있다.

2. 연구방법

한국의 선거에서 개인화/사인화 보도는 어떤 식으로 나타났을까. 한국은
민주화 이후 김영삼, 김대중 등 보스 중심의 정치가 지배적이었기 때문에
미디어 개인화도 두드러졌을 가능성이 높다. 이를 확인하기 위해 2012년
대통령 선거캠페인 기간의 언론보도를 분석했다.

빅카인즈(www.kinds.or.kr)에서 4개 신문사(≪조선일보≫, ≪동아일보≫,
≪경향신문≫, ≪한겨레≫)를 대상으로 당시 대선후보였던 '박근혜', '문재인',
'안철수'를 검색어로 넣고, 검색된 사설을 수집했다. 전체 사설(총 931개) 가
운데 박근혜 관련 사설이 413개로 가장 많았고, 다음으로 문재인 331개, 안
철수 187개였다.

첫째, 개인화 보도 경향을 분석하기 위해 사설의 중심 주제가 ① 후보 개
인, ② 소속 정당, ③ 정책, ④ 기타 중 어디에 해당하는지 코딩했다. 사설 전
체를 읽으면서 사설의 중심 주제를 결정했고, 모호할 경우에는 필자와 대학
생 코더가 상의했다.

둘째, 사인화 보도 경향을 분석하기 위해 사설의 중심 주제가 ① 후보 개
인일 경우 공인 속성과 사인 속성 중 무엇에 초점을 맞추었는지를 코딩했
다. 킨더(Kinder, 1998)는 선거 후보자의 자질로 능력, 지도력, 청렴성, 공감
을 꼽았다. 또 그린스타인(Greenstein, 2000)은 대통령의 자질로 대중과의
의사소통, 조직능력, 정치력, 통찰력, 인식능력, 감성지능 등 여섯 가지를
제시했다. 이상의 연구를 종합해 보면, 선거후보자 자질은 후보자의 정책능

〈표 14-1〉 후보 개인을 보도할 때 나타난 공인 속성과 사인 속성

공인 속성(능력 요소)	사인 속성(개성 요소)
- 진보, 개혁, 좌파, 급진	- 자신감, 우유부단함, 자신 없음, 책임전가
- 중도, 합리, 자유민주의, 극우, 반동	- 유연함, 겸손함, 온화함, 고집, 잘난 척, 오만함, 폐쇄적
- 시장친화, 시장중심, 신자유주의, 반시장, 시장논리	- 서민적, 민주적, 특권층, 독선적
- 화해, 민족중심, 평화지향, 친북, 대북적대	- 참신함, 개방적, 구태, 구시대적
- 대미 공조강화, 반미	- 통합적, 화합적, 분열적, 갈등유발
- 국익우선, 민족중심, 국수주의, 사대굴종	- 일관성, 신뢰감, 신뢰할 수 없음, 원칙 없음
- 대중추수주의, 포퓰리즘	

력, 이념성향 등과 관련된 '능력' 요소와 태도, 품성, 인성 등의 '개성' 요소로 나눌 수 있다. 따라서 〈표 14-1〉에서 보는 바와 같이, 후보자의 '능력' 요소는 공인 속성으로, '개성' 요소는 사인 속성으로 구분했다.

3. 대통령 후보자에 대한 개인화/사인화 보도

사설의 중심 주제가 후보, 정당, 정책 중 무엇인지 분석한 결과, 정책 초점 사설이 43.9%로 가장 많았고, 다음으로 후보 초점 36.4%, 정당 초점 18.2% 였다. 후보와 정당만을 비교했을 때, 후보에 초점을 맞춘 개인화 보도가 정당에 초점을 맞춘 보도보다 2배가량 많았다. 이러한 개인화 보도는 신문사별로 유의미한 차이가 없었다(p=0.309).

그렇다면 개인화 보도는 대선후보자에 따라 달라질까. 개인화 보도의 비율은 박근혜가 전체 박근혜 관련 보도 중 47%로 가장 많았고, 다음으로 안철수 46.5%였다. 문재인은 가장 적은 17.5%였다(〈표 14-2〉 참조). 대선후보에 따라 개인화 보도의 비율이 달라지는 이유는 무엇일까.

2012년 대선에서 안철수는 무소속 후보였기 때문에 당연히 후보자 개인

<표 14-2> 개인화 보도의 후보별 차이(단위: 건)

		중심 주제				합계
		후보	정당	정책	기타	
후보자	박근혜	194 (47.0%)	68 (16.5%)	139 (33.7%)	12 (2.9%)	413 (44.4%)
	문재인	58 (17.5%)	97 (29.3%)	175 (52.9%)	1 (0.3%)	331 (35.6%)
	안철수	87 (46.5%)	4 (2.1%)	95 (50.8%)	1 (0.5%)	187 (20.1%)
합계		339 (36.4%)	169 (18.2%)	409 (43.9%)	14 (1.5%)	931 (100.0%)

x_2=127.780, df=6, p=.000

에 초점을 맞출 수밖에 없었을 것이다. 그렇다면 정당 소속 후보인데도 유독 문재인의 개인화 보도 비율이 낮은 이유는 무엇일까.

첫째, 문재인의 경우 당내 대선후보 경선 기간(91일)이 박근혜(41일)의 두 배에 달할 정도로 길었고, 당을 장악했던 박근혜에 비해 당내 기반이 취약했다. 이로 인해 당내 경선과정에서 계파 갈등이 더 많이 노출되었기 때문에 정당 초점 사설이 더 많았을 가능성이 있다. 둘째, 박근혜의 경우 박정희의 딸이라는 유별난 개인사가 박근혜 개인을 더욱 부각시켰을 가능성이 있다.

한편 2012년 대선에서 정당 초점 사설은 후보 초점 사설의 절반에 불과했을 뿐만 아니라 정당에 대한 평가도 매우 부정적이었다. 정당 초점 사설 169개 중 부정 평가는 148개(87.6%)였고, 긍정 평가는 단 1개(0.6%)였다. 중립적 평가는 11개였다(6.5%).

정당에 대한 부정 평가 사설(148개)에서 부정 평가 이유를 개방형으로 중복 코딩한 결과, 계파 갈등이 55%로 가장 많았고, 다음으로 잘못된 정치적 결정 39%, 비민주적 정당 운영 24%, 비현실적 정책 15%, 민심 외면 11% 등의 순이었다(<그림 14-1> 참조).

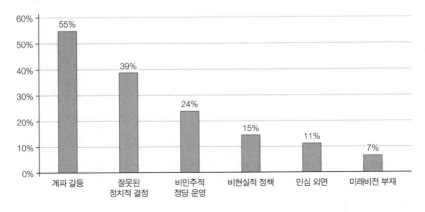

〈그림 14-1〉 정당에 대한 부정적인 평가 사설의 이유

정당에 대한 부정적 평가는 민주화 이후 보스 중심의 사당화(私黨化), 지역주의와 계파에 따른 이합집산 등이 영향을 미쳤을 것이다. 언론이 정당을 부정적으로 다룰수록 유권자의 정당 불신은 더욱 깊어지는데, 이는 후보자 중심의 선거와 개인화 보도를 더욱 고착시키는 원인이 된다(Cappella and Jamieson, 1996).

이번에는 사인화 보도의 경향을 살펴봤다. 개인화 보도(339개 사설) 가운데 주로 후보자의 태도, 인성 등 사인적 속성을 다룬 사설의 비율($\frac{\text{사인화 보도}}{\text{개인화 보도}}$)은 73.5%였다. 사인화 보도에서 신문사별 차이는 발견되지 않았다. 그러나 대선후보별로는 문재인의 사인화 보도 비율이 통계적으로 유의미하게 적었는데, 이는 앞서 문재인의 개인화 보도가 적었던 이유와 같을 것으로 추측된다.

사인화 보도에서 다룬 후보자의 사인적 속성은 결단성이 46.2%로 가장 많았고, 다음으로 개방성 28.5%, 유연성 27.7%, 신뢰성 26.5%, 서민성 19.3%, 포용성 13.7% 등의 순이었다(〈표 14-3〉 참조).

대통령제는 권력구조 특성상 의원내각제에 비해 대통령의 개성이 국정

〈표 14-3〉 사인화 보도에서 언급한 후보자의 인성(단위: 건)

	결단성	유연성	서민성	개방성	포용성	신뢰성
박근혜 (n=138)	64 (46.4%)	40 (29.0%)	36 (26.1%)	42 (30.4%)	15 (10.9%)	30 (21.7%)
문재인 (n=32)	9 (28.1%)	4 (12.5%)	4 (12.5%)	11 (34.4%)	10 (31.3%)	9 (28.1%)
안철수 (n=79)	42 (53.2%)	25 (31.6%)	8 (10.1%)	18 (22.8%)	9 (11.4%)	27 (34.2%)
전체 (N=249)	115 (46.2%)	69 (27.7%)	48 (19.3%)	71 (28.5%)	34 (13.7%)	66 (26.5%)

운영에 더 많이 반영된다. 국정운영을 대통령 개인의 개성이나 리더십과 직결시키는 관점은 복잡한 국정운영 과정을 직관적으로 이해하게 만드는 장점이 있다. 이런 개인주의적 관점은 언론의 개인화/사인화 보도에 의해 더욱 강화된다. 한편 대통령에 대한 개인화/사인화 보도의 또 다른 면은 정당에 대한 부정적인 인식을 심어준다는 것이다. 즉, 언론은 정당에 대한 불신을 부추기고, 국정운영을 대통령 개인의 판단과 활동으로 의인화하는 역할을 한다.

그러나 국정의 모든 사안과 중요한 결정을 대통령 개인의 고독한 결단으로 의인화하는 것은 대통령이라는 공적 직위의 제도적 특성에 대한 객관적인 이해를 방해한다. 이것은 대통령에 대한 부풀려진 기대와 빠른 실망이라는 결과를 낳는다. 주기적으로 반복되는 기대와 환멸의 사이클은 정치 냉소를 키우고 대통령의 국정운영을 매우 유동적으로 만드는 원인 중 하나이다. 이는 언론이 대통령을 개인인 동시에 제도라는 관점으로 보도해야 하는 이유이다.

15

누가 대통령을 끝까지 지지하는가

"그 사람 찍은 손가락을 자르고 싶다."

정책 실패와 스캔들로 대통령 지지율이 떨어지기 시작하면 이렇게 말하는 사람들이 나타난다. 대통령 지지율에 대한 철칙이 있다면 대통령 지지율은 임기가 지날수록 반드시 하락한다는, 이른바 '필연적 하락의 법칙'이다(Marra, Ostrom Jr. and Simon, 1990).

민주화 이후 대통령도 마찬가지였다. 민주화 이후 대통령들은 집권 초기의 짧은 허니문 기간을 거친 이후부터 지지율이 점진적으로 하락했다. 임기 후반에는 대통령이 약속한 정책 성과에 대한 실망감, 지배블럭 내부의 권력 투쟁, 집권세력의 친인척 비리와 같은 권력형 스캔들이 겹치면서 지지율 폭락과 국정 장악력 상실에 따른 레임덕을 경험했다(이광일, 2011).

김영삼은 임기 말, IMF 외환위기를 초래한 거시경제 관리 실패로 지지율이 14%(1997년 10월, 리서치&리서치 기준)로 떨어졌고, 박근혜는 최순실의 국정개입 논란에 따른 국회의 탄핵소추안 가결과 직무정지로 지지율이 4.7%(2016년 11월, 한국갤럽 기준)까지 곤두박질쳤다. 노무현과 이명박은 임기 내내 평균 30%대의 낮은 지지율로 고전했다. 김대중은 2002년 한·일 월드컵 개최와 정권 재창출 성공으로 퇴임 시 37.7%의 지지율을 기록했지만, 세 아들 등이 연루된 권력형 비리로 인해 레임덕을 겪었다. 이에 비해 문재인은 임기 말에도 이례적으로 높은 지지율을 유지했다. 문재인의 임기 마지막 달(2022년 4월, 한국갤럽) 지지율은 44.0%로, 임기 말 지지율을 기준으로 했을 때 민주화 이후 대통령 중 가장 높다.

대통령 지지율은 대통령의 가장 중요한 권력자원 중 하나이다. 대통령의 높은 지지율은 재선을 목표로 하는 의원들에게 신호 역할을 해서 의원들이 대통령의 입장을 지지하게 만들고, 이는 대통령의 입법 성과로 이어진다(Ostrom Jr. and Simon, 1985). 또한 대통령 지지율은 정치체제의 책임성을 높이는 역할을 한다. 대통령이 추진하는 정책에 대한 대중들의 찬반 의견은 대통령 지지율로 드러나기 때문에 대통령 지지율은 대통령으로 하여금 여론에 반응하도록 한다. 이처럼 대통령 지지율은 대통령의 권력자원이자 국정 평가의 주요 지표가 되기 때문에 대통령은 전략적으로 지지율을 관리하기 위해 노력한다(Gronke and Newman, 2003).

그렇다면 대통령 지지율의 필연적 하락 법칙에도 불구하고 끝까지 대통령을 지지하는 사람은 누구일까. 이 장에서는 과거 현직 대통령에게 투표했던 사람이 끝까지 대통령을 지지하는지, 지지한다면 그 이유는 무엇인지 분석한다. 임기 말에도 높은 지지율을 유지했던 문재인을 대상으로 그에게 투표했던 사람과 그렇지 않은 사람(현직 대통령 투표자 대 현직 대통령 비투표자)을 비교하는 방식으로 과거 투표 선택의 효과가 이후 문재인 지지에 어떤 영향을 미쳤는지를 분석한다.

1. 민주화 이후 대통령 지지율의 특징

민주화 이후 대통령들은 권위주의 시절처럼 명령과 통제 위주의 통치가 불가능했기 때문에 여론의 지지를 국정운영의 주요 동력으로 삼았다. 그러나 흥미롭게도 민주화 이후 대통령 지지율이 실제 대통령의 입법 성과에는 영향을 미치지 못했다. 김영삼~노무현 기간을 대상으로 한 연구(신현기, 2012)에 따르면, 대통령 지지율이 높을수록 대통령이 추진하는 법안의 국회 통과는 오히려 어려워졌다. 대통령 지지율이 입법 성과에 영향을 미치려면 대통령 지지율을 예의주시하면서 대통령(또는 그의 정책 입장)에 대해 어떤 태도를 취하는 것이 자신의 재선에 유리할지를 판단하는 의원들의 자율성이 보장되어야 한다(Larocca, 2006). 그러나 한국의 경우 대통령을 타깃으로 하는 대결적 정치문화와 강한 정당 규율로 인해 의원들의 자율적 판단보다 당론이 우선시되기 때문에 지지율의 효과가 나타나지 않았던 것으로 판단된다.

그럼에도 민주화 이후 대통령들은 지지율 관리에 신경 쓰지 않을 수 없었다. 예컨대 김영삼은 개혁 추진의 가장 강력한 동력이 "국민적 지지"라고 믿었으며, 정치적 위기 때마다 '깜짝' 정치 이벤트를 통해 지지율을 끌어올리려고 했다(김영삼, 2001). 이명박은 임기 초반, 미국산 쇠고기 수입을 추진했다가 이에 반대하는 시민들의 저항으로 지지율이 21.6%(2008년 6월, 리서치&리서치 기준)까지 폭락하자 청와대 비서진을 교체하는 등 국정운영 방향을 전면 수정해야 했다.

민주화 이후 대통령 지지율은 대통령마다 처한 정치적 상황이 워낙 개별적이고 특수해 모든 경우를 아우르는 일반론적 설명은 불가능하다. 그렇지만 임기 초 높은 지지율에서 출발해 시간이 지날수록 하락하는 '필연적 하락의 법칙'은 예외 없이 관철되었다. 〈표 15-1〉에서 보는 바와 같이, 민주화

<표 15-1> 민주화 이후 대통령의 지지율 변화(단위: %)

	대선 득표율	취임 시 지지율	최고 지지율 (시점)	최저 지지율 (시점)	퇴임 시 지지율	평균 지지율	표준 편차
김영삼	41.9	70	87.3 (1993.11)	14.0 (1997.10)	14	53.9	20.0
김대중	40.2	80.3	81.3 (1998.10)	30.6 (2002.9)	37.7	57.6	17.1
노무현	48.9	75.1	75.1 (2003.3)	20.3 (2007.1)	30.2	34.3	11.5
이명박	48.6	53.2	59.5 (2008.4)	21.6 (2008.6)	28.7	38.4	8.9
박근혜	51.5	41.9	63.5 (2013.9)	4.7 (2016.11)	4.7	42.7	11.2
문재인	41.9	81.4	81.4 (2017.5)	30.7 (2021.4)	44.0	51.4	13.9

자료: 리서치&리서치(김영삼, 김대중, 노무현, 이명박); 한국갤럽(박근혜, 문재인).

이후 대통령들은 일관되게 취임 직후 지지율이 대선 득표율보다 높아지는 허니문을 경험했다. 박근혜의 경우 인수위 시절의 혼선으로 취임 직후의 허니문 효과가 나타나지 않았지만, 취임 3개월(2013년 5월, 한국갤럽 기준 52.4%)부터는 대선 득표율 이상으로 지지율이 반등했다.

이러한 허니문 효과는 대통령 선거 이후 '현직 대통령 투표자'와 '현직 대통령 비투표자'의 태도 변화로 설명할 수 있다. 먼저 현직 대통령 투표자는 자신의 투표 선택이 사회적으로 인정받았기 때문에 현직 대통령에 대한 지지 강도를 강화한다. 반면 현직 대통령 비투표자는 자신의 투표 선택과 사회적 결과가 불일치한다. 인지부조화 이론에 따르면, 사람들은 심리적으로 불일치하는 2개의 인지요소가 공존할 때 심리적 불편함을 느끼며, 이를 해소하기 위해 행동이나 인지를 수정하거나 새로운 인지요소를 추가하는 방식으로 심리적 불편함을 감소시키려는 경향이 있다(Festinger, 1957). 따라서 현직 대통령 비투표자의 경우에는 자신이 선택하지 않았던 현직 대통령에 대한 호감을 높이는 쪽으로 태도를 바꿈으로써 인지부조화를 해소한다. 이러한 두 그룹의 태도 변화가 집합적으로 모여 허니문 효과로 나타난다(Sticker, 1964).

그러나 이러한 효과는 곧 소멸하고 시간이 지날수록 지지율이 하락한다. 통상 임기 초에 나타나는 최고 지지율과 재임 중 최저 지지율의 격차는 김영삼이 73.3%p로 가장 크고, 다음으로 박근혜 58.8%p, 노무현 54.8%p, 김대중과 문재인 각각 50.7%p, 이명박 37.9%p 순이다. 민주화 이후 대통령 6명의 최고 지지율과 최저 지지율의 격차는 평균 54.4%p에 달한다.

이러한 지지율 하락 경향에 대해 두 가지 설명이 가능하다. 첫째, 소수자 동맹론으로, 선거 승리를 위해 느슨하게 결합했던 다수 연합이 해체되면서 지지율 하락이 나타난다고 본다(Mueller, 1970; 1973). 대선후보자는 선거캠페인 기간에는 합의 이슈를 중심으로 득표 극대화를 위한 다수 연합을 구축하지만, 당선 이후에는 이해와 가치가 충돌하는 갈등 이슈를 추진하기 때문에 연합의 일부가 대통령에 대한 지지를 철회하게 되면서 지지율이 하락한다(문우진, 2012). 둘째 설명은 유권자 환멸론으로, 임기 초반 대통령에게 비현실적으로 높은 기대를 가졌던 유권자들의 누적된 실망감이 지지 철회로 이어지면서 지지율이 하락한다고 본다(Stimson, 1976; Simon, 2009).

이들 두 가지 설명은 모두 지지율 하락에는 개인 수준의 태도 변화가 선행한다는 점을 말해준다. 따라서 대통령에 대한 태도 변화를 야기하는 요인과 '지지'에서 '지지 철회'로 태도 변화가 일어나는 임계점에 대한 분석이 필요하다. 또한 이러한 임계점은 숱한 지지 철회 요인에도 불구하고 끝까지 현직 대통령을 지지하는 태도를 고수하게 하는 심리적 기초라는 점에서 이에 대한 분석도 필요할 것이다.

2. 대통령 지지율 영향요인과 투표 선택 효과

뮬러(Mueller, 1970; 1973)의 선구적인 연구 이후 대통령 지지율 연구는 지지율이라는 집합 데이터에 충격을 주는 거시 변수를 찾는 연구에서 지지율 변동을 개인 수준의 태도 변화로 설명하는 미시 수준 연구로 발전해 왔다 (Ostrom Jr. and Simon, 1988; Gronke and Newman, 2003). 따라서 대통령 지지율에 영향을 미치는 대표적인 요인들이 개인 수준에서 어떤 과정을 거쳐 지지율 변화로 나타나는지 살펴볼 필요가 있다. 대통령 지지율에 영향을 미치는 대표적인 요인으로는 정치적 이벤트, 경제상황, 정책 쟁점 등을 꼽을 수 있다(Gronke and Brehm, 2002; 전용주, 2006; Gronke and Newman, 2003; 조성대·한귀영, 2010; Beck et al., 2012).

첫째, 전쟁과 같은 국가적 위기상황에서는 사람들의 이목이 대통령에게 집중되면서 지지율이 상승하는 '결집효과'가 나타난다(Mueller, 1973; Callaghan and Virtanen, 1993; Baum, 2002). 전쟁 외에도 대통령 지지율에 영향을 미치는 이벤트에는 정상회담, 해외순방, 외교 협정 등과 같은 긍정적 성격의 이벤트와 권력형 비리, 대통령 관련 추문 등 부정적 이벤트가 포함된다(Brace and Hinckley, 1992). 이러한 긍정적·부정적 이벤트가 대통령 지지율에 어떤 방향으로 영향을 미칠지는 대통령 지지자와 비지지자의 정보처리 성향에 달려 있다. 잴러(Zaller, 1992)에 따르면, 대통령 비지지자는 대통령 지지자에 비해 대통령에 대한 부정적 정보는 쉽게 수용하지만, 긍정적 정보는 거부하는 경향이 있다. 따라서 정상회담과 같은 긍정적 이벤트는 두 집단 모두에게 대통령에 대한 호감을 상승시키는 효과를 갖지만, 부정적 이벤트일 경우에는 두 집단의 대응이 달라진다. 즉, 대통령 지지자는 부정적 이벤트를 반박할 정보를 추구하는 반면, 비지지자는 기존의 부정성을 강화하는 추가 정보를 추구한다. 두 집단의 이러한 상반된 정보추구행위는 대통령 지지율의 변동성을 높이는 요인이 된다(Gronke and Brehm, 2002).

둘째, 재임 중 경제성과 또는 경제상황은 대통령 지지율에 직접적인 영향을 미친다(Wood, 2007; 조성대·한귀영, 2010; 배형석·양성국, 2019). 문제는 국가 수준의 거시경제상황('국가경제')과 개인 수준의 체감경제상황('개인경제') 가운데 어느 것의 영향력이 더 두드러지는가 하는 점이다. '장바구니 물가'라는 말에서 알 수 있듯이, 직관적으로 사람들의 삶에 직접적인 영향을 미치고 체감도가 높은 개인경제, 즉 '주머니 사정'의 영향력이 클 것으로 예상된다. 그러나 기존 연구 결과는 일관되게 개인경제 요인보다는 국가경제 요인이 대통령 지지율에 더 큰 영향을 미쳤음을 보여준다(Kinder and Kiewiet, 1981; Hibbs, 1987; Brace and Hinckley, 1992). 이러한 현상에 대해 머츠(Mutz, 1992)는 대중매체가 어떤 현상을 개인 문제가 아니라 사회 문제로 인식하게 만든다는, 이른바 '비개인화 영향력(impersonal impact)' 가설로 설명한다. 이 가설에 따르면, 대중매체는 개인의 정치적 태도를 형성하는 데 있어 사회에 대한 관심을 높이고 개인에 대한 관심을 낮춤으로써 개인적 경험을 비정치화한다. 따라서 현 경제상황에 대한 언론보도를 접한 사람들은 그것을 자신의 문제가 아니라 사회 문제로 인식하게 되고, 이러한 국가경제적 관점에 근거해 대통령을 평가하게 된다. 이는 사람들이 인지적 부담으로 인해 주변에서 얻을 수 있는 모든 정보와 이슈를 종합적으로 고려해 판단하지 않고 주로 언론보도에 나오는 몇몇 현저한 이슈를 중심으로 대통령을 평가하기 때문이다(Iyengar, 1991).

경제 요인과 관련된 또 다른 쟁점은 대통령 평가의 기초가 되는 경제상황에 대한 개인의 판단 자체가 내생적이라는 점이다. 1997년 영국 총선 이전과 이후의 패널 데이터를 분석한 결과에 따르면, 총선에서 노동당을 찍은 사람은 노동당이 집권한 시기의 경제상황을 그렇지 않은 사람들보다 더욱 긍정적으로 평가하는 경향이 있었다(Anderson, Mendes and Tverdova, 2004).

이는 경제상황 변수가 대통령 지지율에 영향을 미치는 외생변수가 아니라는 점을 시사하는 것으로, 양자의 관계를 개인 수준의 태도 변화라는 관점에서 미시적으로 분석해야 할 필요성을 제기한다.

마지막으로, 앞서 언급한 임기 초 허니문 효과의 발현과 소멸이 대통령이 추진하는 정책의 성격(합의 쟁점 대 대립 쟁점)에 달려 있듯이, 대통령이 추진하는 정책에 따라 지지율이 변화한다. 특히 대통령이 국민적 합의 수준과 대중적 선호가 높은 정책을 추진할 경우 지지율이 상승했다(이한수, 2012). 그러나 어떤 정책이 지지율에 영향을 미치려면 개인 수준에서 해당 정책이 현저한 것으로 인식되고, 정책 성과의 최종 책임이 대통령에게 있는 것으로 인식되어야 한다(Edwards III, Mitchell and Welch, 1995). 따라서 대중적 관심을 끌지 못하거나 최종 결과의 책임자가 대통령으로 인식되지 않는 정책은 대통령 평가에 별다른 영향을 미치지 못한다.

이러한 사실은 대통령이 정책 쟁점을 유리한 방식으로 프레이밍해 사람들의 태도를 바꿈으로써 전략적으로 지지율을 관리할 수 있는 가능성을 시사한다. 예컨대 특정 정책에 대한 의견을 물을 때 어떤 단서를 제공하는지에 따라, 또는 질문을 어떻게 프레이밍하는지에 따라 해당 정책과 대통령에 대한 태도가 달라졌다(Mondak, 1993: 박원호·안도경·한규섭, 2013; 류재성, 2019). 이는 사람들이 판단을 내릴 때 인지적 부담이 큰 심사숙고를 피하고 인지적 지름길을 이용하기 때문이다. 그러나 이러한 프레이밍효과나 점화효과는 개인의 정치적 세련도, 대통령에 대한 기존 태도 등으로부터 영향을 받는다는 점을 고려할 때(Gronke and Newman, 2003), 역시 대통령에 대한 개인의 태도 변화라는 관점에서 지지율을 분석해야 한다. 여기서는 이런 관점에서 대통령에 대한 태도에 영향을 미치는 요인으로 과거 투표 선택의 효과에 대해 살펴본다.

앞서 임기 초의 허니문 효과를 현직 대통령 투표자와 현직 대통령 비투표

〈표 15-2〉 투표 선택에 따른 현직 대통령에 대한 개인의 태도 변화

	투표 선택 단계	투표 결과 확인 단계	현직 대통령 취임
현직 대통령 투표자	기존 태도 강화 (현직 대통령 지지)	기존 태도 강화	→ 허니문 효과
현직 대통령 비투표자	기존 태도 강화 (패배 후보자 지지)	기존 태도 약화 현직 대통령 지지로 태도 변화	

자의 태도 변화로 설명했는데, 이러한 태도 변화 과정은 〈표 15-2〉와 같이 투표 선택 단계와 투표 결과 확인 단계의 2개 단계로 나눌 수 있다. 이때 개인의 태도 변화는 현직 대통령 투표자와 현직 대통령 비투표자에게서 각각 다르게 나타난다(Beasley and Joslyn, 2001).

먼저 투표 선택 단계에서 현직 대통령 투표자와 현직 대통령 비투표자는 투표장에서 자신이 지지한 후보자에게 투표한 행위로 인해 기존의 지지 강도가 더욱 강해진다. 통상적으로 태도가 행위에 선행하지만(태도 → 행위), 이 경우에는 반대로 행위가 태도를 결정한다(행위 → 태도). 이는 사람들이 자신의 태도와 행위 간의 일관성을 유지하려는 경향이 있기 때문이다. 인지 일관성 이론에 따르면, 사람들은 내적으로 인지적 일관성을 극대화하려는 성향이 있고, 만약 비일관성의 상태에 놓이면 그로 인한 심리적 불편함을 해소하기 위해 인지적 균형을 회복하려는 경향이 있다(Albrecht, Thomas and Chadwick, 1980). 이 경우에는 투표 선택이라는 행위를 사후적으로 번복할 수 없기 때문에 사후에 기존 태도를 더욱 강화하는 식으로 인지적 일관성을 유지한다.

그런데 투표가 끝나고 투표 결과를 확인하는 단계에서는 현직 대통령 투표자와 현직 대통령 비투표자의 태도가 달라진다. 현직 대통령 투표자는 자신의 투표 선택이 사회적으로 인정받았기 때문에 기존 태도를 더욱 강화하게 된다.

반면 현직 대통령 비투표자의 경우 자신의 투표 선택 행위가 사회적으로 인정받지 못하는 인지부조화에 직면한다. 이처럼 자신의 선택과 다른 결과가 나타나고 그 결과를 되돌릴 수 없는 상황으로 발생한 인지부조화에 직면한 사람들은 그 결과에 조응하는 인지적 요소를 추가하거나 기존 인지적 요소들을 수정하는 전략을 취하게 된다(Beasley and Joslyn, 2001). 이에 따라 현직 대통령 비투표자는 자신이 투표한 낙선자에 대한 지지 강도를 낮추는 동시에 투표하지 않았던 대통령 당선자에 대한 지지 강도를 높이는 식으로 태도를 변화시킴으로써 인지부조화를 감소시킨다.

투표 선택과 그 직후에 이러한 태도 변화가 나타난다면, 현직 대통령 투표자의 경우 두 번에 걸쳐 기존 태도가 강화됨으로써 현직 대통령의 강력한 지지층이 될 가능성이 높다. 특히 인지부조화 이론은 현직 대통령 투표자의 경우 새로운 정보에 대한 '선택적 노출'을 통해 기존 태도를 더욱 강화하는 동결효과가 나타날 것으로 예측한다. 즉, 어떤 행위를 한 사람은 비자발적으로 어떤 정보에 노출될 경우 자신의 과거 행위에 관한 인지에 부조화를 일으킬 가능성이 있는 정보를 끝까지 거부한다. 예를 들어 오랫동안 담배를 피운 사람일수록 담배가 폐암의 원인이라는 정보를 부인하고 반대 사례를 찾으려는 경향이 강하게 나타났다(Festinger, 1957). 이러한 선택적 노출을 통한 기존 태도의 강화는 집단 간 양극화의 원인이 된다(Jones, Ferraiolo and Byrne, 2011).

지금까지의 설명을 2017년 대선에 적용해 보면, 당시 문재인에게 투표했던 사람들은 투표 선택, 투표 결과 확인 등 두 번에 걸쳐 문재인 지지 태도를 강화했을 것이고, 이후 새로운 정보에 대한 선택적 노출을 통해 기존의 지지 태도를 더욱 강화했을 것이다. 그래서 필자의 질문은 "2017년 대선에서 문재인에게 투표한 사람은 시간이 흐른 뒤에는 여전히 문재인을 지지하는가" 하는 것이다.

3. 투표 선택의 내생성과 성향점수매칭

필자의 질문은 다음의 모형으로 나타낼 수 있다.

$$(\text{문재인 지지})_{present} = \alpha + \beta(\text{문재인 투표})_{2017} + XB + \epsilon$$

즉, 2017년 문재인에게 투표한 행위((문재인 투표)$_{2017}$)가 현재 문재인 지지((문재인 지지)$_{present}$)에 어느 정도 영향을 미칠까. 문제는 위 모형에서 2017년 문재인에게 투표한 행위가 현재 문재인 지지와 내생적 관계에 있다는 점이다. 앞서 살펴봤듯이, 현재 문재인 지지 태도는 2017년의 투표 선택 외에도 이후 새로운 정보에 대한 선택적 노출에 의한 결과일 수 있다. 이를 통제한다고 하더라도, 애초에 존재했던 문재인에 대한 강한 선호와 이에 영향을 준 요인이 2017년의 투표 선택과 현재의 지지 태도에 동시에 영향을 주었을 가능성을 배제할 수 없다. 2017년 문재인 투표자는 이미 강한 지지 성향을 갖고 있기 때문에 현재 문재인에 대한 지지가 투표 선택의 효과인지, 이전부터 갖고 있던 성향의 결과인지 분별하기 힘들다는 것이다.

이러한 내생성 문제를 해결하기 위해 멀레이너선과 워싱턴(Mullainathan and Washington, 2009)은 투표 선택 변수의 도구변수로 '법정선거연령'과 '대통령 선거와 동시 실시된 상원의원 선거'를 설정한 뒤 투표 선택의 효과를 추정했다. 도구변수는 외생성, 독립변수와의 연관성, 배제가능성 등 세 가지 조건을 충족해야 한다(Angrist and Pischke, 2015). 이 기준에 비춰봤을 때, '법정선거연령'과 '대통령 선거와 동시 실시된 상원의원 선거'는 ① 종속변수인 현직 대통령 지지 태도에 대해 외생적이고, ② 독립변수인 현직 대통령에 대한 투표 행위와 통계적으로 유의미한 연관성을 가지면서, ③ 오직 독립변수를 통해서만 종속변수에 영향을 미친다. 이러한 도구변수를 활용해 분석한 결과, 과거 현직 대통령에게 투표한 행위는 현재 그에 대한 지지에 통계적으로 유의미한 영향을 미쳤다. 이때 도구변수는 과거 투표 선택 행위를 현재 대통령 지지 태도와 무관한 외생변수로 만듦으로써 독립변수의 독립성 가정을 충족시킨다. 이는 다음의 식으로 표현할 수 있다.

독립성 가정: $[Y_{(1)}, Y_{(0)}]$ II D_i

- $Y_{(1)}$: 현직 대통령 투표자의 대통령 지지 강도
- $Y_{(0)}$: 현직 대통령 비투표자의 대통령 지지 강도
- D_i: 과거 현직 대통령에게 투표했는지 여부

그러나 필자는 자료의 한계로 인해 적절한 도구변수를 찾지 못했으며, 대안으로 성향점수매칭(Propensity Score Matching, 이하 PSM) 방법을 활용해 위의 질문 모형에서 '(문재인 투표)$_{2017}$'의 효과를 추정하고자 한다. PSM의 핵심 가정은 조건부 독립성 가정이다. 이는 위의 독립성 가정을 약화시킨 것으로, "X_i가 주어진 조건하에서" 제한적으로 독립성 가정을 충족할 수 있다는 것이다. 이는 다음의 식으로 표현할 수 있다.

조건부 독립성 가정: $[Y_{(1)}, Y_{(0)}]$ II $D_i \mid X_i$
또는 $[Y_{(1)}, Y_{(0)}]$ II $D_i \mid \Pr(d_i = 1 \mid X_i)$

- $\Pr(d_i = 1 \mid X_i)$: 성향점수

이러한 조건부 독립성 가정에 근거해 PSM은 X_i의 값이 동일한 사람들의 집단 내부에서 실현된 성과와 그 가상적 대응치를 매칭시켜 효과를 추정한

다. 조건부 독립성 가정이 성립하려면 X_i에 최대한 많은 변수가 포함되어야 한다(Smith and Todd, 2005). 문제는 X_i에 포함된 변수의 수가 많아질수록 실현된 성과에 대응하는 가상적 대응치를 매칭하기가 힘들어지는 '다차원성의 저주'가 발생한다는 점이다. 이에 대해 로젠바움과 루빈(Rosenbaum and Rubin, 1983)은 조건부 독립성 가정이 성립하면 X_i 대신 $\Pr(d_i = 1 \mid X_i)$로 표현되는 성향점수를 이용해 매칭이 가능하다는 것을 증명했다. 여기서 성향점수란 특정한 X_i의 값을 갖는 사람이 처치집단에 속한 확률을 의미하며, 프로빗(probit)분석이나 로짓(logit)분석을 이용해 선형 확률모형을 추정한 뒤 각 개인의 X_i를 대입해 처치집단에 속할 확률의 예측치를 계산해서 구할 수 있다.

이렇게 개인별 성향점수를 구한 뒤 다양한 방법으로 두 사람을 매칭할 수 있는데, 필자는 최근거리 매칭법(Nearest Neighbor Matching)으로 매칭을 실시했다. 이 방법은 성향점수가 가장 비슷한 두 사람을 매칭한다(Leuven and Sianesi, 2003).

4. 1단계: 문재인에게 투표한 사람은 누구인가

PSM을 하려면 1단계에서 로지스틱 회귀 또는 프로빗 회귀를 통해 처치(treatment)를 받을 확률(Propensity Score)을 구해야 한다. 이 사례에서는 2017년 문재인 대선후보를 찍은 경우를 종속변수로 설정해서 로지스틱 회귀분석(문재인 투표=1, 다른 후보 투표=0)을 실시하고, 이에 근거해 각 개인의 성향점수를 구하는 것이다. 이를 위해 한국선거학회의 설문조사 자료를 활용했다. 설문조사는 2021년 11월 16~18일 3일간 진행되었으며, 행정안전부의 주민등록 인구 현황에 등록된 성별, 연령별, 지역별 인구구성비에 따라 각 샘플을 할당한 뒤 샘플 내에서 무작위 추출방법으로 1800명의 설문 응답을 수집했다. 응답률은 73.1%이며, 오차범위는 ±2.3%(신뢰수준 95%)이다.

1단계의 성향점수를 구하기 위한 로짓분석모형에서는 종속변수가 2017년 대선에서 문재인에게 투표했는지 여부(문재인 투표=1, 다른 후보 투표=0)이다.

2017년 대선에서는 기존의 지역적 균열 외에도 2002년 대선에서부터 나타나기 시작한 이념과 세대가 중요한 균열 축으로 작용했다(강원택·성예진, 2018). 이를 감안해 2017년 문재인 투표 여부에 영향을 미치는 독립변수로 이념, 세대, 지역을 선정했다.

첫째, 조사시점에서 2017년의 이념을 측정하는 데는 한계가 있기 때문에 2016년 당시 촛불집회 참여 여부와 태극기집회 참여 여부를 측정했다. 이들 두 집회 가운데 어떤 집회에 참여했는지에 따라 응답자의 이념 성향이 잘 드러날 것으로 판단했기 때문이다. 두 가지 집회 각각에 대해 참여한 경험이 있거나 참여하지 못했더라도 그럴 의사가 있었다면 1, 어떤 경우에도 해당되지 않을 경우 0의 값을 부여하는 식으로 가변수로 측정했다.

둘째, 세대는 2016년 당시의 만 나이를 계산한 뒤 강원택·성예진(2018)의 구분에 따라 20~30대, 40~50대, 60대 이상 등 3개 집단으로 구분했다.

마지막으로, 지역주의 투표 성향이 강한 만큼 응답자의 고향 또는 주로 성장한 지역을 서울, 인천/경기, 강원, 대전/충청, 광주/전라, 대구/경북, 부산/울산/경남, 제주, 이북/해외 등 9개 집단으로 구분했다.

이밖에 통제변수로 성별(남성=1, 여성=0), 학력, 소득을 측정했다. 학력은 (1) 무학~(14) 대학원 이상의 14점 척도로 측정했다. 소득은 한 달 평균소득을 100만 원 단위로 구분해 (1) 100만 원 미만~(10) 900만 원 이상의 10점 척도로 측정했다. <표 15-3>은 2017년 대선에서 문재인에게 투표했는

<표 15-3> 2017년 문재인 투표 모형

변수		β	S.E.
태극기집회 참여		-1.17***	0.18
촛불집회 참여		1.44***	0.12
연령대 (기준: 20~30대)	40~50대	1.05***	0.16
	60대 이상	0.40***	0.15
고향 (기준: 서울)	인천/경기	0.45***	0.17
	강원	-0.22	0.30
	대전/충청	0.33	0.19
	광주/전라	0.96***	0.19
	대구/경북	-0.33	0.18
	부산/울산/경남	0.17	0.17
	제주	0.37	0.46
	이북/해외	0.00	-
남성		-0.27**	0.11
학력		0.01	0.02
소득		0.00	0.02
상수항		-1.05***	0.33
N		1797	
Log likelihood		-1072.56	
LR x^2		321.68***	

***p < 0.01, **p < 0.05

지 여부에 대한 로짓분석 결과이다.

 <표 15-3>을 보면, 2017년 대선에서 이념, 세대, 지역이 당시 대선후보였던 문재인에게 투표할지 여부에 영향을 미쳤다. 이념과 관련해 태극기집회 참여는 문재인 외 다른 후보에게 투표하는 데 영향을 미쳤다. 그러나 촛불집회 참여는 문재인에게 투표하는 데 영향을 미쳤다. 연령과 관련해서는 20~30대에 비해 40~50대, 60대 이상이 문재인에게 투표할 확률이 높았다. 지역과 관련해서는 고향이 인천/경기이거나 또는 광주/전라인 경우 문재인에게 투표할 확률이 높았다. 또한 2017년 대선에서 남성은 여성에 비해 문재인에게 투표할 확률이 낮았다.

이러한 "독립변수들이 주어진 조건하에서"(조건부 독립성 가정) 로짓분석의 선형 확률모형에 근거해 각 응답자들이 문재인 투표 집단에 속할 확률의 예측치, 즉 성향점수를 계산한다.

5. 2단계: 문재인 투표자와 비투표자의 지지율 차이

2단계에서는 1단계(로지스틱 회귀분석)에서 구한 2017년 대선에서 문재인에게 투표할 확률(즉, 문재인 투표 성향점수)이 같지만, 문재인에게 투표한 사람('현직 대통령 투표자')과 투표하지 않은 사람('현직 대통령 비투표자')을 매칭시켰다. 매칭 방법은 최근거리 매칭법[1]이다. 그런데 최근거리 매칭법은 매칭이 된 샘플을 제외하지 않고 남겨두기 때문에 중복 매칭된 샘플이 존재한다. 분석을 위해 중복 매칭 샘플을 모두 제외한 결과, 최종적으로 문재인 투표자 355명, 문재인 비투표자 355명이 매칭되었다.

PSM을 통한 매칭이 제대로 되었는지 확인하기 위해 사후 균형성 검증을 실시했다(Austin and Mamdani, 2006). 〈표 15-4〉는 매칭 이후 균형성 검증 결과이다.

〈표 15-4〉를 보면, 〈표 15-3〉의 '2017년 문재인 투표 모형'에 투입된 모든 독립변수에 대해 문재인 투표자와 비투표자 사이에서 통계적으로 유의미한 차이가 발견되지 않는다. 이는 〈표 15-3〉의 로짓분석을 통해 추정한 성향점수를 기준으로 2017년 대선에서 문재인에게 투표할 확률이 같은 사람 가운데 무작위적으로 문재인 투표자와 비투표자로 구분되었음을 의미한다. 즉, 사실상의 무작위 배정이 이뤄진 것이다.

---

1   STATA의 psmatch2를 이용하면 최근거리 매칭법으로 매칭을 실시한다.

<표 15-4> 매칭 후 균형성 검증

문재인 투표 여부 변수		2017년 문재인 투표자 (355명)	2017년 문재인 비투표자 (355명)	p-value
태극기집회 참여(%)		49.32	50.68	0.90
촛불집회 참여(%)		49.47	50.53	0.81
연령대(%)	20~30대	50.37	49.63	0.92
	40~50대	49.50	50.50	0.86
	60대 이상	50.13	49.87	0.94
고향(%)	서울	52.63	47.37	0.43
	인천/경기	50.81	49.19	0.84
	강원	44.83	55.17	0.56
	대전/충청	49.37	50.63	0.90
	광주/전라	53.49	46.51	0.49
	대구/경북	46.39	53.61	0.44
	부산/울산/경남	47.01	52.99	0.47
	제주	57.14	42.86	0.70
	이북/해외	0	0	-
남성(%)		50.28	49.72	0.88
학력(14점 척도)		11.44	11.70	0.13
소득(10점 척도)		5.09	4.94	0.42

주: 명목변수는 카이제곱 분석을 통해, 비명목변수는 T-test를 통해 집단 간 차이를 분석함.

이렇게 사실상의 무작위 배정이 일어난 두 집단, 즉 문재인 투표자와 비투표자의 문재인 지지 정도(11점 척도)를 비교했다(<그림 15-1> 참조).

2021년 11월 기준 두 집단의 문재인 지지 평균 점수를 비교해 보면, 문재인 투표자 6.68점, 비투표자 4.25점이었으며, 두 집단의 차이는 통계적으로 유의미하다(p=0.000). 이러한 결과는 다음과 같이 해석할 수 있다. <표 15-3>의 "독립변수들이 주어진 조건하에서"(조건부 독립성 가정) 2017년 문재인 투표 여부는 2021년 11월의 문재인 지지 정도와 독립적이며, 이 조건에서 문재인 투표자는 비투표자에 비해 통계적으로 유의미한 수준에서 문재인 지지 강도가 더 높았다. 이는 <표 15-3>의 "독립변수들이 주어진 조

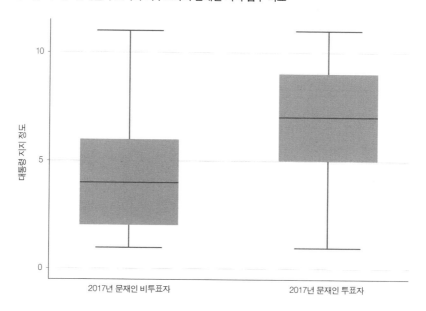

〈그림 15-1〉 문재인 투표자과 비투표자의 문재인 지지 점수 비교

건하에서" 2017년 대선에서 문재인에게 투표한 행위가 이후 현직 대통령인 문재인에 대한 지지 태도에 긍정적인 영향을 미쳤음을 의미하며, 과거의 투표 선택 행위가 현직 대통령 지지에 독립적으로 영향을 미쳤다는 선행연구 결과와 일치하는 것이다(Mullainathan and Washington, 2009).

다소 복잡한 기법을 썼지만 결론은 분명하다. "2017년 대선에서 문재인에게 투표한 사람은 시간이 흐른 뒤에는 여전히 문재인을 지지하는가"라는 필자의 질문에 대한 답은 "매우 그렇다"이다. 그렇다면 왜 과거 문재인 투표자는 계속 문재인을 지지할까.

과거 현직 대통령에게 투표한 사람이라고 하더라도 이후 국정운영 실수, 정책 실패 등이 누적됨에 따라 기존의 '지지' 입장에서 '지지 철회'로 태도를 변화시킬 가능성이 있다. 그러나 이러한 태도 변화는 과거 자신의 투표 행

<표 15-5> 민주화 이후 대통령의 지지율이 당선 득표율 아래로 떨어진 시점

	김영삼	김대중	노무현	이명박	박근혜	문재인
당선 득표율	41.9%	40.2%	48.9%	48.6%	51.5%	41.9%
당선 득표율 이하로 하락한 시점	1996.12 (집권 46개월)	2002.7 (집권 53개월)	2005.5 (집권 27개월)	2011.3 (집권 37개월)	2015.10 (집권 32개월)	2020.12 (집권 44개월)

위와 불일치하기 때문에 심리적 불편함을 야기한다. 종종 들을 수 있는 "투표한 손가락을 자르고 싶다"는 말은 과거의 행위를 바꾸고 싶지만 그럴 수 없는 상황을 지칭한다. 이처럼 과거의 행위를 바꿀 수 없을 때 사람들은 현재의 태도를 과거의 행위와 모순되지 않게 조정하는 식으로 대응할 것이다. 문재인 투표자가 비투표자에 비해 문재인 지지 강도가 높은 이유도 이런 맥락에서 이해할 수 있다.

이처럼 사람들의 대통령 지지 태도에는 관성이 작용하지만, 왜 어떤 사람은 관성의 임계점을 넘어 '지지 철회'로 태도를 바꾸는가 하는 점은 여전히 의문으로 남는다. 여기서 이 문제까지는 속 시원하게 해명하지 못했음을 고백한다.

그럼에도 과거 투표 선택이 현직 대통령 지지의 관성으로 작용한다면 현직 대통령 지지율의 하한선은 과거 그에게 투표했던 사람들의 비율, 즉 대선 득표율이 될 수 있을 것이다. <표 15-5>는 민주화 이후 대통령의 지지율이 당선 득표율 아래로 떨어진 시점이다.

대통령의 임기 말 레임덕은 행정부와의 관계, 의회와의 관계, 대중과의 관계 등 다양한 측면을 포괄하는 다차원적 개념이기 때문에 지지율만으로 레임덕 여부를 판단하는 것은 적절치 않다(이옥근, 2015; 류홍채, 2015). 그렇더라도 지지율이 대선 득표율 이하로 떨어진 뒤 해당 수준으로 회복하지 못했다면 최소한 지지율 측면에서 레임덕의 전조로 해석할 수 있지 않을까.

이런 관점으로 봤을 때, 노무현의 지지율 기준 레임덕이 가장 빨랐다. 노무현은 취임 2년 만에 당선 득표율 아래로 지지율이 떨어졌다. 이명박과 박근혜는 취임 3년 만에 당선 득표율 아래로 지지율이 내려왔다. 반면 지지율 기준으로 레임덕이 가장 늦게 온 대통령은 김대중이었다. 김대중이 당선 득표율 아래로 지지율이 떨어진 시점은 임기 5년차였다. 김영삼은 임기 4년차에 당선 득표율 아래로 떨어진 뒤 회복하지 못한 반면, 문재인은 임기 4년차에 당선 득표율 아래로 지지율이 떨어졌지만 임기 말까지 꾸준히 40%대의 지지율을 유지했다.

16

대통령 지지율의 남녀 격차

　　민주화 이후 대통령 지지율을 분석할 때 세대, 계급, 이념 등에는 관심을 가졌지만 남녀 차이에는 거의 주목하지 못했다. 같은 세대나 계급에 속할 경우 남녀 차이는 거의 나타나지 않았기 때문이다. 남녀 차이가 큰 관심을 받은 것은 2022년 3월, 대통령 선거에서 20~30대의 남성과 여성의 지지 후보가 확연히 갈라지면서부터였다. 20대에서는 남성의 58.7%가 윤석열을, 여성의 58.0%가 이재명을 지지했다. 30대에서는 남성의 52.8%가 윤석열을, 여성의 49.7%가 이재명을 지지했다. 윤석열은 대선캠페인 과정에서도 여성가족부 폐지, 성범죄 무고죄 처벌 강화 등의 공약을 내걸고 젊은 남성들을 공략했다. 이른바 '이대남'(20대 남성)이 보수 정당의 주요 지지층이 되었다.

　　이런 징후는 문재인 재임 중에 이미 관찰되었다. 문재인의 지지율은 두 가지 특징을 가지고 있는데, 첫째, 재임 후반기까지 40%대의 높은 지지율을 유지했다는 것이고, 둘째, 남녀 지지율 격차가 뚜렷이 나타났다는 것이다. 한국갤럽의 월별 조사에 따르면, 문재인의 지지율은 2018년 11월부터 여성의 지지율이 남성보다 높아지기 시작했는데, 이런 현상이 퇴임 때까지 이어졌다. 2018년 11월 이후 문재인 지지율의 남녀 격차는 최대 7.3%p(2022년 3월 기준)까지 벌어졌고, 평균 격차는 3.2%p였다. 문재인의 지지율에서 나타난 이러한 남녀 차이를 어떻게 설명할 수 있을까.

1. 현대적 성차의 등장과 원인

일반적으로 정치에서 성차(gender gap)란 정치적 태도나 행위에서의 남녀 차이를 말한다. 이러한 성차는 전통적 성차와 현대적 성차로 나눌 수 있다. 전통적 성차는 여성이 남성에 비해 정치에 대한 관심과 참여가 적고 보수 정당이나 보수 정치인을 더 많이 지지하는 현상을 말한다. 전통적으로 여성이 보수적 성향을 띠었던 이유는 여성은 교육수준과 사회 진출률이 낮았고 남편에게 경제적으로 종속되어 있어 남편의 정치적 태도를 수용했기 때문이다(Norris, 2003).

그러나 여성의 교육수준 향상과 노동시장 진출 확대, 그리고 탈물질주의 가치관과 페미니즘의 영향으로 여성의 정치적 성향과 행위가 진보적인 방향으로 변하는 현상이 나타나기 시작했다. 이를 현대적 성차라고 부른다. 잉글하트와 노리스(Inglehart and Norris, 2000)는 현대적 성차를 서구 민주주의 국가가 사회경제적으로 발전한 결과로 해석한다. 이는 서구와 같은 경제적·사회적 발전이 지속된다면 현대적 성차가 보편적인 현상으로 나타날 것임을 암시한다. 현대적 성차를 만들어내는 주요 원인으로는 정책 태도, 사회경제적 지위, 페미니즘 등을 꼽을 수 있다.

첫째, 정책 태도를 강조하는 입장은 정책 태도와 이념 성향에서의 남녀 차이를 강조한다. 특히 남녀 차이는 국가 폭력 사용(군사정책, 방위비), 사회

안전망(국가 주도의 복지, 보건, 평등정책), 사회적 위험(환경 보호, 원전정책) 등과 관련된 정책에서 두드러진다. 예컨대 1980년대 미국에서 레이건 대통령에 대한 여성의 지지가 남성보다 일관되게 낮았던 것은 레이건 행정부가 추진하는 군비 확장과 복지 축소, 환경규제 완화 등에 여성들이 반대했기 때문이다(Wirls, 1986). 또는 정부 역할의 확대와 복지 예산에 반대하는 남성들의 태도는 1960년대 이후 지속적으로 남성들의 정치적 성향을 공화당 지지 쪽으로 변화시켰다. 이로 인해 남성은 공화당 지지, 여성은 민주당 지지로 재정렬이 일어났다. 이러한 지지자 재정렬에서 핵심 역할을 했던 것이 정부 정책에 대한 입장 차이였다(Kaufmann and Petrocik, 1999).

왜 여성이 정치적으로 진보적인지에 대해서는 유전적 차이로 보는 입장과 가정 내 사회화의 차이로 보는 입장이 맞선다(McCue and Gopoian, 2000). 리조테(Lizotte, 2017; 2020)는 여성의 정치적 진보성은 여성 고유의 친사회 성향 때문이라고 주장한다. 그러나 여성은 어릴 때부터 가정 내 보호자 역할을 하도록 교육받고 결혼 후 자녀 양육과 교육을 전담했던 가정 내 지위 때문이라는 주장도 있다. 이러한 가정 내 지위와 역할이 여성으로 하여금 사회복지정책에 더 민감하게 반응하게 한다는 것이다(Strark, 1996).

둘째, 사회경제적 지위를 강조하는 입장은 가정과 노동시장에서의 여성의 열등한 지위가 남성과는 다른 정치 성향을 갖도록 했다고 본다. 여성은 남성보다 소득이 적으며, 미혼모 등 빈곤층 여성은 정부 복지정책의 수혜자일 가능성이 높다. 따라서 여성의 진보성은 이러한 사회경제적 지위에서 비롯되었을 가능성이 높다(Erie and Rein, 1988; Strark, 1996).

특히 여성들의 노동시장 진출이 늘어나면서 임용, 승진, 임금 등에서 겪은 차별 경험은 여성으로 하여금 정부의 적극적인 역할을 옹호하도록 만들었다(Howell and Day, 2000). 예컨대 노르웨이 중도좌파 정부에 대한 여성의 지지율은 남성보다 높은데, 이는 정부 일자리에 고용된 여성이 남성보다 많기 때문이다. 따라서 고용형태가 여성들의 정치 성향과 행위에 영향을 미친다는 점을 알 수 있다(Bergh, 2007).

마지막으로 페미니즘의 영향을 강조하는 입장은 페미니즘정책에 대한 태도가 성차를 만든다고 주장한다. 콘오버(Conover, 1988)와 헤이즈(Hayes, 1997)가 각각 미국과 영국을 대상으로 수행한 연구에 따르면, 페미니즘정책에 대한 태도를 통제했을 때 성차가 사라졌다. 페미니즘정책에 대한 태도는 페미니즘운동에 대한 공감, 여성 집단에 대한 감정, 성역할, 낙태, 여성할당제 등의 쟁점에 대한 태도로 측정했다. 분석 결과, 친페미니즘 남성은 페미니스트 여성만큼 좌파 정당에 투표할 가능성이 높았던 반면, 반페미니즘 여성은 반페미니즘 남성만큼 우파 정당에 투표할 가능성이 높았다. 이는 페미니즘정책에 대한 태도가 진보적 정치 성향 및 정책 선호와 깊은 관련이 있음을 말해준다(Cook and Wilcox, 1991; Bergh, 2007).

한편 전쟁, 정상회담, 해외순방, 외교협정과 같은 국가적 이벤트가 대통령의 지지율을 끌어올리는 '결집효과'(Mueller, 1973; Callaghan and Virtanen, 1993; Baum, 2002), 또는 경제상황이 지지율에 미치는 효과(Wood, 2007; 조성대·한귀영, 2010)가 남성과 여성에게서 다르게 나타날 수 있다. 예컨대 결집효과로 인한 지지율 상승은 남성에게서만 두드러지게 나타났고, 여성에게서는 효과가 미미했다(Clarke et al., 2005). 또 경제성과를 바탕으로 대통령을 평가할 때, 여성은 국가경제상황을 중시하는 반면, 남성은 개인경제상황, 즉 호주머니 상황을 더 중시하는 경향이 있다. 이는 같은 요인이더라도 남녀에게 미치는 효과가 차별적이라는 것으로, 대통령 지지율을 분석할 때 남녀가 같을 것이라는 가정이 잘못되었음을 시사한다.

2. 문재인 지지율의 남녀 격차

현대적 성차는 한국에서도 나타날까. 대선이나 총선 등을 분석한 연구들을 종합해 보면 2010년을 전후해 정책 태도, 정당 지지, 투표 참여 등에서 현대적 성차의 징후가 발견된다.

2002년 대선 조사에서 여성의 정책 태도는 남성보다 보수적이었지만(김민정 외, 2003), 2012년 총선 조사에서는 여성이 남성보다 더 진보적인 태도를 갖는 것으로 나타났다(이소영, 2013). 정당 지지의 경우 2016년 총선 조사에서 여성의 정의당 지지가 남성보다 높았다(강주현, 2020). 투표 참여의 경우 2017년 이후 치러진 3번의 전국선거(2017년 대선, 2018년 지방선거, 2020년 총선)에서 모두 여성의 투표 참여가 남성보다 높았다. 즉, 2010년을 기점으로 여성이 더 진보적인 정책을 선호하고, 진보 정당을 더 많이 지지하며, 투표에도 더 적극적으로 참여하는 현상이 관찰된다. 이러한 현대적 성차가 2010년 이후 나타나기 시작한 데는 진보 성향의 젊은 여성 세대가 새롭게 등장한 것과 깊은 관련이 있다(박선경, 2020; 구본상, 2021).

필자는 이러한 현대적 성차가 대통령 지지율에서도 관찰되는지를 살펴본다. 〈그림 16-1〉은 2010년 이후 연간 단위로 남성과 여성의 대통령 지지율을 보여준다. 연간 지지율은 한국갤럽의 월별 지지율을 평균 내서 구했다.

〈그림 16-1〉의 박근혜 지지율에서는 여성의 지지가 남성보다 일관되게 높다. 월간 지지율을 기준으로 살펴봐도 여성 지지율이 남성보다 낮았던 적이 없다. 그러나 박근혜 지지율의 이러한 남녀 격차는 박근혜가 보수 성향 대통령이라는 점, 최초의 여성 대통령에 대한 여성의 호의적인 태도(강주현, 2020) 등을 고려할 때, 현대적 성차 현상으로 볼 수는 없을 것이다.

대통령 지지율에서 현대적 성차가 나타난 시점은 문재인 재임 중인 2018

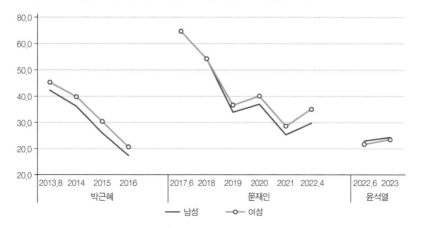

년 말부터이다. 이때부터 임기 종료 때까지 여성 지지율이 남성보다 낮아진 적이 없다. 보수 성향의 윤석열의 경우 남성 지지율이 여성보다 약간 높지만, 월간 지지율 기준으로 여성 지지율이 더 높은 경우도 있어 좀 더 추이를 지켜보아야 할 듯하다.

대통령 지지율에서 현대적 성차는 여성은 진보 성향 대통령을 더 많이 지지하고, 남성은 보수 성향 대통령을 더 많이 지지하는 현상을 말한다. 예컨대 1980년 미국 대선에서 보수 성향 레이건에 대한 여성 지지는 남성보다 9.6%p 적었으며, 이러한 남녀 지지 격차는 임기 내내 이어졌다(Gilens, 1984). 반면 진보 성향 클린턴에 대한 지지는 여성이 남성보다 항상 높았으며, 1966년 재선에서는 여성의 지지가 남성보다 13%p가량 높았다(Mattei, 2000). 이에 비춰볼 때, 문재인의 지지율에 나타난 현대적 성차는 어디에서 비롯된 것일까. 왜 여성들은 남성보다 문재인을 더 많이 지지할까. 이와 관련해 문재인 재임 중 불거진 사회적 이슈를 살펴볼 필요가 있다.

앞서 언급한 현대적 성차 요인들(정책 태도, 사회경제적 지위, 페미니즘)이 실제로 남녀 차이라는 결과로 나타나려면 그와 관련된 이슈들이 사람들의 정치 성향과 행동을 바꿀 만큼 사람들의 머릿속에서 현저하게 중요한 이슈로 부각되어야 한다.

이러한 이슈 현저성의 조건은 특정 이슈를 놓고 ① 대중들이 분열되고, ② 이슈에 대한 사회적 관심이 높고, ③ 그 이슈에 대한 정치인의 입장이 분명히 표명되었을 때이다(Campbell et al., 1960; Norris, 2003). 예컨대 미국에서 1960년 중반 이후부터 남성은 친공화당으로, 여성은 친민주당으로 각각 지지 정당이 변한 것은 연방정부의 역할 확대가 현저한 이슈로 부각되었기 때문이었다(Kaufmann and Petrocik, 1999). 또한 레이건에 대한 여성의 낮은 지지 또는 클린턴에 대한 여성의 높은 지지 현상이 뚜렷이 나타난 것은 정부의 복지정책이 여성 유권자들 사이에서 현저한 이슈로 떠올랐기 때문이다(Cavari, 2019). 즉, 젠더 차이가 현대적 성차로 표출되기 위해서는 사람들의 머릿속에 젠더 정체성과 관련된 쟁점들이 매우 현저한 이슈로 부각되어야 하는 것이다(Bittner and Goodyear-Grant, 2017).

이런 점에서 문재인 지지율의 남녀 격차는 재임 중 젠더 갈등이 현저한 이슈로 부각된 것과 관련이 있다. 우선 문재인 취임 전부터 20~30대 여성의 교육 수준이 높아지고 페미니즘이 크게 주목받으면서 여성에 관한 전통적인 관념이 해체되는 조짐이 나타나고 있었다(박선경, 2020; 구본상, 2021). 특히 2015년부터 온라인을 중심으로 확산된 페미니즘 운동에 대해 남성들의 반발이 커지는 외중에 문재인이 취임 직후 언급했던 "페미니즘 대통령이 되겠다"라는 발언이 남성들의 반감에 불을 붙였다.

문재인 지지율의 남녀 격차가 2018년 말부터 나타났다는 점에서 2018년에 어떤 일이 있었는지가 중요하다. 2018년 1월, 서지현 검사의 검찰 내부 성추행과 성폭력 폭로를 계기로 문화·예술, 정치, 교육계 전반으로 미투(me-too) 운동이 들불처럼 일어났다. 이어 같은 해 5월, 남성 모델의 나체를 불법 촬영한 여성에 대한 경찰 수사를 계기로 대규모 혜화역 시위가 발생했다. 서울 혜화역에서 열린 첫 집회에는 경찰 추산 약 1만 명, 주최 측 추산 약 1만 2000명의 여성이 참여해, 단일 젠더 이슈로 열린 집회로는 사상 최대 규모였다. 이 집회는 이후 6개월 동안 총 6차례의 시위로 이어졌다. 이러한 사건 등을 계기로 2018년에는 젠더 이슈가 공론화되는 동시에 젠더 갈등이 정치적·사회적 갈등으로 확산되었다.

이사빈(Lee, 2019)에 따르면, 진보적 여성일수록, 그리고 보수적 남성일수록 젠더 갈등을 더욱 현저한 이슈로 느끼는 경향이 있었다. 이는 젠더 이슈가 현저한 이슈로 부각되었을 때, 여성은 진보적 정치 성향이, 남성은 보수적 정치 성향이 활성화된다는 것을 시사한다. 이처럼 2018년 젠더 이슈가 현저하게 부각되면서 같은 해 말 문재인 지지의 남녀 격차가 나타나기 시작한 것으로 보인다.

특히 2018년 말부터 나타난 문재인 지지의 남녀 격차가 임기 말까지 지속된 데에는 이후 벌어진 젠더 관련 사건이 영향을 미쳤다. 2020년 7월, 평소 친페미니즘 입장을 드러냈던 박원순 서울시장이 여비서 성추행 혐의로 고소된 직후 자살하는 사건이 발생했다. 이에 앞서 2020년 4월, 오거돈 부산시장이 집무실로 여성 공무원을 불러 업무를 핑계로 성추행을 저지른 사건이 알려지면서 사퇴했다. 이들은 평소 페미니즘에 우호적인 입장을 보이던 중년의 진보 성향 정치인이었다.

젊은 남성들은 말과 행동이 다른 이들 정치인의 '이중 잣대'에 강한 반감을 드러냈다. 그리고 이들의 반감은 같은 정당 소속 대통령인 문재인에 대한 남성들의 부정적인 평가를 더욱 강화했을 것으로 보인다. 이러한 남성들의 반감은 2021년 4월, 서울시장 재보궐선거에서 야당 후보인 오세훈에 대한 남성의 지지율(60.9%)이 여성(57.2%)보다 높은 것으로 나타났다.

이처럼 2018년 말부터 문재인 지지율에서 현대적 성차가 나타났다면, 그러한 성차를 만든 요인은 무엇일까.

3. 오하카-블라인더 분해

필자는 문재인 지지율에서의 남녀 차이를 설명하는 통계적 기법으로 오하카-블라인더 분해법(Oaxaca-Blinder decomposition)을 사용한다. 이 방법은 경제학자인 오하카(Oaxaca, 1973)와 블라인더(Blinder, 1973)가 각각 독립적으로 개발한 방법으로, 노동시장 불평등, 건강 불평등 등 다양한 분야의 집단 차이를 분석하는 데 활용된다(Anyatonwu and San Sebastian, 2022; Hwang and Shin, 2023; Varughese and Bairagya, 2020; Liao et al., 2016; Kakizawa, 2023).

이 방법은 두 집단의 평균에서 차이가 날 때 이 차이를 '설명 가능한 부분'과 '설명할 수 없는 부분'으로 나누는 것이 핵심이다. 이를 문재인 지지율의 남녀 격차에 적용해 보면, 1단계에서는 남성(m)과 여성(f) 각각에 대해 문재인 지지율(Y_i)에 대한 회귀분석을 실시한다.

(1) 남성: $Y_m = X_m \beta_m + \epsilon_m$ | 여성: $Y_f = X_f \beta_f + \epsilon_f$

여기서 오차항의 평균을 0이라고 가정하면, 두 집단 간 평균 차이(ΔY)는 다음과 같이 표현할 수 있다.

$$\Delta Y = \overline{Y_f} - \overline{Y_m} = \overline{X_f} \beta_f - \overline{X_m} \beta_m$$

그리고 이 식을 다음의 2단계에서는 '설명 가능한 부분'과 '설명할 수 없는 부분'으로 분해할 수 있다.

(2) 남성(m)을 기준으로 할 경우:

$$\Delta Y = (\overline{X}_f - \overline{X}_m)\beta_m + \overline{X}_f(\beta_f - \beta_m)$$

(2)의 식에서 첫 번째 항은 남녀의 관찰 가능한 특성에 의한 지지율 차이 (설명 가능한 부분)이다. 즉, 만약 여성이 남성과 같은 식으로 반응한다면, 단지 여성과 남성의 평균 지지율이 다르기 때문에 발생하는 차이이다. 두 번째 항은 관찰되지 않는 차이에서 기인하는 지지율 차이(설명할 수 없는 부분)이다. 즉, 여성의 평균 특성($\overline{X}_f$)을 놓고 봤을 때, 여성의 반응계수 β_f가 남성의 반응계수 β_m과 다르기 때문에 발생하는 차이이다.

그런데 오하카-블라인더 분해법은 어떤 집단을 기준집단으로 하느냐에 따라 해석이 달라질 수 있다. 따라서 두 집단의 계수를 어떤 식으로든 평균 내어 구한 평균 가중치 계수(β^*)를 기준으로 삼는 방법을 사용할 수 있다(Neumark, 1988; Oaxaca and Ransom, 1999). 이 방법을 이용해 다음과 같은 수식을 만들 수 있다. 평균 가중치 계수는 남성과 여성을 통합한 뒤 하나의 회귀식을 추정해 얻은 풀링 계수를 사용했다.

(3) 풀링 계수(β^*) 사용:

$$\Delta Y = (\overline{X}_f - \overline{X}_m)\beta^* + \overline{X}_f(\beta_f - \beta^*) + \overline{X}_m(\beta^* - \beta_m)$$

(3)의 식에서 첫째 항은 남성과 여성의 특성 차이를 평균 지지율로 평가했을 때의 차이이며, 설명 가능한 부분이다. 둘째 항은 여성의 특성에 대해 실제 계수(β_f)와 β^*의 차이에서 오는 편차, 셋째 항은 남성의 특성에 대해 실제 계수(β_m)와 β^*의 차이에서 오는 편차이다. 둘째 항, 셋째 항을 합친 것

이 설명할 수 없는 부분이다.

오하카-블라인더 분해법은 단순히 남성과 여성의 지지율 차이가 존재한다는 것에 그치지 않고 그러한 차이가 어떤 개인별 특성에 의해 어느 정도 설명되는지, 그리고 설명되지 않는 부분은 어느 정도인지 분석할 수 있게 해준다. 그러나 남성과 여성의 지지율 차이에서 설명되지 않는 부분이 문화적·심리적·사회적 요인 때문인지, 아니면 생략된 변수 때문인지는 단정하기 힘들다.

4. 문재인 지지 영향요인

분석을 위해 한국선거학회의 의뢰로 엠브레인 리서치가 2021년 말부터 2022년 초까지 3회에 걸쳐 실시한 패널조사 자료를 이용했다. 1차는 2021년 11월(응답자 1800명), 2차는 2022년 2월(1344명), 마지막 조사는 2022년 3월(1058명)에 이뤄졌다. 이 가운데 1차 자료와 2차 자료를 주로 활용했다.

문재인에 대한 지지는 "문 대통령의 직무 수행을 어떻게 평가하십니까"라는 문항에 대한 응답자의 대답을 11점 척도(1~11점)로 측정했다.

대통령 지지율에 영향을 미치는 요인으로, 정책 태도, 사회경제적 지위, 페미니즘을 측정했다. 첫째, 정책 태도는 문재인정부의 환경정책, 복지정책, 한미동맹정책에 대한 태도를 측정했다. 이 값이 클수록 해당 정책을 강하게 지지하도록 코딩했다. 둘째, 사회경제적 지위는 정규직, 불안정 고용, 자영업자, 비경제활동인구 가운데 어디에 해당하는지 측정했다. 마지막으로 페미니즘정책에 대한 태도와 관련된 세 가지 질문("남성이 여성보다 더 나은 정치인이다", "일자리가 부족할 때는 남성이 여성보다 우선권을 가져야 한다", "여성도 남성처럼 군복무를 수행해야 한다")에 대한 동의 정도를 측정해 합산

〈표 16-1〉 문재인 대통령 지지 영향요인(회귀분석)

변수		β	S.E.
남성		-0.20	0.11
정책 태도	친환경정책	0.13***	0.02
	복지정책	0.15***	0.02
	한미동맹정책	-0.10***	0.02
사회경제적 지위 (기준=비경제활동인구)	정규직	0.20	0.13
	불안정 고용	-0.05	0.16
	자영업자	0.23	0.21
친페미니즘		0.06*	0.03
국가경제에 대한 인식		0.52***	0.07
부동산정책 평가		1.13***	0.07
지지 정당	민주당	1.86***	0.13
	국민의힘	-0.84***	0.14
	기타	-0.00	0.00
나이		0.03	0.02
가구 소득		0.03	0.02
교육		0.03	0.15
출생지역 (기준=기타 지역)	호남	0.45**	0.15
	대구·경북	-0.18**	0.15
상수		-0.12	0.57
N		1,344	
조정된 R^2		0.62	
F값		130.00***	

*** p 〈 0.001, ** p 〈 0.01, * p 〈 0.05

지수를 만들었다.

이밖에 대통령 지지에 영향을 미치는 국가경제상황에 대한 평가, 부동산 정책 평가, 지지 정당 등을 통제했다. 그리고 통제변수에 가구 소득, 연령, 학령, 출생지가 호남인지 대구·경북인지 여부를 포함시켰다. 문재인 지지에 영향을 미치는 요인이 무엇인지에 대한 회귀분석 결과는 〈표 16-1〉과 같다.

문재인에 대한 지지 정도는 여성이 5.64로, 남성(5.29)보다 강했으며, 남

<그림 16-2> 남성과 여성의 문재인 지지 요인

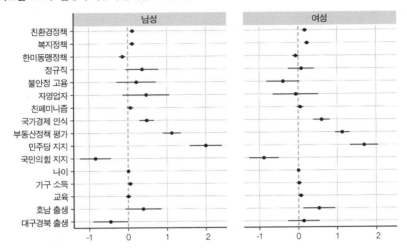

녀 차이(0.35)는 통계적으로 유의미하다. 그러나 <표 16-1>에서 대통령 지지 영향요인을 모두 통제했을 때, 남녀의 지지 차이는 0.20으로 감소했고 통계적으로 유의미하지 않았다.

대통령 지지에는 정책 태도가 모두 영향을 미쳤다. 즉, 친환경정책과 복지정책을 지지할수록 문재인 지지가 강해졌다. 그러나 한미동맹을 지지할수록 지지가 약해졌다. 사회경제적 지위는 문재인 지지에 영향을 미치지 못했지만, 친페미니즘 태도가 강할수록 문재인 지지가 강해졌다.

이밖에 국가경제상황과 부동산정책을 긍정 평가할수록 문재인 지지가 강해졌다. 민주당 지지자는 문재인 지지가 강해졌고, 국민의힘 지지자는 지지 정도가 약해졌다. 같은 맥락에서 호남 출생자는 문재인 지지가 강해졌고, 대구·경북 출생자는 지지 강도가 약해졌다.

이번에는 문재인 지지에 대한 회귀분석을 남성과 여성으로 분리해 실시했다(<그림 16-2> 참조). 문재인 지지 영향요인들의 효과가 남성과 여성의 경우 각각 어떻게 나는지 보기 위해서이다.

〈그림 16-2〉를 보면, 문재인 지지 영향요인의 방향과 강도는 남성과 여성이 대체로 비슷하지만, 일부 정책 태도(한미동맹)와 출생 지역 변수는 성별에 따라 다른 효과가 나타났다. 남성은 한미동맹 강화에 동의할수록 문재인 지지가 약해진 반면, 여성의 경우에는 한미동맹 변수가 문재인 지지에 통계적으로 유의미한 영향을 미치지 못했다.

또한 출생 지역과 관련해 호남 출생자라는 점이 여성에게는 문재인 지지를 강화했지만, 남성에게는 통계적으로 유의미한 영향이 없었다. 반면 대구·경북 출생자라는 점은 여성에게 영향이 없었고, 남성에게만 문재인 지지를 약화시켰다. 이러한 사실은 같은 변수라도 남녀에 따라 효과가 달라질 수 있음을 보여준다.

5. 남녀 격차를 만드는 요인

〈그림 16-2〉의 남성과 여성의 회귀분석을 바탕으로 앞의 (3)의 수식에 따라 풀링 계수를 이용한 오하카-블라인더 분해법을 실시했다(〈표 16-2〉 참조). (3)의 수식은 다음과 같다.

$$\Delta Y = (\overline{X}_f - \overline{X}_m)\beta^* + \overline{X}_f(\beta_f - \beta^*) + \overline{X}_m(\beta^* - \beta_m)$$

〈표 16-2〉에서 보는 바와 같이, 문재인 지지율의 남녀 격차는 0.36이다. 이 가운데 남녀의 개인별 특성 변수에 의해 설명 가능한 부분이 43.2%, 설명할 수 없는 부분이 56.7%이다. 즉, 여성의 특성이 남성과 같다면 남녀 지지율 격차의 43.2%까지 감소한다는 의미이다. 그러나 남녀 지지율 격차

<표 16-2> 문재인 지지의 남녀 격차에 대한 오하카-블라인더 분해

요약		문재인 지지	
여성의 지지		5.65	
남성의 지지		5.29	
남녀 격차		0.36	ΔY
설명 가능한 부분		0.15 (43.2%)	$(\overline{X}_f - \overline{X}_m)\beta^*$
설명할 수 없는 부분		0.20 (56.7%)	$\overline{X}_f(\beta_f - \beta^*) + \overline{X}_m(\beta^* - \beta_m)$
		설명 가능한 부분	설명할 수 없는 부분
정책 태도	친환경정책	0.06**	0.29
	복지정책	-0.02	0.31*
	한미동맹정책	0.08**	0.50
사회경제적 지위	정규직	-0.02	0.07
	불안정 고용	0.00	0.03
	자영업자	-0.00	0.02**
	비경제활동인구	-0.02	0.05
친페미니즘		0.07*	0.53
국가경제에 대한 인식		-0.07**	0.26
부동산정책 평가		0.12*	0.23
지지 정당	민주당	-0.06	0.06
	국민의힘	0.04	0.05
	기타	-0.02*	0.06
나이		0.00	0.39
가구소득		0.00	0.24
교육		-0.01	0.55
출생 지역	호남	0.00	0.02
	대구·경북	-0.00	0.02
	기타 지역	0.00	0.10
상수			1.22

*** p < 0.001, ** p < 0.01, * p < 0.05

의 56.7%는 여전히 설명할 수 없는데, 이는 위 모델에 포함되지 않은 중요한 요인, 예컨대 가치관, 정치사회화, 사회적 규범, 미시적 네트워크 등의 효과 때문이거나 생략된 변수 때문일 것이다.

설명 가능한 부분을 살펴보면, 남녀 격차를 가장 크게 만드는 요인은 부동산정책에 대한 태도로, 설명 가능한 차이의 82.7%를 차지했다. 다음으로 한미동맹정책에 대한 태도(56.2%), 친페미니즘정책에 대한 태도(46.5%), 친환경정책에 대한 태도(39.9%) 순으로 남녀 격차를 만들었다. 문재인의 부동산정책, 환경정책, 페미니즘정책에 대한 태도는 여성이 통계적으로 유의미한 수준에서 남성보다 긍정적이었다. 그러나 문재인의 한미동맹정책에 대한 태도는 여성이 통계적으로 유의미한 수준에서 남성보다 부정적이었다. 따라서 남성과 비교했을 때, 문재인의 부동산정책, 환경정책, 페미니즘정책에 대한 여성의 긍정적 평가, 그리고 한미동맹정책에 대한 여성의 부정적 평가가 문재인 지지의 남녀 격차를 만들어낸 것으로 볼 수 있다.

반면 국가경제상황에 대한 인식은 남녀 격차를 좁혔다. 또 거대 양당이 아닌 제3당 지지자이거나 무당파일 경우 남녀 격차가 감소했는데, 이는 민주당과 국민의힘 지지자들 간의 정치적 양극화가 젠더 갈등과 중첩될 가능성이 있음을 시사한다.

한편 설명할 수 없는 부분에서는 복지정책에 대한 태도, 자영업자 지위가 통계적으로 유의미한데, 이는 두 변수에서 남녀의 분포가 동일해도 해당 변수의 효과가 남녀 간 다르게 나타날 수 있음을 의미한다. 그러나 효과가 다르게 나타나는 이유는 분명치 않다.

문재인 지지에서 발견되는 남녀 격차는 여성의 상대적 진보성으로 나타나는 현대적 성차의 징후일 수 있다. 현대적 성차를 만드는 요인으로 정책 태도, 사회경제적 지위, 페미니즘을 꼽았을 때, 이 장의 결과는 환경정책과 한미동맹정책에 대한 태도와 페미니즘정책에 대한 태도에서의 남녀 차이로 인해 여성이 진보 성향의 문재인을 더 많이 지지하게 되었음을 말해준다. 사회경제적 지위로 인한 현대적 성차는 발견되지 않았다.

2024년 12월, 윤석열 탄핵 표결 이후 젠더 갈등은 더욱 심화되었다. 20~30

대 여성들은 윤석열 탄핵 집회에 가장 적극적으로 참여한 집단이다. 2024년 12월, 윤석열 탄핵을 주장하며 서울 남태령고개에서 경찰과 대치하던 농민들을 가장 적극적으로 지지하고 연대한 사람들도 20~30대 여성들이었다. 반면 20~30대 남성들은 탄핵 찬성과 반대 의견이 혼재되어 있지만, 같은 또래의 여성에 비해 탄핵 반대 의견이 많았다. 2025년 1월 19일, 윤석열의 구속영장 발부에 항의하며 서울서부지방법원에 난입해 폭동을 일으킨 사람 중에는 극우 성향의 젊은 남성이 많았다.

젠더 갈등과 세대 갈등은 한국 정치의 비극적인 단면이다. 더 큰 비극은 이런 갈등을 풀어야 할 대통령과 정치인들이 오히려 정치적 목적을 위해 갈등을 이용하고 부추긴다는 점이다.

17

민주화 이후 대통령의 소통 수준 비교

윤석열은 왜 용산으로 갔을까. 윤석열은 구중궁궐 청와대를 나와서 국민들과 더 많이 소통하기 위해서라고 밝혔다. 용산에서 이른바 '도어스테핑'이라 불리는 출근길 문답을 했다. 그러나 바이든-날리면 논란으로 MBC와 갈등을 빚고 대통령의 돌발 발언과 실언으로 오히려 지지율이 하락하자 2022년 11월 21일, 출근길 문답을 돌연 중단했다. 소통을 위해 용산으로 왔다고 해놓고 취임 6개월 만에 소통을 중단한 것이다. 이것은 대통령의 소통이 그만큼 쉽지 않다는 것을 보여주는 사례이다.

소통은 민주화 이후 대통령을 비판하는 가장 중요한 근거이자 대통령의 가장 중요한 덕목으로 부각되었지만, 정작 소통을 잘하는 대통령이 무엇인지는 모호하다. 임혁백(2011)은 민주화 이후 국민들은 대통령이 대소통자(great communicator)가 되기를 기대했지만 어떤 대통령도 정치권과의 소통 그리고 국민과의 소통에서 성공하지 못했다고 평가했다. 특히 소통을 명분으로 한 각종 이벤트는 민심의 소리를 듣는 자리가 아니라 자신의 말과 주장을 일방적으로 쏟아내고 주입하는 '과시적 소통'을 위한 행사에 불과했다는 평가를 받고 있다. 이는 대통령의 소통에 대한 평가는 대통령이 어떤 말을 어떻게 했느냐가 아니라 대통령이 충분한 시간을 갖고 시민들과 대화하고 토론하면서 상호 이해에 도달했는가라는 관점에서 이뤄져야 함을 시사한다. 그러나 대통령의 소통에서 쌍방향적 의사소통을 강조하는 이러한 관점은 충분히 논의되지 못했고 개념적으로 명확히 정립되지 못했다. 기존 연구들은 효율적인 정책수행을 위해 국민들의 순응 비용을 최소화하는 설득의 수단(이내영, 2012; 윤성이, 2012)이라는 전략적 관점에서 대통령의 소통을 강조했다. 따라서 시민과의 쌍방향 소통을 통한 상호 이해라는 관점을 충분히 이론화하지 못했다.

예컨대 수사적 대통령(rhetorical presidency)의 이론 전통에서 대통령의 연설, 대중과의 직접 만남 등 다양한 소통행위는 공식 권력의 제약을 극복하기 위한 대안의 권력행위로 이해된다. 대통령이 다양한 소통행위에 나서는 것은 강력한 의제설정 영향력을 활용해 여론을 자신에게 유리하게 바꾸기 위한 전략적 행위로 파악된다(Tulis, 1987; 허만섭, 2017). 이러한 전략적 행위의 궁극적인 목표는 대통령의 의도와 목표에 맞게 국민들의 관점과 태도를 변화시키도록 설득하는 것이다. 동시에 대통령은 대중들이 원하는 쪽으로 편승하는 수동적인 설득 전략을 구사하기도 하는데, 이는 대중의 선호에 진정성 있게 반응해서라기보다는 그렇게 하는 것이 정치전략상 유리하다고 판단하기 때문이다(Cohen, 1995; Canes-Wrone, 2006). 이런 전략적 관점에서 대통령의 모든 소통행위는 능수능란한 권력 게임으로 묘사되며, 이 경우 국민은 대통령의 전략에 좌지우지되는 수동적 객체로 전락하게 된다.

대통령의 소통에 대한 이러한 전략적 관점은 두 가지 이유에서 적절치 않다. 첫째, 소통은 양측 당사자 간 '말하기'와 '듣기'라는 커뮤니케이션 행위가 균등하게 활성화된 상태인데(박승관, 2011), 대통령이 국민을 향해 일방적으로 말을 쏟아내고 국민의 목소리에 귀를 닫는 것은 소통이 내포하는 쌍방향성과 거리가 멀기 때문이다. 둘째, 이러한 쌍방향적 대화를 통해 궁극적으로 상호 이해에 바탕한 합의 형성에 이르러야 하는데, 국민의 관점과 태도의 변화만을 목표로 한 대통령의 설득은 이와 배치되기 때문이다.

무엇보다 주목할 점은 민주화 이후 비판적이고 참여적인 시민이 등장하면서 대통령의 일방적인 설득행위에 대한 시민들의 저항이 빈발해졌다는 점이다. SNS 등 뉴미디어로 무장한 시민들은 다양한 공론장에서 여론을 형성한 뒤 대통령이 결정한 주요 국가정책에 저항했고, 심지어 박근혜 탄핵에서 볼 수 있는 것처럼 대통령을 권좌에서 몰아내기도 했다(주성수, 2005; 홍성구, 2018). 이처럼 시민들이 다양한 촛불집회 공론장, 온라인 공론장 등을 통해 대통령이 결정한 정책의 정당성, 심지어 대통령 권력의 정당성에 대해서도 문제제기하게 되었다는 사실은 수동적 시민을 가정한 일방향적 설득이라는 기존의 소통 개념이 더 이상 적절하지 않으며, 시민과의 쌍방향 대화에 기초한 상호 이해의 관점에서 대통령의 소통 개념을 재정립해야 한다는 것을 시사한다.

1. 대통령의 소통 리더십

권력과 리더십은 모두 타인에 대해 영향력을 행사한다는 점에서는 동일하다. 하지만 권력은 타인에 대한 지배-복종의 관계를 의미하는 반면, 리더십은 방향제시를 의미한다는 점에서 차이가 있다(Peterson, 2000). 대통령의 손에는 공식 권한이 주어져 있지만, 이것만으로는 영향력을 행사하는 데 한계가 있다. 이는 제도적 행위자로서의 대통령 권력은 제한성을 갖고 있고 민주체제에서 대통령과 국민의 관계는 지배-복종의 관계가 아니라는 점에서 비롯된다. 민주주의란 권력행위의 자의성을 제도적으로 제한한 체제이기 때문에 대통령은 제한된 권력의 범위 안에서 상호 모순되는 국민적 요구가 조화되도록 영향력을 발휘해야 한다. 바로 이 지점에서 대통령에게는 권력을 넘어선 리더십 행위가 요구된다. 물론 이때에도 대통령의 리더십 행위는 대통령의 공식 권한에 근거한다.

또한 리더십은 추종자와의 상호작용의 산물이라는 점에서 팔로어십과 함수관계에 있다. 대통령의 리더십은 의회, 시민 등 상대방과의 협상과 거래를 동반한다는 점에서 거래적 속성을 갖는다. 동시에 대통령은 단순히 이해관계를 조정하는 수준을 넘어 상대방에게 행위의 도덕적·정치적 정당성을 확신시킬 수 있어야 한다. 즉, 대통령의 리더십은 국민들에게 비전을 제시하고 그 비전이 국민들의 가치와 이념, 공동체의 이상과 일치한다는 느낌을 줌으로써 국민들로 하여금 변화에 자발적으로 동참할 수 있도록 하는 변혁적 속성을 갖고 있다(Nye, 2008).

이처럼 대통령의 리더십이 국민의 팔로어십과 병행하려면 국민의 물질적 욕구뿐 아니라 정신적 고양도 동시에 충족해야 하는데, 이 과정에서는 쌍방향 소통이 필수적이다. 특히 권위주의 시절, 한국의 대통령은 1인 지배, 견제와 균형의 부재, 시민참여의 억제 등으로 매우 폭력적이고 일방향적인 통치자로 군림했다. 그러나 민주화 이후 대통령은 제도적 균형의 틀 속에서 리더십을 발휘해야 하기 때문에 의회, 시민사회 등을 상대로 상호작용하고 소통하는 리더십, 즉 소통의 리더십을 발휘해야 한다.

이러한 이론적·역사적 맥락에서 대통령의 소통, 또는 소통의 리더십이 부각되었다. 2008년 미국산 쇠고기 수입을 둘러싸고 발생한 대통령과 시민 간 소통의 위기는 대통령의 소통을 본격적으로 이슈화한 계기였다. 이후 정책 추진 과정에서 여론을 고려하지 않는 대통령의 일방통행식 국정운영은 대통령을 비판하는 가장 중요한 논거가 되었다.

이 외에도 대통령의 소통 리더십이 강조된 배경으로는 ① 민주체제에서 대통령의 당선이 모든 권력의 위임을 의미하지 않는 만큼 국정운영의 매 과정에서 항상 여론을 수렴해야 한다는 점, ② 미디어환경의 변화로 SNS 등을 활용한 시민들의 정치참여가 활성화된 점, ③ 대의제의 비반응성에 대한 시민들의 비판의식이 고조되면서 직접민주주의에 대한 요구가 중대한 점 등을 꼽을 수 있다. 특히 SNS 등의 발전은 정치참여 활성화라는 순기능과 함께 여론의 양극화라는 역기능을 초래했다. 이 같은 양극화된 여론 지형에서 대통령에게는 지지자뿐 아니라 반대자를 상대로 한 소통이 필수적으로 요구되었다. 특히 반대자와의 소통은 정책 추진과정의 리스크를 사전에 걸러내거나 장기 분산시킴으로써 정책의 성공 가능성을 높인다는 점에서 더욱 강조되었다.

사람들의 대화가 말하기와 듣기로 구성되듯이, 대통령의 소통도 대중에게 말하는 측면과 대중의 목소리를 듣는 측면으로 구분할 수 있다. 전자(대통령→대중)를 대통령의 대중호소, 후자(대통령←대중)를 대통령의 반응성이라고 한다. 따라서 대통령의 소통은 대통령과 대중이 서로 영향력을 주고받는 쌍방향적 과정이라고 할 수 있다.

먼저 대통령의 대중호소는 국정홍보, 또는 정책PR과 같은 전략적 PR활동과 유사하다. 그러나 수사적 대통령의 이론 전통에서 대중호소전략은 대통령의 권력 확대 및 대통령직의 성격 변화와 깊은 관련이 있다(Tulis, 1987). 미국에서 대통령의 대중호소전략은 전후 미국 정치제도의 구조변동을 배경으로 등장했다. 즉, 교통 및 미디어의 발달, 분점정부의 빈번한 등장, 정치체제의 분권화 경향 등으로 인해 예전과 같은 제도 권력 간 타협과 협상이 어려워지자 대통령은 제도 권력을 우회해 대중에게 직접 메시지를 던지고 그를 통해 얻은 여론의 지지를 바탕으로 제도 권력을 압박하는 전략을 선택하게 되었다(Kernell, 1997). 이 같은 미국 대통령의 대중호소전략은 민주화 이후 한국 대통령에게서도 동일하게 발견된다(구세진, 2007).

그러나 이러한 대중호소전략을 통해 대중을 향해 말하는 총량을 늘렸다는 것이 반드시 소통의 강화를 의미하지는 않는다. 대중호소전략의 궁극적인 목적은 대중과의 소통이 아니라 여론의 지지를 정치자본으로 바꿔치기하는 것이기 때문이다. 또한 대통령의 대중호소는 지지자와 반대자를 갈라놓음으로써 시민사회 내 갈등과 대립을 초래할 수 있다는 점에서 소통과는 거리가 멀다. 그럼에도 정책 실패 등으로 여론이 악화될 때마다 대통령이 내리는 첫 번째 처방이 홍보 강화인 경우가 많다. 이는 국정홍보 또는 정책 PR을 소통과 동일시하기 때문이다. 그러나 앞서 언급했듯이, 대통령이 대중을 향해 말하는 행위는 소통의 일부분에 불과하며, 때론 소통행위를 가장한 권력행위인 경우가 많다.

따라서 대통령의 소통에서 진짜 중요한 것은 대중의 목소리를 듣는 것이다. 이는 소통이 "말하기와 듣기의 적절한 균형과 조화, 이를 통한 상호작용의 강화"(박승관, 2011)라는 점에서 그러하다. 특히 듣는 행위는 '상대에 대한 인정', '상대 발언의 이해', '역지사지', '상대 주장의 수용' 등의 의미를 가지며, 상대방의 말을 얼마나 경청했는지는 소통의 질을 평가하는 핵심 요소이다(이범준·조성겸, 2014; 2015; 이종혁·최윤정·조성겸, 2015).

그렇다면 대통령의 입장에서 대중의 목소리를 듣는다는 것의 의미는 무엇일까. 정치학이나 행정학에서는 이를 대통령의 반응성이라는 개념으로 포착한다. 대통령의 반응성은 대통령이 정책의제 설정 또는 정책결정 단계에서 여론의 요구를 얼마나 수용하는지를 의미한다. 주목해야 할 점은 대통령이 여론에 반응할 때도 정책의제 수준에서는 쉽게 반응하지만 실제 정책의 실질적인 내용 수준에서는 여론의 요구를 무시하는 경향이 있다는 것이다. 즉, 특정 사회문제 해결을 위한 여론의 요구가 비등할 때는 대통령이 수사적(또는 상징적)으로 적극적으로 수용하는 제스처를 취하지만, 이후 결정된 정책의 실질적인 내용은 당시 여론의 요구와 동떨어진 경우가 많다(Cohen, 1995; 신현기·우창빈, 2018).

이처럼 대통령의 소통을 '말하는 행위'와 '듣는 행위'로 구분하는 것은 대통령의 소통이 무엇인지와 관련해 대략 두 가지의 이론적 함의를 갖는 것으로 판단된다. 첫째, 대통령의 소통은 말하는 행위보다 듣는 행위에 초점을 맞춰야 하고, 이 과정에서 대통령과 대중 사이에 얼마나 활발한 상호작용이 일어났는지를 평가해야 한다는 것이다. 둘째, 대통령의 듣는 행위 역시 단순히 대중의 목소리에 반응하는지 여부가 아니라 실제 정책의 실질적 내용이 변화했는지 여부로 평가해야 한다는 것이다.

2. 대통령의 소통 평가요인

기존 연구는 주로 정책PR의 관점에서 대통령의 소통을 평가하는 경향이 있다. 이러한 관점은 대통령과 시민 사이에 이뤄지는 쌍방향적 상호작용 중에서 대통령에게서 시민에게로 향하는 한 방향만을 관찰함으로써 대통령의 소통이 가진 두 가지 측면을 충분히 밝히지 못하는 문제점이 있다. 반면 소통은 "민주적 소통 구조를 전제한 상태에서 '말문 트임', '말귀 열림'이 균형 있게 활성화되는 상황이며, 대화 참여자들의 말하기와 듣기 등의 의사소통이 균등하게 구현되는 상황"이다. 이러한 관점에서 봤을 때, 대통령의 소통은 "대통령이 국민과 민주적으로 대화하며 의견을 청취, 수렴, 공유하는 커뮤니케이션 행위"라고 정의할 수 있다(황성욱·김태완·박혜빈, 2017). 따라서 대통령의 소통과 관련한 개념과 평가요소에서는 시민과의 쌍방향적 상호성을 중요하게 고려해야 한다.

이밖에도 대통령의 소통은 다양한 하위 요소로 구성된 다차원적 개념이기 때문에 이를 평가할 때도 다양한 차원을 고려해야 한다. 조은희·조성겸(2014)은 특정 정책에 대한 만족도과 그 정책의 소통에 대한 만족도는 질적으로 다르다는 점에 착안해 다운스와 하젠(Downs and Hazen, 1977)이 조직 내 커뮤니케이션 만족도를 측정하기 위해 개발한 CSQ(communication satisfaction questionnaire)를 응용해 정책소통 만족도를 측정하는 척도를 개발했다. 이들이 제시한 척도는 ① 정책당국 평가, ② 정보 평가, ③ 채널 평가, ④ 시민 간 소통 평가, ⑤ 소통 분위기 평가 등 다섯 가지 요인이며, 각 요인마다 2개씩의 질문으로 구성되어 총 10개의 척도로 구성된다. 특히 ① 정책당국 평가에서는 정책당국의 소통의지와 대상의 다양성을, ② 정보 평가에서는 정보의 객관성과 투명성을 평가했다. ③ 채널 평가에서는 미디어 보도의 공정성과 다양성을 측정했다.

황성욱·김태완·박혜빈(2017)은 대통령의 소통 평가기준으로 ① 소통 역량, ② 소통 빈도, ③ 매체/채널 활용 등 세 가지 요인 아래 18개의 측정문항을 개발했다. ① '소통 역량' 요인에는 소통을 위한 대통령의 소양과 자질, 소통에 대한 의지와 진정성, 대통령과 청와대가 보유한 자원 등을 묻는 문항이, ② '소통 빈도' 요인에는 정책에 대한 대통령의 소통노력이 각종 매체에서 얼마나 자주 다뤄지고 있는지를 묻는 문항이 포함되었다. ③ '매체/채널 활용' 요인에는 대통령의 채널 활용 정도를 묻는 문항이 포함되었다.

지자체의 소통활동을 평가하는 연구도 참조할 수 있다. 황성욱·문빛·이종혁(2014)은 지자체의 소통 평가요인을 인프라 차원과 활동 차원으로 구분하고, 총 6개 요인, 25개 측정지표를 개발했다. 인프라 차원의 평가요인에는 인적 인프라, 매체 인프라, 제도 인프라 요인이, 활동 차원의 평가요인에는 개방, 공유, 참여 요인이 포함되었다. 송건섭(2017)은 지방의회의 소통 평가요인을 '소통태도', '소통기반', '소통노력', '소통성과' 등 네 가지 차원으로 구분하고, 이를 기준으로 대구와 경북 지방의회의 소통활동을 평가했다.

이상의 연구를 참조해 필자는 대통령의 소통과 관련된 개념과 평가요인을 도출한다. 나아가 이렇게 도출된 평가요인들 간의 우선순위를 측정하고, 이를 활용해 민주화 이후 대통령들의 소통 수준을 실증적으로 평가한다.

3. 대통령의 소통 평가요인과 우선순위

기존 연구들은 공통적으로 정부와 지자체 등 소통하려는 자의 태도, 소통에 활용된 미디어 또는 채널, 제공된 정보의 질 등을 핵심 평가요인으로 제시한다. 이를 근거로 대통령의 소통 평가요인으로 ① 소통태도, ② 소통자원, ③ 투명성, ④ 쌍방향성 등 네 가지를 제시한다.

기존 연구에서 ① 소통태도는 소통 평가기준으로 공통적으로 강조된 요인이다. 또 채널이나 미디어 활용은 ② 소통자원으로, 정보의 질은 ③ 투명성으로 반영했다. 마지막으로 ④ 쌍방향성은 소통의 핵심이 대통령과 시민 간의 쌍방향적 상호작용이라는 점을 반영한 것이다. 각 평가요인을 구성하는 하위개념은 다음과 같다.

첫째, '소통태도'는 대통령이 시민과 소통하려는 의지와 태도를 평가하는 것으로, 하위개념에는 대통령이 얼마나 자주 시민과 소통하려는지(소통의지), 얼마나 다양한 집단과 소통하는지(다양성), 반대자와도 기꺼이 소통하는지(포용성) 등이 포함된다.

둘째, '소통자원'은 대통령이 시민과 소통하는 데 필요한 자원을 충분히 확보했는지를 평가하는 것으로, 하위개념에는 대통령이 주도적으로 활용할 수 있는 채널/매체를 갖고 있는지(채널자원), 이를 효과적으로 운영할 수 있는 인력과 예산을 확보했는지(인적자원, 물적자원), 그리고 대통령과 시민 간을 매개하는 언론환경이 대통령에게 얼마나 우호적인지(언론환경) 등이 포함된다.

셋째, '투명성'은 대통령이 시민에게 제공하는 정보의 질을 평가하는 것으로, 대통령이 국민과 아무리 자주 만나 대화한다고 하더라도 대통령이 정보를 독점하거나 거짓정보를 흘려 여론을 조작 또는 호도하려고 한다면 바람직한 소통이라고 할 수 없을 것이기 때문이다. 이러한 투명성의 하위개념에는 대통령이 자신의 정치와 정책을 시민들에게 공개적으로 밝히는지(공개성), 또 자신의 약점과 과오까지 인정할 만큼 충분히 솔직한지(솔직성) 등이 포함된다.

마지막으로, '쌍방향성'은 대통령의 소통이 기본적으로 시민에게 말을 걸고 시민의 말을 듣는 상호작용 과정이라는 점을 고려해 대통령이 시민과 직접 대화하는지(직접성), 시민의 의견을 경청하고 국정이나 정책에 반영하려고 노력하는지(반응성) 등이 포함된다. 이렇게 구한 대통령의 소통 평가요인은 〈표 17-1〉에서 보는 바와 같이 총 4개 범주 11개였다.

이어 〈표 17-1〉에 제시한 대통령 소통 평가요인의 우선순위를 구하기 위해 AHP분석을 실시했다. AHP분석은 다수의 대안으로부터 동일한 계층에 놓인 대안 간의 쌍대비교를 통해 우선순위를 파악하는 방법이다(임정훈·이병기, 2019).

AHP 설문조사는 2018년 10월 한 달 동안 진행되었으며, 대통령의 소통에 대해 전문성을 갖춘 12명의 전문가를 대상으로 했다. 선정된 12명의 전문가는 정치학자 2명, 행정학자 4명, 언론학자 2명, 청와대 출입기자 2명, 청와대 홍보담당자 2명 등이다. 응답의 일관성을 확인하기 위해 일관성 비율(Consistency Ratio: CR)을 측정했는데, CR이 0.1보다 낮아 일관성이 있는 것으로 판단했다. 이런 과정을 거쳐 〈표 17-1〉과 같이 11개 소통 평가요인의 우선순위를 구했다.

전문가 12명을 대상으로 AHP 설문조사를 실시한 결과, 대통령의 소통을

〈표 17-1〉 대통령의 소통 평가요인과 우선순위

소통 평가요인		가중치	우선순위
소통태도	소통의지	0.15	2
	다양성	0.14	4
	포용성	0.12	5
소통자원	인적자원	0.04	8
	물적자원	0.02	11
	채널자원	0.03	10
	언론환경	0.03	9
투명성	공개성	0.18	1
	솔직성	0.10	6
쌍방향성	직접성	0.06	7
	반응성	0.14	3

평가할 때 가장 우선순위가 높은 것은 '공개성'이었고, 다음으로 '소통의지', '반응성', '다양성', '포용성' 등의 순이었다. 즉, 전문가들은 대통령의 소통에서 대통령이 추진하는 정치·정책에 대해 공개적으로 밝히는 것을 가장 중요하다고 생각했고(공개성), 다음으로 대통령이 수시로 소통하려고 노력하는지(소통의지), 국민의 의견을 경청하고 이를 정책이나 국정에 반영하려고 노력하는지(반응성), 얼마나 다양한 집단과 소통하는지(다양성), 반대자와도 기꺼이 대화하는지(포용성) 등을 중요하게 생각했다.

4. 대통령의 소통 평가요인 측정

민주화 이후 대통령의 소통 수준을 평가하려면 앞서 제시된 평가요인들을 실증적으로 측정해야 한다. 최대한 수집 가능한 객관적인 자료를 통해 〈표 17-2〉와 같이 각 평가요인의 측정지표를 만들었다. 여기서는 각 지표의 의미가 무엇인지 평가요인별로 설명한다.

소통 평가요인		개념 설명	측정지표
소통태도	소통의지	대통령은 수시로 대중과 소통하려고 노력한다	연평균 연설 횟수
	다양성	대통령은 다양한 집단/계층과 소통한다	소통 다양성 지수(대통령 연설 대상의 엔트로피 측정)
	포용성	대통령은 반대자와도 소통한다	반대자와의 대화 횟수(여야 영수회담 등 야당과의 만남)
소통자원	인적자원	대통령은 소통을 위한 인적자원을 갖고 있다	청와대 홍보조직 정원
	물적자원	대통령은 소통을 위한 예산을 갖고 있다	청와대 홍보조직 예산
	채널자원	대통령은 소통을 위한 다양한 미디어 채널을 갖고 있다	청와대 운영 미디어 채널 수
	언론환경	대통령이 추진하는 정치와 정책에 대한 언론의 보도 태도가 우호적이고 협조적이다	대통령 관련 부정적 사설의 비율
투명성	공개성	대통령은 자신이 추진하는 정치와 정책에 대해 공개적으로 밝힌다	연평균 정치·정책 관련 연설 빈도 (정치·정책 관련 연설은 기념사와 축사를 제외한 연설)
	솔직성	대통령은 자신이 추진하는 정치와 정책에 대한 문제점을 솔직하게 밝힌다	정치·정책 관련 연설 중 단점 인정 연설 비율
쌍방향성	직접성	대통령은 국민들과 직접 대화한다	연평균 기자회견 횟수
	반응성	대통령은 국민의 의견을 경청하고, 이를 정책이나 국정에 반영하려고 노력한다	대중 만남 공식일정 횟수(가중치 0.5)+제도화된 의견 수렴 경로(가중치 0.5)

1) 소통태도

소통태도는 소통의지, 다양성, 포용성으로 구성된다. 첫째, 대통령의 소통의지는 대통령이 수시로 대중과 소통하려는 노력의 정도를 의미하는 만큼 대통령의 연평균 연설 빈도로 측정했다.

둘째, 대통령의 소통 다양성은 대통령이 얼마나 다양한 집단/계층과 소통했는지를 의미한다. 따라서 대통령이 연설을 할 때 연설 대상이 특정 집단에 편중되지 않고 어느 정도 균등하게 배분되었는지를 측정했다. 이러한 균등 배분의 정도를 측정하기 위해 정보경제학에서 정보의 엔트로피를 측정하기 위해 개발된 섀넌 H지수(Shannon's H)를 응용해 소통 다양성 지수를 구했다(Boydstun, Bevan and Thomas, 2014). 소통 다양성 지수를 구하는 공식은 다음과 같다.

$$\text{소통 다양성 지수} = \frac{-\sum_{i=1}(r_i \times \ln(r_i))}{\ln(13)}$$

r_i= 특정 집단 대상 연설 비율

섀넌 H지수($-\sum_{i=1}(r_i \times \ln(r_i))$) 값이 커지는 것은 엔트로피가 상승했음을 의미하며, 이는 그만큼 대통령이 여러 집단을 대상으로 골고루 연설했음을 의미한다. 반대로 연설이 특정 집단에 편중되면 엔트로피가 낮아진다. 그리고 이러한 섀넌 H지수를 전체 연설 대상 집단 수(13개 집단)의 자연로그값(ln(13))으로 나눔으로써 대통령 간 비교가 가능하다. 섀넌 H지수를 ln(13)으로 나눈 소통 다양성 지수 값은 0~1까지의 값을 갖는데, 1은 완전 균등한 배분을, 0은 완전 편중을 의미한다. 예컨대 대통령이 13개의 집단을 대상으로 골고루 연설했다면 다양성 지수 값은 1이 되지만, 1개 집단에 대해서만 집중적으로 연설했다면 다양성 지수 값은 0이 된다. 이를 통해 대통령이 여러 집단을 대상으로 얼마나 균등하게 연설을 배분했는지 측정할 수 있다.

셋째, 대통령의 소통 포용성은 대통령이 정적이나 반대자와도 기꺼이 대화하려 했는지를 의미하며, 이를 측정하기 위해 대통령 재임기간에 실시한 여야 영수회담 등 야당 정치인과의 대화 빈도를 측정했다. 대통령들은 자신을 삼권분립을 초월한 국가원수로 인식해 야당 대표 등 야당 정치인과의 만남을 꺼리는 경향이 있다. 그리하여 이를 둘러싸고 불통 논란이 불거지곤

---

1   이 연구는 김영삼~박근혜 기간 동안 대통령이 연설한 대상 집단을 ① 국회/국회의원, ② 행정부처 관료/공기업/공공기관, ③ 법원, ④ 정당, ⑤ 사회/시민단체, ⑥ 언론/방송, ⑦ 사기업, ⑧ 이익집단, ⑨ 국민 일반, ⑩ 대학/학계, ⑪ 해외 국민/지도자, ⑫ 군인, 경찰 등 일선 공무원, ⑬ 국제기구/국제NGO/국제행사 등 총 13개 집단으로 분류했다.

했다. 따라서 대통령이 반대자인 야당 정치인과 얼마나 자주 만났는지는 대통령의 소통 포용성을 평가할 수 있는 타당한 지표라고 판단된다.

2) 소통자원

소통자원은 크게 대통령이 관리할 수 있는 자원(인적자원, 물적자원, 채널자원)과 대통령과 시민 간의 소통을 매개하는 환경자원(언론환경)으로 구분할 수 있다. 첫째, 대통령의 인적자원은 청와대 홍보조직의 인원수로, 둘째, 물적자원은 청와대 홍보조직의 예산으로 각각 측정했다. 셋째, 채널자원은 청와대가 운영하는 전통미디어 채널과 뉴미디어 채널의 수로 측정했다. 그런데 뉴미디어 채널의 경우 기술 발전의 영향을 받기 때문에 최근 대통령일수록 활용할 수 있는 뉴미디어의 종류가 많아 기술 발전이 덜했던 시대의 대통령과 수평 비교하기 어렵다는 문제점이 있을 수 있다. 그러나 기술 발전에 의한 뉴미디어 환경이 대통령의 소통 가능성을 높일 수 있다는 점을 고려하면 대통령의 채널자원에 이러한 미디어환경의 변화를 반영하는 것이 타당하다고 판단된다.

마지막으로 언론환경은 ≪조선일보≫, ≪동아일보≫, ≪한겨레≫ 등 3개 신문에 게재된 사설 중 제목에 '대통령' 또는 이를 의미하는 단어가 들어간 사설을 수집한 뒤 부정적인 사설의 비율을 계산하는 방식으로 측정했다. 언론환경은 대통령이 통제할 수 없는 외부 환경에 해당하기 때문에 대통령의 소통을 평가하는 기준으로 타당하지 않다는 반론이 있을 수 있다. 그러나 언론은 대통령과 국민 간 소통을 매개하는 역할을 하며, 언론이 대통령이나 그의 정책을 어떻게 보도하느냐에 따라 대통령의 소통에 대한 국민의 평가가 달라진다는 점을 고려할 때, 대통령의 소통자원에 언론을 포함시키는 것이 타당하다고 판단된다.

3) 투명성

소통정보의 질을 평가하는 기준인 투명성 요인은 공개성과 솔직성으로 구성된다. 첫째, 공개성은 대통령이 추진하는 정치과정이나 정책내용을 국민들에게 충분히 공개했는지를 의미하는데, 이를 측정하기 위해 대통령의 연설 가운데 정치 또는 정책 관련 연설의 연평균 횟수를 구했다. 둘째, 솔직성은 대통령이 정치 또는 정책 추진과정의 문제점이나 실책을 솔직하게 밝혔는지를 의미하는데, 이는 정치 또는 정책 관련 연설 가운데 실패, 문제점, 단점, 갈등상황 등을 밝힌 연설의 비율로 측정했다.

4) 쌍방향성

대통령의 소통이 국민을 향해 말하는 행위뿐 아니라 국민으로부터 듣는 행위까지 포함하는 쌍방향적 행위라는 점을 고려할 때, 대통령의 소통 평가에서 쌍방향성은 핵심 평가요인이라고 할 수 있다. 이러한 쌍방향성은 직접성과 반응성으로 구성된다.

첫째, 직접성은 대통령이 국민들과 직접 대화하면서 상호작용했는지를 의미한다. 이를 위해 대통령 재임 중 실시한 기자간담회, 기자회견의 연평균 빈도를 측정했다. 기자회견 등은 대통령과 국민 사이를 기자가 매개하기 때문에 국민과의 직접 대화가 아니라는 반론이 있을 수 있다. 그러나 기자회견 등에서 기자가 대통령에게 던지는 질문은 국민들을 대신한 질문이기 때문에 기자회견 등을 대통령과 국민 간 대화의 공간이라고 해석할 수 있을 것이다. 그러나 일부 대통령에게서 발견되는 것처럼, 기자회견에서 자신의 말만 일방적으로 쏟아내고 기자의 질문을 전혀 받지 않는 경우도 적지 않다. 이를 근거로 기자회견이 과연 대통령과 국민 사이의 직접적 상호작용이 일어나는 공간인지에 대한 회의적인 시각도 존재할 수 있다. 그렇더라도 재임 중 모든 기자회견을 이런 방식으로 할 수 없다는 점을 고려할 때, 재임 중 기자회견 횟수를 통해 대통령과 국민 간의 직접적 상호작용의 정도를 측정할 수 있을 것으로 판단된다.

둘째, 반응성은 대통령이 국민의 의견을 경청하고 이를 국정이나 정책에 반영하려고 노력했는지를 의미한다. 대통령은 특정 쟁점에 대한 국민의 불만과 요구가 비등할 때, 상징적(또는 수사적) 차원에서 적극적으로 수용의사를 밝히지만, 실제 이것이 정책 변화로까지 이어지는 경우는 많지 않다. 이는 여론의 불만을 일시적으로 무마하려는 대통령의 전략 때문이기도 하고, 또는 국민의 요구가 직접 정책에 반영되는 것을 가로막는 제도적 마찰 때문이기도 하다(신현기·우창빈, 2018). 그럼에도 대통령은 국민의 요구라는 명분으로 정책의 변화를 시도하는 경우가 많기 때문에 대통령이 국민의 목소리를 경청하는 것은 향후 정책 변화를 위해 매우 중요하다. 이러한 대통령의 경청 행위는 대통령이 일반 대중과 얼마나 자주 만나 의견을 수렴하는지, 그리고 제도화된 의견 수렴 경로가 존재하는지 여부로 측정할 수 있을 것이다.

먼저 대통령과 대중의 만남은 대통령의 공식일정 중 국내에서 민간인을 만나는 비정부행사, 즉 오찬, 접견, 현장방문, 간담회 등 네 가지 행사의 횟수로 측정했다. 또한 제도화된 의견 수렴 경로는 문재인 대통령이 도입한 청와대 국민청원제도처럼 국민들이 의견을 제시하는지, 정부가 어떤 식으로든 반응하는 제도화된 장치가 존재하는지 여부로 측정했다. 그리고 대통령이 대중을 만나는 공식일정 횟수와 제도화된 의견 수렴 경로의 존재 여부의 가중치를 각각 0.5로 하고 두 값의 합산으로 반응성 점수를 매겼다.

5. 민주화 이후 대통령의 소통 수준 비교

지금까지 설명한 대통령의 소통과 관련된 11개 평가요인별 측정지표에 따라 김영삼~박근혜 기간의 실측치를 구했다(〈표 17-3〉 참조). 그리고 측정지표 가운데 설명이 필요한 측정지표의 구체적인 내용은 이 장 마지막의 〈부록〉에 표시했다.

〈표 17-3〉을 우선순위 상위 5개 평가요인별로 살펴보면, 첫째, 연평균 정치·정책 관련 연설 횟수로 측정한 '공개성'의 경우 김영삼이 32.8회로 가장 많고, 다음으로 이명박 29.2회, 노무현 15.4회, 김대중 14.2회였다. 박근혜의 경우 임기 1년차의 연설만을 대상으로 한 것이기 때문에 단순 비교가 불가능했다.

둘째, 연평균 연설 횟수로 측정한 '소통의지'는 김대중이 164.4회로 가장 많았고, 다음으로 이명박 162.8회, 노무현 156회, 김영삼 145.6회였다. 박근혜는 임기 1년차 연설만을 대상으로 측정했기 때문에 이번에도 비교에서 제외했다.

셋째, '반응성'의 경우 연평균 대중 만남 공식일정 횟수(가중치 0.5)와 제도화된 의견 수렴 경로(가중치 0.5)의 합산으로 측정했는데, 김영삼~박근혜 기간에는 문재인정부의 청와대 국민청원제도와 같은 제도화된 의견 수렴 경로가 존재하지 않았다. 따라서 제도화된 의견 수렴 경로는 '0'으로 처리되기 때문에 연평균 대중 만남 공식일정 횟수에 가중치 0.5를 곱한 값을 비교했다. 이 값은 김대중이 34.6으로 가장 크고, 다음으로 이명박 28, 박근혜 26.4, 노무현 25.5, 김영삼 8.6이었다.

넷째, '다양성'은 대통령의 연설 대상이 얼마나 다양한지를 지수화한 값으로 측정했는데, 연설 대상이 다양할수록 1에 가까운 값을 갖는다. 이 다양성 지수는 노무현이 0.82로 가장 크고, 다음으로 김영삼 0.81, 김대중 0.79, 이

<표 17-3> 민주화 이후 대통령의 소통 수준 비교

소통 평가요인		측정지표	김영삼	김대중	노무현	이명박	박근혜
소통태도	소통의지	연평균 연설 횟수(회)	145.6	164.4	156	162.8	277
	다양성	소통 다양성 지수	0.81	0.79	0.82	0.78	0.82
	포용성	반대자와의 대화 횟수(회)	10	9	8	5	6
소통자원	인적자원	청와대 홍보조직 정원(명)	609	175	352	101	106
	물적자원	청와대 홍보조직 예산(억 원)	257	194	146	183	273
	채널자원	청와대 운영 미디어채널(개)	3	3	6	8	9
	언론환경	부정적 사설 비율(%)	51.8	71.1	82.6	66.2	81.4
투명성	공개성	연평균 정치·정책 관련 연설 횟수(회)	32.8	14.2	15.4	29.2	24
	솔직성	단점 인정 연설 비율(%)	50	72	31	3	4
쌍방향성	직접성	연평균 기자회견 횟수(회)	13.4	4.6	8	3.6	2.5
	반응성	연평균 대중 만남 공식일정 횟수(0.5) + 제도화된 의견 수렴 경로(0.5)	8.6	34.6	25.5	28	26.4

주 1) 박근혜의 연설문 기록물은 2013~2014년 2월까지만 존재하기 때문에 박근혜의 연설 횟수, 소통 다양성 지수, 정치·정책 관련 연설 횟수 등은 임기 1년차 연설로만 계산함.
2) 위의 측정지표 가운데 ① 연평균 연설 횟수, ② 청와대 운영 미디어채널, ③ 부정적 사설 비율, ④ 단점 인정 연설 비율, ⑤ 연평균 대중 만남 공식일정 횟수의 구체적인 내용은 <부록>에 수록함.

명박 0.78이었다. 박근혜는 임기 1년차의 연설만을 분석했기 때문에 비교에서 제외했다.

　다섯째, '포용성'은 대통령이 정치적 반대자인 야당 정치인과 얼마나 자주 대화했는지로 측정했는데, 김영삼이 10회로 가장 많았다. 다음으로 김대중 9회, 노무현 8회, 박근혜 6회, 이명박 5회 등이었다.

　그런데 <표 17-3>에 제시된 11개의 지표는 모두 상이한 분포를 갖기 때문에 지표들을 비교하려면 표준화 과정이 필요하다. 여기서는 최소-최대 표준화 방법으로 평가요인별 지표를 표준화했다.[2] 이렇게 구한 표준화값(Z_i)에 AHP방법으로 구한 11개 평가요인별 가중치를 곱해서 소통태도, 소통자

2　각 측정지표를 표준화한 방법은 다음과 같다. 표준화 값$(Z_i) = \dfrac{X_i - \min(X_i)}{\max(X_i) - \min(X_i)}$
　여기서 $\max(X_i)$는 해당 지표의 최댓값, $\min(X_i)$는 해당 지표의 최솟값이다.

<표 17-4> 김영삼~이명박 기간의 소통점수

소통 평가요인	김영삼	김대중	노무현	이명박	평균
소통태도	0.54	0.69	0.72	0.34	0.46
소통자원	0.73	0.21	0.32	0.46	0.34
투명성	0.89	0.35	0.18	0.52	0.39
쌍방향성	0.28	0.74	0.59	0.53	0.43

주: 음영은 각 평가요인에서 높은 점수를 받은 1, 2위를 의미함.

<그림 17-1> 김영삼~이명박 기간의 소통점수

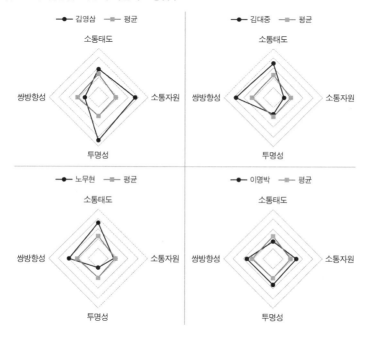

원, 투명성, 쌍방향성 등 네 가지 범주별로 대통령들의 소통점수를 구했다. 박근혜의 경우 일부 자료가 부실해 비교 대상에서 제외하고, 김영삼~이명박 기간의 소통점수를 비교했다. <표 17-4>는 네 가지 범주별 소통점수를 정리한 것이고, <그림 17-1>은 이를 도식화한 것이다.

<표 17-4>와 <그림 17-1>에서 보는 바와 같이, 첫째, 소통태도 측면

제17장 _ 민주화 이후 대통령의 소통 수준 비교 333

에서는 노무현이 0.72로 가장 높은 점수를 받았고, 다음으로 김대중 0.69, 김영삼 0.54였다. 이명박의 소통태도는 0.34로, 평균(0.46)보다 낮았다.

둘째, 소통자원 측면에서는 김영삼이 0.73으로 가장 높은 점수를 받았고, 다음으로 이명박 0.46이었다. 그러나 노무현(0.32)과 김대중(0.21)은 평균(0.34) 이하의 점수였다. 소통자원에서는 언론환경의 가중치가 높다는 점을 감안하면, 보수 우위의 언론환경으로 인해 2명의 보수 대통령이 상대적으로 높은 점수를 받은 반면, 진보 성향의 두 대통령(김대중, 노무현)의 점수는 평균에 미치지 못했던 것으로 판단된다. 또한 김영삼의 경우 국정홍보 전담조직으로 공보처를 신설하는 등 국정홍보를 위한 인적·물적자원을 대폭 늘린 것이 높은 점수를 받은 원인으로 분석된다.

셋째, 투명성 측면에서는 김영삼이 0.89로 가장 높은 점수를 받았고, 다음으로 이명박이 0.39였다. 김대중(0.35)과 노무현(0.18)은 평균(0.39)에 못 미쳤다. 투명성은 정치·정책 관련 연설의 빈도로 측정된 공개성 지표의 영향을 많이 받는데, 김영삼과 이명박의 경우 상대적으로 해당 연설이 많았기 때문으로 보인다. 이는 국민에게 정치·정책 관련 내용을 공개적으로 자주 밝혔다는 측면도 있지만, 다른 한편으로 그만큼 정책 실패 등에 대한 국민의 불만이 많았다는 의미로도 해석할 수 있어 주의가 필요하다.

마지막으로, 쌍방향성 측면에서는 김대중이 0.74로 가장 높았고, 다음으로 노무현 0.59, 이명박 0.53이었다. 김영삼은 평균(0.43)보다 낮은 0.28이었다. 김대중의 경우 다양한 대중을 만나 그들의 목소리를 듣는 공식일정이 상대적으로 많아 반응성 지표에서 상대적으로 높은 점수를 받은 것으로 보인다. 반면 김영삼의 쌍방향성 점수가 평균 이하라는 점은 그의 국정운영이 권위주의적 여론정치였다는 기존 평가와 일치하는 것으로 판단된다.

이상을 종합하면, 소통태도 측면에서는 김대중, 노무현이, 소통자원 측면에서는 김영삼, 이명박이 상대적으로 높은 점수를 받았다. 투명성 측면에서는 김영삼, 이명박이, 쌍방향성 측면에서는 김대중과 노무현이 상대적으로 높은 점수를 받았다. 평가대상이 4명에 불과해 일반화하기는 어렵지만, 보수 성향 대통령(김영삼, 이명박)의 소통 스타일은 소통자원과 투명성 측면에서 강점이 있었고, 진보 성향 대통령(김대중, 노무현)은 소통태도와 쌍방향성 측면에서 상대적으로 높은 평가를 받았다.

보수 성향 대통령의 경우 자신들에게 유리한 보수 우위의 언론환경으로 인해 소통자원 측면에서 높은 점수를 받은 것으로 보인다. 또한 투명성 측면에서 우위를 보인 것은 정치·정책 관련 연설이 상대적으로 많았기 때문인데, 이것이 정책의 투명성에 대한 의지 때문인지 아니면 정책 실패 등에 대한 국민의 불만과 요구 때문인지는 불분명하다. 진보 성향 대통령의 경우 쌍방향성 측면에서 비교적 높은 평가를 받았다. 이는 재임 중 기자회견을 많이 했고(직접성), 오찬·접견·현장방문·간담회 등의 공식일정(반응성)을 통해 다양한 대중의 의견을 듣고자 했던 것이 원인이었던 것으로 보인다.

대통령의 소통에 대한 기존 관념은 국민을 상대로 최대한 설득하라는 것이다. 그러나 소통이 쌍방향 대화라는 측면은 충분히 강조되지 않았다. 민주화 이후 비판적이고 참여적인 대중이 등장하면서 다양한 공론장을 통해 공적 사안에 대해 의견을 모으게 되었고 정부 정책의 정당성, 심지어 대통령 권력의 정당성에까지 문제를 제기하게 되었다. 이러한 상황은 대통령의 소통을 말하기뿐만 아니라 듣기의 관점에서도 이해해야 한다는 것을 의미한다. 대통령이 듣기를 잘한다는 것은 정책을 결정할 때 시민들의 합리적인 의견을 수용해 그 결정과 추진과정의 정당성을 인정받는다는 것을 의미한다(Habermas, 1992; Reese-Schafer, 1991). 대통령의 소통은 일방적으로 하고 싶은 말을 늘어놓는 것이 아니다. 마주하기 싫은 반대자일지라도 그들의 말을 경청하는 것이 대통령의 소통이다.

〈부록〉 대통령의 소통 평가요인 측정지표

〈표 17-3〉의 평가요인 측정지표와 관련된 구체적인 내용은 다음과 같다.

① 연평균 연설 횟수는 전체 재임기간 연설 횟수를 재임기간으로 나눈 것이다.

	김영삼	김대중	노무현	이명박	박근혜
재임기간 연설 횟수(회)	728	822	780	814	277

② 청와대 운영 미디어채널은 청와대가 운영하는 전통미디어와 뉴미디어의 수를 합친 것이다.

	김영삼	김대중	노무현	이명박	박근혜
전통미디어(개)	3	3	3	3	3
뉴미디어(개)	0	0	3	5	6

③ 부정적 사설 비율은 대통령 관련 전체 사설(A) 가운데 부정적 사설(B)의 비율을 구한 것이다.

	김영삼	김대중	노무현	이명박	박근혜
대통령 관련 전체 사설(A)	114	211	742	470	666
대통령 관련 부정적 사설(B)	59	150	613	311	542

④ 단점 인정 연설 비율은 정치·정책 관련 연설 횟수(A) 가운데 단점 인정 연설 횟수(B)의 비율을 구한 것이다.

	김영삼	김대중	노무현	이명박	박근혜
정치·정책 관련 연설(A)	164	71	77	146	24
단점 인정 연설(B)	82	51	24	4	1

⑤ 김영삼~박근혜 기간에는 문재인정부의 청와대 국민청원제도와 같은 제도화된 의견 수렴 경로가 존재하지 않았다. 재임기간 중 대중 만남 공식일정 횟수는 다음과 같다. 반응성 지표는 이상의 두 가지 지표에 각각 0.5의 가중치를 곱한 뒤 합산하는 방식으로 구했다.

	김영삼	김대중	노무현	이명박	박근혜
대중 만남 공식일정 횟수(회)	86	346	255	280	211

제5부

대통령직 인수

들어가며

—

대통령직 인수위원회는 대통령제의 일반적인 특징과 한국의 민주화 이후의 특징이 고스란히 반영된 제도이다. 의원내각제의 경우에는 별도의 인수위원회를 통해 권력을 이양하거나 정책을 준비할 필요가 없는데, 이는 야당이 정권 획득에 대비해 미리 '예비내각(shadow cabinet)'을 운영하므로 집권 시 해당 멤버들이 그대로 내각에 참여하기 때문이다. 반면 대통령제는 기본적으로 행정부에 대한 배타적 권한을 가진 대통령 개인의 집권이라는 성격이 강하기 때문에 대통령 당선인이 차기 정부의 구성과 운영을 준비하는 시간이 필요하다.

한편 한국에서 대통령직 인수위가 운영된다는 사실은 권위주의 시대와 달리 평화적 정권교체의 가능성이 항시 열려 있다는 점을 전제로 한다. 그렇기 때문에 인수위는 민주화의 산물이기도 하다. 한국에서 대통령직 인수위가 본격적으로 구성·운영된 것은 최초의 정권교체가 이뤄진 김대중 때였다. 인수위에서 국정과제를 만든 것도 김대중 때가 처음이었다. 그 이전에는 사실상 정권교체가 없었기 때문에 인수위가 불필요했다. 인수위 활동기간은 원래 68일이었지만, 박근혜 탄핵에 따른 궐위 선거로 당선된 문재인 이후로는 대통령 선거일이 3월 9일로, 취임식이 5월 10일로 각각 조정되면서 윤석열의 인수위부터 활동기간이 62일로 단축되었다.

인수위 기간은 전임 대통령과 차기 대통령 사이에 권력교체가 일어나는 정치적으로 민감한 시기이다. 집권당이 바뀌는 정권교체일 경우 정부 운영에서부터 정책방향에 이르기까지 큰 폭의 변화가 일어나기 때문에 자신의 정치적 유업을 지키려는 전임 대통령과 새로운 변화를 추구하는 차기 대통령 간의 갈등이 고조된다.

인수위 기간에는 차기 정부 청와대와 내각 등의 주요 인물 및 새 정부를 상징하는 정책들이 윤곽을 드러내기 때문에 인수위 기간은 새 정부의 첫인상을 결정하는 시기이기도 하다(강원택, 2007). 또한 인수위 기간은 새로운 변화를 갈망하는 국민들의 기대로 새 정부의 정치적 자원이 증가하는 시기이기도 하지만, 동시에 인선을 둘러싼 내부 갈등, 설익은 정책 등으로 인해 국정운영의 동력이 훼손되는 시기이기도 하다. 특히 이명박의 인수위 때부터는 차기 정부 장관에 대한 인사청문회가 실시되면서 인수위 기간의 리스크가 더욱 커졌다. 대통령 연구자들의 공통된 결론은 "인수위 때부터 차기 정부가 시작되며", "인수위의 성공 여부가 차기 정부의 성공을 결정"한다는 것이다(Burke, 2001; 이홍규 외, 2007; Kumar, 2008).

이처럼 인수위의 활동이 차기 정부의 성공을 좌우한다는 점에서 제5부는 대통령직 인수위에 대해 다룬다. 제18장은 인수위의 국정과제를 통해 대통령의 선거공약이 차기 정부의 정책으로 이어지고 있고, 또한 역대 인수위의 국정과제를 통해 민주화 이후 대통령 사이에 정책의 연속성이 확보되었다는 점을 보여준다. 이는 민주화 이후 대통령들이 전임 정부와의 단절을 통해 정권의 정통성을 확보했다는 통설과 달리, 인수위를 통해 역대 대통령의 정책 사이에 연속성이 확보되었음을 의미한다.

제19장은 윤석열의 인수위 활동을 통해 윤석열의 실패가 이미 인수위 시절에 싹트고 있었음을 설명한다. 인수위 기간은 국정과제를 통해 국민과 정치권의 이목을 집중시키고 내각·대통령실·여당 등 제도적 권력자원을 구축함으로써 차기 정부 운영을 준비하는 시기이다. 그러나 윤석열의 인수위는 이 가운데 어떤 것도 제대로 하지 못함으로써 집권 초기부터 극심한 혼란을 겪었다. 윤석열의 초기 국정이 혼선을 빚은 기원이 인수위 시절에 있었다는 사실로부터 인수위 활동의 중요성을 확인할 수 있다.

제20장은 대통령 궐위로 인해 인수위 없는 대통령직 인수가 발생했을 때 무엇을 어떻게 해야 할지를 역사적 사례를 통해 살펴본다. 인수위 없는 대통령직 인수의 사례로 대통령의 사임과 사망으로 부통령에서 바로 대통령직을 승계했던 3명의 미국 대통령 사례(트루먼, 존슨, 포드)와 박근혜 탄핵에 따른 궐위 선거로 대통령에 당선된 문재인의 사례를 살펴봤다. 이들은 인수위를 준비하는 과정 없이 취임 즉시 대통령직을 수행했기 때문에 집권 초기에 상당한 어려움을 겪었다. 이러한 어려움을

최소화하기 위해 대비해야 하는 사항에 대해 전임 정부와의 관계 설정, 고위직 인사와 정부조직개편, 국정과제, 여당 및 의회와의 관계, 언론/대중 관계 등 다섯 가지 측면에서 살펴본다.

18

대통령직 인수위원회를 통한 정책의 연속성

.

한국은 전임 대통령과의 차별화를 통해 집권의 정당성을 확보하려는 신임 대통령의 경향, 정권교체 때마다 벌어지는 대규모의 정부조직개편과 정책변동 등으로 인해 정부 간(또는 대통령 간) 단절이 심한 것으로 알려져 있다. 이러한 단절은 민주화 이후 정치적 적대가 심화된 데서 비롯된 측면도 있지만, 한편으로는 전임 정부에 대한 정치보복과 단절로 인한 정치적 적대에서 비롯된 측면도 있다. 그러나 필자는 이 장에서 민주화 이후 역대 인수위의 국정과제를 통해 역대 대통령 간 정책의 연속성이 확보되었음을 보여줄 것이다. 이는 갈수록 심화되는 정치적 적대에도 불구하고 인수위를 통해 역대 대통령 간 연속성이 확보되었다는 점에서 인수위의 제도적 의의가 크다는 것을 말해준다.

이와 함께 당내 경선과 선거캠페인의 특징, 선거 캠프와 정당의 분리, 인수위와 차기 내각의 단절 등으로 선거공약과 차기 정부의 정책 간 단절이 심하다는 일부 평가와 달리 인수위의 국정과제를 매개로 선거캠페인 - 인수위 - 차기 정부 운영 사이에도 연속성이 확보되고 있음을 보여줄 것이다.

1. 대통령직 인수의 제도화

대통령제 국가에서 인수위는 전임 대통령과 후임 대통령 사이에 위치한
다. 인수위는 대선후보가 선거를 통해 대통령으로 당선된 뒤 이전 정부의 경
험을 물려받으면서 다음 정부를 준비하기 위해 설치·운영하는 조직이다. 따
라서 인수위 단계는 "선거라는 민주적 의사결정을 헌정이라는 법적인 과정
과 연결시키는 가교"(김광수, 2009) 역할을 한다. 박재완(2016)은 이러한 인
수위 단계의 특징을 ① 국정의 연속성과 변화를 모색하는 이원성, ② 차기 국
정의 틀과 대강이 결정되는 불가역성, ③ 관료제에 대한 정치의 압도 등 세
가지로 꼽았다. 그러므로 인수위 단계에서는 국가리더십의 공백을 최소화
하는 동시에 다음 정부를 준비하면서 정부의 연속성을 추구해야 한다(이수
영·신현기·문지은, 2017). 따라서 인수위는 이전 정부를 이어받으면서 다음
정부의 창출을 준비한다는 점에서 사실상의 '준행정부(quasi-executive)'라
고 할 수 있다(Zoffer, 2019).

또한 인수위 기간은 선거캠페인 체제가 국정운영 체제로 전환되는 과도기
이기도 하다. 선거캠페인 단계에서 대통령 후보자의 목표는 '득표 극대화'이
지만, 국정운영 단계에서 대통령의 목표는 '성공적인 국정운영'이다. 득표 극
대화를 위해 남발되었던 선거공약은 책임 있는 정부 정책으로 바뀌고 집행되
어야 한다. 이렇게 선거공약과 차기 정부의 정책을 연결하는 것이 인수위의
국정과제이다. 국정과제는 대통령 당선인이 재임 중 추진할 중요한 과제와
업무를 구체화한 '대통령 프로그램'이라고 할 수 있다(남궁근, 2021; 2022).

이러한 인수위는 어떤 과정을 거쳐 제도화되었을까. 인수위의 제도화 배
경을 제도적 측면과 역사적 측면에서 살펴보자.

먼저 제도적 측면에서 정당이 집단적으로 행정부를 구성하는 의원내각
제와 달리, 대통령제는 본질적으로 대통령 개인에 의한 단독 행정부이기 때

문에 집권을 위한 별도의 준비가 필요하다. 특히 직업공무원제의 견고함의 정도가 준비 정도에 영향을 미친다. 예컨대 영국처럼 야당이 예비내각을 운영하면서 상시적으로 집권을 준비하고 이를 뒷받침하는 직업공무원제의 전통이 강력한 나라에서는 정치권력이 교체되더라도 대규모의 인수·인계 작업이 필요하지 않다. 반면 대통령제인 미국은 예비내각이 존재하지 않는데다 권력교체 때마다 연방정부 기준으로 약 4000명에 달하는 정치적 임명이 이뤄지기 때문에 권력교체에 따른 제도기억의 손실이 매우 크다(PPS and BCG, 2020).

여기에 미국의 경우 1970년대 초반 이후, 한국은 2000년대 초반 이후 정당 민주화의 일환으로 정당의 대선후보를 선출할 때 일반인의 참여가 허용되는 오픈 프라이머리가 도입되었다. 이는 정당의 대선후보가 되기 위한 후보자 캠프 중심의 선거운동을 보편화시켰고, 당내 경선 이후 후보자 캠프와 정당 간 결속을 약화시키는 결과를 초래했다. 또한 후보자 캠프가 이후 대선 본선의 선거운동을 주도하기 때문에 대선 승리 이후 정당의 인물과 정책 자원이 차기 정부에서 배제되는 문제점이 발생했다. 인수위의 제도화에는 이 같은 대통령제 권력구조의 특성, 정당민주화 조치로 인한 정당과 캠프의 분리 등 제도적 요인이 영향을 미쳤다(신현기, 2019).

또한 역사적 측면에서 미국의 경우 20세기 초, 산업화와 세계대전 등을 거치면서 행정부 수반인 대통령의 역할과 리더십이 크게 확대된 역사적 경험이 제도화에 영향을 미쳤다. 예컨대 1912년, 윌슨은 대통령에 당선되자마자 곧 출간될 책의 서문을 쓰기 위해 버뮤다섬으로 휴가를 떠났다가 통신 두절로 무려 5일 동안 워싱턴과 연락이 닿지 않는 일이 있었다(Pfiffner, 2009). 당시 대통령직은 대통령 개인을 중심으로 한 단출한 조직이었다. 그러나 프랭클린 루스벨트 때인 1939년, 대통령 집행부(Executive of President: EOP)가 만들어지면서 대통령직은 대통령 개인 조직에서 대통령과 그를 보좌하는 거대 조직, 즉 대통령부(presidential branch)로 구조변동이 일어났다(Dickinson and Lebo, 2007). 여기에 1933년, 비준된 수정헌법 제20조에 의해 대통령 취임일이 기존 3월 4일에서 1월 20일로 한 달가량 앞당겨지자 아이젠하워는 당선되자마자 인수위를 꾸려야 했다.

인수위의 법제화는 1963년, '대통령직 인수위법(Presidential Transition Act)' 제정을 통해 이뤄졌다. 이 법은 케네디가 약 30만 달러에 달하는 개인 자금으로 인수팀을 운영했던 일을 계기로 공공자금을 지원해 당선자의 경제적 부담을 덜어주고 외부 자금의 부당한 개입을 막으려는 목적으로 제정되었다(Hogue, 2016).

한국에서는 민주화 이후 대통령 선거가 주기적으로 치러지면서 인수위가 설치·운영되기 시작했다. 그렇지만 첫 직선제 대통령인 노태우와 뒤이은 김영삼은 여당 내 정권 재창출이었기 때문에 인수팀은 대통령령[1]에 근거해 간소하게 꾸려졌다. 인수팀의 규모와 역할이 확대된 것은 1997년, 사상 최초의 평화적 정권교체로 당선된 김대중의 인수위 때부터였다. 인수위에서 지금과 같은 100대 국정과제를 제시한 것도 이때부터였다(이수영·신현기·문지은, 2017). 그리고 노무현의 당선 이후 대통령 당선자의 모호한 법적 지위를 해소하고 인수위 활동의 법적 근거를 마련하기 위해 인수위 시기인 2003년 2월, '대통령직인수에 관한 법률'(이하 '인수위법')이 제정되었다. 이 법의 목적은 "대통령 당선인으로서의 지위와 권한을 명확히 하고, 대통령직 인수를 원활하게 하는 데 필요한 사항을 규정함으로써 국정운영의 계속성과 안정성을 도모"하는 것이다('인수위법' 제1조). 이후 이 법에 의거해 최초로 구성된 인수위는 2007년 12월 출범한 이명박의 인수위였다.

---

1   노태우는 '대통령취임 준비위원회 설치령'에 따라 취임준비위(위원장 1명, 인수위원 6명)를 운영했다. 김영삼은 '대통령직 인수위원회 설치령'에 따라 인수위(위원장 1명, 인수위원 15명)를 운영했다.

2. 대통령직 인수위원회의 역할과 구성

인수위의 역할과 구성은 미국과 한국이 약간 다르다. 미국의 인수위는 대통령 선거일인 11월 첫째 화요일부터 다음해 1월 20일 취임식까지 약 75일간 활동한다. 이 기간 동안 ① 백악관과 내각 인사의 선발, ② 대통령 프로그램으로 불리는 주요 의제 등 차기 정부의 정책 마련, ③ 이에 근거한 예산계획 수립 등 세 가지 역할을 한다. 특히 행정부가 의회에 예산계획서를 제출하는 기간(1월 첫째 월요일~2월 첫째 월요일) 중에 취임식(1월 20일)이 열리기 때문에 인수위는 전임 행정부와 함께 집권 첫해 예산 계획을 세운다. 이러한 역할을 수행하기 위해 인수위 조직은 정책그룹팀, 정부부처검토팀, 대통령인사팀 등 3개 하위 조직으로 구성된다. 정책그룹팀과 정부부처검토팀이 전임 행정부의 정책을 평가해 차기 정부의 정책을 만들고, 정책그룹팀에 파견된 관리예산처(OMB) 직원들이 집권 첫해의 예산 계획을 세운다(Bose and Rudalevige, 2020). 대통령인사팀에서는 차기 정부에서 일할 사람을 선발하고, 장관 등에 대한 인사청문회를 준비한다. 이와 함께 인수위 활동 전반을 지원하는 사무국 아래 인수위 기간의 국회 관계와 언론 관계 등을 전담하는 조직이 구성된다(PPS and BCG, 2020).

한국의 경우 '인수위법' 제정 당시 인수위의 역할은 다음의 네 가지, 즉 ① 정부의 조직, 기능 및 예산현황 파악, ② 새 정부의 정책기조를 설정하기 위한 준비, ③ 대통령의 취임행사 등 관련 업무 준비, ④ 그 밖에 대통령직 인수에 필요한 사항 등이었다. 그러나 노무현정부 기간인 2005년, 인사청문회 대상이 모든 국무위원으로 확대되면서 인수위 기간에 차기 정부 국무총리와 장관 등에 대한 인사청문회를 준비해야 할 필요성이 제기되었고, 2017년 "⑤ 대통령 당선인의 요청에 따른 국무총리 및 국무위원 후보자에 대한 검증"을 인수위의 역할에 추가하는 법률 개정이 이뤄졌다.

<표 18-1> 미국과 한국의 대통령직 인수 유형

인수 유형	제2차 세계대전 이후 미국 대통령		비율	민주화 이후 한국 대통령		비율
정권교체	1952~1953 1960~1961 1968~1969 1976~1977 1980~1981 1992~1993 2000~2001 2008~2009 2016~2017 2020~2021 2024~2025	아이젠하워(R) 케네디(D) 닉슨(R) 카터(D) 레이건(R) 클린턴(D) G.W. 부시(R) 오바마(D) 트럼프(R) 바이든(D) 트럼프(R)	45.5%	1997~1998 2007~2008 2022	김대중 이명박 윤석열	37.5%
정권 재창출	1988~1989	G.H.W.부시(R)	4.5%	1987~1988 1992~1993 2002~2003 2012~2013	노태우 김영삼 노무현 박근혜	50.0%
재선	1948~1949 1956~1957 1964~1965 1972~1973 1984~1985 1996~1997 2004~2005 2012~2013	트루먼(D) 아이젠하워(R) 존슨(D) 닉슨(R) 레이건(R) 클린턴(D) G.W. 부시(R) 오바마(D)	36.4%	-		
인수위 부재	1945 1963 1974	트루먼(D) 존슨(D) 포드(R)	13.6%	2007	문재인	12.5%

주: R은 공화당 출신 대통령, D는 민주당 출신 대통령을 의미함.

그런데 인수위의 역할과 구성은 권력교체의 성격에 따라 달라진다. 예컨대 차기 대통령이 현직 대통령과 같은 정당에서 배출되는 정권 재창출일 경우 인수위의 활동과 규모는 상대적으로 제한적이다. 반면 야당 후보가 대통령에 당선되는 정권교체일 때는 인수위의 활동 폭과 구성이 확대되는 경향이 있다. 대통령직 인수의 유형은 미국의 경우 <표 18-1>과 같이 정권교체, 정권 재창출, 재선, 인수위 부재 등 네 가지로 구분된다. 한국의 경우 5년 단임 대통령이기 때문에 재선 유형이 존재하지 않는다.

제2차 세계대전 이후 미국의 대통령직 인수는 프랭클린 루스벨트 이후부터 현재까지 총 23회 있었다. 정권교체 유형이 11회로 가장 많고, 다음으로 같은 대통령이 두 번째 임기를 시작하기 때문에 인수위가 필요 없는 재선 유형이 8회였다. 정권 재창출 유형은 레이건의 후임으로 당선된 아버지 부시가 유일하다. 대통령의 궐위로 부통령에서 인수위 없이 대통령직을 승계한 경우는 트루먼(프랭클린 루스벨트의 사망), 존슨(케네디의 암살), 포드(닉슨의 사임) 등 3명이다(King and Riddlesperger Jr., 1995; 신현기, 2019).

민주화 이후 한국에서는 노태우, 김영삼, 노무현, 박근혜가 정권 재창출 유형에 속한다. 이 경우에는 인수위의 활동이 상대적으로 조용했다(방민석, 2016; 김병섭·이수영·이하영, 2017). 반면 정권교체가 이뤄졌던 김대중과 이명박의 인수위는 전임 정부와 다른 정책기조를 설정했기 때문에 인수위 기간 큰 폭의 정책변동과 정부조직개편 등을 추진했다. 한편 문재인은 박근혜 탄핵에 따른 궐위 선거(2017년 5월 9일)로 당선되었기 때문에 인수위 없이 바로 집무를 시작했다. 따라서 취임 이후인 2017년 5월 22일부터 7월 14일까지 53일 간 운영된 국정기획자문위원회가 사실상의 인수위 역할을 했다.

3. 대통령직 인수위원회 관련 쟁점과 제도 개선

인수위 과정은 선거캠페인 체제가 국정운영 체제로 전환되는 과도기인데, 이 과정에서 선거캠페인 참가자와 인수위 참가자, 그리고 장·차관 등 새 정부의 핵심 인사 간의 인적 구성이 달라진다. 한국의 인수위는 이러한 인적 단절이 매우 심한 것으로 평가된다(최경원, 2015). 이와 관련해 첫째, 인수위에 누가 참여할 것인가라는 쟁점이 제기된다. 김대중정부의 인수위는 DJP연합에 의한 공동정부를 구성했기 때문에 정치인 위주였던 반면, 노무현정부의 인수위는 당선인과 정당 간의 소원한 관계, '실무형 정책 인수위'를 원했던 당선인의 의중이 반영되어 학자 중심으로 구성되었다. 정치인 중심의 인수위는 정당과의 협력이 용이한 장점이 있지만, 상대적으로 정책역량이 떨어지는 단점이 있다. 한국의 정당은 정책역량이 낮기 때문에 정책전문가 중심으로 인수위를 구성해야 한다는 주장(김병준, 2016)에 대해서는 후보자 캠프 중심의 선거운동으로 정당과의 연계가 약화된 상황에서 인수위에서 정당 인사를 배제할 경우 정당과의 단절이 더욱 심화될 것이라는 반론이 제기된다.

두 번째 쟁점은 인수위 참가자를 차기 내각에 등용할지 여부이다. 인수위에서 직접 정책을 만든 사람이 차기 정부의 내각에서 해당 정책을 추진하는 것이 바람직하다는 주장도 있지만, 그럴 경우 공직을 둘러싼 내부 갈등, 인사청문회 준비 등으로 정책 개발에 소홀해질 수 있는 만큼 차기 내각에서 인수위 참가자를 배제해야 한다는 주장도 있다(임성호, 2007). 노무현정부에서는 인수위 참가자가 대거 정부 요직에 등용된 반면, 박근혜정부에서는 그렇지 못했다(최경원, 2020).

세 번째 쟁점은 차기 정부의 인사팀과 정부조직개편팀을 인수위 내에 둘지, 별도로 독립시킬지에 대한 것이다. 차기 정부의 정책기조는 결국 인선과 정부조직개편으로 구체화되는 만큼 정책기조를 만드는 인수위 내에 인사팀과 정부조직개편팀을 둬야 한다는 주장이 있지만, 그럴 경우 업무 과부하로 정책 개발에 소홀해질 수 있는 만큼 별도 조직으로 독립시켜야 한다는 반론이 제기된다. 역대 정부의 인수위에서 인사팀은 별도로 운영하는 것이 일반적이었다. 인수위는 차기 정부의 정책을 만드는 데 주력하고 인사와 정부조직개편은 별도 조직이 담당하는 식이었다.

이와 함께 그간의 인수위 운영 경험을 바탕으로 현행 '인수위법'을 보완해야 한다는 제도 개선 주장도 제기되고 있다. 먼저 인수위 설치 시점을 현행 대통령 당선자 확정 시점에서 정당의 대선후보 확정 시점으로 앞당겨야 한다는 주장이 제기된다. 미국은 2010년, '선거 전 대통령직 인수법(Pre-election Presidential Transition Act)'을 제정해 민주, 공화 양당의 대선후보 선출 시점부터 인수위 운영에 필요한 공공자금을 지원하고 있다. 이는 대통령 당선 직후 인수위를 구성할 경우 차기 정부를 준비하는 시간이 부족한 만큼 준비 기간을 넉넉히 확보하기 위한 것인데, 선거 전 인수위 구성을 공식화했다는 의미가 있다. 그러나 한국에서는 사전 인수위 구성이 "마치 대통령이 된 듯" 오만하다는 인상을 줄 여지가 있어 조심스러운 편이다.

다음으로 퇴임 대통령과 대통령 당선인 간의 인수인계를 확실히 보장하는 제도 개선이 필요하다. 대통령 당선자는 전임 정부를 완전히 뒤집어서 새롭게 시작하려는 동기가 강하고, 퇴임 대통령은 이를 방지하기 위해 일종의 '알박기'를 통해 자신의 유업을 영속화하려는 동기가 있기 때문에 양자 간 갈등의 가능성이 높다. 예컨대 윤석열 당선인의 경우 이명박 전 대통령의 사면, 공공기관 인사, 대통령 집무실 이전 등의 이슈로 갈등을 빚어 문재인과의 첫 만남이 당선 이후 19일 만에 이뤄졌다. 민주화 이후 역대 대통령과 당선인 간 첫 만남까지의 기간은 노태우-김영삼 3일, 김영삼-김대중 2일, 김대중-노무현 4일, 노무현-이명박 9일, 이명박-박근혜 9일, 문재인-윤석열 19일이었다.

미국의 경우 퇴임 대통령이 ① 정부 기록 삭제, ② 자신이 임명한 정무직 공무원을 일반직 공무원으로 전환하는, 일명 '땅굴 파기', ③ 퇴임 직전 사면권 행사, ④ 퇴임 직전 대통령명령 등을 통한 규제 신설 등의 방법으로 '알박기'를 한다(Halchin, 2008). 한국의 경우에는 대통령이 전임 정부 때리기를 통해 집권의 정당성을 확보하려는 경향이 있고, 특히 정치적 위기 돌파 수단으로 권력기구를 동원한 비리 캐내기, 망신주기 등을 통해 사실상의 '정치 보복'을 하기도 한다. 이러한 갈등은 정권교체 유형일 때 더욱 심해진다.

이러한 신구 대통령 간 갈등을 줄이고 협력을 제도화하기 위해 미국은 2015년 '인수개선법(Transition Improvements Act)'을 제정했다. 이 법은 현 정부의 비서실장, 내각 멤버와 차기 정부의 핵심 인사들이 공동으로 백악관 인수협력위원회를 구성하고 여기서 대화와 정보 공유 등을 하도록 규정하고 있다. 이 법은 9·11테러 이후 정권교체기의 안보 공백을 최소화하면서 원활한 인수인계를 보장하기 위한 것이다. 또한 2019년 제정된 '대통령 인수향상법(Presidential Transition Enhancement Act)'은 행정부처 수준에서도 협력기구를 만들어 인수위가 전임 정부 평가를 위해 요구하는 자료를 각 부처가 신속히 제공하도록 규정하고 있다. 이를 참조해 한국도 전임 정부와 차기 정부가 공동으로 참여하는 가칭 '대통령직인수협력위원회'를 설치하고 원활한 인수인계를 위한 방법과 절차 등을 논의하는 제도를 만들 필요가 있다.

4. 대통령직 인수위원회를 통한 정책의 연속성

인수위의 목적이 "국정운영의 계속성과 안정성을 도모"하는 것이라면, 이는 선거캠페인-인수위-차기 정부로 이어지는 시간적 흐름 속에서 인물과 정책의 연속성을 확보하는 것을 의미한다. 인물의 연속성과 관련된 쟁점은 앞서 논의했으므로 여기서는 정책의 연속성에 초점을 맞춘다.

인수위의 가장 중요한 업무는 지난 정부의 국정운영에 대한 평가를 바탕으로 대통령 당선자의 국정운영 청사진을 마련하는 것이다(정윤재, 2007). 이러한 국정운영 청사진을 '정책기조'(박정택, 2007), 또는 '국정기조'(남궁근, 2021)라고 하는데, 두 개념은 거의 동일하다. 박정택(2007)의 정의에 따르면, 정책기조란 "정책의 방향, 내용, 성격, 과정 등을 규정해 주는 사고 정향,

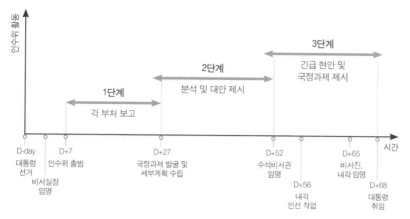

자료: 김정해(2021)를 참조해 재구성.

이념, 철학, 사상 등 정책의 기초적·전체적 논리로서의 기본적 준거 가치"이다. 집권 당시의 시대인식과 국정운영의 기본방향을 담은 정책기조(또는 국정기조)에 근거해 국정과제가 만들어진다.

방민석(2016)은 국정과제에 대해 "정부가 대통령 재임기간 내에 국가 전체적 차원으로 필요한 중요한 문제를 우선적으로 해결하기 위해 종합적·체계적으로 구체화시킨 정책과 사업"이라고 정의했다. 이러한 국정과제는 ① 특정 정치주체에 의해 추진되는 고도의 정치성, ② 대통령 재임기간 추진되는 한시성, ③ 우선순위에 기반해 채택되는 선택성, ④ 국정 전반으로의 파급력, ⑤ 종합성과 체계성, ⑥ 정책 추진단계에 따라 정책의 위상이 달라지는 가변성 등을 특징으로 한다(방민석, 2016). 〈그림 18-1〉은 인수위 출범 이후 국정과제가 도출되는 과정을 시간 흐름에 따라 도식화한 것이다. 민주화 이후 인수위 활동기간은 68일이었지만, 문재인 이후 대통령 선거일이 3월 9일로, 취임식이 5월 10일로 각각 조정되는 바람에 윤석열 인수위의 활동기간은 62일로 단축되었다.

    국정과제의 원천은 전임 정부의 정책에 대한 평가, 미디어와 여론 등으로 표출된 정책 이슈, 대통령 후보자의 선거공약 등 크게 세 가지를 꼽을 수 있는데, 보통 선거공약이 가장 중요한 원천이다(방민석, 2017). 대통령 선거공약은 대통령 후보와 소속 정당이 대통령 당선을 목적으로 국민에게 제시한 모든 약속으로, ① 특정한 명칭을 붙인 구체적인 내용의 정책에 대한 약속, ② 정책의 명칭은 붙이지 않았지만 정책효과, 정책목표, 정책수단, 정책행동 등 정책 구성요소의 일부를 포함함으로써 실제로 어떤 정책을 상정할 수 있게 하는 약속, ③ 구체적인 정책의 내용은 포함하지 않았지만 통치철학, 규범논리, 상황논리 등 국가정책 형성과 집행의 기조, 전체, 가정, 그리고 의지를 표명하는 약속 등이다(허범, 1997).

    그러나 선거공약은 치열한 선거경쟁에서 단 한 표라도 더 획득하기 위해 남발되는 경향이 있기 때문에 내부적 불일치와 모순, 모호성과 허구성 등으로 가득하다. 인수위는 이러한 선거공약을 소망성, 실현가능성, 타당성, 적실성, 시급성 등의 기준으로 선별한 뒤 국정과제로 정식화하고 체계화한다. 콥과 엘더(Cobb and Elder, 1971)는 정책의제를 시스템의제와 제도의제로 구분했는데, 이 구분에 따르면 시스템의제였던 선거공약이 인수위를 거치면서 제도의제인 국정과제로 전환된다고 할 수 있다. 이 과정에서 선거공약과 국정과제 사이의 연속성이 확보된다. 그러나 한국에서는 선거공약과 국정과제 간 정책의 연속성이 매우 취약한 것으로 평가된다. 노무현과 이명박은 국정과제에 공약의 일부만 반영된 '반(半)공약형', 박근혜는 국정과제가 선거공약과 거의 단절된 '반(反)공약형'이었다(최경원, 2015).

    이처럼 국정과제와 선거공약이 단절되는 데에는 다양한 요인이 작용한다. 먼저 선거운동 단계에서 이뤄지는 당내 경선의 효과를 생각해 볼 수 있다. 당내 경선은 열성 지지자에게 호소해야 하기 때문에 후보자는 이들의 선호 쪽으로 정책 위치를 이동시킴으로써 선거공약이 극단화되는 경향이 있다. 반면 대통령에 당선된 뒤 인수위에서는 중도층의 정책 선호를 반영해 국정과제를 만들기 때문에 선거공약과의 단절이 발생한다.

또한 대선후보는 득표 극대화를 위해 다양한 계층과 사회그룹의 요구를 마구잡이식으로 선거공약으로 수렴하기 때문에 국정과제와의 단절이 발생한다. 특히 정책연합 또는 후보단일화, 그리고 DJP연합처럼 연립정부 구성 등으로 대통령에 당선될 경우 국정과제에 상대 정당의 정책을 반영해야 하기 때문에 대선후보 시절의 선거공약과 불일치할 가능성이 커질 수 있다. 다음으로 인수위 단계에서 선거캠페인 참여자와 인수위 참여자가 달라지는 인적 단절도 선거공약과 국정과제 간의 정책 단절에 영향을 미친다.

5. 연구방법

그러나 인수위의 국정과제는 선거공약과 차기 정부의 정책과 예산을 연결하는 역할도 한다. 그래서 필자는 선거공약 → 국정과제 → 차기 정부 정책/예산으로 이어지는 정책의 연속성을 분석한다(정부 내 정책 연속성). 또 역대 정부의 국정과제는 민주화 이후 대통령 간 단절 못지않게 연속성(정부 간 정책 연속성)을 만드는 고리라는 점도 분석한다.

정책의 연속성을 분석하기 위해 선거캠페인-인수위-차기 정부 등 각 단계별로 자료를 수집했다. 첫째, 선거캠페인 단계에서는 대통령 당선자의 정당에서 발표한 선거공약집을 통해 선거공약을 수집했다. 선거공약은 김대중 171개, 노무현 149개, 이명박 183개, 박근혜 170개, 문재인 868개였다.

둘째, 인수위 단계에서는 인수위가 발간한 백서를 통해 대통령별 국정과제를 수집했다. 국정과제는 김대중 100개, 노무현 100개, 이명박 193개, 박근혜 140개, 문재인 100개였다. 특히 이명박의 경우 정부 출범 이후인 2008

년 10월 기존의 국정과제를 최종적으로 100개로 축약했는데, 인수위 당시의 국정과제가 중요하기 때문에 인수위에서 발표한 국정과제 193개를 분석 대상으로 삼았다. 문재인의 경우 갑작스러운 보궐선거로 인수위가 없었지만, 정부 출범 이후 구성된 국정기획자문위가 사실상의 인수위였다는 점을 고려해 여기서 만든 국정과제 100개를 분석대상으로 삼았다.

마지막으로 차기 정부 단계에서는 대통령의 취임사 및 집권 1년차와 집권 2년차의 예산 자료를 수집했다. 인수위의 국정과제는 차기 정부에서 대통령의 취임사와 예산에 반영됨으로써 정책의 연속성이 확보될 것이다. 취임사는 정책의제 수준이지만 예산은 실제 정책의 집행을 의미하기 때문에 정책의제와 정책집행 수준에서 정책의 연속성을 분석하기에 적합하다고 판단했다.

취임사는 문장 단위로 쪼갠 뒤 해당 문장에 담긴 정책범주가 무엇인지를 분류했다. 취임사의 문장 수는 김대중 155개, 노무현 137개, 이명박 228개, 박근혜 91개, 문재인 102개였다. 또한 예산의 경우 집권 1년차의 예산과 집권 2년차의 예산을 함께 수집했다. 이는 집권 1년차 예산의 경우 전임 정부가 작성한 것인 데 비해 집권 2년차 예산은 현직 대통령이 작성한 것이기 때문에 양자 간의 차이를 통해 인수위의 국정과제가 현직 대통령의 예산에 반영된 정도를 분석할 수 있을 것이다. 김대중은 FY1998, FY1999, 노무현은 FY2003, FY2004, 이명박은 FY2008, FY2009, 박근혜는 FY2013, FY2014, 문재인은 FY2017, FY2018 자료를 수집했다. 이들 자료는 국회의원정보시스템(likms.assembly.go.kr/bill/main.do)에서 검색해 수집했다.

이렇게 수집한 선거공약, 국정과제, 취임사, 예산 등 네 가지 자료를 통일된 기준으로 분류하기 위해 국제비교 연구인 비교어젠다연구(Comparative Agenda Project: CAP)의 정책 분류 기준을 적용했다. [2]

CAP코딩 규칙은 정책의제를 20개 대범주로 분류한다. 20개의 대범주

아래에 다수의 하위범주가 있으며, 각 범주별로 고유번호가 부여된다. 각국의 연구자는 어떤 의제가 어느 코드에 속하는지를 식별한 뒤 고유번호를 매기는 방식으로 작업한다. 한국의 경우 한국 정치체제의 특수성을 반영해 20개 대범주 외에 추가로 2개 정책범주(지방자치(24), 통일(25))를 추가해 총 22개로 분류했다[3](김은주 외, 2019; 이도석 외, 2020; 2021).

네 가지 자료(선거공약, 국정과제, 취임사, 예산)를 CAP코딩 규칙에 따라 분류하기 위해 다수의 코더들을 교육시킨 뒤 코딩을 실시하고, 문제점이 발견되면 이를 교정하는 방식으로 코딩 원칙을 반복적으로 숙지시켰다. 코더 간 일치도를 홀스티의 단순일치도, 스코트의 파이, 코헨의 카파값 등을 통해 측정한 결과, 최종적으로 0.85의 값을 얻어 분석자료로 활용하기에 신뢰할 만하다고 판단했다(김은주 외, 2019; 이도석 외, 2020; 2021). 네 가지 자료를 CAP코딩 규칙에 따라 분류한 결과는 〈부록〉에서 확인할 수 있다.

그런데 네 가지 자료(선거공약, 국정과제, 취임사, 예산)를 대상으로 정책의 연속성을 분석하는 것은 방대한 작업이다. 그래서 필자는 네 가지 자료를 정책범주별로 분류하고, 각 정책범주별 우선순위의 변화를 분석했다. 어떤 정책이 선거공약에서 높은 우선순위를 갖고 그러한 높은 우선순위가 인수위의 국정과제, 차기 정부의 취임사와 예산에서도 그대로 유지된다면 해당 정책의 연속성이 확보된 것으로 가정했다.

---

2   존스와 바움가트너(Jones and Baumgartner, 2004; 2005)는 미국을 대상으로 정책어젠다연구(Policy Agenda Project)를 시작했는데, CAP는 여기에 서유럽 국가의 학자들이 참여하면서 국제공동연구로 발전한 연구프로젝트이다. CAP에서는 정책을 분류하는 공통의 코딩 규칙을 통해 자국의 정책을 분류한 뒤 국가 간 비교 연구를 진행한다. 한국은 2019년 경제인문사회연구회의 지원을 받은 연구팀이 CAP의 한국 멤버로 참여했으며, 행정부, 의회, 미디어, 예산 등을 CAP코딩 규칙에 따라 정책범주별로 분류해 데이터베이스로 구축했다.

3   CAP의 22개 범주와 고유번호는 다음과 같다. 거시경제(1), 인권(2), 보건(3), 농업(4), 노동·고용(5), 교육(6), 환경(7), 에너지(8), 교통(10), 사법·가족(12), 복지(13), 주택·개발(14), 금융·산업(15), 국방(16), 과학기술·ICT(17), 국제통상(18), 외교(19), 정부운영(20), 물관리(21), 문화(23), 지방자치(24), 통일(25).

이렇게 우선순위의 변화로 정책의 연속성을 측정하는 것은 정책의 구체적인 내용과 실질적인 변화를 디테일하게 분석하지 못하는 약점이 있지만, 정책 전반을 거시적으로 볼 수 있는 장점이 있다. 이를 통해 선거공약에서 국정과제로, 또 국정과제에서 취임사와 예산으로 이어지는 정책의 연속성을 체계적으로 분석함으로써 선거캠페인 체제에서 국정운영 체제로 전환할 때 인수위가 어떤 역할을 했는지 분석할 수 있다.

네 가지 자료에서 정책범주별 우선순위는 특정 정책범주에 대한 언급이 많으면 해당 정책범주의 우선순위가 높다고 가정하고 각 자료에서 정책범주별 우선순위를 측정했다. 네 가지 자료의 정책범주별 우선순위를 측정한 방법은 다음과 같다.

1) 선거공약의 우선순위: $\dfrac{\text{정책범주별 선거공약의 개수}}{\text{선거공약의 총 개수}}$ 로 비율(%)을 구한 뒤 오름차순

2) 국정과제의 우선순위: $\dfrac{\text{정책범주별 국정과제의 개수}}{\text{국정과제의 총 개수}}$ 로 비율(%)을 구한 뒤 오름차순

3) 취임사의 우선순위: $\dfrac{\text{정책범주별 문장 개수}}{\text{취임사의 문장 총 개수}}$ 로 비율(%)을 구한 뒤 오름차순

4) 예산의 우선순위: 정책범주별로 (2년차 예산의 비율-1년차 예산의 비율)로 차이(%p)를 구한 뒤 오름차순

6. 정부 내 연속성: 선거공약 → 국정과제 → 취임사/예산

1) 선거공약과 국정과제의 연속성

먼저 후보자 시절의 선거공약과 인수위의 국정과제 간 연속성을 분석하기 위해 양자의 정책범주별 우선순위를 비교했다. 〈표 18-2〉는 국정과제의 우선순위와 선거공약 대비 우선순위의 변화를 보여준다.

〈표 18-2〉를 보면, 대선공약에서 국정과제가 되면서 우선순위가 높아진 경우가 4회 이상(즉, 최소 4명의 대통령)인 정책범주는 지방자치(5회), 거시경제, 보건, 에너지, 외교(이상 4회) 등 5개 영역이었다. 즉, 이들 정책범주는 선거공약에서의 우선순위보다 국정과제에서의 우선순위가 높아진 정책이라고 할 수 있다.

이러한 우선순위의 변동은 선거캠페인의 강조점과 국정운영의 강조점이 달라지기 때문에 발생한다. 다시 말해 선거캠페인에서 대선후보자는 득표극대화에 유리한 정책에 우선순위를 둔다. 반면 국정운영에서 대통령은 국가운영에 필요한 정책에 우선순위를 둔다. 따라서 지방자치, 거시경제, 보건, 에너지, 외교 등의 정책범주는 선거캠페인에서는 과소평가되었다가 인수위에서 국정운영의 핵심 요소로 부각되면서 우선순위가 상향 재조정된 것으로 볼 수 있다.

이와 함께 국정과제 단계에서의 우선순위의 변화를 체계적으로 분석하기 위해 정책범주별로 국정과제의 우선순위가 선거공약의 우선순위에 비해 어느 정도 변했는지 식 $\dfrac{\text{국정과제 중 해당 정책의 비율(\%)} - \text{선거공약 중 해당 정책의 비율(\%)}}{\text{선거공약 중 해당 정책의 비율(\%)}}$ 으로 구하고, 5명 대통령의 평균값을 계산했다. 이렇게 계산한 평균 변동률이 양수이면 국정과제 중 해당 정책의 비중이 선거공약 중 해당 정책의 비중보다 증가한 것으로, 즉 우선순위가 높아진 것으로 해석할 수 있다. 평균 변

<표 18-2> 국정과제의 정책범주별 우선순위와 선거공약 대비 우선순위 변동

정책범주	김대중		노무현		이명박		박근혜		문재인		평균 변동률 (%)
	국정과제 우선순위	대선공약 대비 순위 변동	국정과제 우선순위	대선공약 대비 순위 변동	국정과제 우선순위	대선공약 대비 순위 변동	국정과제 우선순위	대선공약 대비 순위 변동	국정과제 우선순위	대선공약 대비 순위 변동	
거시경제	10	+6	7	+6	15	-8	12	+3	15	+5	56.7
인권	19	+1	20	-4	19	0	21	-14	21	-2	-43.8
보건	19	+1	20	+1	18	-3	18	+1	15	+2	37.0
농업	4	+4	4	+4	12	-2	7	+1	9	-6	-2.8
노동·고용	12	+3	7	+3	7	-2	5	-1	3	+5	-3.5
교육	10	-7	4	+1	5	-2	6	-4	6	-1	-30.0
환경	6	+2	13	+3	19	0	12	-1	15	-4	8.4
에너지	19	+1	17	+3	11	+1	9	+2	15	0	33.7
교통	15	-10	13	+1	16	+3	18	+3	20	-8	39.8
사법·가족	6	-4	13	-7	16	-12	2	+3	9	-3	-40.3
복지	15	-7	3	+1	2	0	2	+1	3	-1	-13.9
주택·개발	12	-4	10	+4	3	+9	16	-8	9	+4	37.4
금융·산업	6	-5	4	-1	1	0	1	+5	2	+5	5.5
국방	2	+6	20	-10	12	-5	9	+2	9	+1	-2.1
과학기술·ICT	2	+4	10	-8	12	-5	9	+2	3	+1	-4.4
국제통상	19	-1	17	-1	19	-1	18	+1	15	+6	105.8
외교	12	-6	7	+3	8	+7	12	+3	6	+12	76.5
정부운영	1	+13	2	-1	4	+2	2	-1	1	0	27.7
물관리	18	0	17	+4	19	+3	22	-1	21	0	-14.5
문화	15	-7	13	+3	9	+1	7	+1	9	0	9.9
지방자치	6	+11	1	+7	6	+11	12	+6	9	+6	208.0
통일	4	-1	10	-4	9	+5	16	-1	8	+6	32.6

주: 음영은 대선공약에서 국정과제가 되면서 우선순위가 높아진 경우를 의미함.

동률이 음수이면 반대로 해석한다.

　〈표 18-2〉를 보면, 국정과제가 되면서 선거공약에 비해 우선순위가 높아진 정책범주는 지방자치 208%, 국제통상 105.8%, 외교 76.5%, 거시경제 56.7%, 교통 39.8% 순이었다. 반면 국정과제가 되면서 오히려 우선순위가 낮아진 정책범주는 인권 -43.8%, 사법·가족 -40.3%, 교육 -30.0%, 물

<표 18-3> 선거공약과 국정과제의 순위상관관계

	선거공약 → 국정과제 순위상관계수
김대중	0.55**
노무현	0.74**
이명박	0.66**
박근혜	0.79**
문재인	0.72**

**p < 0.01, *p < 0.05

관리 -14.5%, 복지 -13.9% 순이다. 국정과제 단계에서 이러한 우선순위의 변동은 앞서 언급한 대로 대선후보자의 우선순위와 실제 국정을 책임져야 하는 대통령의 우선순위가 달라지기 때문이다. 이는 또한 선거캠페인과 국정운영 사이에 체계적 차이가 있음을 의미하는 것이기도 하다. 이러한 차이를 조정하면서 정책의 연속성을 확보하는 것이 인수위의 역할이라고 할 수 있다.

이번에는 선거공약의 우선순위와 국정과제의 우선순위 간의 관계를 스피어먼 순위상관분석으로 분석했다(<표 18-3> 참조). 분석 결과, 5명 대통령 모두 양자의 순위상관계수가 통계적으로 유의미한 수준에서 양의 값이었다. 박근혜가 0.79로 가장 높았고, 다음으로 노무현 0.74, 문재인 0.72, 이명박 0.66, 김대중 0.55였다. 이는 선거공약의 우선순위가 국정과제의 우선순위로 이어졌음을 의미한다. 따라서 일부 정책범주에서 우선순위의 변동이 있었음에도 불구하고 전체적으로 봤을 때 역대 대통령의 인수위를 통해 선거공약과 국정과제 간 정책의 연속성이 확보되었다고 볼 수 있다.

2) 국정과제와 취임사/예산의 연속성

인수위가 만든 국정과제의 우선순위는 대통령 취임사의 우선순위, 그리

<표 18-4> 국정과제와 취임사/예산변동의 순위상관관계

	국정과제 → 취임사 순위상관계수	국정과제 → 예산변동 순위상관계수
김대중	0.559**	-0.206
노무현	0.585**	-0.225
이명박	0.650**	0.096
박근혜	0.574**	0.026
문재인	0.538**	0.257

**p < 0.01, *p < 0.05

고 예산의 우선순위에도 반영될 것이다. 이를 검증하기 위해 취임사와 예산의 정책범주별 우선순위를 측정했다. 취임사의 우선순위는 정책범주별 문장 개수로 측정하고, 예산의 우선순위는 정책범주별 변동(집권 2년차 예산의 정책범주별 비율 - 집권 1년차 예산의 정책범주별 비율)으로 측정했다(<부록> 참조).

취임사의 경우 특정 정책을 언급한 비율(%)이 높을수록, 예산의 경우 1년차 예산과 2년차 예산의 차이(%p)가 클수록 해당 정책의 우선순위가 높다고 가정했다. 이어 국정과제와 취임사 간 순위상관분석과 국정과제와 예산변동 간 순위상관분석을 각각 실시했다(<표 18-4> 참조).

분석 결과, 국정과제의 우선순위와 취임사의 우선순위는 5명의 대통령 모두 통계적으로 유의미한 수준에서 양의 값이었다. 이는 국정과제에서 중요하게 다뤄진 정책범주가 취임사에서도 그에 상응하는 중요성을 얻었음을 의미한다. 따라서 전체적으로 국정과제와 취임사 간 정책의 연속성이 확보되었다고 해석할 수 있다.

그러나 국정과제의 우선순위와 예산변동의 우선순위 간 관계는 어떤 대통령도 통계적으로 유의미한 값을 갖지 않았다. 심지어 김대중, 노무현은 음의 값이었다. 이는 국정과제에서 중요하게 다뤄졌던 정책이 예산에 반영되지 않았음을 의미한다. 취임사를 정책의제, 예산을 정책집행이라고 한다면, 국정과제는 정책의제 수준에서는 취임사에 반영되었지만 정책집행 수준에서는 예산에 반영되지 않았다.

정책의 연속성 측면에서 취임사와 예산 간의 이러한 차이에 대해서는 다양한 해석이 가능할 것이다. 먼저 대통령이 정책의제 수준에서는 상징적으로 반응하지만 실질적인 정책집행 수준에서는 반응하지 않는다는 대통령의 전략(Cohen, 1995; 신현기·우창빈, 2018) 때문이라고 해석할 수 있다. 또는 정책의제에서 정책집행 단계로 진행될수록 행정부 내의 복잡한 절차와 예산 배분을 둘러싼 갈등, 의회와의 예산 협상, 관료들의 저항, 예산 자체의 점증주의적 속성 등 다양한 요인으로 인해 대통령이 특정 정책에 우선순위를 두더라도 예산의 우선순위에는 반영되지 않았다는 해석도 가능할 것이다 (Jones and Baumgartner, 2005).

7. 정부 간 연속성: 김대중~문재인 기간의 인수위

이번에는 "민주화 이후 대통령별 국정과제는 서로 얼마나 일치하는가"를 분석한다. 이를 위해 5명의 대통령을 대상으로 국정과제의 우선순위에 대한 스피어먼 순위상관관계분석을 실시했다(<표 18-5> 참조).

분석 결과, 김대중의 국정과제 우선순위와 이명박의 국정과제 우선순위 간 관계를 제외하고는 전임 대통령과 후임 대통령의 국정과제 우선순위가 통계적으로 유의미한 수준에서 양의 값을 나타냈다. 시간의 비가역성을 고려할 때, 이는 전임 대통령이 우선순위를 뒀던 정책에 대해 후임 대통령도 상응하는 우선순위를 뒀음을 의미하는 것으로, 정부 간 정책 연속성이 존재하는 것으로 해석할 수 있다.

그러나 이러한 결과는 선뜻 납득하기 힘들다. 민주화 이후 대통령을 보수

<표 18-5> 대통령별 국정과제 우선순위의 순위상관관계

	김대중 인수위 (100개)	노무현 인수위 (100개)	이명박 인수위 (193개)	박근혜 인수위 (140개)	문재인 국정기획위 (100)
김대중	1				
노무현	0.494*	1			
이명박	0.328	0.752**	1		
박근혜	0.489*	0.587**	0.644**	1	
문재인	0.588**	0.711**	0.812**	0.778**	1

**$p < 0.01$, *$p < 0.05$

성향(이명박, 박근혜)과 진보 성향(김대중, 노무현, 문재인)으로 구분했을 때, 같은 이념성향을 가진 대통령 간의 정책 연속성은 그렇다 치더라도, 이념 성향이 다른 대통령 간에도 정책의 연속성이 나타났기 때문이다. 특히 두 번의 수평적 정권교체(노무현 → 이명박, 박근혜 → 문재인) 당시 대규모의 정책 변화가 있었던 점, 또 전임 대통령과의 차별화 시도 등을 고려할 때 역대 대통령의 국정과제 우선순위 사이에 높은 상관성이 있었다는 것은 의외의 결과이다.

그래서 역대 대통령의 인수위 국정과제에서 우선순위 상위 5개 정책범주를 정리하고 대통령별로 어떤 변화가 있는지 살펴봤다(<표 18-6> 참조).

<표 18-6>을 보면, '햇볕정책'으로 상징되는 대북관계 개선을 추구했던 김대중은 국방과 통일 분야에, '행정수도 이전'으로 상징되는 균형발전을 추구했던 노무현은 지방자치 분야에, '한반도대운하'로 상징되는 대규모 토목 사업을 추진했던 이명박은 주택·개발 분야에, 고용위기 극복을 위한 일자리 창출을 강조했던 박근혜와 문재인은 노동·고용 분야에 높은 우선순위를 뒀음을 알 수 있다.

또한 보수 성향 대통령(이명박, 박근혜)의 경우 공통적으로 금융·산업과 복지 분야를 우선순위 1, 2에 두고 있는 점도 인상적이다. 보수 성향 대통령

<표 18-6> 대통령별 상위 5위 국정과제

우선순위	김대중 인수위 (100개)	노무현 인수위 (100개)	이명박 인수위 (193개)	박근혜 인수위 (140개)	문재인 국정기획위 (100)
1	정부운영	지방자치	금융·산업	금융·산업	정부운영
2	국방	정부운영	복지	복지	금융·산업
3	과학기술·ICT	복지	주택·개발	정부운영	복지
4	농업	농업	정부운영	사법·가족	노동·고용
5	통일	금융·산업	교육	노동·고용	과학기술·ICT

의 경우 규제 완화를 통한 기업 활동 자유(일명 '기업하기 좋은 나라')를 우선시하면서도 그에 따른 불평등 심화 등의 부작용을 사회복지정책으로 완화하려고 했기 때문인 것으로 판단된다.

그러나 대통령마다 우선순위 정책이 다름에도 불구하고 정책범주 가운데 '정부운영' 분야는 5명 대통령 모두에게서 상위 5개 우선순위에 포함된다. 또한 대표적인 경제정책인 '금융·산업' 분야, 대표적인 사회정책인 '복지' 분야는 4명 대통령의 우선순위에 포함되었다. 이는 대통령의 개인적 리더십과 정책 및 이념지향, 정권교체의 효과 등 다양한 단절적 요인에도 불구하고 행정부 수반으로서 대통령이 공통적으로 직면하는 국정운영과 정책 문제는 크게 다르지 않기 때문일 것이다. 예컨대 정부운영, 금융·산업, 복지 등의 분야는 깨끗하고 유능한 정부를 만들고 산업을 키우는 동시에 사회적 약자를 보호하는 것에 초점을 맞춘 정책범주라는 점에서 모든 대통령이 공통적으로 우선순위를 둘 수밖에 없는 분야이다. 이는 또한 대통령별 리더십, 정책지향, 이념 등의 차이에도 불구하고 전임 대통령에서 차기 대통령으로 권력교체가 일어날 때 인수위의 국정과제를 통해 정부 간 정책의 연속성이 확보된다는 것을 보여준다는 점에서 인수위의 제도적 역할과 의의를 시사한다고 할 수 있다.

한국의 민주화는 '대통령 직선제'라는 단일 요구로 응축되어 이뤄졌기 때문에 민주화 이후 대통령은 언제나 과거와의 연속성보다는 단절을, 점진적 변화보다는 급격한 변화를 요구받았다. 그러나 이 장의 분석 결과는 민주화 이후 대통령들은 인수위의 국정과제를 통해 전임 정부와의 정책적 연속성을 추구함으로써 '국정운영의 계속성과 안정성'을 확보하고 있다는 점을 보여준다. 이는 대통령별 리더십 특성, 정책지향, 정치이념의 차이에도 불구하고 이들이 국정운영 과정에서 대통령으로서 부딪히는 환경과 도전과제가 크게 다르지 않다는 것을 의미한다. 또한 인수위 기간을 거치면서 선거 기간 격화된 정치적 경쟁과 정책적 분화가 인수위의 국정과제를 통해 조정됨으로써 통합적 국정운영의 기초가 마련된다는 점에서 인수위가 지닌 제도적 의의를 확인할 수 있다.

〈부록〉 대통령별 선거공약, 국정과제, 취임사, 1~2년차 예산변동 현황

정책 범주	김대중 대선공약(개)	국정과제(개)	취임사 문장수(개)	첫 예산 변화율(%p)	노무현 대선공약(개)	국정과제(개)	취임사 문장수(개)	첫 예산 변화율(%p)	이명박 대선공약(개)	국정과제(개)	취임사 문장수(개)	첫 예산 변화율(%p)	박근혜 대선공약(개)	국정과제(개)	취임사 문장수(개)	첫 예산 변화율(%p)	문재인 대선공약(개)	국정과제(개)	취임사 문장수(개)	첫 예산 변화율(%p)
거시경제	6	5	16	-2.0	5	4	3	0.0	8	6	4	0.0	3	5	3	0.6	7	2	1	-0.6
인권	1	1	0	0.0	1	1	0	0.0	1	1	1	0.0	8	1	0	0.0	8	0	1	0.0
보건	1	1	0	-2.0	0	0	0	0.0	4	2	0	0.0	1	2	0	0.1	20	2	0	0.0
농업	9	7	2	4.1	8	5	1	-0.6	7	7	7	0.0	7	7	0	-0.1	81	4	0	0.2
노동·고용	7	4	2	-0.4	7	4	1	0.0	11	11	12	0.0	14	11	0	0.0	56	7	2	1.2
교육	12	5	6	-8.7	10	5	2	0.1	17	13	13	0.0	21	10	10	-0.3	71	6	0	0.5
환경	9	6	0	22.1	2	2	0	-1.8	1	1	7	0.0	5	5	0	0.1	28	2	0	0.0
에너지	1	1	0	-0.1	1	1	0	0.0	6	8	1	0.0	5	6	0	0.0	23	2	0	0.0
교통	11	3	0	33.2	3	2	2	3.8	1	4	0	0.0	0	2	0	0.3	26	1	0	-0.1
사회·가족	14	6	4	-6.2	9	2	1	0.0	14	4	7	0.0	13	12	0	0.1	66	4	0	-0.2
복지	9	3	5	-4.0	11	11	4	0.0	28	23	15	0.0	20	12	4	1.4	84	7	3	0.2
주택·개발	9	4	0	-0.9	3	3	0	-0.5	6	16	7	0.0	7	4	0	0.1	25	4	0	0.0
금융·산업	16	6	14	0.0	14	5	5	0.0	33	26	11	0.0	12	16	15	0.1	65	13	2	0.0
국방	9	8	3	-30.0	7	5	5	0.2	8	7	0	0.0	5	6	1	0.1	32	7	2	-0.3
과학기술·ICT	10	8	3	-2.8	16	3	4	0.2	8	7	8	0.0	5	6	3	0.0	72	7	0	-0.2
국제통상	2	1	1	0.0	2	1	7	0.0	2	7	5	0.0	2	2	0	0.0	3	2	0	0.0
외교	10	4	4	-0.3	7	4	27	0.0	4	10	10	0.0	3	5	2	0.0	18	6	5	-0.1
정부운영	8	9	23	-5.2	24	18	19	-0.1	9	15	24	0.0	28	12	6	-0.2	98	14	48	-0.3
물관리	2	2	0	-0.5	0	1	0	0.0	0	1	0	0.0	1	1	0	0.0	3	0	0	-0.3
문화	9	3	4	-0.9	2	2	2	0.0	7	9	8	0.0	7	2	7	0.0	35	4	0	0.0
지방자치	4	6	1	4.6	8	24	6	-1.4	3	12	0	0.0	2	5	0	-0.8	23	4	0	0.1
통일	12	7	23	0.0	9	3	20	0.0	5	9	11	0.0	3	4	9	0.0	24	5	4	-0.1
합계	171	100	155	-	149	100	137	-	183	193	228	-	170	140	91	-	868	100	102	-

19

윤석열정부 대통령직 인수위원회 평가

　윤석열은 12·3 비상계엄으로 스스로 몰락했다. 그러나 비상계엄이 없었더라도 윤석열은 실패한 대통령이 되었을 가능성이 매우 높다. 윤석열은 직전 검찰총장에서 대통령에 당선됨으로써 민주화 이후 지역 기반과 정치경력 없이 당선된 최초의 대통령이 되었다. 이러한 취약한 권력기반은 이후 국정 혼선의 원인 중 하나였다.

　윤석열은 2022년 5월 10일 취임 직후부터 갈팡질팡했다. 재임 중 무엇을 할 것인지에 대한 뚜렷한 목표와 의제가 없었고, 전 세계적 경기 위축에 따른 실물경제 흐름의 둔화, 북한의 연이은 도발 등에 제대로 대응하지 못했다. 잇단 인사 실패와 정책 혼선 등으로 취임 80여 일 만인 2022년 7월 말, 지지율이 20%대(한국갤럽, 2022년 7월 넷째 주 기준 28%)로 떨어지는 등 위기를 맞았다. 이 같은 때 이른 위기는 어디에서 비롯된 것일까. 윤석열의 초기 국정 혼선과 이후의 파국은 인수위 시절의 실패에서부터 싹트고 있었다.

　인수위 기간에 윤석열이 실패했다는 것은 대통령 당선인으로서 향후 국정운영을 위한 권력자원을 구축하는 데 실패했다는 것을 의미한다. 대통령 당선인의 권력자원 구축은 두 가지 방식으로 이뤄진다. 먼저, 대통령 어젠다, 즉 '국정과제'를 통해 의회와 대중에게 향후 국정운영 방향과 목표를 명확히 알리는 의제설정을 통해 국정의 주도권을 확보해야 한다. 다음으로, 차기 정부의 대통령실과 내각을 구성하고 여당과의 협력 관계를 조성하는 등 제도적 권력자원을 구축해야 한다.

그러나 윤석열은 인수위 기간 동안 어느 것도 제대로 하지 못했다. 이러한 인수위 기간의 실패가 집권 내내 국정 혼선과 리더십 위기를 낳았고, 결국 12·3 비상계엄이라는 파국으로 이어졌다. 필자는 첫째, 국정과제 제시를 통한 국정주도권 확보라는 측면과, 둘째, 제도적 권력자원 구축이 얼마나 효과적이었는지를 기준으로 윤석열의 인수위를 평가한다.

1. 대통령직 인수위를 통한 권력자원 구축

인수위 기간은 선거운동 체제가 국정운영 체제로 바뀌는 전환기이다(함성득, 1997). 선거운동에서는 한 표라도 더 얻기 위해 노력하지만, 인수위 기간에는 당선인이 대통령에 취임한 뒤 추진할 목표를 실현하는 데 필요한 권력자원을 극대화하기 위해 노력해야 한다.

인수위 기간의 권력자원 구축은 '국정과제를 통한 의제설정'과 '제도적 권력자원의 확보'라는 두 가지 방식으로 이뤄진다. 먼저 대통령 당선인은 지난 정부의 국정운영에 대한 평가를 바탕으로 향후 국정운영의 청사진이라고 할 수 있는 국정과제를 제시하고, 이를 통해 의회와 대중의 관심을 집중시킴으로써 국정의 주도권을 확보할 수 있다(Eshbaugh-Soha, 2005; Hart, 1992). 특히 인수위 기간은 당선인에게 관심이 집중되기 때문에 대통령의 의제설정 영향력이 가장 강하게 나타나는 시기이다(방민석, 2016; 남궁근,

2021). 인수위 기간에 국정과제를 제시하는 것은 김대중정부 인수위에서 처음 시작된 이래 역대 인수위의 관행으로 자리 잡았다. 김대중정부 인수위는 IMF 외환위기 와중에 이뤄진 역사상 최초의 수평적 정권교체로 인한 국민불안을 해소하고 차기 정부에 대한 국민적 지지를 확보할 목적으로 100대 국정과제를 제시했다(이수영·신현기·문지은, 2017). 이후 노무현정부 100개, 이명박정부 193개, 박근혜정부 140개, 문재인정부 100개 등 역대 인수위마다 국정과제를 제시했다(신현기, 2022). 따라서 국정과제 제시를 통해 의회와 대중의 관심을 집중시키는 데 얼마나 성공했는지는 윤석열정부 인수위를 평가하는 기준이 될 것이다.

다음으로 인수위 기간에 대통령 당선인은 차기 정부의 대통령실과 내각을 구성하고, 여당과의 협력 관계를 구축해야 한다. 특히 윤석열의 경우 정치적 경험이 부족하고 정치 환경이 우호적이지 않았기 때문에 대통령실, 내각, 여당 등과 같은 제도적 권력자원을 구축하는 일이 더욱 중요했다.

2022년 20대 대선은 후보와 가족들에 대한 의혹 제기와 네거티브가 난무한 최악의 '비호감 선거'였고, 세대, 이념, 지역 갈등을 부추기는 선거전으로 인해 지지자가 양분되었다. 이로 인해 대선 득표율 격차는 윤석열 후보 48.56%, 이재명 후보 47.83%로, 민주화 이후 가장 작은 0.73%(24만 7077표)에 불과해 윤석열의 대중기반은 매우 취약했다. 또한 제1야당의 의석수(더불어민주당 169석)가 과반을 넘는 반면 여당인 국민의힘은 115석에 불과해 의회기반 역시 매우 취약했다.

국정운영을 위한 권력자원을 구축하려면 전임 정부와의 협력이 매우 중요하다. 그런데 전임 정부와의 협력은 '정권교체 여부'와 '대선 득표율 격차'라는 두 가지 조건에 의해 영향 받는다(함성득, 1997; 2012). 먼저 정권교체 여부와 관련해 민주화 이후 대통령들은 항상 전임 대통령과의 차별화를 통해 집권의 정당성을 확보하는 경향이 있었다. 신임 대통령이 전임 대통령과

<표 19-1> 민주화 이후 당선인의 대선 결과

정권교체 여부		대선 득표율 격차	
		큰 득표 차	작은 득표 차
정권교체 여부	정권교체	이명박, 문재인	김대중, 윤석열
	정권 재창출		노태우, 김영삼, 노무현, 박근혜

같은 정당 소속인 정권 재창출일 경우 상대적으로 인수인계가 무난하게 진행되고 정책변동의 폭도 적기 때문에 인수위의 규모와 활동도 소규모인 경향이 있다. 반대로 신임 대통령의 정당이 전임 대통령과 달라지는 정권교체일 경우 신구 권력 갈등이 커질 뿐 아니라 대규모 정책변동으로 인해 인수위의 규모와 활동도 확대되는 경향이 있다.

다음으로 대선 득표율 격차와 관련해 큰 득표율 격차는 대통령 당선인의 국정운영 방향과 선거공약에 대한 국민의 전폭적인 지지로 해석되기 때문에 전임 대통령의 협력을 이끌어내기 용이하다. 이에 비해 근소한 득표율 격차는 선거를 통해 드러난 민심이 무엇인지 분명치 않기 때문에 대통령 당선인이 큰 폭의 정책변동을 추진하기 어렵고, 선거 민심에 대한 해석 차이로 인해 전임 대통령과 갈등을 빚기 쉽다. <표 19-1>은 민주화 이후 당선된 8명의 대통령을 위의 두 가지 차원에 따라 네 가지 유형으로 분류한 것이다.

<표 19-1>의 네 가지 유형 가운데 대통령직 인수인계가 가장 힘든 유형은 정권이 교체되고 2위 후보와의 득표율 격차가 작을 때이다. 이 유형에 속한 대통령은 김대중이었다. 윤석열도 이 유형에 속하기 때문에 김대중정부의 인수위 경험을 참조해야 했다.

김대중은 1997년 IMF 외환위기의 여파 속에서 민주화 이후 최초의 수평적 정권교체로 당선되었다. 그러나 당시는 국가적 위기상황이었기 때문에 인수위는 차기 정부 출범 이전에 긴급히 추진하거나 결정해야 할 사안을 '현안 과제'로 정리해 대통령 당선인에게 보고했다. 현안 과제에는 외환위기

<표 19-2> 민주화 이후 대통령 당선인이 초대 비서실장을 내정하기까지 걸린 기간

대통령 당선인	초대 비서실장	내정일	당선일로부터의 기간
김영삼	박관용	1993. 2. 17	60일
김대중	김중권	1997. 12. 25	6일
노무현	문희상	2003. 1. 7	19일
이명박	류우익	2008. 1. 31	43일
박근혜	허태열	2013. 2. 18	61일
문재인	임종석	2017. 5. 10	1일
윤석열	김대기	2022. 4. 13	35일

주: 문재인은 박근혜 탄핵에 따른 보궐선거에서 당선되자마자 인수위 없이 바로 직무를 시작했기 때문에 단순 비교가 어려움.

극복, 1998년 추경예산 편성, 수출 증대 및 고용안정, 기업구조조정 지원 등의 IMF위기 극복 대책, 경부고속철도와 월드컵 주경기장 건설 등 대형 국책사업계획, 취임 이후 방미 계획 등 22개 과제가 포함되었다. 또한 인수위와 별도로 경제위기 극복을 위한 '12인 비상경제대책위원회', 노사정 협력을 논의하기 위한 '노사정위원회', 정부조직개편을 위한 '정부조직개편 심의위원회' 등과 같은 특임기구가 설치되었다. 이처럼 김대중은 불리한 대선 결과를 극복하기 위해 인수위 기간 동안 철저하게 차기 정부 국정운영을 준비했다.

김대중의 또 다른 선택은 대통령 비서실장을 조기 임명하고 비서실장에게 인사 전권을 부여하는 것이었다. 민주화 이후 대통령이 초대 비서실장을 임명한 시점을 정리한 <표 19-2>를 보면, 김대중이 인수위 기간에 얼마나 신속하게 비서실장을 임명했는지 알 수 있다. 이처럼 김대중은 자신과 함께 차기 정부를 책임질 비서실장을 조기에 공개함으로써 정권교체에 따른 국민적 불안감을 잠재우고 집권세력 내부의 권력투쟁을 방지할 수 있었다(함성득, 2012). 특히 초대 비서실장으로 노태우정부의 정무수석이자 TK 출신인 김중권을 임명함으로써 대선에서 패배한 보수층의 불만을 잠재우고 국민통합의 메시지를 던지는 효과를 얻을 수 있었다. 이처럼 김대중은 불리한 선거 결과에도 불구하고 인수위 기간 동안 차기 정부 국정방향에 대한 치밀한 준비, 비서실장의 조속한 임명과 인사 전권 부여 등을 통해 비교적 성공적으로 인수위를 운영한 것으로 평가된다(함성득, 2012). 윤석열은 이러한 김대중의 인수위 경험을 참고해야 했지만 그러지 않았다.

2. 윤석열정부의 인수위 활동 개관

윤석열 당선인은 대통령 선거일 3일 뒤인 2022년 3월 13일, 후보단일화와 공동정부 운영에 합의한 안철수 국민의당 대표를 인수위원장에 임명했다. 부위원장으로 권영세, 기획위원장으로 원희룡이 함께 임명되었다. 같은 달 18일, 인수위원 24명이 전원 임명되면서 인수위가 공식 출범했다.

윤석열정부 인수위는 역대 인수위 가운데 가장 많은 조직인 7개 분과, 3개 특별위(국민통합위원회, 지역균형발전특별위원회, 코로나비상대응특별위원회)로 구성되었다. 또한 각 분과 산하에 청와대 이전TF, 2030부산엑스포TF, 디지털플랫폼정부TF, 부동산TF 등이 만들어졌다. 특히 분과 위원회와 별도로 청년, 기후 위기, 인구 문제 등 여러 부처가 관여하는 범정부 융·복합 이슈를 전담하는 기획위원회를 설치한 것이 특징적이다. 역대 인수위에서 다부처 복합 이슈를 전담했던 기획조정분과는 정부업무 인수인계를 총괄하는 것으로 기능 조정이 이뤄졌다.

인수위의 인적 구성에서 가장 눈에 띄는 것은 '공동정부 운영' 원칙에 따라 위원장과 부위원장을 제외한 법정 인수위원 24명 가운데 대통령 측 인사(16명)와 안철수계 인사(8명)가 2 대 1의 비율로 배분되었다는 점이다(<표 19-3> 참조). 그러나 2022년 5월 10일 윤석열정부가 출범할 때 내각에 참여

<표 19-3> 윤석열정부의 인수위 인적 구성(단위: 명)

구분	이름	직책	안철수계	전문/실무위원			합계
				당	정부	외부 전문가	
위원장	안철수	국민의당 대표	O				1
부위원장	권영세	국민의힘 의원	-				1
기획조정분과	추경호	국민의힘 의원	-	8	6	4	21
	이태규	국민의당 의원	O				
	최종학	서울대 교수	-				
외교안보분과	김성한	전 외교부2차관	-	7	8	2	20
	김태효	전 청와대 대외전략기획관	-				
	이종섭	전 합참의장	-				
정무사법행정분과	이용호	국민의힘 의원	-	7	12	2	24
	유상범	국민의힘 의원	-				
	박순애	서울대 교수	△				
경제1분과 (거시, 금융)	최상목	전 기획재정부 차관	-	4	8	7	22
	김소영	서울대 교수	-				
	신성환	홍익대 교수	O				
경제2분과 (산업, 국토)	이창양	카이스트 교수	-	2	9	6	21
	왕윤종	동덕여대 교수	-				
	유웅환	전 SK ESG 혁신그룹장	O				
	고산	에이팀벤처스 대표	O				
과학기술교육분과	박성중	국민의힘 의원	-	5	7	7	22
	김창경	한양대 교수	-				
	남기태	서울대 교수	O				
사회복지문화분과	임이자	국민의힘 의원	-	10	6	5	25
	안상훈	서울대 교수	-				
	백경란	성균관대 교수	O				
	김도식	서울시 정무부시장	O				
대변인	신용현	전 국민의당 의원	O	11	1	-	13
합계			26	9	54	57	33	145

한 안철수계 인사는 질병관리청장에 임명된 백경란이 유일하다. 안철수는 총리 후보로 거론되었지만 최종 무산되었고 공동정부 운영 약속은 지켜지지 않았다.[1]

인수위의 전체 인원은 각 분과별 전문위원과 실무위원 145명 외에 행정실(14명), 코로나비상대응특위(1명), 지원인력(25명) 등을 합쳐 총 185명이었다. 인수위의 예산은 3월 22일, 문재인정부의 국무회의 의결을 거쳐 예비비로 배정된 27억 574만 원이었다. 인수위는 3월 22일부터 30일까지 7일에 걸쳐 48개 장·차관 부처의 업무보고를 받았으며, 전체회의 8회, 간사단회의 15회 등을 거쳐 5월 3일 최종적으로 110개의 국정과제를 발표했다. 인수위는 5월 6일 공식 해단식을 갖고 49일(2022년 3월 18일~5월 6일) 간의 활동을 마쳤다. 이 기간 중 3차례의 내각 인선 발표(4월 10일, 4월 13일, 4월 14일)와 대통령실 조직개편 발표(5월 1일)가 있었다.

3. 윤석열 인수위 평가: 국정과제를 통한 의제설정

윤석열은 권력기반이 취약했기 때문에 인수위 기간에 국정과제를 통해 의제를 설정하는 것이 매우 중요했다. 인수위는 5월 3일, 5개 영역의 20개 국정전략에 맞춘 110개 국정과제를 발표했다(<표 19-4> 참조).[2]

역대 인수위와 비교했을 때, 윤석열정부 인수위 국정과제의 가장 두드러지는 특징은 정치부문 개혁과제가 단 한 개도 포함되지 않았다는 점이다. 인수위 기간 국민통합위원회(김한길 위원장)가 정치개혁과제를 도출했지만,[3] 최종 국정과제에는 반영되지 않았다. 정치개혁에 대한 국민적 요구가

---

1 안철수의 총리 임명과 관련해서는 안철수 본인이 개인적 이유로 총리직을 고사하고 대신 윤석열 당선인과의 협의를 통해 인수위원장을 맡은 것으로 정리되었다는 주장이 있다.
2 당초 한꺼번에 발표하기로 했던 지방자치 영역 10개 국정과제는 5월 3일 발표되지 못했고, 윤석열정부 출범 한 달 뒤인 2022년 6월 별도로 발표되었다.
3 국민통합위원회가 도출한 정치개혁과제는 여야 협치기반 조성, 실용·생활정치 구현, 정치제도 개선을 통한 다원민주주의 구현, 초당적 대북정책 실현, 남북관계 개선 등이었다.

〈표 19-4〉 윤석열정부 110대 국정과제

정책영역	국정전략	국정과제 개수
정치행정	상식과 공정의 원칙	6
	국민의 눈높이 부동산정책	4
	소통하는 대통령, 일 잘하는 정부	5
경제	경제체질 선진화, 혁신성장	7
	핵심전략산업 육성, 경제 재도약	6
	중소벤처기업 중심 경제	5
	디지털 변환기의 혁신금융시스템	4
	하늘땅바다 성장인프라	4
사회	필요한 국민에게 두터운 복지	7
	노동의 가치 존중	7
	문화공영	7
	국민의 안전과 건강	7
	살고 싶은 농어촌	4
미래	과학기술 선도	7
	창의적 교육	5
	탄소중립, 지속가능 미래	4
	청년의 꿈, 희망의 다리	3
외교안보	남북관계, 평화의 한반도	3
	자유민주주의 가치 지구촌	7
	과학기술 강군, 보훈	8

자료: 제20대 대통령직인수위원회(2022)를 참조해 재구성.

적지 않았다는 점을 고려할 때 이는 매우 이례적이었다.

정치부문 개혁과제에 대해 국민들의 요구사항이 무엇인지에 대해서는 인수위 출범 직전에 이뤄진 한국선거학회의 설문조사를 통해 확인할 수 있다. 한국선거학회가 20대 대선 직후 실시한 설문조사에 따르면[4] 국민들은 정치부문의 최우선 과제로 검찰개혁을 가장 많이 꼽았다(27.6%). 다음으로 공동정부 운영 23.3%, 선거제도 개혁 16.3%, 문재인정부 조사 15.2%, 책

---

[4] 한국선거학회는 제20대 대선을 전후해 3차례의 웹서베이 패널조사를 실시했다. 이 연구는 대선(2022년 3월 9일) 직후 실시된 3차 패널조사 자료를 활용했다.

<표 19-5> 20대 대선 직후 국민들이 생각하는 정치부문 최우선 과제(단위: 명)

정치 분야 우선과제	전체	윤석열 지지	이재명 지지
검찰개혁	276(27.6%)	23(5.4%)	240(48.2%)
공동정부 운영	233(23.3%)	130(30.8%)	83(16.7%)
양당 구조 타파를 위한 선거제도 개혁	163(16.3%)	57(13.5%)	84(16.9%)
문재인정부 조사	152(15.2%)	136(32.2%)	9(1.8%)
책임총리제 및 책임장관제	95(9.5%)	56(13.2%)	32(6.4%)
개헌	50(5.0%)	14(3.3%)	30(6.0%)
기타	29(2.9%)	6(1.4%)	19(3.8%)
합계	998(100%)	422(100%)	497(100%)

임총리제 및 책임장관제 9.5%, 개헌 5.0% 등의 순이었다(<표 19-5> 참조).
특히 '공동정부 운영'은 대선 지지 후보가 누구였는지를 막론하고 높은 우선
순위를 갖는 정치개혁과제였지만 국정과제에 전혀 반영되지 않았다.

국정과제에서 정치개혁과제가 배제된 사실은 윤석열정부 인수위의 국정
과제와 여론 간의 괴리를 상징적으로 보여준다. 국정과제는 전임 정부 평가,
선거공약, 여론 등을 참고해 만들어진다. 전임 정부 평가와 선거공약은 대선
후보자와 정당의 이념에 의해 결정되지만, 궁극적으로 국민 여론을 반영한다
(신현기, 2022). 대통령은 민의의 대변자로서 여론을 따라야 하지만, 동시에
여론을 주도하는 역할을 한다는 점에서 대통령의 국정과제가 반드시 여론과
일치할 필요는 없다(Pika and Maltese, 2008). 그러나 대통령의 의제설정 영향
력이라는 관점에서 봤을 때, 대통령의 의제가 언론에서 중요하게 다뤄지거나
여론의 기대에 부합하거나 국민적 관심사와 일치하는 등 이슈의 주목성이 높
을수록 의제설정 효과가 커지는 경향이 있다(Eshbaugh-Soha, 2005; Larocca,
2006). 이를 고려할 때, 여론과 괴리된 국정과제의 의제설정 영향력은 제한적
이며, 이는 국정과제를 통한 집권 초기의 국정 장악력을 제약하게 된다.

이와 관련해 추가적으로 윤석열정부 인수위의 경제정책과 사회정책 분

<표 19-6> 국내 정책에서의 국민 여론 우선순위와 국정과제 우선순위

경제·산업 분야 우선과제	국민 여론	국정과제 개수	사회·문화 분야 우선과제	국민 여론	국정과제 개수
부동산시장 안정	28.2%(1)	4개(5)	양극화 해소	38.9%(1)	1개(2)
거시경제 및 물가 안정	24.4%(2)	2개(7)	복지 확대	14.1%(2)	4개(1)
일자리 창출	19.7%(3)	4개(5)	연금개혁	14.0%(3)	1개(2)
코로나19 피해보상	7.6%(4)	1개(9)	노동시간 탄력운영	9.6%(4)	1개(2)
에너지, 기후변화 대비	5.3%(5)	5개(3)	보육, 양육지원 확대	7.5%(5)	1개(2)
규제완화	3.8%(6)	2개(7)	노인빈곤 문제 해결	7.0%(6)	1개(2)
대-중소 공정경쟁질서 확립	3.8%(7)	5개(3)	성평등	6.0%(7)	0개(7)
신성장동력 발굴	3.5%(8)	7개(1)			
과학기술 발전	1.7%(9)	7개(1)			
노사관계 개혁	1.0%(10)	1개(9)			

주: ( ) 안은 우선순위를 의미함.

야의 국정과제가 국민 여론을 어느 정도 반영했는지를 살펴봤다. 이를 위해 국민 여론 우선순위와 국정과제 우선순위의 일치 정도를 분석했다.

국민 여론 우선순위는 앞서 언급한 한국선거학회의 설문조사 결과를 활용해 측정했다. 국정과제 우선순위는 선행연구(신현기, 2022)를 참조해 해당 정책에 대한 국정과제의 개수가 많을수록 우선순위가 높을 것으로 가정하고, 국정과제의 개수로 우선순위를 측정했다(<표 19-6> 참조).

<표 19-6>을 보면, 윤석열정부가 추진해야 할 경제정책 최우선 과제로 응답자의 28.2%가 부동산시장 안정을 꼽았고, 다음으로 거시경제 및 물가 안정 24.4%, 일자리 창출 19.7%, 코로나19 피해보상 7.6% 등의 순이었다. 경제정책에 대한 이러한 국민 여론 우선순위와 국정과제 우선순위를 비교한 결과, 양자의 스피어먼 상관계수는 -0.24(p=0.49)로, 계수의 크기가 작았고, 통계적 유의성은 없었다.

사회정책의 경우 국민 여론에 나타난 최우선 과제는 양극화 해소가 38.9%로 가장 많았고, 다음으로 복지 확대 14.1%, 연금개혁 14.0%, 노동시간 탄력운영 9.6% 등의 순이었다. 역시 같은 방법으로 국민 여론과 국정과제 간

우선순위를 비교한 결과, 양자의 스피어먼 상관계수는 0.66(p=0.10)으로, 계수의 크기가 큰 편이었지만 통계적 유의성은 없었다. 이러한 결과는 윤석열정부 인수위의 국정과제가 국민의 요구를 충분히 반영하지 않았음을 의미하는 것으로, 대통령의 의제설정 영향력을 낮추는 요인이 된다.

이와 함께 국정과제 제시를 통해 국민의 이목을 집중시켜 국정을 주도해야 할 시점에 대통령실 용산 이전, 검찰수사권 조정 등 다른 이슈가 크게 부각되었다. 또한 국정과제를 발표하는 시점에 차기 정부 내각 인선을 발표해 공동정부 운영을 둘러싼 안철수와의 갈등이 불거졌다. 이처럼 다양한 이슈로 인해 국민의 관심이 분산된 것 역시 국정과제의 의제설정 영향력을 약화시키는 요인이었다.

권력기반이 취약했던 윤석열은 인수위 기간에 국정과제를 통해 국정주도권을 선취했어야 했다. 무엇보다 차기 정부를 상징하는 소수의 핵심 국정과제를 중심으로 지속적으로 국민들에게 차기 정부의 비전과 국정운영 방향에 대한 관심을 끌어냄으로써 차기 정부에 대한 대중적 지지기반을 확대해야 했다. 그러나 국민 여론과의 괴리, 청와대 이전, 내각 인선 갈등 등 다른 이슈로 관심이 분산되어 국정과제를 통한 효과적인 의제설정과 국정주도권 확보에 한계가 있었다.

4. 윤석열 인수위 평가: 제도적 권력자원 확보

1) 내각과 대통령실

(1) 조직개편

인수위 기간에는 내각과 대통령실의 조직개편과 인사를 통해 대통령의

<표 19-7> 윤석열정부의 정부조직개편에 대한 동의 정도(단위: 5점 척도)

	전체	윤석열 지지	이재명 지지
기후에너지부 신설	3.73	3.81	3.71
청와대 규모 및 기능 축소	3.61	3.92	3.33
국무총리의 정책 조정 기능 강화	3.51	3.72	3.35
기재부의 예산기능 분리	3.47	3.58	3.41
여성가족부 해체	3.13	3.87	2.52
청년부 신설	3.03	3.15	2.95
공수처 폐지	3.00	3.93	2.22

제도적 권력자원을 확충해야 한다. 또한 국민들도 조직개편을 통해 차기 정부가 새롭게 출발하기를 기대한다. 앞서 언급한 한국선거학회의 설문조사를 통해 대선 기간에 각 후보들이 공약한 정부조직개편안에 대한 동의 정도를 5점 척도로 측정한 결과, 기후에너지부 신설에 대한 동의 정도(3.73)가 가장 높았고, 다음으로 청와대 규모 및 기능 축소 3.61, 국무총리의 정책 조정 기능 강화 3.51, 기재부의 예산기능 분리 3.47, 여성가족부 해체 3.13, 청년부 신설 3.03, 공수처 폐지 3.00 순이었다. 특히 윤석열 지지층만을 놓고 봤을 때, 공수처 폐지, 청와대 규모 및 기능 축소, 여성가족부 해체 등에 대한 동의 정도가 높았다(<표 19-7> 참조).

그러나 여소야대 상황에서 정부조직개편을 밀어붙이는 것은 사실상 불가능했다. 윤석열의 대선공약이고 지지층의 동의 정도가 높은 '여성가족부 해체'와 '공수처 폐지' 등은 <표 19-7>에서 보는 바와 같이 지지자 간 입장차가 워낙 크기 때문에 더욱 그랬다.

대신 국회 동의가 필요 없는 대통령실의 조직개편이 추진되었다. '국정운영 방식의 대전환, 자율·책임·소통의 정부'라는 국정과제(국정과제 12번)에 근거해 대통령실 용산 이전, 청와대 개방과 함께 대통령실 슬림화가 추진되었다. 이에 따라 대통령실은 문재인정부의 '3실장 8수석 체제'에서 '2실장 5

수석' 체제로 개편되었다. 2022년 5월 1일에는 대통령실 조직개편과 함께 수석비서관급 인선이, 5일에는 비서관급 인선이 발표되었다.

문재인정부의 대통령실과 비교했을 때, 조직도상에서 폐지된 직위는 정책실장, 민정수석, 인사수석, 일자리수석 등 4개였다. 그러나 기존의 인사수석은 인사기획관으로 직위가 조정되었을 뿐 인사 추천 기능은 존속되었다. 정책실장은 2022년 9월 1차 개편에서 정책기획수석(이후 '국정기획수석'으로 명칭 변경)으로 부활했다. 민정수석실의 경우 고위 공직자 인사 검증 기능이 신설된 법무부 산하 '인사정보관리단'으로 이전된 것을 제외하면, 그 아래 공직기강비서관과 법률비서관은 존속하면서 소속이 비서실장 직속으로 바뀌었을 뿐이다. 이를 고려할 때, 윤석열정부 대통령실에서 실제 폐지된 것은 일자리수석 1개에 불과하다. 이러한 사실은 새 대통령이 취임할 때마다 대통령실 권한 축소와 내각의 자율성 제고 등의 이유로 대통령실의 슬림화를 추구하지만, 실제로는 민주화 이후 대통령들이 공통적으로 부딪히는 환경적 요인에 의해 대통령실의 구조화가 비슷한 모습으로 나타나고 있음을 보여준다(신현기, 2015).

그러나 윤석열정부 인수위가 추진한 대통령실 조직개편은 취임 4개월 만인 2022년 9월 전면적인 1차 개편이 이뤄졌다는 점에서 한계를 드러냈다. 1차 개편에서는 정책기획수석 부활, 홍보수석 교체 및 기능 강화, '윤핵관'계로 분류되는 대통령실 직원 50여 명의 교체 등이 이뤄졌다. '정부조직법'의 제약을 받는 내각과 달리, 대통령실은 수요가 있을 때마다 비교적 탄력적으로 조직개편이 가능하다는 점에서 대통령실이 조기 개편되었다는 사실만으로 조직개편이 실패했다고 단정 지을 수 없을 것이다. 그럼에도 이러한 조기 개편이 이뤄진 것은 만 5세 취학연령 하향 조정, 주52시간제 개편 등 각종 정책의 혼선 때문이었다(심진용, 2022. 8. 18). 이 과정에서 대통령실과 내각의 조정 실패 및 잇따른 인사 실패에 대한 보완책이 요구되었다는 점에서 인수위가 추진한 대통령실 개편은 기대한 만큼의 성과를 내지 못한 것으로 평가할 수 있다. 이처럼 인수위 기간의 내각 조직개편은 여소야대로 인해 불가능했고 대통령실 조직개편은 조기 개편이 이뤄졌다는 점에서 인수위 기간 동안 대통령의 제도적 권력자원 구축은 성공적이지 못했다.

(2) 인사

인수위 기간은 새 정부의 첫 인상을 결정짓는 시기이다. 특히 '빅2'로 불리는 국무총리와 대통령 비서실장에 대한 인선은 새 정부의 첫 인상을 결정 짓는 데 핵심적인 역할을 한다. 국민들은 빅2의 인선을 보면서 향후 국정운영 방향을 예측하고 기대감을 갖는다. 예컨대 김대중은 김종필 총리-김중권 비서실장을 선택했는데, 김종필 총리는 DJP 공동정부의 파트너였고, 김중권 비서실장은 TK출신 보수 인사라는 점에서 공동정부 운영과 통합의 의미가 있었다(김창호 외, 2015).[5]

윤석열 당선인은 4월 3일, 첫 총리 내정자로 한덕수를 지명하고, 같은 달 13일, 비서실장으로 김대기를 임명했다. 두 명 모두 고위 관료 출신으로 무색무취했기 때문에 국민들에게 강렬한 첫 인상을 주기에는 부족했다. 특히 한덕수는 윤석열이 후보 시절 공약한 책임총리제를 실현하기에는 정치적 기반이 전혀 없었으므로, 노무현정부 총리 출신이라는 점에서 거대 야당의 동의를 얻기 위한 선택이라는 평가가 많았다. 김대기 비서실장은 정통 경제

---

[5]   김영삼은 첫 인선에서 황인성 총리-박관용 비서실장을 선택했는데, 황인성 총리는 호남 출신인 데다 민정당 출신이었고, 박관용 비서실장 역시 반대파인 이기택 계열에 속했기 때문에 지역 안배와 통합의 의미가 있었다. 노무현은 보수적인 고건 총리와 측근인 문희상 비서실장의 조합을 통해 안정감을 주는 동시에 개혁의 메시지를 던졌다. 이명박은 한승수 총리-류우익 비서실장 조합을 통해 실무와 성과 중심의 국정운영을 펼치겠다는 메시지를 던졌다. 이에 비해 박근혜는 첫 번째 총리 내정자인 김용준이 부동산 투기, 자녀 병역비리로 낙마했고, 허태열 비서실장은 '구시대 인물'이라는 이미지가 강했던 탓에 참신한 첫 인상을 주는 데 실패했다.

관료 출신이라는 점에서 대통령의 약점인 경제정책 분야를 보완한 선택이었지만,[6] 대통령 당선인과 별다른 인연이 없어 대통령실과 국정 전반을 장악하기에는 역부족인 것으로 평가되었다. 특히 김대기 비서실장은 내각 구성과 장관 인선에는 전혀 관여하지 못했다.

인수위는 국정과제 도출에 집중하기 때문에 차기 정부 인선은 통상적으로 원활한 국정운영을 위해 새 정부의 차기 대통령 비서실장을 중심으로 이뤄진다. 이명박 인수위 당시 인수위 외부에 설치된 '인사추천위원회'에서 유우익 비서실장이 차기 정부 인사를 주도했던 사례가 대표적이다(함성득, 2012). 이에 비해 윤석열 인수위에서는 차기 정부에 참여하지 않은 장제원 당선인 비서실장[7]이 내각 인선 작업을 주도한 것으로 알려져 있다.

윤석열정부 인수위의 이러한 인사 과정을 김대중정부 인수위의 사례와 비교해 볼 수 있을 것이다. 앞서 언급했듯이, 김대중은 대통령에 당선된 지 6일 만에 정치적 반대파에 속하는 인물로 비서실장을 임명하고, 그에게 인사 전권을 부여했다. 이를 통해 대선에서 패배한 반대파의 불만을 잠재우고, 고위직 인선을 둘러싼 측근의 권력투쟁을 미연에 방지할 수 있었다. 이러한 선택은 'DJP 공동정부'라는 정치적 제약에 따른 것이기도 했지만, 인사 갈등을 효과적으로 차단함으로써 대통령의 제도적 권력자원을 구축하는 데 크게 기여했던 것으로 평가된다(함성득, 2012).

한편 내각의 고위직 인사와 관련해 윤석열은 3차례에 걸쳐 18개 부처 장관 후보자에 대한 지명을 마쳤지만, 이 가운데 김인철 교육부 장관 후보자,[8]

---

6   윤석열정부의 초대 비서실장으로는 '정치인 비서실장' 옵션과 '경제전문가 비서실장' 옵션이 동시에 거론되었다. 윤석열 당선인이 정치 신인인 점을 고려할 때 정치인 비서실장이 필요했기 때문이었다. 정치인 비서실장으로 유력 원로 정치인이 거론되었지만, 막판에 경제전문가 비서실장으로 결정되었다.
7   ≪Business Post≫, "장제원 국민의힘 의원"(2022. 12. 1).
8   교육부 장관은 김인철(5월 3일), 박순애(8월 8일)가 연속 낙마한 후 이주호가 최종 임명되었다.

정호영 보건복지부 장관 후보자[9]는 각종 의혹 등으로 자진 사퇴했다. 이로 인해 5월 10일, 새 정부 출범 이후에도 내각 인선이 완료되지 않았고, 이후에도 박순애 교육부 장관 후보자, 김승희 보건복지부 장관 후보자, 송옥렬 공정거래위원장 후보자 등이 잇따라 낙마했다. 인수위 기간에 지명된 장관 후보자 가운데 국회 인사청문회를 통과해 인사청문보고서가 채택된 후보자는 전체 18명 중 10명에 불과했다. 이는 여야 갈등 때문이기도 했지만, 부실한 인사 검증 탓도 컸다(〈표 19-8〉 참조).

또한 대통령실의 경우에도 김성회 종교다문화비서관이 극우 이념 성향과 색깔론 발언 전력으로 사퇴했으며, 윤재순 총무비서관은 검찰 재직 시 부하직원 성추행 의혹으로 논란을 빚었다. 이처럼 내각과 대통령실 인선을 통한 제도적 권력자원 구축은 잇따른 인사 실패로 성공적이지 못했다.

차기 정부의 첫 인상을 좌우할 고위직 인사가 거듭 실패하자 윤석열의 제도적 권력자원 구축은 자신이 몸담았던 검찰 출신으로 강력한 친위체제를 구축하는 형태로 나타났다. 이 과정에서 검찰 출신 인사검증팀은 내각 인사 검증 실패에도 불구하고 문책 없이 대통령실 인사 라인에 임명되었다. 또한 내각, 총리실, 민정, 인사, 정보 등 요직에 검찰 출신이 포진함으로써 사실상 '검찰 친위체제'가 등장했다. 〈표 19-9〉는 윤석열정부에 포진한 검찰 출신 인사를 정리한 것이다.

이러한 검찰 친위체제의 구축은 대통령의 정치경험 부족에 따른 좁은 인재풀, 반(反)정치 성향, 한번 쓴 사람을 끝까지 신뢰하는 인사 스타일 등이 복합적으로 작용한 결과였다. 그러나 중용된 검찰 출신 인사들도 국정운영과 정치에 대한 경험이 부족해 대통령의 약점을 보완하는 데 한계가 있었

---

9   보건복지부 장관은 정호영(5월 23일), 김승희(7월 4일)가 연속 낙마한 후 조규홍이 최종 임명되었다.

<표 19-8> 윤석열정부 인수위 기간 18개 부처 장관 후보자 현황

		1차 지명 (4월 10일)	2차 지명 (4월 13일)	3차 지명 (4월 14일)	낙마/ 사퇴	인사청문보고서 채택
국무총리	한덕수					X
재정경제부	추경호	O				O
교육부	김인철		O		∨	
과학기술정보통신부	이종호	O				O
외교부	박진		O			X
통일부	권영세		O			O
법무부	한동훈		O			X
국방부	이종섭	O				O
행정안전부	이상민		O			X
문화체육관광부	박보균	O				X
농림축산식품부	정황근			O		O
산업통상자원부	이창양	O				O
보건복지부	정호영	O			∨	
환경부	한화진		O			O
고용노동부	이정식			O		O
여성가족부	김현숙	O				X
국토교통부	원희룡	O				X
해양수산부	조승환		O			O
중소벤처기업부	이영		O			O

자료: 언론보도 등을 참조해 정리.

<표 19-9> 윤석열정부 내 검찰 출신 현황

구분	직위	이름	검찰 경력
내각	통일부 장관	권영세	전 서울지검 부부장검사
	법무부 장관	한동훈	전 대검 반부패강력부장
	국토부 장관	원희룡	전 부산지검 검사
	국가보훈처장	박민식	전 서울중앙지검 검사
	법제처장	이완규	전 서울북부지검 차장
	금융감독원장	이복현	전 서울중앙지검 특수4부장
총리실	국무총리 비서실장	박성근	전 인천지검 공안부장
민정	공직기강비서관	이시원	전 서울중앙지검 공안1부 검사
	법률비서관	주진우	전 서울동부지검 형사6부장
인사	인사기획관	복두규	전 서울고검 사무국장
	인사비서관	이원모	전 대검 검찰연구관
정보	국정원 기획조정실장	조상준	전 대검 형사부장

자료: 참여연대(2022)를 참조해 정리.

다. 또한 검찰 친위체제는 통치연합의 범위를 극도로 협소화함으로써 대통령의 통치를 어렵게 만들었다.

2) 여당과의 관계 정립

여당은 대통령의 가장 중요한 제도적 권력자원 중 하나이다. 민주화 이후 대통령의 통치력 약화 현상은 여당과의 갈등, 이른바 '당정 갈등'에서 비롯된 경우가 많았다. 윤석열은 거대 야당을 상대하기 위해 여당과의 우호적인 관계 정립이 절대적으로 필요했다. 그러나 대통령과 여당의 관계는 이른바 '윤석열-이준석 갈등'으로 인해 순탄치 않았다. 윤석열은 2021년 8월, 국민의힘 입당 전부터 이준석 대표와 갈등을 겪었다. 이후 2021년 11월, 국민의힘 대선후보가 된 뒤에도 선거캠페인 주도권을 놓고 충돌했다. 대선을 당대표 중심으로 끌고 가려는 이준석 대표와 대선후보가 주인공이 되어야 한다고 생각하는 윤석열 후보 간의 신경전이 수차례 반복되었다. 대선 직전인 2022년 3월 3일, 안철수와의 후보단일화 및 공동정부 운영 협상이 최종 타결되었지만, 이에 대해 이준석 대표는 끝까지 반대했다.

팽팽했던 두 사람의 관계는 대선 이후 윤석열 당선인 쪽으로 무게 중심이 급속하게 기울었다. 여당 내 새롭게 형성된 대통령 지지 세력, 이른바 '윤핵관' 그룹이 이준석 공격에 나섰다. 인수위 기간 이준석은 인수위 활동에 크게 관여하지 않고 6·2 지방선거에 전념하는 모습을 보였지만, 대통령 지지 세력에 의한 '이준석 흔들기'는 계속되었다. 이는 이준석 대표를 몰아내고 여당을 재편하려는 대통령의 의중에 따른 것이었다. 윤석열은 공식적으로 집권당 업무에 관여하지 않겠다는 의사를 밝혔지만, '윤핵관'이 주도한 대리전을 사실상 묵인함으로써 집권 초기 국정 혼란을 방치했다.[10] 이러한 여당 내 갈등은 2022년 9월, 국민의힘 비상대책위원회가 꾸려지고 이준석 대표가 물러나면서 일단락되었다.

대통령 당선 이후 여당의 세력 재편은 민주화 이후 역대 대통령에게 공통적으로 나타난 현상이라는 점에서 윤석열과 여당 대표의 갈등이 특별한 현상은 아니다. 예컨대 노무현은 당선 이후 열린우리당을 창당해 기존 여당인 민주당과 갈등을 빚었고, 이는 민주당이 노무현 탄핵을 주도하는 원인이 되었다. 이명박은 집권 1년 차인 2008년 17대 총선을 앞두고 이른바 '친박 공천 학살'을 통해 친이계를 중심으로 여당을 재편하려고 했으며, 이로 인해 집권 내내 박근혜가 장악한 여당과 갈등을 빚었다. 따라서 윤석열의 경우도 이러한 대통령에 의한 여당 재편의 한 사례로 이해할 수 있을 것이다.

그럼에도 윤석열은 대선에서 청년층 지지 확대에 기여했던 여당 대표를 사실상 쫓아냄으로써 청년 지지층의 이탈을 초래했고, 이는 취약한 대통령의 권력기반을 더욱 약화시켰다. 또한 새 정부의 국정방향에 집중해야 할 시점에 여권 내 권력다툼을 노골적으로 드러내 민심 이반을 초래했다(손덕호, 2022.7.11). 실제로 이준석 대표를 비난하는 윤석열의 텔레그램 메시지 ("내부총질이나 하던 당대표")가 언론에 보도된 직후인 2022년 8월 초, 윤석열의 지지율은 한국 갤럽 기준으로 24%까지 하락했다. 이처럼 인수위 기간 동안 여당과 협력적인 관계를 구축해야 했지만 윤석열은 반대로 여당 대표와 갈등을 빚으면서 제도적 권력자원 구축에 실패했다.

특히 인수위 기간은 선거 기간 분열된 국민들을 통합해서 새로운 국정운영을 위한 승리연합을 구성해야 하는 시기이다. 그러나 윤석열은 인수위 기간에 야당과의 협치를 위한 구상을 밝히지 않았으며, 취임사에서도 이에 대

---

10 윤석열 대통령과 이준석 대표의 갈등은 2022년 7월 26일 권성동 당시 당대표 직무대행 겸 원내대표에게 보낸 "내부총질이나 하던 당대표"라는 텔레그램 대화 메시지로 폭발했다. 이준석 대표는 당 윤리위의 중징계를 받고 물러났으며, 이후 국민의힘은 정진석 비대위 체제로 전환했다.

해 한마디도 언급하지 않았다. 민주화 이후 대통령의 취임사에서 '협치', '통합' 등의 단어가 비중 있게 등장했던 것을 고려할 때 이에 대해 한마디도 하지 않은 것은 매우 이례적이었다. 여대야소 상황에서 여당 대표와의 갈등, 야당과의 협치 거부는 대통령의 제도적 권력자원을 구축하는 데 매우 부정적인 영향을 미쳤다.

종합적으로 봤을 때, 윤석열정부 인수위는 국정과제를 통한 국정주도권 장악과 제도적 권력자원 구축 모두에서 한계를 드러냈다. 여기에는 대통령의 정치경험 부족, 개인적 스타일, 검찰 중심 참모진의 한계, '묻지마 정권교체'로 특징지어지는 대선의 성격 등이 복합적으로 영향을 미쳤다.

대통령의 성공은 취임 6개월 안에 결정되고, 그 6개월은 취임 100일 안에 결정되며, 그 100일은 다시 인수위 기간에 결정된다. 그런 점에서 윤석열의 실패는 이미 인수위 기간에 싹트고 있었는지도 모른다.

20

미국과 한국의 인수위 없는 대통령직 인수 사례

지금까지 대통령 당선 이후 차기 정부 출범까지의 인수위 활동에 대해 살펴봤다. 이 장에서는 정상적인 인수위 활동이 불가능한 상황, 즉 인수위 없는 대통령직 인수에 대해 살펴본다. 한국과 미국의 헌법은 대통령 궐위 또는 직무 수행 불능 상태에 대한 대응 방안을 규정하고 있지만, 그 접근 방식과 세부 절차에 차이가 있다.

한국 헌법 제71조는 대통령이 "궐위되거나 사고로 인해 직무를 수행할 수 없을 때" 국무총리 또는 법률이 정한 국무위원의 순서로 권한을 대행하도록 규정하고 있다. 여기서 '궐위'는 대통령직이 공석이 된 상태로, 사망, 사임, 탄핵으로 인한 파면, 당선 무효 판결 등으로 대통령이 더 이상 재직하지 않는 경우이다. 이 경우 후임 대통령은 헌법 제68조 제2항에 따라 60일 이내에 선출되어야 한다. 또한 '사고'는 대통령이 재직 중이지만 정상적으로 직무를 수행할 수 없는 상태를 의미하며, 질병, 구속, 국회의 탄핵소추 의결로 인한 권한 정지 등이 포함된다. 사고 상태에서는 국무총리가 권한대행을 맡는다.

<표 20-1> 한국과 미국의 대통령 궐위 시 대응절차

	한국 헌법	미국 헌법
궐위 시 대응	국무총리 또는 법률이 정한 국무위원 순서로 권한대행	부통령이 자동으로 대통령직 승계
사고 시 대응	국무총리가 권한대행	부통령이 대통령 권한대행으로 직무 수행
궐위 시 후임 선출	궐위 시 60일 이내 후임자 선출	궐위 시 부통령이 임기 종료까지 승계

한편 미국은 수정헌법 제25조에서 대통령 궐위 및 직무 수행 불능 상황에 대한 절차를 규정하고 있다. 수정헌법 제25조는 케네디 대통령 암살 이후 대통령 부재 시의 혼란을 방지하기 위해 제정되었다. 이에 따르면 대통령 '궐위' 시에는 부통령이 자동으로 대통령직을 승계한다. 이는 한국과 같은 '대행'체제가 아니라 완전한 대통령직 승계를 의미한다. 또한 '직무 수행 불능'은 ① 대통령이 스스로 직무 수행 불능 상태를 선언하거나(제3항), ② 부통령과 내각 과반수가 대통령의 직무 수행 불능을 선언하는 경우(제4항)로, 이 경우에는 부통령이 '대통령 권한대행'으로서 직무를 수행한다. <표 20-1>은 한미 양국의 차이를 비교한 것이다.

인수위 없는 대통령직 인수가 일어나는 때는 '대통령 궐위'일 경우이다. 한국은 2017년 3월, 박근혜 탄핵으로 대통령 궐위가 발생하면서 헌법이 정한 절차에 따라 같은 해 5월, 대선을 치르고 문재인이 당선되었다. 문재인은 탄핵에 따른 조기 대선으로 대통령에 당선됨으로써 인수위 없이 대통령직을 시작한, 민주화 이후 첫 대통령이다.

미국의 경우 인수위 없는 대통령직 인수는 대통령의 궐위로 인해 부통령이 대통령직을 승계한 경우에 일어난다. 제2차 세계대전 이후 인수위 없이 부통령이 바로 대통령직을 승계한 경우는 1945년 해리 트루먼(대통령 사망), 1963년 린든 존슨(대통령 암살), 1974년 제럴드 포드(대통령 사임) 등 3명이다.

인수위는 권력교체기 때 국정 단절이 심한 대통령제의 단점을 보완하기 위해 발전한 제도이다. 그러나 대통령 궐위라는 비상사태에서는 이러한 인수위마저 운영하지 못한 채 바로 차기 대통령이 국정을 시작해야 한다. 인수위 기간에 아무리 철저히 준비해도 대통령이 실패하는 경우가 부지기수인데 인수위마저 없다면 차기 대통령은 무조건 실패하는 것일까. 이 장에서는 대통령 궐위로 인수위 없이 대통령직을 인수한 대통령들이 어떻게 임기를 시작했는지를 미국 대통령과 문재인의 사례를 통해 살펴본다.

1. 트루먼, 존슨, 포드의 사례

트루먼, 존슨, 포드처럼 전임 대통령의 유고로 갑자기 대통령직을 승계한 대통령들의 국정운영 전체를 관통하는 핵심 이슈는 취약한 정통성이었다. 그리고 이들이 취약한 정통성을 보강하기 위해 선택한 전략은 존경 전략, 독립 전략, 최소주의 전략 등으로 구분할 수 있다(Abbott, 2005).

첫째, 존경 전략은 전임자에 대한 모방을 통해 전임자의 정통성을 이양받는 전략이다. 이 전략은 국민적 신망과 인기가 높았던 전임 대통령을 승계하는 경우에 주로 선택된다. 역사상 가장 위대한 대통령으로 칭송받는 프랭클린 루스벨트를 승계한 트루먼, 그리고 젊고 매력적인 케네디를 승계한 존슨의 경우 재임 내내 전임 대통령의 못다 한 유업을 잇는 것을 국정운영의 핵심 의제로 삼았다. 이들은 다음 대선에서 당선된 뒤에야 전임자로부터 독립할 수 있었다.

둘째, 독립 전략은 전임자와 선을 긋고 자신만의 의제와 성과를 추구하는 경우로, 1901년 암살된 매킨리를 승계한 시어도어 루스벨트가 대표적이다.

셋째, 최소주의 전략은 전임자를 모방하기도 어렵고 그렇다고 거리를 두기도 어려운 처지에서 사실상 최소한의 국정 유지에만 전념하는 경우이다. 포드가 대통령이 된 상황이 이 경우에 해당한다. 그는 워터게이트 스캔들로 사임한 닉슨의 유업을 잇기도 어려웠고, 취약한 당내 기반으로 인해 독자적인 권력기반을 구축하기도 쉽지 않았다.

트루먼과 존슨이 전임 대통령의 못다 이룬 유업이라는 명분으로 다양한 정책을 추진했던 반면, 포드는 임기 내내 적대적인 의회가 밀어붙이는 법안에 대해 거부권을 행사하는 데 주력해야 했다(Gergen, 2001).

1) 트루먼: 존경 전략

해리 트루먼(Harry S. Truman)은 1945년 4월, 프랭클린 루스벨트가 갑자기 사망하면서 부통령이 된 지 82일 만에 대통령이 되었다. 원래 루스벨트는 헨리 윌리스(Henry Wallace)를 러닝메이트로 염두에 뒀지만, 민주당 지도부의 거부로 트루먼이 선택되었다. 4선에 오른 프랭클린 루스벨트의 건강악화설이 공공연한 사실로 파다했지만, 트루먼은 대통령직 승계를 전혀 준비하지 않았다. 여기에는 두 가지 이유가 있다. 첫째, 당시 프랭클린 루스벨트의 참모들은 제2차 세계대전이 한창인 상황인데도 관련 정보를 부통령인 트루먼과 전혀 공유하지 않을 정도로 당시 부통령의 권한과 지위는 매우 낮았다. 둘째, 트루먼 자신 역시 부통령 자리를 행정부 소속이라기보다는 부통령이 상원의 의장직을 겸한다는 점에서 의회 소속이라고 생각했기 때문에 대통령 업무에 큰 관심을 가지지 않았다(King and Riddlesperger Jr., 1995).

대통령이 된 뒤 트루먼이 처음으로 한 일은 의회 연설에서 전임자의 국내 정책과 대외 정책을 변함없이 계승할 것임을 천명한 것이었다. 예컨대 대외 정책과 관련해 그는 프랭클린 루스벨트가 희망했던 대로 전후 세계질서 구축을 위해 국제연합(UN) 창설에 매진하겠다고 밝혔다. 이는 대통령의 갑작스러운 사망으로 국내외에 퍼진 불안감을 불식시키고 국정의 연속성에 대한 믿음을 줘야 할 필요성이 컸기 때문이다.

그러나 고위직 인사에서는 전임자의 흔적을 과감히 지워나갔다. 내각의 경우 대통령이 된 지 3개월 만에 장관 10명 중 6명을 교체했다. 그러나 백악관 비서실의 경우 전임자 밑에서 일하던 고위직 대부분을 유임했다. 대신 자신의 고향인 미주리주 출신 인사들을 대거 불러들여 전임 정부 인사들과 협력하도록 했다.

앞서 살펴본 대로, 갑자기 대통령직에 오른 트루먼의 첫 번째 목표는 국정의 연속성을 확보해 국내외의 불안을 해소하는 것이었다. 따라서 이를 위해 전임자의 정책을 충실히 계승하는 존경 전략을 취했다. 트루먼의 이러한 입장은 1948년 대통령에 당선될 때까지 계속되었다.

그러나 트루먼은 재선 도전을 포기했다. 한국전쟁이 교착 국면에 빠지면서 지지율이 하락하던 1952년 3월, 트루먼은 뉴햄프셔의 민주당 경선에서 에스테스 케포버(Estes Kefauver) 후보에게 10%p 차이로 패배하자 흐름을 뒤집기 어렵다고 판단하고 후보직에서 물러났다.

2) 존슨: 존경 전략

린든 존슨(Lyndon B. Johnson)은 1963년 11월, 케네디 암살 직후 대통령직에 올랐다. 존슨은 민주당 경선에서 케네디에게 패했지만 케네디는 취약한 남부지역의 득표와 의회와의 원만한 관계를 위해 텍사스주 출신인 그를 러닝메이트로 지명했다.

존슨은 오랫동안 상원의 민주당 지도자로 활약했는데, 이러한 경력이 이후 대통령 시절 '입법의 명수'라는 말을 들을 정도로 탁월한 입법 성과를 내는 데 밑거름이 되었다. 그렇지만 아이비리그 출신의 젊고 패기 넘치는 케네디 참모진은 의회에서 잔뼈가 굵은 존슨을 '노회한 정치인'이라고 생각해 탐탁지 않게 여겼다.

특히 케네디가 암살된 직후 급히 워싱턴 D.C로 돌아오는 대통령 전용기 안에서 서둘러 대통령 취임 선서를 한 것이 참모들의 마음을 상하게 했다. 이는 노련한 존슨이 법률 전문가와 상의한 뒤 국정 공백을 최소화하기 위해 취한 조치였지만, 대통령을 잃은 참모들의 입장에서는 당혹스러운 일이었다(King and Riddlesperger Jr., 1995).

트루먼과 마찬가지로 존슨의 당면 과제 역시 국정의 연속성을 확보하는 것이었다. 존슨은 자신의 임무를 전직 대통령의 유업을 완수하는 것이라고 생각했고, 의회 연설에서 "케네디를 추모하는 길은 그가 추진한 개혁 법안을 통과시키는 것"이라고 말했다. 이처럼 케네디의 유업이라는 명분을 앞세워 존슨은 의회에서 역사적인 '민권법(Civil Rights Act of 1964)'을 통과시키는 데 성공했다.

존슨이 대통령직을 승계한 시점은 1964년 대선을 1년 여 앞둔 미묘한 시점이었다. 존슨은 젊은 대통령의 죽음을 애도하는 국가적 분위기 속에서 자신을 충직한 후계자로 자리매김했고, 그 일환으로 내각과 백악관 비서실의 고위직을 그대로 유임시켰다. 특히 존슨은 취약 분야인 대외 정책에 대해서는 케네디의 외교안보팀(러스크 국무장관, 번디 안보보좌관, 맥나마라 국방장관)에 전적으로 의존했다. 존슨이 대통령직을 승계한 뒤 사임한 내각 인사는 대통령의 친동생 로버트 케네디 법무장관이 유일했다.

그렇지만 백악관 비서실 내에는 존슨의 정통성을 인정하지 않는 분위기가 팽배했다. 그래서 존슨은 고향인 텍사스 출신 인사들을 백악관으로 불러들여 기존 멤버들과 함께 일하도록 하는 이중 전략을 구사했다.

그리고 1년 뒤 존슨은 대선뿐 아니라 상원과 하원을 모두 장악하는 역사적인 대승을 거두었다. 여기에는 존슨이 1964년 초부터 추진한 '위대한 사회(Great Society)' 프로그램이라고 불렀던 국내 정책이 큰 역할을 했다. 그는 '위대한 사회' 프로그램을 케네디의 유업이라고 말하곤 했다.

그러나 존슨에게 케네디의 유업은 양날의 칼과 같았다. 그것은 그에게 압도적인 승리를 안겨주었지만, 동시에 케네디가 추진했던 베트남전에 대한 집착과 갈수록 악화되는 반전 여론은 그로 하여금 1968년 재선 도전을 포기하도록 한 요인이기도 했다. 존슨은 뉴햄프서의 민주당 경선에서 경쟁자였던 매카시 상원의원에게 가까스로 승리하는 결과가 나오자 재선을 포기했다.

3) 포드: 최소주의 전략

제럴드 포드 주니어(Gerald R. Ford Jr.)는 1974년 8월, 닉슨이 의회 탄핵을 앞두고 전격 사임하면서 대통령직에 올랐다. 그는 케네디 암살 사건을 계기로 1967년 비준된 수정헌법 제25조에 의거해 대통령에 오른 첫 대통령이었다. 수정헌법 제25조 제1절은 "대통령이 면직, 사망 또는 사임하는 경우에는 부통령이 대통령이 된다"라고 규정하고 있다. 워터게이트 스캔들이 점차 사실로 드러나면서 닉슨의 탄핵 또는 사임이 기정사실화되는 분위기였지만, 포드는 승계 준비를 거의 하지 않았다. 이는 포드가 권력욕이 강했던 닉슨의 부통령이었다는 사실과 관련이 있다. 당초 닉슨의 러닝메이트로는 록펠러 뉴욕 주지사나 레이건 캘리포니아 주지사가 거론되었지만, 당내 분열을 우려해 무난한 포드가 선택되었던 것이다.

그러나 포드가 모르는 사이 오랜 친구였던 필립 버천(Philip Buchen)의 주도로 비공식적인 인수팀이 꾸려졌고, 대통령이 되자 비공식팀은 5~6명의 전문가가 참가하는 팀으로 확대·개편되었다. 이 팀은 포드에게 다음 네 가지를 권고했다.

첫째, 새 정부에 대한 확신을 주기 위해 다양한 공직자를 만나고, 의회 양원 합동 연설을 하라. 둘째, 백악관 비서실에 충성파로 구성된 임시운영조직을 만들고, 닉슨의 참모들과 협력하라. 셋째, 닉슨의 참모는 적절한 때에 모두 내보내라. 넷째, 닉슨의 비서실장인 알렉산더 헤이그를 교체하라(King and Riddlesperger Jr., 1995).

포드는 권고안들을 충실히 따랐다. 특히 의회 연설에서 닉슨의 대외 정책을 변함없이 계승하겠다는 입장을 밝혔고, 그 일환으로 키신저를 안보보좌관에 유임시켰다. 트루먼이나 존슨과 달리 포드는 불명예스럽게 물러난 전직 대통령과의 단절이 당면 과제였다. 그러나 군축, 대중국 관계 등에서 큰 성과를 냈던 대외 정책은 예외였다.

문제는 국내 정책에서 닉슨과의 단절을 상징할 만한 독자적인 의제가 없었다는 점이다. 포드가 재임 중 무수히 거부권을 행사했던 것은 의회의 태도가 워낙 적대적인 탓도 있었지만, 다른 한편으로 의회 관계를 주도할 독자적인 대통령의 의제가 없었던 탓도 컸다. 포드는 미국 역사상 거부권을 네 번째로 많이 행사한 대통령이었다(Reichley, 1981).

전직 대통령과의 단절은 주로 백악관 비서실을 개편하는 방식으로 드러났다. 특히 닉슨의 백악관 비서실은 비서실장을 정점으로 한 강력한 위계구조였기 때문에 비서실장으로의 쏠림현상과 정보 왜곡이 심각했다. 이에 비판적이었던 포드는 대통령이 참모들과 직접 소통할 수 있는 수평적 구조, 이른바 바퀴의 살(spokes of the wheel) 모델을 채택했다. 그러나 이 모델은 대통령의 업무 부담을 지나치게 높여 결과적으로 실패한 것으로 평가된다(Gergen, 2001).

1975년 초쯤, 백악관 비서실은 키신저 안보보좌관을 제외한 전직 참모들이 모두 교체되었다. 내각의 경우 초기에는 전임자들이 모두 유임되었지만

1974년 12월~1975년 7월 사이에 절반 이상이 교체되었다.

포드의 가장 결정적인 실수는 취임 한 달 만에 닉슨의 특별사면을 결정한 것이었다. 참모들도 사전에 알지 못했고, 국민들은 경악했다. 대통령직 승계 때 71%에 달했던 지지율은 곤두박질쳤다. 포드는 화해와 통합을 사면의 명분으로 내세웠지만 여론의 반응은 싸늘했다.

포드의 재임기간은 시련의 연속이었다. 닉슨 사면 이후 여론은 등을 돌렸고, 민주당이 장악한 의회는 대통령의 권한을 제한하는 데 몰두했으며, 포드는 거부권을 행사하기 바빴다. 그는 전임 대통령과 단절해야 했지만, 그럴 만한 정책의제가 없었다. 1976년 대선에서 포드가 카터 민주당 후보에게 패배한 것은 예견된 결과였다.

4) 대통령의 성패를 가른 요인

그렇다면 이들의 대통령직 인수는 얼마나 성공적이었을까. 이를 대통령 선거 도전 결과로 판단해 본다면, 트루먼과 존슨은 '성공', 포드는 '실패'였다. 이러한 차이는 어디에서 기인하는 것일까. 〈표 20-2〉는 전임 정부와의 관계, 고위직 인사, 정책, 의회 관계 등을 기준으로 3명의 대통령을 비교한 것이다.

3명의 대통령은 공통적으로 갑작스러운 대통령직 승계 직후 높은 여론의 지지를 받았다. 이는 국가 위기상황에서 국가 지도자를 중심으로 결집하는 현상이 나타나기 때문이다.

그러나 이들이 대통령직에 오를 당시의 국가적 분위기는 각기 전혀 달랐다. 트루먼과 존슨은 전직 대통령의 후광이 워낙 컸기 때문에 이들을 계승하고 정책적 연속성을 확보하는 것이 관건이었지만, 포드의 경우에는 불명예스럽게 퇴진한 전직 대통령 닉슨과 단절해야 했다. 그런 면에서 트루먼과

〈표 20-2〉 트루먼, 존슨, 포드의 대통령직 인수 비교

	승계 시점	승계 당시 지지율	전임 정부와의 관계	고위직 인사		정책	의회 상황	대선 결과
				내각	비서실			
트루먼	1945년 4월	87%	존경	교체	유임	연속	우호적	1948년 당선
존슨	1963년 11월	80%	존경	유임	전임자와 측근의 이중구조	연속	우호적	1964년 당선
포드	1974년 8월	71%	최소주의	유임	교체	단절 (대외 정책은 연속)	적대적	1976년 낙선

존슨의 국정운영 비전과 정책의제는 분명했던 반면, 포드는 그렇지 못했다. 포드는 닉슨의 대외 정책을 계승하겠다고 표방했지만, 국내 정책에 대해서는 자신만의 의제를 제시하지 못했다.

의회 상황 역시 포드에겐 불리했다. 트루먼과 포드는 의회에서의 수적 우위, 또는 전직 대통령에 대한 애도 분위기에 힘입어 의회 관계를 주도할 수 있는 입장이었지만, 포드는 공화당이 의회 소수파였을 뿐 아니라 워터게이트 사건 이후 대통령의 권력을 제한하려는 적대적 의회와도 마주해야 했다.

가장 주목할 만한 차이는 대통령직 승계 이후의 고위직 인사 패턴이다. 트루먼은 내각의 전임자들을 교체했지만, 백악관 비서실은 유임시켰다. 그러나 존슨과 포드는 반대로 '내각 유임, 비서실 교체'라는 인사를 단행했다. 이러한 차이는 존슨과 포드 시절에 이르면 대통령 보좌시스템이 '내각 중심'에서 '백악관 비서실 중심'으로 완전히 이동한 것에 기인한다.

미국 대통령직의 구조변동은 1938년 프랭클린 루스벨트의 대통령 집행부(EOP) 창설에서 시작되어 1973년 닉슨의 EOP 내 관리예산처(OMB) 신설 시점에 제도화가 완료된 것으로 평가된다(Ragsdale and Theis, 1997). 즉, 닉슨을 전후한 시점에 국정운영의 중심이 완전히 백악관 비서실로 넘어오게 된 것이다. 이처럼 백악관 비서실이 국정운영의 중심이 된 상황에서

존슨과 포드는 내각 인사를 유임하되, 국정의 중심인 백악관 비서실을 충성 분자 위주로 교체할 수밖에 없었던 것이다. 이와 함께 존슨과 포드가 전직 대통령의 비서실 참모들로부터 정통성을 인정받는 데 어려움을 겪었다는 점도 백악관 비서실의 인적 개편을 단행한 이유 가운데 하나였을 것이다.

2. 문재인의 사례

한국의 '인수위법'은 대통령이 임기 종료로 퇴임하는 정상적 상황만을 가정하고 만들어졌기 때문에 문재인처럼 전직 대통령 탄핵에 따른 조기 대선으로 선출된 대통령에 대한 규정은 전혀 없다. 문재인은 인수위 없이 당선된 다음날부터 바로 국정을 시작한 첫 번째 사례이다.

미국은 대통령 궐위 시 부통령이 대통령직을 승계하지만, 한국은 60일 이내에 후임 대통령을 선출해야 한다. 87년 헌법을 만들 때 대통령 궐위의 첫 사례가 탄핵으로 인한 대통령 파면이 될 것이라고는 상상하지 못했을 것이다. 문재인 이후 또 이런 일이 있을까 했는데, 윤석열의 비상계엄이 발생했다. 다시 없을 것 같던 인수위 없는 대통령직 인수가 또 현실화되면서 문재인의 경험을 살펴볼 필요성이 커졌다. 이를 전임 정부와의 관계, 고위직 인사, 국정과제, 의회 관계 등을 중심으로 살펴보자.

1) 전임 정부와의 관계 설정

문재인은 2017년 5월 10일, 취임 즉시 임기를 시작하면서 전임 정부와의 '강제 동거'를 피할 수 없었다. 취임 당일, 전임 정부 장관들이 일괄 사표를 제출했지만 신임 장관에 대한 국회 인준 절차가 지연되면서 두 달가량을 전

박근혜정부 전임자		전임자 퇴임일 / 후임자 취임일	문재인정부 후임자	후임자 임명일
기획재정부	유일호	6월 9일	김동연	5월 21일
교육부	이준식	7월 4일	김상곤	5월 25일
외교부	윤병세	6월 18일	강경화	5월 21일
국방부	한민구	7월 13일	송영무	6월 11일
통일부	홍용표	7월 2일	조명균	6월 13일
보건복지부	정진엽	7월 21일	박능후	7월 3일
환경부	조경규	7월 4일	김은경	6월 11일
국토교통부	강호인	6월 21일	김현미	5월 21일
산업통상자원부	주형환	7월 초	백운규	6월 3일

임 정부의 장관과 국무회의를 해야 했다. 임기 초반, 국무위원 19명 중 9명이 전임 정부의 장관이었다(〈표 20-3〉 참조).

이처럼 전임 정부 장관과의 불편한 동거가 불가피해지자 문재인은 '국가공무원법' 제32조의 '직무대리 규정'을 적극 활용해 5월 11일부터 차관급 이상 27개 직위에 임시 대리자를 신속 임명했다. 행정안전부와 기재부 등 핵심 부처에 실무 차관급 인사를 임명해 현안 대응 체계를 구축했다.

새 대통령은 항상 '새로운 시대'와 '개혁'에 대한 국민적 열망 속에서 출발한다. 특히 한국에서는 전임 대통령이 임기 말 친인척 비리 또는 권력형 비리로 얼룩진 경우가 많았기 때문에 전임 대통령과의 극적인 단절을 요구하는 목소리가 높다. 문재인의 경우 박근혜 탄핵에 따른 조기 대선으로 선출되었다는 점에서 더욱 그러했다.

박근혜의 탄핵을 촉발한 국정농단 사건에서 드러난 부정부패와 권력 남용은 국민적 분노를 불러일으켰다. 국민들은 단순히 정권교체를 넘어 과거의 잘못된 관행을 바로잡고 새로운 민주주의 질서를 확립할 것을 요구했다.

문재인은 이러한 국민적 요구를 반영해 '적폐청산'을 대선공약 1호로 내세웠으며, 이를 임기 초기부터 강력히 추진했다. 각 부처에 적폐청산 태스크포스(TF)를 구성하고 과거 정부의 비리와 부패를 조사했다. 이 과정에서 박근혜 및 이명박정부 시절, 국정원, 군 사이버사령부 등 국가기관의 불법 정치 개입과 권력 남용 사례가 드러났다. 문재인의 적폐청산은 국민들로부터 높은 지지를 받아 임기 초기 80%대의 높은 지지율을 보였다.

그러나 새 대통령이 직면하는 또 다른 여론은 국민통합에 대한 요구이다. 대통령이 된 다음에 깨닫게 되는 가장 중요한 사실 중 하나는 선거캠페인과 국정운영은 완전히 다르다는 것인데, 레이건 대통령의 비서실장이었던 케네스 두버스타인은 "선거캠페인은 적을 섬멸하기 위한 것이지만, 국정운영은 적과 사랑에 빠지는 것"이라고 표현하기도 했다(Cronin and Genovese, 2004). 문재인이 취임사에서 자신을 지지하지 않는 국민까지 포함해 "모든 국민의 대통령이 되겠다"라고 약속한 것은 이런 이유에서였다. 그러나 국민통합과 적폐청산을 조화시키는 것은 쉽지 않은 일이었다.

이런 모순적 요구 사이에서 박근혜의 사법 처리 문제는 문재인이 당면한 첫 번째 시험대였다. 탄핵 위기에서 사임한 닉슨을 계승했던 포드가 직면한 상황도 이와 유사했다. 포드는 취임 한 달 만에 닉슨에 대한 특별사면을 전격 발표했다. 국민들은 분노했고, 70%를 웃돌던 지지율은 곤두박질쳤다. 포드는 '국민통합'을 명분으로 내세웠지만, 이에 대한 국민적 합의는 없었다.

문재인은 적폐청산을 마구잡이로 밀어붙일 수도 없었다. 전임 정부의 명백한 정책 실패와 잘못된 국정운영에 초점을 맞춘 개혁은 필요했지만, 정치보복이라는 인상을 줄 우려가 있었기 때문이다. 이명박의 경우 노무현에 대한 망신주기식 검찰 조사와 뒤이은 노무현의 자살로 정치적 위기를 맞았다.

적폐청산은 전임 정부의 부패와 권력 남용을 바로잡기 위한 정당한 조치로 평가받았지만, 동시에 정치적 보복이라는 비판도 받았다. 무엇보다 적폐 수사가 장기화되면서 국민들 사이에서 피로감이 누적되는 것이 문제였다. 심지어 수사 강도가 높아지면서 피의자들이 자살하는 등 적폐 수사의 정당성에 의문이 제기되기도 했다. 또한 초기 국정운영의 초점을 적폐청산에 맞추는 바람에 경제와 민생 문제 해결에 상대적으로 소홀했다는 비판도 받았다. 결과적 해석이지만, 적폐 수사를 위해 검찰 권력을 확대한 것이 임기 초기의 검찰 개혁 방향과 역행하는 문제를 낳기도 했다. 이러한 검찰 권력 확대는 이후 윤석열의 대권 도전을 위한 발판이 되었다.

새 대통령은 취임 초기에 개혁과 국민통합이라는 모순적인 요구를 받는다. 문재인은 2025년 1월 ≪한겨레≫와의 인터뷰에서 "적폐 수사는 전임 정부 말기부터 시작된 수사였기 때문에 막을 수 없었다"라는 취지로 말했다 (박찬수, 2025). 적폐 수사로 야당은 궤멸에 가까운 피해를 입었고, 이것은 이후 여야 적대가 심화되는 원인이 되었다. 궁지에 몰린 야당이 필사적으로 문재인의 국정운영에 반대함으로써 대통령이 여론과 손잡고 국정을 이끄는 여론 동원식 정치도 심화되었다.

되돌아보면 새 대통령은 국민통합에 대한 확고한 신념을 가질 필요가 있다. 개혁의 결과가 분열과 적대라면 도대체 무엇을 위한 개혁인가라는 의문이 들 수밖에 없다. 김대중은 당선인 신분이었던 1997년 12월, 전두환과 노태우 두 전직 대통령의 사면을 김영삼에게 제안해서 성사시켰다. 갈수록 정치적 분열과 적대가 심화되는 상황에서 국민적 화합과 통합을 목표로 한 김대중의 결단을 숙고할 필요가 있다.

2) 고위직 인사와 조직개편

문재인은 취임 첫날 청와대 춘추관에서 기자회견을 열고 국무총리, 청와대 비서실장, 국가정보원장, 경호실장 등에 대한 첫 번째 인사를 발표했다. 인수위 없이 곧바로 국정을 시작하는 상황에서 대통령이 직접 인사를 발표함으로써 국민들의 불안을 가라앉히고 소통하는 이미지를 구축하기 위해서였다.

새 대통령에 대한 첫 인상은 대개 고위직에 누가 임명되는지에 크게 영향받는다. 특히 '빅2'로 불리는 청와대 비서실장과 국무총리가 누구인지가 결정적인 역할을 한다. 이 두 자리는 청와대와 내각을 통솔하는 자리이기 때문에 이 자리에 임명된 인물을 보고 국민들은 대통령의 국정철학과 용인술을 평가하게 된다.

갑자기 대통령이 된 트루먼은 내각의 장관들을 우선적으로 교체한 반면, 존슨과 포드는 백악관 비서실에 대한 인적 쇄신을 우선적으로 단행했다. 이러한 차이는 국정운영의 중심이 내각이냐, 백악관 비서실이냐에서 비롯되었다.

한국의 전문가들 사이에서는 '내각 중심의 국정운영'을 주장하는 목소리가 많다. 이를 다른 말로 표현하면 '책임장관제'일 것이다. 그런데 이러한 주장은 실제 국정운영의 현실과 대통령이 직면한 상황을 객관적으로 반영한 주장이라기보다는 과거 권위주의 시절에 청와대 비서실로 권력이 집중되면서 권력형 비리가 양산되고 장관들의 자율성이 크게 훼손되었던 역사적 경험에 근거하고 있다.

그러나 미국의 대통령 연구자들 사이에서는 내각 정부는 효과적이지 않으며 대통령의 제도적 인센티브, 국정운영의 효율성을 위해서는 백악관 비서실 중심의 집권적 운영이 더 바람직하다는 의견이 많다(Burke, 2001; Kumar, 2008). 이는 앞서 말했듯이, 미국의 관료제 특성과 대통령직의 구조변동이라는 역사적 맥락과 깊은 관련이 있다.

또한 책임장관제의 다른 버전으로 '책임총리제'가 거론되기도 한다. 이는 일상적인 국정관리는 총리가 책임지고(그에 상응하는 권한과 함께), 대통령은 중장기 국정과제를 맡는 식으로 역할 분담을 해야 한다는 주장이다. 그러나 책임총리제가 실질적으로 운영되려면 김종필, 이해찬의 사례처럼, 강력한 의회기반을 갖고 대통령과 직접 담판할 수 있을 정도의 정치력을 갖춰야 한다. 그렇지 않고 대통령의 자의에 의해 권력의 일부를 이양받고 언제든 대통령에 의해 해임될 수 있는 총리로는 절대 책임총리제를 구현할 수 없다. 이러한 역사적 경험 등을 종합적으로 고려할 때, 한국에서는 대통령비서실 중심의 국정운영이 바람직하지 않더라도 불가피한 측면이 있다. 특히 인수위 없이 대통령직을 바로 시작할 경우에는 인사청문회, '정부조직법' 통과 등으로 장관 임명과 정부조직개편 등이 지연될 수 있기 때문에 빠른 시간 안에 국정을 안정시키려면 대통령 비서실 중심의 국정운영이 더욱 불가피하다.

문재인의 첫 비서실장으로 임명된 임종석(당시 51세)은 과거 학생운동가 출신으로, 젊고 개혁적인 이미지를 상징했다. 문재인은 그의 임명을 통해 청와대를 "젊고 역동적인 조직"으로 바꾸겠다는 의지를 밝힌 것이다. 또한 대통령 비서실에 장관급 정책실장을 부활시켜 국정 전반의 정책을 조율하고 경제·사회·복지 등 주요 분야에서 부처 간 협력을 이끌어내는 역할을 하도록 했다. 이로써 대통령부서를 비서실장 - 정책실장 - 국가안보실장의 3실장으로 구성하는 이른바 '노무현 모델'을 복원했다. 이러한 노무현 모델은 민주화 이후 대통령실의 '표준모델'로 자리 잡았다.

또한 첫 총리로는 이낙연 전 전남도지사를 선택함으로써 새 정부에 대해 통합과 화합의 이미지를 구축하고자 했다. 그러나 문재인의 정부조직개편은 여소야대 상황으로 인해 상당한 어려움을 겪었다. 인사청문회와 추경 문제까지 얽히면서 여야 합의가 지연되었다. '정부조직법' 개정안은 2017년 6월 12일 국회에 제출되어 7월 20일 통과했다. 국회 제출 41일 만이었고, 새

정부 출범 72일 만이었다.

정부조직개편은 야당이 동의할 수 있는 최소한의 수준에서 이뤄졌다. 신설된 부처는 중소벤처기업부가 유일했고, 국민안전처 산하에 있던 소방청과 해양경찰청을 독립기관으로 승격하는 정도였다. 나머지는 기존 부처를 재조합하는 수준이었다. 국민안전처와 행정자치부를 통합해 행정안전부로 개편했고, 미래창조과학부를 과학기술정보통신부로 명칭을 바꾸면서 산하에 국가 연구개발(R&D)을 전담하는 과학기술혁신본부를 설치했다. 그리고 국가보훈처를 장관급 기구로 격상했다.

신속한 내각 구성도 인사청문회 등 검증 과정에서 다수의 장관 후보자가 낙마하면서 어려움을 겪었다. 특히 새 정부는 고위 공직자의 인선 원칙으로 '5대 비리 원천 배제' 원칙(병역 기피, 부동산 투기, 세금 탈루, 위장 전입, 논문 표절)을 내세웠지만, 실제 검증 과정에서 이 원칙이 제대로 적용되지 않아 한계를 드러냈다. 기대를 모았던 첫 내각에서는 안경환 법무부 장관 후보자, 조대협 고용노동부 장관 후보자, 박성진 중소벤처기업부 장관 후보자 등 3명의 장관 후보자가 낙마하면서 신속한 내각 구성이 지연되었다.

3) 국정과제

포드가 재선에 실패한 결정적인 이유 중 하나는 전직 대통령과의 단절을 상징할 만한 자신만의 정책의제가 없었다는 것이다. 반면 대선 도전에 성공한 트루먼과 존슨의 경우에는 비록 전직 대통령에게 물려받은 것이기는 했지만, 전직 대통령의 유업을 계승해야 한다는 뚜렷한 정책의제가 존재했었다.

인수위 기간 동안 선거공약은 실현가능성, 타당성, 적실성, 시급성, 대통령의 우선순위 등을 기준으로 해서 국정과제로 재정립된다. 국정과제는 신임 대통령이 향후 5년 동안 무엇을 할 것인가를 국민들에게 알리고 지지를 확보하는 수단이다.

그러나 문재인은 새 정부 출범과 동시에 국정과제를 수립하는 작업을 병행해야 했다. 따라서 인수위 없는 대통령직 인수가 현실화되었을 때 대통령 후보자들은 대통령에 당선되자마자 즉시 정책 추진이 가능한 수준으로 최대한 정제된 정책의제를 공약으로 제시할 필요가 있다. 예컨대 레이건은 대선캠페인 기간에 세금 감면과 예산안 삭감을 핵심 공약으로 내걸었고, 선거에서 승리하자마자 이를 공약에 대한 국민적 위임으로 간주해 의회를 설득하는 지렛대로 삼았다(Kumar, 2008).

문재인은 인수위 없이 출범한 상황에서 국정운영의 방향성과 국정과제를 신속히 설정하기 위해 2017년 5월 22일, 국정기획자문위원회(이하 '국정기획자문위')를 구성했다. 국정기획자문위는 같은 해 7월 18일까지 총 54일간 활동했다. 일단 새 정부가 출범한 뒤 사실상의 인수위가 구성되고 운영된 셈이다.

국정기획자문위는 김진표 위원장을 포함해 총 34명으로 구성되었다. 6개 분과(기획분과, 경제1분과, 경제2분과, 사회분과, 정치행정분과, 외교안보분과)에는 주로 대선 캠프에서 활동했던 정치인, 학자, 전문가들이 참여했다(<표 20-4> 참조).

문재인은 같은 해 6월 12일, 국회 본회의장에서 추경안 처리를 위한 시정연설을 하면서 일자리 문제에 전력투구하겠다고 말했다. 같은 날, 국정기획자문위도 '일자리' 문제를 최우선 국정과제로 설정한 '문재인정부의 12대 약속'을 발표했다. <표 20-5>는 대선후보 시절의 공약과 이날 발표된 내용을 비교한 것이다.

문재인의 대선공약은 '부정부패 없는 대한민국'이 첫 번째였고, 다음으로 '공정한 대한민국', '민주·인권 강국 대한민국' 순이었다. 이는 '박근혜-최순

<표 20-4> 문재인정부 국정기획자문위원회의 구성과 참여 멤버

위원장	김진표 의원	
부위원장	홍남기 국무조정실장, 김태년 정책위의장, 장하성 정책실장	
분과	역할	분과장
기획분과	국가 전체 정책을 총괄 조율	윤호중 의원
경제1분과	거시경제 및 재정·금융 정책 담당	이한주(가천대)
경제2분과	산업·기술·중소기업 정책 담당	이개호 의원
사회분과	복지, 노동, 교육, 환경 등 사회 정책 담당	김연명(중앙대)
정치·행정분과	권력기관 개혁, 행정 혁신 등 담당	박범계 의원
외교·안보분과	대북 정책, 외교 및 안보 전략 수립	김기정(연세대)

<표 20-5> 문재인의 대선공약과 정부 출범 후 국정과제

	문재인 대선후보 시절 공약	문재인정부 12대 약속
1	부정부패 없는 대한민국	소득주도성장의 일자리 경제
2	공정한 대한민국	국민 주권의 촛불 민주주의 실현
3	민주·인권 강국 대한민국	사람을 책임지는 든든한 복지
4	일자리가 마련된 대한민국	모두가 성장하는 공정경제
5	성장동력이 마련된 대한민국	균형발전을 주도하는 자치 분권
6	전국이 골고루 잘사는 대한민국	4차 산업혁명을 선도하는 혁신성장
7	출산·노후 걱정 없는 대한민국	출산 보육 교육의 국가 책임 강화
8	민생·복지·교육 강국 대한민국	국민 안전과 생명을 지키는 대한민국
9	강하고 평화로운 대한민국	강한 안보, 당당한 협력외교
10	안전한 대한민국	원칙이 바로 선 한반도 평화번영
11	지속가능하고 성평등한 대한민국	자유와 창의가 넘치는 문화공동체
12	문화가 숨쉬는 대한민국	소통으로 통합하는 광화문 대통령

실 게이트'에 분노한 민심을 겨냥해 '적폐청산'을 강조했기 때문이다. 대선 공약에서 '일자리' 문제는 4순위였다.

그러나 이날 발표에서는 일자리 문제가 부정부패 척결보다 앞선 최우선 과제로 올라갔다. 3순위 과제는 '사람을 책임지는 든든한 복지', 4순위는 '모두가 성장하는 공정경제'였다. 대선 기간에는 '적폐청산'이 강조되었지만,

대통령이 된 다음에는 '일자리'와 복지, 공정경제 쪽으로 우선순위가 변한 것이다.

그리고 새 정부가 출범한 지 3개월 만인 7월 19일, 국정기획자문위는 문재인정부의 비전으로 '국민의 나라, 정의로운 대한민국'을 제시하고, 이를 실현하기 위한 방안으로 5대 국정목표, 20대 국정전략, 100대 국정과제를 선정했다. 이에 앞서 국정기획자문위는 온라인과 오프라인을 통해 16만 5000여 건의 국민 의견을 수집하는 등 국민 의사를 최대한 반영한다는 이미지를 구축했다.

인수위 없이 대통령직을 인수하는 상황에서는 새 정부가 출범한 뒤 국정과제를 만들 수밖에 없다. 이에 따른 국정 혼선을 최소화하기 위해서는 대선캠페인 단계에서부터 현실성 있는 공약을 제시해야 한다. 또한 취임 이후 발표된 국정과제에 대한 국민의 관심을 높이고 지지를 확보하기 위한 방안을 마련해야 한다.

4) 여당 및 의회와의 관계

포드를 실패한 대통령으로 만든 주요 원인은 적대적 의회를 상대할 힘이 없었다는 점이다. 포드의 공화당은 의회 상·하원에서 모두 소수파였고, 워터게이트 스캔들 이후 민주당은 대통령의 권한을 제한하는 데 몰두했다. 또한 포드는 레이건 등과 같은 경쟁자를 압도할 만큼 당내 기반도 강력하지 못했다.

인수위 없이 대통령직에 오를 경우 약한 의회기반은 대통령의 국정운영을 더욱 어렵게 만든다. 문재인이 취임할 당시 민주당의 의석은 120석(41%)으로, 국회 과반에 못 미쳤다. 자유한국당(107석), 국민의당(40석), 바른정당(20석), 정의당(6석) 등 야당이 다수를 차지했다. 문재인에겐 야당의 협력이 필수적이었다.

문재인은 2017년 5월 10일, 취임 연설에서 야당과의 협력을 강조하면서 그 방안으로 ① 야당을 국정운영의 동반자로 인정하고, ② 야당과의 대화를 정례화하며, ③ 지역과 이념을 가리지 않는 탕평인사를 하겠다고 말했다. 이어 취임 첫날, 여의도를 방문해 4개 야당 지도부와 차례로 면담하면서 협력을 요청했다. 또 5월 19일, 청와대에서 여야 5당 원내대표들과 상견례를 겸한 오찬 회동을 가졌다. 이 자리에서 문재인은 여야정 국정상설협의체 구성, 개헌, 검찰·국정원 개혁 등 다양한 국정과제에 대한 협력을 요청했다.

여당과의 관계 강화에도 주력했다. 특히 문재인은 노무현정부 시절, 당정 갈등으로 인한 국정 혼선을 반면교사로 삼아 혼연일체의 당정 관계를 구축해야 한다는 점을 강조했다. 이에 여당인 민주당은 2017년 5월 28일 첫 의원 워크숍을 열고 "문재인정부의 성공을 위한 여당의 단합"을 다짐했다.

그러나 야당과의 협력은 뜻대로 되지 않았다. 문재인은 취임 직후인 6월 7일, 일자리 창출을 목표로 11조 2000억 원 규모의 첫 번째 추가경정예산안(추경안)을 국회에 제출했지만, 야당의 반대에 부딪혔다. 추경안은 공무원 증원 예산 80억 원이 전액 삭감되는 등 원안보다 약 1조 원 감액된 10조 2000억 원으로 7월 22일 국회를 통과했다. 또한 '정부조직법' 개정안은 야당의 반대로 새 정부 출범 72일 만에 국회를 통과했고, 인사청문회에서는 일부 후보자가 도덕성 논란 등으로 낙마하는 등 야당과의 갈등이 심화되었다.

무엇보다 촛불혁명으로 탄생한 정부라는 정체성을 바탕으로 국정과제로 제시한 적폐청산이 보수 야당으로부터 '정치보복'이라는 비판을 받았다. 보수 야당은 적폐청산과 협력을 동시에 주장하는 문재인정부를 신뢰할 수 없었다.

이에 따른 결과는 '청와대 주도의 국정운영'이었다. 문재인은 취임 직후의 높은 지지율을 바탕으로 개혁과제를 밀어붙였는데, 이는 야당과의 관계를 더욱 경색시킴으로써 더욱 여론에 의존하게 되는 악순환을 낳았다. 이 과정에서 여당인 민주당은 청와대 중심의 국정운영을 보조하는 수동적인 역할에 머물렀다. 일부 민주당 의원들이 우려의 목소리를 냈지만, 여소야대 상황에서 개혁과제의 추진, 그리고 노무현정부 시절의 당정 갈등 경험 등을 의식해 공개 비판을 자제했다. 이는 야당과의 협력이라는 당초 구상과 달리 청와대 주도의 국정운영을 더욱 심화시켰다.

DJP 연립정부라는 매우 예외적인 경우도 존재하지만, 대통령이 연립정부를 통해 반드시 의회 다수파가 될 필요는 없다. 대통령에게 필요한 것은 정책 사안과 이슈별로 유동적이고 일시적인 정책 연합을 반복적으로 만들어낼 수 있는 정치력이다. 그러려면 대통령을 대리해 야당과 대화할 수 있는 핵심 참모가 반드시 필요하다.

야당과의 협력은 다시 '전임 정부와의 관계 정립을 어떻게 해야 하는가'라는 문제와 연결된다. 야당을 적폐청산의 대상으로 몰아세우면서 동시에 협력을 요구하는 것은 '따뜻한 아이스 아메리카노'처럼 모순적이다. 인수위 없이 취임한 대통령은 개혁을 요구하는 지지자와 상처받은 반대자를 모두 끌어안는 불가능한 묘수를 찾아야 한다. 필요하다면 취임 일성으로 막연하게 '협력'을 외치는 것보다 아예 과감하게 '정치보복 포기'를 선언해야 할지도 모른다.

5) 언론/대중과의 관계

트루먼, 존슨, 포드가 대통령직을 승계하자마자 했던 첫 번째 일은 국정 연속성에 대한 메시지를 던진 것이었다. 첫 메시지의 장소는 의회였지만, 이것은 실질적으로는 국내의 국민뿐 아니라 다른 나라를 향한 메시지이기도 했다. 이를 통해 정책 혼란 또는 국정 단절에 대한 대내외의 불안감을 잠재우려 했던 것이다.

새 대통령이 당선되면 그의 첫 번째 메시지에 언론의 관심이 집중된다. 첫 번째 기회는 대개 취임사 또는 첫 기자회견인데, 이때 사려 깊게 메시지를 준비해야 한다. 특히 새 정부는 다른 거대 이슈에 의해 새 정부의 국정과제와 메시지가 묻히지 않도록 전략적으로 메시지를 관리해야 한다.

신임 대통령에 대한 언론과 국민의 높은 관심은 국정운영의 동력이 되기도 하지만 한편으론 걸림돌이 될 수도 있다. 개혁과 새로운 시대에 대한 국민적 기대가 너무 높아지면 작은 실수 하나에도 감당할 수 없는 비판이 쇄도할 수 있기 때문이다. 따라서 국가가 당면한 현실과 정부의 대응책을 과장 없이 객관적으로 설명하고 국민의 지지와 동참을 설득할 수 있는 대통령의 커뮤니케이션 능력이 요구된다.

특히 언론은 새 정부의 방향이나 정책 등 실질적인 내용을 담을 기삿거리가 없으면 권력 주변의 인물이나 내부 권력투쟁 같은 가십성 기사를 생산하는 속성이 있다. 따라서 신임 대통령은 유능한 홍보수석을 기용해야 한다. 홍보수석은 언론의 속성을 잘 이해하고 언론과 원만한 관계를 유지할 수 있어야 한다. 또한 언론뿐만 아니라 SNS 등 뉴미디어로 무장한 대중들과도 원활히 소통할 수 있는 능력을 갖춰야 한다.

문재인은 소통과 투명성을 강조하고 언론 및 국민과 직접 대화함으로써 국정운영에 대한 신뢰를 구축하려고 했다. 예컨대 2017년 8월, 취임 100일 기자회견에서는 사전 조율 없이 기자들이 자유롭게 질문할 수 있는 형식을 도입했다. 또한 '광화문 1번가'와 같은 온라인 플랫폼을 통해 국민 의견을 수렴한 뒤 국정기획자문위의 국정과제에 반영하려고 했다. 이러한 노력은 대통령에 대한 여론의 지지로 나타났다. 한국갤럽 조사에 따르면, 취임 4주차(2017년 5월 30일~6월 1일) 기준 문재인의 지지율은 84%였는데, 이는 민주화 이후 대통령의 첫 직무 수행 평가 중 가장 높았다.

  지금까지 미국과 한국에서 인수위 없이 대통령직을 인수한 사례를 전임
정부와의 관계, 고위직 인사, 국정과제, 의회 관계, 언론 및 대중 관계 등을
중심으로 살펴봤다. 한국은 다시 인수위 없는 대통령직 인수를 경험할 예정
이다. 다시는 없을 줄 알았던 사태가 반복되면서 이에 대한 제도적 보완책
을 고민할 필요가 있다. 무엇보다 인수위 구성 시점을 대선 캠페인 기간 중
으로 앞당길 필요가 있다. 이는 인수 준비는 빠르면 빠를수록 좋기 때문이
기도 하고(Burke, 2001), 궐위 선거로 인해 인수위 없는 대통령직 인수가 일
어날 경우에 대비할 수 있기 때문이기도 하다.

  미국은 1976년, 카터가 처음으로 사전 인수위팀을 꾸린 이래로 선거 전
인수위 구성이 관행화되었다. 예컨대 아들 부시는 공화당 경선이 끝나기도
전에 오랜 친구인 클레이 존슨에게 사전 인수팀 구성을 지시하면서 이렇게
말했다. "나는 선거캠페인에 집중해야 하기 때문에 네가 선거 이후 무엇을
할지 고민해 줘. 인수팀과 관련된 일, 무엇을 성취해야 하는지, 어떻게 조직
해야 하는지 등에 대해서 말이야. 그러려면 조지 슐츠(레이건 대통령의 국무
장관)나 짐 베이커(레이건 대통령의 재무장관, 아버지 부시의 국무장관) 같은 사
람과 이야기를 나눠보는 게 좋을 거야. 그리고 필요한 문서를 읽어보고 필
요한 사람들이랑 대화를 나눠. 그리고 계획을 세워봐. 그런 작업은 캠페인
과 철저히 분리될 거야. 너는 대선 이후의 계획을 세워줘"(Kumar, 2008). 또
한 2010년, '선거 전 대통령직 인수법'을 제정해 민주, 공화 양당의 대선후보
선출 시점부터 인수위 운영에 필요한 공공자금을 정부가 지원하고 있다.

  한국도 궐위 선거에 따른 인수위 없는 대통령직 인수에 대비하기 위해 대
선 이전에 인수위를 만들고 지원하는 제도를 만들 필요가 있다. 이럴 경우
"마치 대통령이 다 된 듯"한 오만한 인상을 줄 수 있지만 모든 대선후보가 사

전 인수위를 구성하고 이를 정부가 지원한다면 큰 문제가 되지 않을 것이다. 인수위 없는 대통령직 인수는 매우 이례적인 일이지만, 이미 경험했듯이 불가능한 일도 아니다. 다시는 일어나지 않는 것이 최선이지만, 만일의 경우에 대비하는 것도 필요하다. 무엇보다 역사적 경험을 통해 무엇을 해야 하는지를 배워야 할 것이다.

참고문헌

가상준·노규형(2010).「지지율로 본 노무현 대통령의 임기 5년」.≪한국정당학회보≫, 9(2)

가상준·안순철(2012).「민주화 이후 당정협의의 문제점과 제도적 대안」.≪한국정치연구≫, 21(2), 87-114.

강경석·허동준(2022.8.8). "輿 내부, 박순애 인사 관련 '윤핵관' 비판 거세져…"장제원도 책임"". ≪동아일보≫.

강명구(2004).「한국 언론의 구조변동과 언론전쟁」.≪한국언론학보≫, 48(5), 319-346.

강승식(2010).「대통령의 전체 국민 대표성에 관한 비판적 고찰」.≪미국헌법연구≫, 21(2), 53-86.

강승식(2015).「미국 상원의 행정부 공직후보자에 대한 인사청문회」.≪미국헌법연구≫, 26(1), 1-29.

강원택(2006).『대통령제, 내각제와 이원정부제』. 인간사랑.

강원택(2007).「성공적인 인수과정의 정치적 고려 사항」. 이홍규 외.『대통령직 인수의 성공조건: 67일이 5년을 결정한다』. 동아시아연구원.

강원택(2011).「참여 민주주의와 정당정치: 제도화의 실패와 정당 재편의 좌절」. 강원택·장덕진 편.『노무현정부의 실험: 미완의 개혁』. 한울.

강원택(2012).「노태우 리더십의 재평가」. 강원택 편.『노태우 시대의 재인식: 전환기의 한국사회』. 나남.

강원택(2013).「당정관계」. 이숙종·강원택 공편.『2013 대통령의 성공조건』. EAI.

강원택(2014).「한국의 관료제와 민주주의: 어떻게 관료제를 통제할 것인가」.≪역사비평≫, 65-90.

강원택·성예진(2018).「2017년 대통령 선거에서 이념과 세대: 보수 성향 유권자를 중심으로」.≪한국정치연구≫, 27(1), 205-240.

강주현(2020).「한국 여성 유권자의 정당호감도와 여성 정치인 평가: 20대 총선을 중심으로」.≪정치정보연구≫, 23(1), 1-32.

강혜진·김병섭(2018).「정무직 공무원의 균형인사」.≪행정논총≫, 56(3), 1-31.

강희정·민영(2010).「17대 대통령 선거보도에 나타난 후보자 속성 의제와 매체 간 의제설정」.≪정치커뮤니케이션 연구≫, 19, 5-46.

≪경향신문≫(1996.1.7). "몰매맞는 공권력".

고성호(2015.5.2). "대선주자 지지도… 김무성, 문재인 누르고 처음 1위." ≪동아일보≫.

곽정래·이준웅(2009).「김대중·노무현 정부시기 탈북자 문제에 관한 언론의 프레임 유형 연구: 조선일보, 한겨레 등 5대 일간지 사설을 중심으로」.≪한국언론학보≫, 53(6): 196-217.

곽진영(2003).「국회-행정부-정당 관계의 재정립: 분점정부 운영의 거버넌스」.≪의정연구≫, 16.

구본상(2021).「여성, 간과된 변수: 투표율에서의 성차(Gender Gap) 분석」.≪의정연구≫, 62, 5-40.

구세진(2007).「한국 대통령의 대중호소전략: 제왕적 대통령의 쇠퇴와 대중적 리더십의 부상에 관한 제도적 접근」. ≪한국정치연구≫, 16(1), 217-256.

구태교(2008). 「한국 방송의 선거보도 특성에 관한 연구: 2007 대통령 선거방송보도를 중심으로」. ≪언론과학연구≫, 8(1), 5-38.

국회도서관(2014). 『인사청문회 한눈에 보기』. 대한민국 국회.

권오중(2010). 『참여정부 인사검증의 살아있는 기록』. 리북.

권찬호(1999). 「한국 정당과 행정부의 정책협의제도 연구: 이론적 근거를 중심으로」. ≪한국행정학보≫, 33(1), 221-237.

권향원(2015). 「관료제의 이론적-철학적 변호: 반관료주의(신자유주의) 행정개혁 담론의 극복과 제언」. ≪정부학연구≫, 21(1), 41-81.

권혁남(1999). 「텔레비전의 15대 대통령선거 보도분석」. ≪한국언론학보≫, 43(5), 5-44.

권혁남(2014). 「정치의 미디어화와 선거보도 특성 변화에 관한 연구」. ≪방송문화연구≫, 26(2), 7-32.

김경록(2005). 「참여정부 당정분리 개선방안에 관한 연구」. 연세대 행정대학원 석사학위논문.

김경은(2015). 「한국의 장관은 정치가인가 행정가인가: 장관 리더십에 대한 근거이론 적용」. ≪한국행정학보≫, 49(3), 391-425.

김광수(2009). 「대통령직 인수제도의 재검토」. ≪공법학연구≫, 10(3), 315-342.

김광웅·김병섭·최종원·정광호(2007). 『장관 리더십』. 지혜로.

김다혜(2022.1.10). "역대 정부서 통합·분리 반복했던 기재부…예산 기능 쪼개질까." 연합뉴스. https://www.yna.co.kr/view/AKR20220109055900002

김동윤·김성해·유용민(2013). 「의견지면을 통해 본 한국 신문의 정파성 지형: 공정한 중재자인가, 편파적 대변인가」. ≪언론과학연구≫, 13(3), 75-122.

김만흠(2011). 『정당정치, 안철수 현상과 정당 재편』. 한울.

김명식(2015). 「국회 인사청문회 제도의 위헌성과 과제」. ≪저스티스≫, 146(1), 92-122.

김미경·신열·홍수정(2008). 『부패 국제비교에 의한 우리나라 부패의 원인 분석』. 감사원 감사연구원 연구용역 보고서.

김민정·김원홍·이현출·김혜영(2003). 「한국여성유권자의 정책지향적 투표 행태: 16대 대통령선거를 중심으로」. ≪한국정치학회보≫, 37(3), 89-112.

김병문(2005). 「개혁의 성패요인 분석: 김영삼 대통령의 리더십을 중심으로」. ≪한국행정논집≫, 17(4), 1159-1184.

김병문(2006). 「한국 대통령 연구의 특징과 발전 방안」. ≪한국행정논집≫, 18(3), 815-842.

김병문(2009). 「한·미의 대통령 연구 비교」. ≪한국행정학보≫, 43(2), 257-286.

김병섭·박상희(2010). 「공공기관 임원의 정치적 임용에 관한 연구: 법제도 및 대통령의 영향력을 중심으로」. ≪한국행정학보≫, 40(2), 85-109.

김병섭·이수영·이하영(2017). 「우리나라 대통령직인수위원회에 관한 연구: 정부별 인수위 운영 방식을 중심으로」. ≪행정논총≫, 55(3), 1-38.

김병준(2016). 「정부 전환기의 정책변동과 행정변화: 참여정부 대통령직인수위원회를 중심으로」. ≪한국행정연구≫, 25(4), 1-29.

김병철·김재준·류근관(2009). 「미디어 유행어와 여론의 그랜저 인과관계: 정부의 대북정책에 대한 국내 일간지의 '퍼주기' 언급 분석」. ≪한국언론학보≫, 53(1), 412-436.

김석준(2002). 『현대 대통령 연구 I』. 대영문화사.

김성태·이창호(2007). 「공적 이슈에 대한 미디어 보도 분석: 수돗물 관련 기사를 중심으로」. ≪한국언론정보학보≫, 39, 40-69.

김소형·이건호(2015). 「바림직하지 않은 뉴스 전달자, 더 바람직하지 않은 뉴스 수용자 : 18대 대통령 선거보도에 대한 포털과 수용자의 주목도 비교」. ≪한국언론학보≫, 59(2), 62-87.

김순양(1996). 「사회복지부처 장차관의 충원기준 추이분석」. ≪한국행정학보≫, 30(1).

김영민(2000). 「정부와 정당 관계에 관한 시론적 연구: 개념, 유형 및 결정 요인: 개념, 유형 및 결정 요인」. ≪한국사회와 행정 연구≫, 11(2), 21-36.

김영삼(2001). 『김영삼 대통령 회고록』(상·하). 조선일보사.

김영욱(2006). 「우리나라 조직의 사과 수사학: 신문에 난 사과광고문의 내용과 수용여부 분석」. ≪광고학연구≫, 17(1), 179-207.

김영욱(2009). 「위기 커뮤니케이션과 언론보도 프레임: 수사학적 체계 중심으로」. ≪수사학≫, 10, 45-85.

김영욱·박송희·오현정(2002). 「행정기관 이미지 회복 전략의 수사학적 분석: 경기도 교육청 입시 재배정 파문을 중심으로」. ≪홍보학연구≫, 6(2), 5-42.

김용복(2007). 「김대중 대통령의 정치리더십과 민주주의」. 한국정치학회·관훈클럽 편. 『한국의 대통령 리더십과 국가발전』. 인간사랑.

김용호(2017). 「민주화 이후 한국 대통령제의 진화과정 분석」. ≪의정연구≫, 50, 37-79.

김용훈(2015). 「인사청문회의 헌법적 의의와 제도적 개선 쟁점: 미국의 경우를 참고하여」. ≪미국헌법연구≫, 26(2), 1-45.

김은주 외(2019). 『자치분권 발전을 위한 비교아젠더 데이터 구축사업』. 경제·인문사회연구소.

김정해(2003). 「대통령 비서실의 제도화 성격 분석: John Burke 모형에 따른 한국사례의 비교분석」. ≪한국행정학보≫, 37(1), 225-247.

김정해(2013). 「대통령 비서실의 기능과 역할에 관한 연구」. 한국행정연구원 연구보고서.

김정해(2021). 『전략적 대통령직 인수를 위한 운영개선 가이드』. 한국행정연구원.

김준석(2012). 「입법시간과 입법결과의 경쟁위험분석: 18대 국회 접수의안을 중심으로」. ≪한국정치연구≫, 21(3), 71-98.

김지윤·성민정(2009). 「언론보도에 반영된 조직의 위기관리 전략 분석: GS칼텍스 개인정보 유출 사건을 중심으로」. ≪언론과학연구≫, 9(3), 37-69.

김진주·곽진영(2022). 「민주화 이후 역대 장관의 충원 패턴과 재임 기간에 미치는 요인: 전문성 요인과 대통령-장관 연계 요인을 중심으로」. ≪한국과 국제사회≫, 6(4), 5-35.

김창수(2008). 「관료제와 민주주의의 딜레마: 천성산 원효터널 분쟁의 프레임 분석」. ≪지방정부연구≫, 12(1), 61-86.

김창호·박용수·신현기·최선·김가나(2015). 『대통령의 권력과 선택』. 더플랜.

김춘식·이강형(2008). 「언론의 선거보도에 나타난 캠페인 관련 인용구: 2007년 대통령선거에 관한 신문보도 분석을 중심으로」. ≪한국언론학보≫, 52(4), 377-400.

김판석(2005). 「정치적 임명에 관한 비교연구: 미국, 영국, 일본을 중심으로」. ≪한국인사행정학회보≫, 4(2), 1-40.

김판석·박홍엽(2005). 「정무·고위직 인사제도 개선에 관한 실증적 연구: 정치적 임명과정과 국회 인사청문회 등에 대한 함의」. ≪의정연구≫, 11(2), 231-265.

김판석·정홍원·홍길표(2008). 「고위직 공무원 인사검증시스템의 개선방안 모색」. ≪한국인사행정학회보≫, 7(1), 109-146.

김형준(2007). 「김영삼 대통령의 리더십과 문민정부 국정운영 평가」. 한국정치학회·관훈클럽 편. 『한국의 대통령 리더십과 국가발전』. 인간사랑.

김호균(2002). 「임명권자의 임명기준을 토대로 본 장관의 역할 고찰」. ≪한국행정연구≫, 11(1),

3-28.

김호정(1994).「한국 관료행태의 결정요인: 복지부동의 원인」.≪한국행정학보≫, 28(4), 1255-1277.

김홍국(2009).「민주화 이후 대통령 국정어젠더의 설정과 정책화에 관한 연구: P. Light의 정치적 자산 개념을 중심으로」. 경기대 정치전문대학원 박사학위논문.

나재훈·윤영민(2008).「軍의 이미지 회복 전략과 언론보도 연구: 'GP 총기 사고'를 중심으로」.≪한국언론학보≫, 52(5), 160-185.

남궁근(2021).「문재인 정부 국정과제의 성과평가 과정과 결과」.≪정책분석평가학회보≫, 31(2), 1-33.

남궁근(2022).『민주화 이후 국정운영』. 법문사.

남지나·최윤정(2010).「한국과 미국 TV뉴스의 대선보도 비교: 신 단위의 형식과 내용의 공정성을 중심으로」.≪한국방송학보≫, 24(4), 87-121.

대통령실(2025). https://www.president.go.kr/

대한민국 정부(2013).『2013회계연도 결산보고서』.

류재성(2019).「프레이밍은 이념성향을 어떻게 활성화 혹은 억제하는가?」.≪한국정당학회보≫, 18(2), 67-90.

류홍채(2015).「대통령 임기 말 정치리더십 약화 현상 한·미 비교: 헌법상 권력구조 및 정당정치적 특성을 중심으로」.≪미국헌법연구≫, 26(2), 83-123.

목진휴·박기묵(2008).「우리나라의 법률안 국회통과 기간에 관한 연구」. 대한지방자치학회 하계 학술대회 발표논문집.

문상현(2023). "시행령 정치, 윤석열 정부의 시행령 전수조사 해보니".≪시사IN≫, 819.

문성준·채기태·박선홍·장우식·신민아·김인희(2014).「대북긴장 언론보도에 대한 남성과 여성의 차이: 남성과 여성의 대인 커뮤니케이션 관점 연구」.≪한국방송학보≫, 28(5), 46-73.

문우진(2010).「국회의원 개인배경과 입법: 입법 메카니즘과 16대·17대 국회의 입법생산성」.≪의정연구≫, 16(1), 35-67.

문우진(2012).「대통령 지지도의 필연적 하락의 법칙: 누가 왜 대통령에 대한 지지를 바꾸는가?」.≪한국정치학회보≫, 46(1), 175-201.

문우진(2013).「한국 대통령 권한과 행정부 의제설정 및 입법결과: 거부권 행사자 이론」.≪한국정치학회보≫, 47(1), 75-101.

민병익·이시원(2007).「정부의 내외적 환경에 따른 역대 정부의 장관임명 유형에 관한 연구」.≪인적자원관리연구≫, 14(2), 13-37.

민병익·이시원(2010).「지방자치단체 정책결정 소요시간의 영향요인: 경상남도 의회 조례 결정의 소요시간을 중심으로」.≪한국행정논집≫, 22(4), 1165-1186.

민영·노성종(2011).「소통의 조건: 한국사회의 시민 간 정치 대화 탐구」. 한국언론학회 편.『한국사회의 소통위기』. 커뮤니케이션북스.

박경미(2010).「한국 국회의 청문회 제도의 특성과 쟁점」.≪동북아연구≫, 18, 93-126.

박경효(1995).「김영삼 정부의 장·차관(급) 충원정책: 국정지도력, 전문성 그리고 대표성」.≪한국행정학보≫, 29(2), 487-504.

박대식(2004).「정부조직개편 입법과정의 유형과 변화: 한국 역대정부의 조직개편을 중심으로」.≪한국정치학회보≫, 38(2), 237-262.

박대식(2006).「대통령 접근법 비교분석」.≪사회과학연구≫, 17, 71-90.

박대식(2007).「제도적 대통령에 관한 비교분석: 미국과 한국을 중심으로」.≪한국행정학보≫, 41(4), 67-87.

박동서·함성득·정광호(2003).『장관론』. 나남출판.

박명호(2010).「세종시 수정 논란의 진행 과정에서 나타난 대통령제의 특성에 관한 시론」.≪사회
　　과학연구≫, 17(2), 95-111.

박상훈(2006).「한국의 '87년 체제': 민주화 이후 한국정당체제의 구조와 변화: 민주화 이후 한국
　　정당체제의 구조와 변화」.≪아세아연구≫, 49(2), 7-41.

박상훈(2018).『청와대정부: 민주정부란 무엇인가를 생각하다』. 후마니타스.

박선경(2020).「젠더 내 세대격차인가, 세대 내 젠더격차인가?: 청년 여성의 자기평가이념과 정책
　　태도 분석」.≪한국정당학회보≫, 19(2), 5-36.

박성태(2012).「반값등록금 정책의제설정에 미치는 언론보도 내용 분석: 조선일보, 중앙일보, 한
　　겨레신문 보도내용을 중심으로」.≪한국공공관리학보≫, 26(3), 235-260.

박수형(2014).「대통령 후보선출제도 변화 연구: 한국 정당은 왜 그리고 어떻게 국민경선제를 도
　　입하게 되었나?」.≪한국정치학회보≫, 48(4), 197-223.

박승관(2011).「한국사회와 소통의 위기: 소통의 역설과 공동체의 위기」. 한국언론학회 편.『한국
　　사회의 소통위기』. 커뮤니케이션북스.

박승관·장경섭(2000).「한국의 정치변동과 언론권력: 국가-언론 관계 모형 변화」.≪한국방송학
　　보≫, 14(3), 81-113.

박영도·신영수·이순태(2006).「원활한 입법추진을 위한 입법계획제도 발전방안에 관한 연구」. 한
　　국법제연구원 연구보고서.

박영원(2010).「역대 정부의 인사형평성에 관한 연구: 정무직 공무원을 중심으로」.『한국행정학
　　회 하계학술대회 논문집』.

박영원(2011).「정무직 공무원의 인사형평성에 관한 실증적 연구」.≪한국인사행정학회보≫,
　　10(3), 239-257.

박영원·김선화(2017).「대통령직 인수 관련 주요 내용과 개선과제」.『이슈와 논점』. 국회입법조
　　사처.

박용수(2016).「한국의 제왕적 대통령론에 대한 비판적 시론: 제도주의적 설명 비판과 편법적 제
　　도운영을 통한 설명」.≪한국정치연구≫, 25(2), 27-55.

박원호·안도경·한규섭(2013).「제18대 대통령 선거의 경제민주화 쟁점에 대한 실험설문: 프레이
　　밍 효과를 중심으로」.≪한국정치연구≫, 22(1), 1-26.

박재완(2016).「정부전환기 국정기조의 형성과정: 제17대 대통령직인수위원회를 중심으로」.
　　≪한국행정연구≫, 25(4), 31-63.

박정택(2007).「대통령직 인수와 정책기조의 형성: 문민정부 이후 대통령직 인수 사례의 분석을
　　중심으로」.≪한국정책학회보≫, 16(4), 1-30.

박종민(1996).「한국에서의 장관선택의 기초: 변화와 연속성」.≪행정과 정책≫, 2.

박종민·윤견수(2015).「민주화 및 신자유주의-신공공관리 이후 한국의 국가 관료제: 변화와 지속」.
　　≪정부학연구≫, 21(3), 35-63.

박찬수(2025.2.10). "문재인 전 대통령 인터뷰 ① "윤석열 발탁, 두고두고 후회한다"." ≪한겨레≫.

박찬욱(2002).「한국 대통령 연구의 심화 작업」.≪한국정치학회보≫, 36(4), 389-394.

박찬욱·박홍민(2003).「김대중 대통령 시기 국회와 행정부의 관계」.≪의정연구≫, 16.

박찬표(2002).『한국 의회정치와 민주주의: 비교의회론의 시각』. 오름.

박천오(1999).「정부 관료제에 대한 시민의 불신 원인과 처방에 관한 이론적 고찰」.≪행정논총≫,
　　37(2), 47-71.

박천오(2002).「김대중 정부의 행정개혁에 대한 공무원 반응: 개혁의 장기적 정착가능성과 보완

과제 진단을 위한 실증적 연구」. ≪한국행정연구≫, 11(3), 111-139.

박천오·박경효(2002). 『한국 관료제의 이해』. 법문사.

박치성·남기범·오재록(2009). 「관료권력과 언론보도의 상관관계에 관한 탐색적 연구: 정부부처들의 실제 업무관계와 언론보도에 나타난 업무관계 비교 분석」. ≪한국정책연구≫, 12(2), 147-165.

방민석(2016). 「국정과제의 설정, 변화와 관리에 대한 탐색적 연구: 박근혜 정부의 국정과제는 어떻게 될 것인가」. ≪한국정책과학학회보≫, 20(4), 27-57.

방민석(2017). 「정권교체기 국정과제의 변동과 관리에 대한 연구: '4차 산업혁명' 과제의 채택과정을 중심으로」. ≪한국정책과학학회보≫, 21(4), 43-70.

배병용·민병익(2003). 「우리나라 역대 정부의 차관 임명기준과 그 특성」. ≪한국행정연구≫, 12(3), 241-273.

배정훈(1997). 「한국 대통령비서실의 위상변화에 관한 연구」. ≪비서·사무경영연구≫, 6, 111-136.

배정훈(2008). 「대통령 비서실 개편 및 관리원칙 연구: 이명박 대통령 제1기 대통령실 사례」. ≪비서학논총≫, 17(1), 115-139.

배형석·양성국(2019). 「한국 대통령 지지율과 경제변수」. ≪유라시아연구≫, 16(4), 1-17.

서영지(2024.6.30). 「'친윤' 원희룡 "하루아침에 20년 관계 배신"…한동훈 직격」. ≪한겨레≫.

서창록·이재철·박원호·장승진(2013). 「인사청문회 제도 개선을 위한 연구」. 국회사무처 용역보고서.

성시영(2014). 「장관의 정치적 경력에 따른 재임기간 분석」. ≪한국행정논집≫, 26(4), 951-970.

성예진(2023). 「한국의 대통령-의회 관계와 '탈의회적' 정책 과정: 대통령의 행정입법 활용을 중심으로」. 서울대학교 박사학위논문.

손덕호(2022.7.11). 「'이준석 중징계'에 20대, 尹 대통령 지지서 이탈…40대보다도 낮다」. ≪조선일보≫.

손병권(2010). 「국회 인사청문회의 정치적 의미, 기능 및 문제점」. ≪의정연구≫, 16(1), 5-33.

손병권(2014). 「제19대 국회 전반기 평가: 국회, 대통령, 여야 정당 간의 관계를 중심으로」. ≪의정연구≫, 20(3), 5-35.

송건섭(2017). 「의원-주민 간의 소통지표 구성과 진단에 관한 연구」. ≪지방정부연구≫, 21(2), 283-303.

송경일·최종수(2011). 『SPSS15를 이용한 생존자료의 분석』. 한나래.

신우철(2011). 「대통령의 헌법상 권한은 과연 강력한가?: 그 정량적 비교측정 및 이를 통한 국무총리 권한강도의 추정」. ≪헌법학연구≫, 17(1), 291-325.

신진욱(2017). 「왜 불평등의 심화는 계급균열로 이어지지 않는가? 후발 민주화 사회에서 균열형성 지체의 역사적 조건」. ≪민주사회와 정책연구≫, 32, 86-123.

신현기(2012). 「대통령법안의 국회 통과 영향요인에 관한 연구: 김영삼-노무현 대통령을 중심으로」. ≪사회과학연구≫, 28(1), 95-127.

신현기(2013). 「대통령 정책의 법제화 소요시간」. ≪한국행정학보≫, 47(2), 31-54.

신현기(2015). 「민주화 이후 제도적 대통령의 재구조화에 관한 연구」. ≪한국행정학보≫, 49(3), 361-390.

신현기(2016). 「2012년 대선 보도에 나타난 '미디어 개인화'에 관한 연구: '개인화 보도'와 '사인화 보도'를 중심으로」. ≪정치커뮤니케이션 연구≫, 40, 5-44.

신현기(2016). 「한국에서 '공무원 때리기': 대통령의 공직사정 의제와 언론의 부정적 보도」. 2016

년도 한국정책학회 춘계학술대회 발표논문.

신현기(2019). 「인수위 없는 대통령직 인수: 미국의 사례와 시사점」. ≪정부와 정책≫, 12(1), 79-101.

신현기(2021). 「한국 대통령 연구의 저발전과 지향점: 미국 대통령 연구와 비교를 통한 시사점」. ≪정부학연구≫, 27(3), 35-83.

신현기(2022). 「민주화 이후 대통령직 인수위원회를 통한 정책의 연속성 분석」. ≪한국사회와 행정연구≫, 33(1), 85-109.

신현기(2025). 「윤석열은 왜 비상계엄을 단행했나: 대통령-의회 갈등이 '예방적 쿠데타'로 전개된 과정에 대한 제도적 설명」[미발표 원고].

신현기·우창빈(2018). 「대통령은 국민의 목소리에 어떻게 반응하나: 대선공약, 국정과제, 예산의 관계를 중심으로」. ≪한국사회와 행정연구≫, 29(3), 1-24.

신현기·이종원(2022). 「대통령 지지의 심리적 기초에 관한 연구: 성향점수매칭(PSM)을 활용한 투표선택의 효과 분석」. ≪행정논총≫, 60(3), 49-75.

신현기·함성득(2033). 「윤석열 정부 대통령직 인수위원회 평가: 윤석열 정부의 집권 초기 국정 혼선의 기원」. ≪한국사회와 행정연구≫, 34(1), 1-27.

신현기·허석재(2024). 「민주화 이후 대통령-여당 관계: '대통령제화한 정당'에서의 당정 갈등」. ≪현대정치연구≫, 17(3), 5-41.

심진용(2022.8.16). "지지율 하락 1순위 '인사 실패'…검찰 라인이 장악한 추천·검증 시스템 '구멍'". ≪경향신문≫.

심진용(2022.8.18). "정책기획수석 신설, 홍보수석 교체…대통령실 개편 나서는 尹 대통령". ≪경향신문≫.

안병만(2001). 「정권교체와 정부업무의 안정성 및 연속성 확보」. ≪한국행정연구≫, 10(4).

안병영(1998). 「세계화의 도전과 민주주의」. ≪사회과학논집≫, 29, 37-61.

안병영(2002). 「장관의 교체와 정책의 안정성: 정책연속성 확보를 위한 시론」. ≪한국행정연구≫, 10(4).

안병진(2004). 『노무현과 클린턴의 탄핵정치학: 미국적 정치의 시대와 민주주의의 미래』. 푸른길.

안병철(2016). 「대통령의 정책관리행태에 관한 실증적 연구: 대통령지시사항 내용분석(1993~2009)」. ≪한국사회와 행정연구≫, 27(1), 245-270.

안용흔(2020). 「대통령제 국가에서의 연립정부 구성의 정치」. ≪비교민주주의연구≫, 16(1), 33-68.

양다승(2012). 「제왕적 대통령 이후 대통령 비서실 조직변화에 관한 연구: 노무현과 이명박 정부 대통령 비서실을 중심으로」. 고려대학교 행정학과 석사학위논문.

양자오(2015). 『미국 헌법을 읽다: 우리 헌법을 더 잘 이해하기 위하여』. 박다짐 옮김. 유유.

양재진(2003). 「정권교체와 관료제의 정치적 통제에 관한 연구: 국민의정부를 중심으로」. ≪한국행정학보≫, 37(2), 263-287.

오성호(2008). 「대통령의 임용권 제한에 관한 연구: 정치적 임명을 중심으로」. ≪한국인사행정학회보≫, 7(3), 135-157.

오승룡(2005). 『분점정부와 한국정치』. 한국학술정보.

오승룡(2008). 「분점정부가 국회입법에 미치는 영향: 중요 법안 처리 결과를 중심으로」. ≪의정연구≫, 26, 61-93.

오승룡(2009). 「노무현 정부 시기의 대통령-의회 관계 연구: 입법과정을 중심으로」. ≪서석사회과학논총≫, 2(2).

오영균(2010). 「책임운영기관의 예산제도 개선에 관한 연구」. ≪한국조직학회보≫, 7(2), 71-92.

오재록·윤향미(2014). 「관료제 권력과 민주적 거버넌스: 중앙정부 4대 권력기관을 중심으로」. ≪한국자치행정학보≫, 28(1), 133-157.

우지숙·최정민(2015). 「공기업에 대한 언론의 프레임 유형 연구: 5개 일간지 사설 분석을 중심으로」. ≪행정논총≫, 53(2), 315-343.

유명회·홍준형(2011). 「인사청문이 고위공직자 임용에 미치는 영향」. ≪한국인사행정학회보≫, 10(3), 145-169.

유승원(2014). 「공공기관 경영평가 영향요인 연구: 공기업 임원의 정치적 연결과 정치적 갈등을 중심으로」. ≪한국행정학보≫, 48(1), 339-368.

유현종(2010). 「대통령의 입법의제로서 정부법안의 국회 제출과 통과의 영향요인: 민주화 이후 역대 정부를 중심으로」. ≪행정논총≫, 48(4), 263-293.

유현종·이윤호(2010). 「제도적 대통령 부서의 발전에 관한 역사적 분석」. ≪한국행정학보≫, 44(2), 111-136.

윤석민(2011). 「한국사회 소통의 위기와 미디어」. 한국언론학회 심포지엄 및 세미나 자료.

윤성이(2012). 「국정운영과 시민사회」. 이숙종·강원택 편. 『2013 대통령의 성공조건』. 동아시아연구원.

윤영관·김인균·강원택(2020). 「국회 인사청문회의 임명동의 결정요인 분석: 역대 인사청문 대상자를 중심으로(2000.6-2020.2)」. ≪한국정치학회보≫, 54(2), 85-117.

윤영오(1994). 「미국의 의회제도」. 서정갑 편. 『미국정치의 과정과 정책』. 나남출판.

음선필(2012). 「국회 입법과정의 분석과 개선방안: 제18대 국회를 중심으로」. ≪홍익법학≫, 13(2), 131-175.

이강로(1999). 「대통령학의 이해」. ≪정부학연구≫, 5(2), 212-216.

이강로(2008). 「한국에서의 대통령학: '미완'의 학문영역」. 한국정치학회 편. 『정치학이해의 길잡이』. 법문사.

이건·서원석(2020). 「우리나라 직업공무원의 정치적 중립 실현의 한계와 대안: 박근혜 정부 임명직 공무원의 인사농단 사례를 중심으로」. ≪한국인사행정학회보≫, 19(4), 211-235.

이곤수(2009). 「대통령 국정운영 지지의 영향요인 분석: 취임 1년차 이명박 대통령에 대한 국민여론조사를 중심으로」. ≪행정논총≫, 47(3).

이관후(2020). 「한국정치의 맥락에서 본 개헌의 쟁점과 대안: 제왕적 대통령제와 분권형 대통령제」. ≪비교민주주의연구≫, 16(2), 5-34.

이광일(2011). 「민주화 이후 역대 정권의 국정운영과 레임덕」. ≪내일을 여는 역사≫(43), 64-82.

이내영(2012). 「대통령 어젠다」. 이숙종·강원택 편. 『2013 대통령의 성공조건』. 동아시아연구원.

이도석·김세진·김성찬·신현기·이재완·안병진·김민한·임채원·강혜진(2021). 『균형발전을 위한 예산아젠더 데이터 구축사업』. 경제·인문사회연구소.

이도석·안병진·신현기·이재완·임채원·강혜진(2020). 『혁신적 포용국가를 위한 미래예견적 아젠더 연구』. 경제·인문사회연구소.

이명남(1997). 「한국에서 대통령제의 적실성」. ≪한국정치학회보≫, 30(4), 229-246.

이명석(2001). 「정부투자기관 임원의 정치적 임용과 경영실적」. ≪한국행정학보≫, 35(4), 139-156.

이민규·김수정(2006). 「호주제 폐지에 대한 뉴스 프레이밍 비교 연구: 조선일보, 국민일보, 한겨레신문을 중심으로」. ≪한국언론정보학보≫, 34, 132-160.

이민웅(1996). 『한국 TV저널리즘의 이해』. 나남.

이범준·조성겸(2014). 「사회적 소통의 진단 방식에 대한 비판적 고찰」. ≪언론과 사회≫, 22(2), 111-149.

이범준·조성겸(2015). 「소통의 질 측정 방법의 타당성 검토」. ≪커뮤니케이션이론≫, 11(1), 144-185.

이병국(2011). 「새만금사업에 대한 언론보도 성향 및 국민선호도 변화 추이 연구」. ≪한국정책연구≫, 11(3), 195-213.

이병량(2022). 「한국의 관료제와 정치적 중립성: 두 블랙리스트 사건」. ≪한국조직학회보≫, 19(1), 1-33.

이석능(2011). 「국책사업 입지선정 관련 중앙·지역 신문 간 기사프레임 비교」. ≪한국콘텐츠학회논문지≫, 11(8), 488-498.

이선우(2013). 「인사검증 및 인사청문회 제도의 현황과 개선방안」. ≪한국인사행정학회보≫, 12(1), 23-54.

이선우(2019). 「'제왕'과 '레임덕' 두 얼굴의 대통령을 읽는 하나의 이론적 시각」. ≪동향과 전망≫, 105, 9-45.

이선우(2022). 「한국 대통령의 제도적 인사권과 제왕적 대통령제, 그리고 법률 개정을 통한 분권형 권력구조로의 전환 가능성」. ≪한국정당학회보≫, 21(3), 81-115.

이소영(2013). 「2012 한국 여성 유권자의 정치적 정향과 투표행태」. ≪한국정치학회보≫, 47(5), 255-276.

이송호(2002). 『대통령과 보좌관』. 박영사.

이수영·신현기·문지은(2017). 『대통령직 인수위원회 연구』. 서울대 행정대학원 리더십센터.

이시원·민병익(2002). 「우리나라 역대 정부 장관의 재임기간 및 배경 분석」. ≪한국행정연구≫, 11(3), 53-82.

이옥근(2015). 「최고 의사결정권자인 대통령의 레임덕 현상에 관한 연구: 참여정부 노무현 대통령의 리더십을 중심으로」. ≪정부학연구≫, 21(3), 95-120.

이완수·심재철(2007). 「집합적 경제보도와 국가적 경제 상황 및 국민적 경제 인식이 대통령 지지도에 미치는 영향에 관한 시계열 분석」. ≪한국방송학보≫, 21(2).

이정희(2004). 「한국 당정관계의 역동성과 제도화」. 한국정치학회 편. 『한국 의회정치와 제도개혁』. 한울.

이종혁·최윤정·조성겸(2015). 「정치 효능감과 관용을 기준으로 한 바람직한 소통 모형: 참여민주주의와 숙의민주주의를 위한 제언」. ≪한국언론학보≫, 59(2), 7-36.

이준웅(2004). 「김대중 정부의 통일정책에 대한 여론의 이중성: 원칙과 정책에 대한 의견의 괴리」. ≪한국언론정보학보≫, 26, 291-326.

이준웅(2005). 「갈등적 사안에 대한 여론 변화를 설명하기 위한 프레이밍 모형 검증 연구: 정부의 통일 정책에 대한 뉴스 프레임의 형성과 해석적 프레임의 구성을 중심으로」. ≪한국언론학보≫, 46(1), 441-482.

이준웅(2009). 『언론의 정파성과 대통령 보도』. 서울대학교 언론정보연구소.

이준웅(2011). 「정치적 설득의 실패: 노무현 정부의 언론정책과 개혁적 정부의 과제」. 강원택·장덕진 편. 『노무현 정부의 실험: 미완의 개혁』. 한울.

이준한(2008). 「한국의 선거주기와 대통령 소속정당의 선거이득」. ≪한국정당학회보≫, 7(2), 137-157.

이창길(2020). 「한국 관료제의 위기: '정치화'의 역설」. ≪정부학연구≫, 26(1), 103-130.

이한수(2012). 「대중의 정책 선호에 대한 대통령의 대응이 국민적 지지도에 미치는 영향 분석」.

≪사회과학연구≫, 28(1), 71-94.

이현우(2008). 「사회균열이론의 후발 민주국가 적용과 한계」. ≪OUGHTOPIA≫, 23(2), 145-176.

이현우·이병관(2005). 「부안 원전수거물 관리시설 유치 쟁점에 대한 언론보도 프레임 분석」. ≪언론과학연구≫, 5(3), 516-547.

이현우·이정진(2007). 「민주화 이후 대통령 리더십 평가: 국민설문평가를 바탕으로」. ≪21세기정치학회보≫, 17(2), 21-45.

이현출·김영삼(2017). 「전환기 대통령 리더십의 성공조건」. ≪유라시아연구≫, 14(3), 27-44.

이현출·김준석(2012). 「가결과 부결의 이분법을 넘어: 17대 국회의 입법시간과 처리결과에 대한 경쟁위험분석」. ≪한국정치학회보≫, 46(5), 121-144.

이홍규·임성호·정진영·강원택·김병국(2007). 『대통령직 인수의 성공조건: 67일이 5년을 결정한다』. 동아시아연구원.

인사혁신처(2023). 『인사혁신통계연보』. 인사혁신처.

임도빈(2003). 「시간적 관점에서 조직연구의 필요성」. ≪한국정책학회보≫, 12(1), 375-396.

임도빈(2007a). 「관료제, 민주주의, 그리고 시장주의: 정부개혁의 반성과 과제」. ≪한국행정학보≫, 41(3), 41-65.

임도빈(2007b). 「시간의 개념 분석: 행정학 연구에 적용 가능성을 중심으로」. ≪한국행정학보≫, 41(2), 1-21.

임도빈(2009). 「관료제를 위한 변론: 한국 관료제의 성과 제고 방안」. ≪한국조직학회보≫, 6(3), 173-209.

임도빈(2010). 「관료제 개혁에 적용한 신공공관리론, 무엇이 문제인가」. ≪한국사회와 행정연구≫, 21(1), 1-27.

임도빈·이시원·김준기·정준금(2008). 「정책결정 소요시간에 관한 연구: 참여정부의 대통령 주요 정책을 중심으로」. ≪한국정치학회보≫, 42(3), 191-217.

임봉수·이완수·이민규(2014). 「뉴스와 광고의 은밀한 동거: 광고주에 대한 언론의 뉴스 구성」. ≪한국언론정보학보≫, 66, 133-157.

임성근(2014). 『공직윤리제도가 공직자의 비리 예방에 미치는 효과성 연구』. KIPA 연구보고서.

임성학(2015). 「당정 거버넌스와 한국 민주주의의 발전」. ≪동서연구≫, 27(2), 239-259.

임성호(2007). 「정부 인수기와 신정부 초기 조직구성 방안 제안」. 이홍규 외. 『대통령직 인수의 성공조건: 67일이 5년을 결정한다』. 동아시아연구원.

임재진(2017). 「공공기관 임원 임용제도 개선방안: 정치적 임용의 현실화 방안을 중심으로」. ≪한국인사행정학회보≫, 16(2), 171-200.

임정훈·이병기(2019). 「AHP를 활용한 학교도서관 운영평가 지표의 우선순위 분석」. ≪한국도서관정보학회지≫, 50(2), 169-189.

임종훈·박수철(2006). 『입법과정론』. 박영사.

임지선(2013.2.22). "201개 입법과제 중 150개 이상 올해 내 마무리." ≪경향신문≫.

임혁백(2003). 「한국의 대통령제 거버넌스 모색: 제도와 운영방식을 중심으로」. ≪아세아연구≫, 46(4), 193-223.

임혁백(2011). 「한국에서의 불통의 정치와 소통 정치의 복원」. 한국언론학회 심포지엄 및 세미나 자료.

장성훈·고경민(2005). 「참여정부에서의 의회-행정부 관계와 대통령의 리더십」. ≪정신문화연구≫, 28(3).

장훈(2001). 「한국 대통령제의 불안정성의 기원: 분점정부의 제도적, 사회적, 정치적 기원」. ≪한국정치학회보≫, 35(4).

장훈(2013). 「분권 개혁 이후 대통령과 여당의 협력과 갈등: 17대 국회 쟁점 이슈들을 중심으로」. ≪21세기 정치학회보≫, 23(3), 61-82.

장훈(2017). 「촛불의 정치와 민주주의 이론: 현실과 이론, 사실과 가치의 긴장과 균형」. ≪의정연구≫, 51, 38-66.

전용주(2006). 「대통령 지지도 변화 요인에 대한 연구: 한국의 대통령 지지율 변화를 설명하기 위한 이론적 모형의 탐색적 구축」. ≪21세기정치학회보≫, 16(1), 67-90.

전진영(2011a). 「국회 입법교착의 양상과 원인에 대한 분석」. ≪의정연구≫, 17(2), 171-196.

전진영(2011b). 「국회의장 직권상정제도의 운영현황과 정치적 함의」. ≪한국정치연구≫, 20(2), 53-78.

전진영(2023). 「역대 대통령의 거부권 행사와 해외 사례」. ≪이슈와 논점≫, 2080.

전진영·김선화·이현출(2009). 「국회 인사청문제도의 현황과 개선방안」. ≪국회입법조사처 현안보고서≫, 45.

전충렬(2012). 『인사청문의 이해와 평가: 미국 제도 분석과 한·미 비교』. 에드민.

정광호(2005). 「노무현 정부의 관료제 개혁에 대한 평가」. ≪행정논총≫, 43(2), 301-349.

정광호·권기헌(2003). 「비영리조직의 자율성과 자원의존성에 관한 실증연구: 문화예술단체를 중심으로」. ≪한국정책학회보≫, 12(1), 127-149.

정광호·박은형(2015). 『미국 고위공직자 임명과정: 이론적 쟁점과 방법론』. 조명문화사.

정성호(2009). 「선거보도의 유형에 관한 연구: 5.31 지방선거 공천비리 보도를 중심으로」. ≪정치커뮤니케이션 연구≫, 13, 135-175.

정시구(2014). 「한국의 인사청문회에 대한 연구」. ≪한국공공관리학보≫, 28(4), 91-116.

정윤재(2007). 「한국의 정치엘리트 충원에 관한 연구: 대통령직인수위원회를 중심으로」. 경기대학교 박사학위논문.

정의룡(2018). 「대통령 지시사항에 대한 의미연결망 분석: 2001년~2009년의 정권별 패턴을 중심으로」. ≪문화기술의 융합≫, 4(1), 129-137.

정정길(1991). 「대통령의 정책결정: 경제정책을 중심으로」. ≪행정논총≫, 29.

정정길(1993). 「정부조직의 개혁과 정책의 쇄신: 바람직한 대통령의 정책관리-경제정책을 중심으로」. ≪한국행정학보≫, 27(1), 1-16.

정정길(2002a). 「정책과 제도의 변화과정과 인과법칙의 동태적 성격: 시차적 접근방법」. ≪한국정책학회보≫, 11(2), 255-272.

정정길(2002b). 「행정과 정책연구를 위한 시차적 접근방법: 제도의 정합성 문제를 중심으로」. ≪한국행정학보≫, 36(1), 1-19.

정태환(2009). 「김대중 정권의 성격과 개혁정치: 모순과 한계」. ≪한국학연구≫, 31.

제20대 대통령직인수위원회(2022). 『겸손하게 국민의 뜻을 받들겠습니다: 제20대 대통령직인수위원회 백서』. 대한민국정부.

제20대 대통령직인수위원회(2022). 『윤석열 정부 110대 국정과제』. 대한민국정부.

조기숙(2000). 「함성득 저, 『대통령학』」. ≪한국정치학회보≫, 34(3), 337-341.

조선일(2015). 「공공부문 리더십 특성요인 연구: 장관을 중심으로」. ≪한국인사행정학회보≫, 14(3), 55-80.

조성대·한귀영(2010). 「대통령 국정지지, 정당지지, 그리고 경제전망의 동태적 관계에 관한 연구: 비대칭 효과를 중심으로」. ≪한국정치학회보≫, 44(2), 161-186.

조은희·조성겸(2014).「정책소통 만족도 척도 개발과 타당성 검증」.≪언론과학연구≫, 14(4), 264-294.

조중헌(2024.8.30). "친윤 권성동 "말 툭툭 던지면 안 돼"…한동훈 "내가 당 대표"". ≪서울신문≫.

조진만(2009).「인사청문회, 미디어, 그리고 정치적 신뢰: 프라이밍을 중심으로」.≪국가전략≫, 15(4), 167-189.

주돈식(1997).『문민정부 1천2백일: 화려한 출발, 소리없는 실종』. 사람과책.

주성수(2005).「국가결정정책에 국민여론이 저항하면?: 심의민주주의 참여제도의 탐색」.≪한국정치학회보≫, 39(3), 147-165.

진영재 편(2014).『한국 권력구조의 이해』. 나남.

진영재·조진만(2002).「한국 재·보궐선거의 특징을 파악하기 위한 분석틀 제시와 사례 분석: 김영삼과 김대중 정권기를 중심으로」.≪한국정치학회보≫, 36(1), 185-202.

차우원·조준택(2013).「대통령 비서관 인사에 대한 정권별 비교연구: 비서관의 사회적 배경을 중심으로」.≪한국행정연구≫, 22(3), 347-386.

참여연대(2022).『윤석열 정부 인사검증 문제점과 개선방안 마련 입법 토론회 자료집』.

참여정부 대통령비서실(2009).『노무현, "한국정치 이의 있습니다"』. 역사비평사.

채진원(2017).「반복되는 대통령의 '인사(人事) 파행' 막으려면」.≪동향과 전망≫(101), 30-33.

천관율(2022.9.20). "윤석열, 왜 약한가: 이중 소수파 정부". alookso. [온라인 자료] https://alook.so/posts/jdt36Mb

최경원(2015).「한·미 대통령직인수위원회 분석과 대안」.≪미국헌법연구≫, 26(3), 223-269.

최경원(2020).「미 트럼프·한 문재인 대통령직 인수 비판적 분석」.≪대한정치학회보≫, 18(1), 29-62.

최성주(2017).「한국의 정무직 인사 개선방안: 해외 사례 분석을 중심으로」.≪한국인사행정학회보≫, 16(1), 51-74.

최용훈(2019).『스위스 연방의회 제도에 관한 연구: 입법과정 등을 중심으로』. 사법정책연구원.

최장집(2003).『민주화 이후의 민주주의』. 후마니타스.

최장집·박찬표·박상훈(2007).『어떤 민주주의인가』. 후마니타스.

최정원(2004).「법안발의 제도와 국회 입법과정의 정치역학」. 한국정치학회 편.『한국 의회정치와 제도개혁』. 한울.

최준영(2008).「인사청문회의 정파적 성격에 대한 원인 분석」.≪한국정치연구≫, 17(2), 73-94.

최준영·정진영(2012).「행정부 고위공직자에 대한 국회의 임명동의 결정요인: 국회는 왜 고위공직 후보자 임명에 동의하는가?」.≪한국정치연구≫, 21(2), 23-52.

최준영·조진만(2013).『견제와 균형: 인사청문회의 현재와 미래를 말하다』. 북큐브네트웍스.

최준영·조진만·가상준·손병권(2008).「국무총리 인사청문회에 나타난 행정부-국회 관계 분석: 회의록에 대한 내용분석을 중심으로」.≪한국정치학회보≫, 42(2), 151-169.

최진(2007).『대통령 리더십 총론』. 법문사.

최진호·한동섭(2012).「언론의 정파성과 권력 개입: 1987년 이후 13-17대 대선 캠페인 기간의 주요 일간지 사설 분석」.≪언론과학연구≫, 12(2), 534-571.

최창현(2014).「정부 관료제의 문제점 분석과 대책: 세월호 참사를 통해 본 국정관리력, 정치력, 그리고 기관 신뢰 분석」.≪한국공공관리학보≫, 28(3), 55-84.

최평길·박석희(1994).「대통령실의 조직, 정책, 관리 기능 비교연구」.≪한국행정학보≫, 28(4), 1231-1254.

최항순(2008).「집권체제 내에서의 협력관계: 대통령과 여당 간의 관계 분석」.≪한국공공관리학보≫, 22(4).

최현주(2010).「한국 신문 보도의 이념적 다양성에 대한 고찰: 6개 종합일간지의 3개 주요 이슈에 대한 보도 성향 분석을 중심으로」. ≪한국언론학보≫, 54(3), 399-426.

하어영(2017.3.16). "탄핵 뒤 '박근혜 동정론'은 없었다." ≪한겨레≫.

하연섭(2003).『제도분석: 이론과 쟁점』(2판). 다산출판사.

한귀영(2011).「대통령의 정책 아젠다와 대통령 지지의 관계에 관한 연구: 참여정부 및 이명박정부 초반 여론조사를 중심으로」. 서울대학교 행정대학원 박사학위논문.

한병진(2009).「한국 대통령의 '정치적 독점(political monopoly)'에 대한 이론적 고찰」. ≪국제정치연구≫, 12(2), 1-22.

한상진(2013).「21세기 한국사회 변동 전망과 사회통합의 방향」. ≪저스티스≫, 134(2), 43-60.

한승주·최흥석·이철주(2022).「대통령의 관료제 통제수단과 국정성과: 공무원의 인식 분석」. ≪행정논총≫, 60(3), 1-48.

함성득(1997).「선거운동 과정에서 국정운영 과정으로 전환」. ≪정부학연구≫, 3(1), 7-31.

함성득(1999).『대통령학』. 나남.

함성득(2002).「한국 대통령의 새로운 역할과 리더십: 명령자에서 조정자로」. ≪행정논총≫, 40(3), 97-121.

함성득(2005).「노무현 대통령의 집권 전반기 리더십 평가」. ≪행정논총≫, 43(2).

함성득(2012).『대통령 당선자의 성공과 실패』. 나남.

함성득(2018).「한국 대통령의 성격 분석: 중요한 5 특성 판별법(Big Five Trait Taxonomy)의 발전과 적용」. ≪행정논총≫, 56(3), 33-67.

행정자치부(2015).『행정자치통계연보』.

허만섭(2017).「'수사적 대통령' 요소의 한국 적용 가능성에 관한 탐색: 한·미 대통령 연설 연구 비교」. ≪커뮤니케이션이론≫, 13(2), 37-78.

허명관(1999).『관료가 바뀌어야 나라가 바로 선다』. 한국조세신문사.

허범(1997).「대통령선거정책공약의 설계를 위한 개념의 틀과 지도지침」. ≪한국정책학회보≫, 6(2), 11-41.

허석재(2020).「대통령제 정부의 초당적 내각 구성 사례와 시사점」. ≪입법·정책보고서≫, 53. 입법조사처.

현재호(2004).「민주화 이후 정당 간 연합에 관한 연구: DJP 연합을 중심으로」. ≪아세아연구≫, 47(1).

현재호(2017).「위임민주주의 관점에서 본 대통령제와 정당정치: 민주적 책임성을 중심으로」. ≪동서연구≫, 29(4), 39-68.

홍명신(2009).「대통령 후보 선출 과정의 변화와 여론조사의 역할: 1987-2007」. ≪정치커뮤니케이션 연구≫, 14, 277-315.

홍성구(2018).「박근혜 탄핵 촛불집회의 민주적 함의: 숙의 민주주의와 파수꾼 민주주의를 중심으로」. ≪한국언론정보학보≫, 89, 149-178.

홍재우·김형철·조성대(2012).「대통령제와 연립정부: 제도적 한계의 제도적 해결」. ≪한국정치학회보≫, 46(1), 89-112.

황성욱·김태완·박혜빈(2017).「국민 관점의 대통령 소통 평가 요인이 대통령에 대한 신뢰와 지지도에 미치는 영향」. ≪홍보학 연구≫, 21(1), 26-53.

황성욱·문빛·이종혁(2014).「지방자치단체 공공소통 평가모형에 관한 연구: AHP 분석기법을 중심으로」. ≪한국언론학보≫, 58(5), 255-284.

Abbott, P.(2005). "Accidental presidents: death, assassination, resignation, and democratic succession." *Presidential Studies Quarterly*, 35(4), 627-645.

Aberbach, J. D. and B. A. Rockman(1988). "Mandates or Mandarins? Control and Discretion in the Modern Administrative State." *Public Administration Review*, 48(2), 6056-6612.

Aberbach, J. D. and B. A. Rockman(2009). "The appointments process and the administrative presidency." *Presidential Studies Quarterly*, 39.

Adam, S. and M. Maier(2010). "Personalization of politics: A critical review and agenda for research." In C. Salmon(Ed.). *Communication Yearbook 34* (pp. xx-xx). London: Routledge.

Albrecht, S. L., D. L. Thomas and B. A. Chadwick(1980). *Social Psychology*. Prentice Hall.

Aleman, E. and G. Tsebelis(2011). "Political parties and government coalitions in the Americas." *Journal of Politics in Latin America*, xx(x), xx-xx.

Allport, G. W.(1958). *The Nature of Prejudice*. New York: Doubleday.

Anderson, C. J., S. M. Mendes and Y. V. Tverdova(2004). "Endogenous economic voting: Evidence from the 1997 British election." *Electoral Studies*, 23(4), 683-708.

Angrist, J. D. and A. B. Krueger(2001). "Instrumental variables and the search for identification: From supply and demand to natural experiments." *Journal of Economic Perspectives*, 15(4), 69-85.

Angrist, J. D. and J. S. Pischke(2015). *Mastering 'Metrics': The Path from Cause to Effect*. Princeton University Press.(강창희·박상곤 옮김.『고수들의 계량경제학』. 시그마프레스.)

Anyatonwu, O. P. and M. San Sebastian(2022). "Rural-urban disparities in postpartum contraceptive use among women in Nigeria: A Blinder-Oaxaca decomposition analysis." *International Journal for Equity in Health*, 21(1), 1-8.

Austin, P. C. and M. M. Mamdani(2006). "A comparison of propensity score methods: A case-study estimating the effectiveness of post-AMI statin use." *Statistics in Medicine*, 25(12), 2084-2106.

Azari, J. R.(2023). "Presidents and political parties." In L. C. Han(Ed.). *New Directions in the American Presidency* (pp. xx-xx). New York: Routledge.

Barber, J. D.(1972). *The Presidential Character: Predicting Performance in the White House*. Routledge.

Baum, M. A.(2002). "The constituent foundations of the rally-round-the-flag phenomenon." *International Studies Quarterly*, 46(2), 263-298.

Bearfield, D. A.(2009). "What is patronage? A critical reexamination." *Public Administration Review*, 69(1), 64-76.

Beasley, R. K. and M. R. Joslyn(2001). "Cognitive dissonance and post-decision attitude change in six presidential elections." *Political Psychology*, 22(3), 521-540.

Beck, J. W., A. E. Carr and P. T. Walmsley(2012). "What have you done for me lately? Charisma attenuates the decline in US presidential approval over time." *The Leadership Quarterly*, 23(5), 934-942.

Bennett, L.(1996). *News: The Politics of Illusion* (3rd ed.). New York: Longman.

Bergh, J.(2007). "Explaining the gender gap: A cross-national analysis of gender differences in voting. Journal of Elections, *Public Opinion and Parties*, 17(3), 235-261.

Bertelli, A. and S. Feldmann(2006). "Strategic appointments." *Journal of Public Administration*

Research and Theory, 17.

Binder, S. A.(1999). "The dynamics of legislative gridlock, 1947-96." *The American Political Science Review*, 93(3), xx-xx.

Bittner, A. and E. Goodyear-Grant(2017). "Digging deeper into the gender gap: Gender salience as a moderating factor in political attitudes." *Canadian Journal of Political Science/Revue canadienne de science politique*, 50(2), 559-578.

Blinder, A. S.(1973). "Wage discrimination: reduced form and structural estimates." *Journal of Human resources*, 436-455.

Blondel, J.(1995). "Toward a systematic analysis of government-party relationships." *International Political Science Review / Revue internationale de science politique*, 16(2), 127-143.

Boheim, R., Fink, M. and C. Zulehner(2021). "About time: The narrowing gender wage gap in Austria." *Empirica*, 48(4), 803-843.

Bond, J. R. and R. Fleisher and G. S. Krutz(2009). "Malign neglect: Evidence that delay has become the primary method of defeating presidential appointments." *Congress and The Presidency*, 36, 226-243.

Bond, J. R. and R. Fleisher(1990). *The President in the Legislative Arena*. The University of Chicago Press.

Bond, J. R. and R. Fleisher(Eds.)(2000). *Polarized Politics: Congress and the President in a Partisan Era*. CQ Press.

Bose, M. and A. Rudalevige(2020). *Executive Policymaking: The Role of the OMB in the Presidency*. Brookings Institution Press.

Botelho, J. C. A. and R. R. Silva(2021). "Presidential powers in Latin America beyond constitutions." *Ibero-americana*, 50(1), 28-39.

Boydstun, A. E., S. Bevan and H. F. Thomas(2014). "The importance of attention diversity and how to measure it." *Policy Studies Journal*, 42(2), 173-196.

Brace, P. and B. Hinckley(1992). *Follow the Leader*. New York: Basic Books.

Burke, J. P.(1992). *The Institutional Presidency*. Johns Hopkins University Press.

Burke, J. P.(2001). "Lessons from past presidential transitions: Organization, management and decision making." *Presidential Studies Quarterly*, 31(1), 5-24.

Burke, J. P.(2010). "The institutional presidency." In M. Nelson(Ed.). *The Presidency and the Political System* (9th ed., pp. xx-xx). CQ Press.

Burnam, J.(2011). "The president and the environment: A reinterpretation of Neustadt's theory of presidential leadership." *Congress and the Presidency*, 37(3), xx-xx.

Burns, J. M.(1979). *Leadership*. Harper & Row.(한국리더십연구회 옮김. 『리더십강의』. 미래연구센터.)

Callaghan, K. J. and S. Virtanen(1993). "Revised models of the rally phenomenon: The case of the Carter presidency." *The Journal of Politics*, 55(3), 756-764.

Camerlo, M. and A. Pérez-Liñán(2015a). "The politics of minister retention in presidential systems: Technocrats." *Journal of Politics*, xx(x), xx-xx.

Camerlo, M. and A. Pérez-Liñán(2015b). "Minister turnover, critical events and the electoral calendar in presidential democracies." *Journal of Politics*, 77(3), 608-618.

Campbell, A., P. Converse, W. E. Miller and D. E. Stoker(1960). *The American Voter*. New York:

Wiley.

Campbell, C.(1998). *The U.S. Presidency in Crisis: A Comparative Perspective*. Oxford University Press.

Canes-Wrone, B. and S. de Marchi(2002). "Presidential approval and legislative success." *Journal of Politics*, 64(2), xx-xx.

Canes-Wrone, B.(2006). *Who Leads Whom? Presidents, Policy and the Public*. University of Chicago Press.

Cappella, J. and K. H. Jamieson(1996). "News frames, political cynicism and media cynicism." *The Annals of the American Academy of Political and Social Science*, 546, 71-84.

Cappella, J. and K. H. Jamieson(1997). *Spiral of Cynicism: The Press and the Public Good*. Oxford University Press.

Caprara, G. V.(2007). "The personalization of modern politics." *European Review*, 15, 151-164.

Cavari, A.(2019). "Evaluating the president on your priorities: Issue priorities, policy performance and presidential approval, 1981–2016." *Presidential Studies Quarterly*, 49(4), 798-826.

Chaisty, P., N. Cheeseman and T. J. Power(2018). *Coalitional Presidentialism in Comparative Perspective: Minority Presidents in Multiparty Systems*. Oxford University Press.

Cheibub, J. A.(2007). *Presidentialism, Parliamentarism and Democracy*. Cambridge University Press.

Cheibub, J. A., Z. Elkins and T. Ginsburg(2010). "Latin American presidentialism in comparative and historical perspective." *Texas Law Review*, 89, 1707-xxxx.

Cheibub, J. A., Z. Elkins and T. Ginsburg(2014). "Beyond presidentialism and parliamentarism." *British Journal of Political Science*, 44(3), 515-544.

Clarke, H. D., M. C. Stewart, M. Ault and E. Elliott(2005). "Men, women and the dynamics of presidential approval. *British Journal of Political Science*, 35(1), 31-51.

Cobb, R. W. and C. D. Elder(1971). "The politics of agenda-building: An alternative perspective for modern democratic theory." *The Journal of Politics*, 33(4), 892-915.

Cobb, R. W., J. K. Ross and M. H. Ross(1976). "Agenda building as a comparative political process." *The American Political Science Review*, 70(1), 126-138.

Cohen, J. E.(1995). *Presidential Responsiveness and Public Policy-Making*. The University of Michigan Press.

Cohen, J. E., J. Bond, R. Fleisher and J. Hamman(2000). "State level presidential approval and senatorial support." *Legislative Studies Quarterly*, 15(4), 577-590.

Coller, K. and T. Sullivan(1995). "New Evidence undercutting the Linkage of Approval with Presidential Support and Influence." *Journal of Politics*, 57(1), 197-209.

Conover, P. J.(1988). "Feminists and the gender gap." *The Journal of Politics*, 50(4), 985-1010.

Cook, E. A. and C. Wilcox(1991). "Feminism and the gender gap—a second look." *The Journal of Politics*, 53(4), 1111-1122.

Cooper, P. J.(2002). *By Order of the President: The Use and Abuse of Executive Direct Action*. University Press of Kansas.

Corrales, J.(2010). *Presidents Without Parties: The Politics of Economic Reform in Argentina and Venezuela in the 1990s*. Penn State University Press.

Corwin, E. S.(1951). *The president's power*. New Republic, Jan. 29.

Cox, G. W. and S. M. Morgenstern(2002). "Latin America's reactive assemblies and proactive presidents." In S. M. Morgenstern(Ed.). *Legislative Politics in Latin America* (pp. xx-xx). Cambridge University Press.

Cronin, T. E. and M. A. Genovese(2004). *The Paradoxes of the American Presidency* (4th ed.). Oxford University Press.

CRS.(2012). *Presidential appointments, the Senate's confirmation process and changes made in the 112th Congress.* CRS Report of Congress.

da Rosa Bustamante, T., E. P. N. Meyer and M. A. Cattoni(2020). "Why replacing the Brazilian constitution is not a good idea: A response to professor Bruce Ackerman." *International Journal of Constitutional Law Blog*, Jul, 28.

Dahlström, C. and V. Lapuente(2017). *Organizing Leviathan: Politicians, Bureaucrats and the Making of Good Government.* Cambridge University Press.(신현기 옮김. 『좋은 정부, 정치인, 관료: 공정하고 능력 있는 관료제 만들기』. 한울.)

Dalton, R. J., I. McAllister and M. P. Wattenberg(2000). "The consequences of partisan dealignment." In R. J. Dalton and M. P. Wattenberg(Eds.). *Parties Without Partisans: Political Change in Advanced Industrial Democracies* (pp. xx-xx). Oxford: Oxford University Press.

Dickinson, M. J. and M. J. Lebo(2007). "Reexamining the growth of the institutional presidency, 1940-2000." *The Journal of Politics*, 69(1), 206-219.

Dickinson, M. J.(2000). "Staffing the White House, 1937-1996: The institutional implications of Neustadt's bargaining paradigm." In R. Y. Shapiro et al.(Eds.). *Presidential Power* (pp. xx-xx). Columbia University Press.

Dickinson, M. J.(2009). "We all want a revolution: Neustadt, new institutionalism and the future of presidency research." *Presidential Studies Quarterly*, 39(4), 736-770.

Downs, C. W. and M. D. Hazen(1977). "A factor analytic study of communication satisfaction." *Journal of Business Communication*, 14(3), 63-73.

Edwards III, G. C. and A. Barrett(2000). "Presidential agenda setting in Congress." In J. R. Bond and R. Fleisher(Eds.). *Polarized Politics: Congress and the President in a Partisan Era* (pp. xx-xx). Congressional Quarterly Inc.

Edwards III, G. C. and B. D. Wood(1999). "Who influences whom? The president, Congress and the media." *The American Political Science Review*, 93(2), 327-344.

Edwards III, G. C. and S. J. Wayne(2006). *Presidential Leadership: Politics and Policy Making* (7th ed.). Belmont, CA: Thomson Wadsworth.

Edwards III, G. C.(1983). *The Public Presidency: The Pursuit of Popular Support.* New York: St. Martin's Press.

Edwards III, G. C.(1989). *At the Margins: Presidential Leadership of Congress.* New Haven: Yale University Press.

Edwards III, G. C.(2001). "Why not the best? The loyalty-competence trade-off in presidential appointments." In G. C. Mackenzie(Ed.). *Innocent Until Nominated* (pp. 81-106). Washington, DC: Brookings Institute.

Edwards III, G. C., A. Barrett and J. Peake(1997). "The legislative impact of divided government." *American Journal of Political Science*, 41(2), 545-563.

Edwards III, G. C., J. H. Kessel and B. A. Rockman(Eds.)(1993). *Researching the Presidency: Vital Questions, New Approaches*. University of Pittsburgh Press.

Edwards III, G. C., W. Mitchell and R. Welch(1995). "Explaining presidential approval: The significance of issue salience." *American Journal of Political Science,* 39(1), 108-134.

Elder, T. E., J. H. Goddeeris and S. J. Haider(2010). "Unexplained gaps and Oaxaca-Blinder decompositions." *Labour Economics,* 17(1), 284-290.

Elgie, R. and G. Passarelli(2019). "Presidentialisation: One term, two uses―between deductive exercise and grand historical narrative." *Political Studies Review,* 17(2), 115-123.

Elgie, R.(2005). "From Linz to Tsebelis: Three waves of presidential/parliamentary studies?" *Democratization,* 12(1), 106-122.

Elgie, R.(2011). *Semi-Presidentialism: Sub-Types and Democratic Performance.* Oxford University Press.

Entman, R. M.(2004). *Projections of Power: Framing News, Public Opinion and U.S. Foreign Policy.* Chicago: The University of Chicago Press.

EOP(Executive Office of the President)(2014). *Fiscal Year 2014 Congressional Budget Submission.*

EOP(2025). https://www.whitehouse.gov/eop/

Erie, S. P. and M. Rein(1988). "Women and the welfare state." In C. M. Mueller(Ed.). *The Politics of the Gender Gap: The Social Construction of Political Influence* (pp. xx-xx). SAGE Publications.

Eshbaugh-Soha, M.(2005). "The politics of presidential agendas." *Political Research Quarterly,* 58(2), 257-268.

Etheridge, B. and L. Spantig(2022). "The gender gap in mental well-being at the onset of the COVID-19 pandemic: Evidence from the UK." *European Economic Review,* 145, 104114:1-27.

Festinger, L.(1957). *A Theory of Cognitive Dissonance.* Stanford University Press.

Fiorina, M. P.(1996). *Divided Government.* New York: MacMillan Publishing Co.

Fisher, L.(1981). *The Politics of Shared Power: Congress and the Executive.* Texas A&M University Press.

Gallo, N. and D. E. Lewis(2012). "The consequences of presidential patronage for federal agency performance." *Journal of Public Administration Research and Theory,* 22(2), 219-243.

Ganghof, S.(2021). *Beyond Presidentialism and Parliamentarism: Democratic Design and the Separation of Powers.* Oxford University Press.

Garrett, R. S., J. A. Thurber, A. L. Fritschler and D. H. Rosenbloom(2006). "Assessing the impact of bureaucracy bashing by electoral campaigns." *Public Administration Review,* 66(2), 228-240.

Garzia, D.(2011). "The personalization of politics in Western democracies: Causes and consequences on leader-follower relationship." *The Leadership Quarterly,* 22(5), 697-709.

Gentzkow, M. and J. Shapiro(2013). "Ideology in the news media." *NBER Reporter,* 2, 14-16.

Gergen, D.(2001). *Eyewitness to power: The essence of leadership from Nixon to Clinton.* Simon and Schuster.(서율택 옮김. 『CEO 대통령의 7가지 리더십』. 스테디북.)

Gerhardt, M. J.(2000). *The federal appointment process: A constitutional and historical analysis.* Durham, NC: Duke University Press.

Gilens, M.(1984). "The gender gap: Psychology, social structure and support for Reagan." *Berkeley Journal of Sociology*, 29, 35-56.

Gilens, M.(1988). "Gender and support for Reagan: A comprehensive model of presidential approval." *American Journal of Political Science*, 32(1), 19-49.

Goffman, E.(1974). *Frame analysis: An essay on the organization of experience*. Cambridge, MA: Harvard University Press.

Goodsell, C. T.(1994). *The case for bureaucracy*. Chatham, NJ: Chatham House.

Greenstein, F. I.(2000). *The presidential difference*. The Free Press.(김기휘 옮김. 『위대한 대통령은 무엇이 다른가』. 위즈덤하우스.)

Gronke, P. and B. Newman(2003). "FDR to Clinton, Mueller to?: A field essay on presidential approval." *Political Research Quarterly*, 56(4), 501-512.

Gronke, P. and J. Brehm(2002). "History, heterogeneity and presidential approval: A modified ARCH approach." *Electoral Studies*, 21(3), 425-452.

Gronke, P., J., Koch and J. M. Wilson(2003). "Follow the leader? Presidential approval, presidential support and representatives' electoral fortunes." *The Journal of Politics*, 65(3), 785-808.

Habermas, J.(1992). *Faktizität und Geltung: Beiträge zur Diskurstheorie des demokratischen Rechtsstaats.*(한상진·박영도 옮김. 『사실성과 타당성: 담론적 법이론과 민주주의적 법치국가 이론』. 나남.)

Halchin, L. E.(2008). *Presidential transitions: Issues involving outgoing and incoming administrations*. Congressional Research Service.

Hanushek, E. A. and J. E. Jackson(2013). *Statistical methods for social science*. Academic Press.

Hart, R. P.(1987). *The sound of leadership: Presidential communication in the modern age*. Chicago & London: The University of Chicago Press.

Hart, R.(1992). *Seducing America: How television charms the modern voter*. London: SAGE.

Hayes, B. C.(1997). "Gender, feminism and electoral behavior in Britain." *Electoral Studies,* 16(2), 203-216.

Heclo, H.(1977). *A government of strangers: Executive politics in Washington*. Brookings Institution Press.

Heclo, H.(1999). "OMB and neutral competence." In J. P. Pfiffner(Ed.). *The managerial presidency* (2nd ed., pp. xx-xx). Texas A&M University Press.

Helmke, G.(2017). *Institutions on the edge: The origins and consequences of inter-branch crises in Latin America*. Cambridge University Press.

Hibbs, D. A.(1987). *The American political economy: Macroeconomics and electoral politics*. Cambridge, MA: Harvard University Press.

Hogue, H. B.(2016). *Presidential Transition Act: Provisions and funding*. Congressional Research Service.

Hollibaugh Jr., G. E. and L. S. Rothenberg(2017). "The when and why of nominations: Determinants of presidential appointments." *American Politics Research*, 45(2), 280-303.

Hollibaugh Jr., G. E.(2015). "Naive cronyism and neutral competence: Patronage, performance and policy agreement in executive appointments." *Journal of Public Administration Research and Theory*, 25(2), 341-372.

Hollibaugh Jr., G. E.(2017). "Presidential appointments and policy priorities." *Social Science*

Quarterly, 98(1), 162-184.

Hollibaugh Jr., G. E., G. Horton and D. E. Lewis(2014). "Presidents and patronage." *American Journal of Political Science,* 58(4), 1024-1042.

Holsti, O. R.(1969). *Content analysis for the social science and humanities.* Reading, MA: Addison-Wesley Publishing Company.

Howell, S. E. and C. L. Day(2000). "Complexities of the gender gap." *Journal of Politics,* 62(3), 858-874.

Howell, W. G.(2003). *Power without persuasion.* Princeton University Press.

Howell, W. G.(2009). "Quantitative approaches to studying the presidency." In G. C. Edwards III and W. G. Howell(Eds.). *The Oxford handbook of the American presidency* (pp. xx-xx). Oxford University Press.

Hubbell, L.(1991). "Ronald Reagan as presidential symbol maker: The federal bureaucrat as loafer, incompetent buffoon, good ole boy and tyrant." *American Review of Public Administration,* 21(3), 237-253.

Huntington, S. P.(1993). *The third wave: Democratization in the late twentieth century.* University of Oklahoma Press.

Huntington, S.(1968). *Political order in changing societies.* Yale University Press.

Hustedt, T. and H. H. Salomonsen(2014). "Ensuring political responsiveness: Politicization mechanisms in ministerial bureaucracies." *International Review of Administrative Sciences,* 80(4), 746-765.

Hwang, S. and H. Shin(2023). "Gender gap in mental health during the COVID-19 pandemic in South Korea: a decomposition analysis." *International Journal of Environmental Research and Public Health,* 20(3), 2250.

Inglehart, R. and P. Norris(2000). "The developmental theory of the gender gap: Women's and men's voting behavior in global perspective." *International Political Science Review,* 21(4), 441-463.

Iyengar, S. and D. R. Kinder(1987). *News that matters: Television and American opinion.* Chicago: The University of Chicago Press.

Iyengar, S.(1991). *Is anyone responsible? How television frames political issues.* Chicago: University of Chicago Press.

James, S. C.(2009). "Historical institutionalism, political development and the presidency." In G. C. Edwards III and W. G. Howell(Eds.). *The Oxford handbook of the American presidency* (pp. xx-xx). Oxford University Press.

Jann, B.(2008). "The Blinder-Oaxaca decomposition for linear regression models." *Stata Journal,* 8, 453-479.

Jepperson, R. J.(1991). "Institutions, institutional effects and institutionalism." In P. J. DiMaggio and W. W. Powell(Eds.). *Ordnung durch Medienpolitik?* Konstanz: UVK.

Jones, B. D. and F. R. Baumgartner(2004). "Representation and agenda setting." *Policy Studies Journal,* 32(1), 1-24.

Jones, B. D. and F. R. Baumgartner(2005). *The politics of attention: How government prioritizes problems.* University of Chicago Press.

Jones, C. O.(1994). *The presidency in a separated system.* The Brookings Institution.

Jones, D. A., K. Ferraiolo and J. Byrne(2011). "Selective media exposure and partisan differences about Sarah Palin's candidacy." *Politics & Policy*, 39(2), 195-221.

Jung, K., M. J. Moon and S. D. Hahm(2008). "Exploring the linkage between ministerial leadership and performance in Korea." *Administration & Society*, 40(7), 667-690.

Kaase, M.(1994). "Is there personalization in politics? Candidates and voting behavior in Germany." *International Political Science Review*, 15(3), 211-230.

Kakizawa, H.(2023). "The value of public service broadcasting in Japan during COVID-19 pandemic: An analysis of WTP by Blinder-Oaxaca decomposition." *Telecommunications Policy*, 47(3), 102523.

Kang, J.(2020). "Party favorability and evaluation of female politicians among Korean women voters: Focused on the 20th general election." *The Journal of Political Science & Communication*, 23(1), 1-32. [in Korean]

Karvonen, L.(2010). *The personalization of politics: A study of parliamentary democracies.* Wivenhoe Park: ECPR Press.

Kasuya, Y.(2013). *Presidents, assemblies and policy-making in Asia.* Palgrave Macmillan.

Kaufmann, K. M. and J. R. Petrocik(1999). "The changing politics of American men: Understanding the sources of the gender gap." *American Journal of Political Science*, 43(4), 864-887.

Kellam, M. A.(2015). "Parties for hire: How particularistic parties influence presidents' governing strategies." *Party Politics*, 21(4), 538-550.

Kellerman, B.(1984). *The political presidency: Practice of leadership from Kennedy through Reagan.* New York: Oxford University Press.

Kennedy, J. B.(2015). ""Do this! Do that!" and nothing will happen: Executive orders and bureaucratic responsiveness." *American Politics Research*, 43(1), 59-82.

Kernell, S.(1997). *Going public: New strategies of presidential leadership* (3rd ed.). A Division of Congressional Quarterly Inc.

Kerwin, C. M. and S. R. Furlong(1992). "Time and rulemaking: An empirical test of theory." *Journal of Public Administration Research and Theory,* 2(2), 113-138.

Kesselman, M.(1970). "Overinstitutionalization and political constraint: The case of France." *Comparative Politics,* 3(1), 21-44.

Kilburn, H. W.(2005). "Does the candidate really matter?" *American Politics Research,* 33(3), 335-356.

Kim, K. E. and H. S. Choi(2020). "What determines senior civil servants' responsive behaviors to ministers? Applying mixed-methodology on the relationship between top bureaucrats and ministers in South Korea." *International Review of Public Administration*, 25(1), 22-43.

Kinder, D. R. and D. R. Kiewiet(1981). "Sociotropic politics: The American case." *British Journal of Political Science*, 11(2), 129-161.

Kinder, D. R.(1998). "Opinion and action in the realm of politics." In D. T. Gilbert, S. T. Fiske and G. Lindzey(Eds.). *The handbook of social psychology* (4th ed.). McGraw-Hill.

King, A.(2002). "Do leaders' personalities really matter?" In A. King(Ed.). *Leaders' personalities and the outcomes of democratic elections* (pp. xx-xx). Oxford: Oxford University Press.

King, J. D. and J. W. Riddlesperger Jr.(1995). "Unscheduled presidential transitions: Lessons from the Truman, Johnson and Ford administrations." *Congress & the Presidency: A Journal of Capital Studies,* 22(1), 1-17.

King, J. D. and J. W. Riddlesperger Jr.(2003). "Getting started in the White House: Variations in modern presidential transitions." *White House Studies,* 3(2), 115-134.

King, J. D. and J. W. Riddlesperger Jr.(2013). "Senate confirmation of cabinet appointments: Congress-centered, presidency-centered and nominee-centered explanations." *The Social Science Journal,* 50(2), 177-188.

Koo, B. S.(2019). "Traditional gender gap in a modernized society: Gender dynamics in voter turnout in Korea." *Asian Women,* 35(1), 19-45.

Koo, B. S.(2021). "Women, the overlooked variable: An analysis of the gender gap in voter turnout." *Journal of Legislative Studies,* 27(1), 5-40. [in Korean]

Krause, G. A. and A. J. O'Connell(2011). "Compliance, competence and bureaucratic leadership in US federal government agencies: A Bayesian generalized latent trait analysis." Working paper.

Krause, G. A. and A. J. O'Connell(2016). "Experiential learning and presidential management of the US federal bureaucracy: Logic and evidence from agency leadership appointments." *American Journal of Political Science,* 60(4), 914-931.

Krause, G. A. and A. J. O'Connell(2019). "Loyalty-competence trade-offs for top US federal bureaucratic leaders in the administrative presidency era." *Presidential Studies Quarterly,* 49(3), 527-550.

Krause, G. A. and J. E. Cohen(2000). "Opportunity, constraints and the development of the institutional presidency: The issuance of executive orders, 1939-96." *The Journal of Politics,* 62(1), 88-114.

Krause, G. A.(2002). "Separated powers and institutional growth in the presidential and congressional branches: Distinguishing between short-run versus long-run dynamics." *Political Research Quarterly,* 55(1), 27-57.

Krehbiel, K.(1998). *Pivotal politics: A theory of U.S. lawmaking.* University of Chicago Press.

Kriesi, H.(2011). "Personalization of national election campaigns." *Party Politics,* 18(6), 825-844.

Kumar, M. J.(2008). "Getting ready for day one: Taking advantage of the opportunities and minimizing the hazards of a presidential transition." *Public Administration Review,* 68(4), 603-617.

Laakso, M. and R. Taagepera(1979). ""Effective" number of parties: A measure with application to West Europe." *Comparative Political Studies,* 12(1), 3-27.

Landerer, N.(2013). "Rethinking the logics: A conceptual framework for the mediatization of politics." *Communication Theory,* 23(3), 239-258.

Langer, A. I.(2007). "A historical exploration of the personalization of politics in the print media: The British prime minister (1945-1999)." *Parliamentary Affairs,* 60(3), 371-387.

Langer, A. I.(2010). "The politicization of private persona: Exceptional leaders or the new rule? The case of the United Kingdom and the Blair effect." *International Journal of Press/Politics,* 15(1), 60-76.

Larocca, R. T.(2006). *The presidential agenda: Sources of executive influence in Congress.* The Ohio State University Press.

Lee, D. S.(2018). "Executive capacity to control legislatures and presidential choice of cabinet ministers in East Asian democracies." *Governance*, 31(4), 777-795.

Lee, D. S.(2020). "Executive control of bureaucracy and presidential cabinet appointments in East Asian democracies." *Regulation & Governance*, 14(1), 82-101.

Lee, F. E.(2008). "Dividers, not uniters: Presidential leadership and Senate partisanship, 1981-2004." *The Journal of Politics*, 70(4), 914-928.

Lee, M. and S. D. Hahm(2010). "Dual faces of ministerial leadership in South Korea: Does political responsiveness or administrative responsibility enhance perceived ministerial performance?" *Administration & Society*, 42(1S), 77S-101S.

Lee, S. Y., M. J. Moon and S. D. Hahm(2010). "Dual faces of ministerial leadership in South Korea: Does political responsiveness or administrative responsibility enhance perceived ministerial performance?" *Administration & Society,* 42(1), 775-1015.

Lee, S.(2019). "Gender Conflict Perception and Social Identities: In the Context of Backlash Phenomenon." *Asian Women*, 35(2), 1-24.

Leuven, E. and B. Sianesi(2003). "PSMATCH2: Stata module to perform full Mahalanobis and propensity score matching, common support graphing and covariate imbalance testing." *Stata Journal*, 3(2), 23-48.

Lewis, D. E. and T. M. Moe(2009). "The presidency and the bureaucracy: The levers of presidential control." In *The presidency and the political system* (9th ed., pp. 367-400). Washington, DC: CQ Press.

Lewis, D. E.(2003). *Presidents and the politics of agency design: Political insulation in the United States government bureaucracy, 1946-1997.* Stanford University Press.

Lewis, D. E.(2005). "Staffing alone: Unilateral action and the politicization of the executive office of the president, 1988-2004." *Presidential Studies Quarterly*, 35(3), 496-514.

Lewis, D. E.(2008). *The politics of presidential appointments: Political control and bureaucratic performance.* Princeton University Press.

Lewis, D. E.(2012). "The personnel process in the modern presidency." *Presidential Studies Quarterly,* 42(3), 577-596.

Liao, P. A., H. H. Chang, J. H. Wang and L. C. Sun(2016). "What are the determinants of rural-urban digital inequality among schoolchildren in Taiwan? Insights from Blinder-Oaxaca decomposition." *Computers & Education*, 95, 123-133.

Light, P. C.(1987). "When worlds collide: The political-career nexus." In G. C. Mackenzie(Ed.). *The in-and-outers: Presidential appointees and transient government in Washington* (pp. 45-78). Baltimore: Johns Hopkins University Press.

Light, P. C.(1999). *The president's agenda: Domestic policy choice from Kennedy to Clinton.* Johns Hopkins University Press.(차재훈 옮김. 『대통령학』. 한울.)

Lijphart, A.(2012). *Patterns of democracy: Government forms and performance in thirty-six countries.* Yale University Press.(김석동 옮김. 『민주주의의 유형: 다수결 민주주의와 합의 민주주의 간의 정부 형태와 성과 비교』. 성균관대학교 출판부.)

Limbocker, S., M. D. Richardson and J. L. Selin(2022). "The politicization conversation: A call to better define and measure the concept." *Presidential Studies Quarterly,* 52(1), 10-37.

Lindblom, C.(1959). "The science of muddling through." *Public Administration Review*, 19(2),

79-88.

Linz, J. J.(1990). "The perils of presidentialism." *Journal of Democracy*, 1(1), 51-69.

Lizotte, M. K.(2017). "Gender, partisanship and issue gaps." *Analyses of Social Issues and Public Policy*, 17(1), 379-405.

Lizotte, M. K.(2020). *Gender differences in public opinion: Values and political consequences.* Temple University Press.

Lowande, K. and J. C. Rogowski(2021). "Presidential unilateral power." *Annual Review of Political Science*, 24, 21-43.

Lowande, K.(2018). "Delegation or unilateral action?" *The Journal of Law, Economics and Organization*, 34(1), 54-78.

Lowi, T. J.(1964). "American business, public policy, case studies and political theory." *World Politics*, 16(4), 677-715.

Mackenzie, G. C.(2001). "The state of the presidential appointments process." In G. C. Mackenzie(Ed.). *Innocent until nominated: The breakdown of the presidential appointments process* (pp. 21-45). Brookings Institution Press.

Mainwaring, S. and M. S. Shugart(1997). "Juan Linz, presidentialism and democracy: A critical appraisal." *Comparative Politics*, 29(4), 449-471.

Mainwaring, S.(1993). "Presidentialism, multipartism and democracy: The difficult combination." *Comparative Political Studies*, 26(2), 198-228.

Maranto, R. and K. M. Hult(2004). "Right turn? Political ideology in the higher civil service, 1987-1994." *American Review of Public Administration*, 34(2), 199-222.

Marra, R. F., C. W. Ostrom Jr. and D. M. Simon(1990). "Foreign policy and presidential popularity: Creating windows of opportunity in the perpetual election." *Journal of Conflict Resolution*, 34(4), 588-623.

Martínez, C. A.(2024). *Why presidents fail: Political parties and government survival in Latin America.* Stanford University Press.

Martinez-Gallardo, C. and P. Schleiter(2015). "Choosing whom to trust: Agency risks and cabinet partisanship in presidential democracies." *Comparative Political Studies*, 48(4), 495-526.

Mattei, F.(2000). "The gender gap in presidential evaluations: Assessments of Clinton's performance in 1996." *Polity*, 33(2), 199-228.

Mayer, K. R.(2002). *With the stroke of a pen: Executive orders and presidential power.* Princeton University Press.

Mayhew, D. R.(1991). *Divided we govern.* Yale University Press.

McAllister, I.(2005). "The personalization of politics." In R. J. Dalton and H.-D. Klingemann(Eds.). *The Oxford handbook of political behavior* (pp. 571-588). Oxford University Press.

McCarty, N. and R. Razaghian(1999). "Advice and consent: Senate responses to executive branch nominations, 1885-1996." *American Journal of Political Science*, 43(4), 1122-1143.

McCue, C. P. and J. D. Gopoian(2000). "Dispositional empathy and the political gender gap." *Women & Politics*, 21(2), 1-20.

Meier, K. J.(1993). *Politics and the bureaucracy: Policymaking in the fourth branch of government* (3rd ed.). Brooks/Cole Publishing Company.

Meier, K. J.(1997). "The case for more bureaucracy and less democracy." *Public Administration Review*, 57(3), 193-199.

Meyer, J. W. and B. Rowan(1977). "Institutionalized organizations: Formal structure as myth and ceremony." *American Journal of Sociology*, 83(2), 340-363.

Moe, T. M. and S. A. Wilson(1994). "Presidents and the politics of structure." *Law and Contemporary Problems*, 57(2), 1-44.

Moe, T. M. and W. G. Howell(1999). "Unilateral action and presidential power: A theory." *Presidential Studies Quarterly*, 29(4), 850-873.

Moe, T. M.(1985). "The politicized presidency." In J. P. Pfiffner(Ed.). *The managerial presidency* (2nd ed., pp. 23-54). Texas A&M University Press.

Moe, T. M.(1993). "Presidents, institutions and theory." In J. H. Kessel and B. A. Rockman(Eds.). *Researching the presidency: Vital questions, new approaches* (pp. 275-302). University of Pittsburgh Press.

Moe, T. M.(2009). "The revolution in presidential studies." *Presidential Studies Quarterly*, 39(4), 701-724.

Mondak, J. J.(1993). "Source cues and policy approval: The cognitive dynamics of public support for the Reagan agenda." *American Journal of Political Science*, 37(1), 186-212.

Moraski, B. J. and C. R. Shipan(1999). "The politics of Supreme Court nominations: A theory of institutional constraints and choices." *American Journal of Political Science*, 43(4), 1069-1095.

Mouw, C. and M. MacKuen(1992). "The strategic configuration, personal influence and presidential power in Congress." *The Western Political Quarterly*, 45(3), 491-519.

Moynihan, D. P. and A. S. Roberts(2010). "The triumph of loyalty over competence: The Bush administration and the exhaustion of the politicized presidency." *Public Administration Review*, 70(4), 572-581.

Mueller, J. E.(1970). "Presidential popularity from Truman to Johnson." *American Political Science Review*, 64(1), 18-34.

Mueller, J. E.(1973). *War, presidents and public opinion*. Wiley.

Mullainathan, S. and E. Washington(2009). "Sticking with your vote: Cognitive dissonance and political attitudes." *American Economic Journal: Applied Economics*, 1(1), 86-111.

Mutz, D. C.(1992). "Mass media and the depoliticization of personal experience." *American Journal of Political Science*, 36(2), 483-508.

Nathan, R. P.(1986). *The administrative presidency*. Macmillan Publishing Company.

Neto, O. A.(2006). "The presidential calculus: Executive policymaking and cabinet formation in the Americas." *Comparative Political Studies*, 39(4), 415-440.

Neumark, David(1988). "Employers' Discriminatory Behavior and the Estimation of Wage Discrimination." *Journal of Human Resources*, 23(3): 279-95.

Neustadt, R. E.(1960). *Presidential power and modern presidents: The politics of leadership from Roosevelt to Reagan*. Free Press.(이병석 옮김. 『대통령의 권력: 리더십의 정치학, 루스벨트에서 레이건까지』. 다빈치.)

Nixon, D. C.(2004). "Separation of powers and appointee ideology." *The Journal of Law, Economics and Organization*, 20(2), 438-457.

Nordhaus, W. D.(1975). "The political business cycle." *The Review of Economic Studies,* 42(2), 169-190.

Norris, P.(2003). "The gender gap: Old challenges, new approaches." In S. J. Carroll(Ed.). *Women and American politics: New questions, new directions* (pp. 146-170). Oxford University Press.

Nye, J. S.(2008). *The powers to lead.* Oxford University Press.

O'Donnell, G.(2003). "Horizontal accountability: The legal institutionalization of mistrust." In S. Mainwaring and C. Welna(Eds.). *Democratic accountability in Latin America* (pp. 34-58). Oxford University Press.

Oaxaca, R. and M. Ransom(1999). "Identification in detailed wage decompositions." *Review of Economics and Statistics,* 81(1), 154-157.

Oegema, D. and J. Kleinnijenhuis(2000). "Personalization in political television news: A 13-wave survey study to assess effects of text and footage." *Communication,* 25(1), 43-60.

Orren, G.(1997). "Fall from grace: The public's loss of faith in government." In J. S. Nye(Ed.). *Why people don't trust government* (pp. 77-103). Harvard University Press.

Ostrom Jr., C. W. and D. M. Simon(1985). "Promise and performance: A dynamic model of presidential popularity." *American Political Science Review,* 79(2), 334-358.

Ostrom Jr., C. W. and D. M. Simon(1988). "The president's public." *American Journal of Political Science,* 32(4), 1096-1119.

Ouyang, Y., E. T. Haglund and R. W. Waterman(2017). "The missing element: Examining the loyalty–competence nexus in presidential appointments." *Presidential Studies Quarterly,* 47(1), 62-91.

Page, B. I. and R. Y. Shapiro(1985). "Presidential leadership through public opinion." In G. C. Edwards III, S. A. Shull and N. C. Thomas(Eds.). *The presidency and public policy making* (pp. 22-36). University of Pittsburgh Press.

Panizza, F., B. G. Peters and C. R. Ramos(2019). "Roles, trust and skills: A typology of patronage appointments." *Public Administration,* 97(1), 147-161.

Park, M. and P. S. Kim(2016). "An analysis of political appointments of the recent governments in South Korea." *Korean Personnel Administration Journal,* 15(2), 287-313.

Parsneau, K.(2012). "Politicizing priority departments: Presidential priorities and subcabinet experience and loyalty." *American Politics Research,* 41(3), 443-470.

Passarelli, G.(2015). "Parties' genetic features: The missing link in the presidentialization of parties." In G. Passarelli(Ed.). *The presidentialization of political parties: Organizations, institutions and leaders* (pp. 1-25). Palgrave Macmillan.

Passarelli, G.(2020). "The presidential party: A theoretical framework for comparative analysis." *Political Studies Review,* 18(1), 87-107.

Patterson, B. H. and J. P. Pfiffner(2007). "Presidential appointments and the office of presidential personnel." In J. P. Pfiffner and R. H. Davidson(Eds.). *Understanding the presidency* (4th ed., pp. 145-167). Pearson Longman.

Pemstein, D., et al.(2024). *V-Dem working paper series* (No. 2024:21).

Pérez-Liñán, A., N. Schmidt and D. Vairo(2019). "Presidential hegemony and democratic backsliding in Latin America, 1925–2016." *Democratization,* 26(4), 606-625.

Persson, T., G. Roland and G. Tabellini (1997). "Separation of powers and political accountability."

The Quarterly Journal of Economics, 112(4), 1163-1202.

Peterson, M. A.(2000). "Presidential power and the potential for leadership." In R. A. Shapiro, M. J. Kumar and L. R. Jacobs(Eds.). *Presidential power: Forging the presidency for the twenty-first century* (pp. 75-92). Columbia University Press.

Peterson, M. A.(1990). *Legislating together.* Harvard University Press.

Petterson, T. E.(1993). *Out of Order.* New York : Alfred A. Knopf.

Pfiffner, J. P.(1994). *The modern presidency.* St. Martin's Press.

Pfiffner, J. P.(2009). "Presidential transition." In G. C. Edwards III and W. G. Howell(Eds.). *The Oxford handbook of the American presidency* (pp. 87-107). Oxford University Press.

Pika, J. A. and J. A. Maltese(2008). *The politics of the presidency* (7th ed.). CQ Press.

Poguntke, T. and Webb, P.(Eds.)(2005). *The presidentialization of politics: A comparative study of modern democracies.* Oxford University Press.

Polsby, N. W.(1968). "The institutionalization of the U.S. House of Representatives." *American Political Science Review,* 62(1), 144-168.

Potter, R. A. and C. R. Shipan(2019). "Agency rulemaking in a separation of powers system." *Journal of Public Policy,* 39(1), 89-113.

Potter, R. A.(2017). "Slow-rolling, fast-tracking and the pace of bureaucratic decisions in rulemaking." *The Journal of Politics,* 79(3), 841-855.

Potter, R. A.(2019). *Bending the rules: Procedural politicking in the bureaucracy.* University of Chicago Press.

Powell Jr., B.(1991). "Divided government as a pattern of governance." *Governance,* 4(3), 131-158.

Powell, R.(1999). *In the shadow of power: States and strategies in international politics.* Princeton University Press.

PPS(Partnership for Public Service) and BCG(Boston Consulting Group)(2020). *Presidential transition guide: A comprehensive guide to the activities required during the transition* (4th ed.). PPS & BCG.

Rae, N. C.(2006). "Exceptionalism in the United States." In R. S. Katz and W. Crotty(Eds.). *Handbook of party politics* (pp. 243-258). SAGE.

Ragsdale, L. and J. J. Theis(1997). "The institutionalization of the American presidency, 1924-92." *American Journal of Political Science,* 41(4), 1280-1318.

Ragsdale, L.(2010). "Studying the presidency: Why presidents need political scientists." In M. Nelson(Ed.). *The presidency and the political system* (9th ed., pp. 123-140). CQ Press.

Rahat, G. and T. Sheafer(2007). "The personalization(s) of politics: Israel 1949-2003." *Political Communication,* 24(1), 65-80.

Reese-Schafer, W.(1991). *Jürgen Habermas.*(선우현 옮김.『하버마스 철학과 사회이론』. 거름.)

Reichley, A. J.(1981). *Conservatives in an age of change: The Nixon and Ford administrations.* Brookings Institution.

Riffe, D., S. Lacy and F. G. Fico(1998). *Analyzing media messages.* Lawrence Erlbaum Associates. (배현석 옮김.『미디어 내용분석 방법론』. 커뮤니케이션북스.)

Rivers, D. and N. L. Rose(1985). "Passing the president's program: Public opinion and presidential influence in Congress." *American Journal of Political Science,* 29(2), 183-196.

Roberts, J. C.(2014). "The struggle over executive appointments." *Utah Law Review,* 4, 725-756.

Rockman, B. A.(2009). "Does the revolution in presidential studies mean "off with the president's head"?" *Presidential Studies Quarterly*, 39(4), 786-794.

Rohde, D. W. and D. M. Simon(1985). "Presidential vetoes and congressional response: A study of institutional conflict." *American Journal of Political Science*, 29(3), 397-427.

Rosenbaum, P. R. and D. B. Rubin(1983). "The central role of the propensity score in observational studies for causal effects." *Biometrika*, 70(1), 41-55.

Rudalevige, A.(2002). *Managing the president's program: Presidential leadership and legislative policy formulation*. Princeton University Press.

Rudalevige, A.(2021). "The presidency and unilateral power: A taxonomy." In M. Nelson(Ed.). *The presidency and the political system* (pp. 156-174). CQ Press.

Saaty, T. L.(1980). *The analytic hierarchy process: Planning, priority setting, resource allocation*. McGraw-Hill.

Samuels, D. J. and M. S. Shugart(2010). *Presidents, parties and prime ministers: How the separation of powers affects party organization and behavior*. Cambridge University Press.

Sartori, G.(1994). "Neither presidentialism nor parliamentarism." In J. Linz and A. Valenzuela(Eds.). *The failure of presidential democracy: Comparative perspectives* (pp. 106-118). Johns Hopkins University Press.

Selznick, P.(1957). *Leadership in administration*. Row, Peterson.

Shin, H. and S. Choi(2017). "Presidential priority and political appointment: Ordered logit regression analysis of the patronage and merit of ministers and vice ministers." *Korea Observer*, 48(2), 183-216.

Shin, H.(2016). "Institutional characteristics and effects of confirmation hearings in Korea." *International Review of Public Administration*, 21(4), 320-341.

Shugart, M. S. and J. M. Carey(1992). *Presidents and assemblies: Constitutional design and electoral dynamics*. Cambridge University Press.

Simon, D. M.(2009). "Public expectations of the presidents." In G. C. Edwards III and W. G. Howell(Eds.). *The Oxford handbook of the American presidency*. Oxford University Press.

Skowronek, S.(1982). *Building a new American state: The expansion of national administrative capacities, 1877-1920*. Cambridge University Press.

Skowronek, S.(2011). *Presidential leadership in political time: Reprise and reappraisal*. University Press of Kansas.

Skowronek, S.(1993). *The politics presidents make: Leadership from John Adams to Bill Clinton*. Harvard University Press.

Smith, J. A. and P. E. Todd(2005). "Does matching overcome LaLonde's critique of nonexperimental estimators?" *Journal of Econometrics*, 125(1-2), 305-353.

Sticker, G.(1964). "The operation of cognitive dissonance on pre-and postelection attitudes." *The Journal of Social Psychology*, 63(1), 111-119.

Stimson, J. A.(1976). "Public support for American presidents: A cyclical model." *Public Opinion Quarterly*, 40(1), 1-21.

Storer, C.(2013). *A short history of the Weimar Republic*. Bloomsbury Publishing.

Strark, S.(1996). "Gap politics." *The Atlantic Monthly* (July), 71-80.

Strøm, K.(1990). "A behavioral theory of competitive political parties." *American Journal of*

Political Science, 34(2), 565-598.

Strömbäck, J. and F. Esser(2009). "Shaping politics: Mediatization and media interventionism." In K. Lundby(Ed.). *Mediatization: Concepts, changes, consequences* (pp. 205-224). Peter Lang.

Strömbäck, J.(2008). "Four phases of mediatization: An analysis of the mediatization of politics." *Press/Politics*, 13(3), 228-246.

Sundquist, J.(1987). *Constitutional reform and effective government*. Brookings Institution.

Swanson, D. L. and P. Mancini(1996). *Politics, media and modern democracy: An international study of innovations in electoral campaigning and their consequences*. Praeger.

Terry, L. D.(1997). "Public administration and the theater metaphor: The public administrator as villain, hero and innocent victim." *Public Administration Review*, 57(1), 53-61.

Tsebelis, G.(2002). *Veto players: How political institutions work*. Princeton University Press.(문우진 옮김. 『거부권 행사자』. 후마니타스.)

Tuchman, G.(1978). *Making news: A study in the construction of reality*. Free Press.

Tulis, J.(1987). *The rhetorical presidency*. Princeton University Press.

Van Aelst, P., T. Sheafer and J. Stanyer(2011). "The personalization of mediated political communication: A review of concepts, operationalizations and key findings." *Journalism*, 13(2), 203-220.

Varughese, A. R. and I. Bairagya(2020). "Group-based educational inequalities in India: Have major education policy interventions been effective?" *International Journal of Educational Development*, 73, 102-159.

Villalobos, J. D. and J. S. Vaughn(2009). "Presidential staffing and public opinion: How public opinion influences politicization." *Administration and Society*, 41(4), 449-469.

Vinson, C. D.(2008). "Political parties and the media." In M. J. Rozell and J. D. Mayer(Eds.). *Media power, media politics* (2nd ed.). Rowman & Littlefield.

Wanta, W. and J. Foote(1994). "The president-news media relationship: A time series analysis of agenda-setting." *Journal of Broadcasting & Electronic Media*, 38(4), 437-448.

Waterman, R. W. and Y. Ouyang(2020). "Rethinking loyalty and competence in presidential appointments." *Public Administration Review*, 80(5), 717-732.

Waterman, R. W.(1989). *Presidential influence and the administrative state*. Knoxville: University of Tennessee Press.

Wattenberg, M. P.(1991). *The rise of candidate-centered politics*. Harvard University Press.

Wayne, S. J.(2012). *The road to the White House 2012* (9th ed.). Wadsworth.

Weko, T. J.(1995). *The politicizing presidency: The White House Personnel Office, 1948-1994*. University Press of Kansas.

West, W. F.(2005). "Neutral competence and political responsiveness: An uneasy relationship." *The Policy Studies Journal*, 33(2), 147-160.

Wildavsky, A.(1988). "Uniquitous anomie: Public service in an era of ideological dissensus." *Public Administration Review*, 48(4), 733-755.

Wilke, J. and C. Reinemann(2001). "Do the candidates matter? Long-term trends of campaign coverage—A study of the German press since 1949." *European Journal of Communication*, 16(3), 291-314.

Wirls, D.(1986). "Reinterpreting the gender gap." *Public Opinion Quarterly*, 50(3), 316-330.

Wood, B. D. and R. W. Waterman(1991). "The dynamics of political control of the bureaucracy." *The American Political Science Review*, 85(3), 801-828.

Wood, B. D. and R. W. Waterman(1993). "The dynamics of political-bureaucratic adaptation." *American Journal of Political Science*, 37(2), 497-528.

Wood, B. D.(2007). *The politics of economic leadership: The causes and consequences of presidential rhetoric*. Princeton University Press.

Wyszomirski, M. J.(1982). "The de-institutionalization of presidential staff agencies." *Public Administration Review*, 42(5), 448-458.

Yang, G. S.(2017). *Different levels of presidentialization: A framework for analysis*. Master's thesis, Yonsei University.

Zaller, J. R.(1992). *The nature and origins of mass opinion*. Cambridge University Press.

Zoffer, J. P.(2019). "The law of presidential transitions." *Yale Law Journal*, 129, 2500-2572.

찾아보기

주제어

3실장 체제   24, 184, 263~264
4대 권력기구장   118~119, 125~126,
    130, 224, 260
87년 헌법   16, 37, 82~83, 157~158,
    171, 256, 399
DJP공동정부   92, 95, 382~383

ㄱ

개인적 리더십   19, 59, 62~63, 65,
    68~73, 86~87, 97, 99, 107, 110,
    112, 115, 140, 365
개인화 보도   271, 273~276
개헌 제안권   39~40, 163
거부권   39, 47, 63, 83, 154, 165~166,
    171, 174, 392, 396~397
결집효과   283, 301
고위직 인사   223, 383~384, 393,
    397~399
고정된 임기   21, 26~27, 133~134
공무원 때리기   23, 185~187, 189, 191,
    193, 196, 198~200
공직사정 의제   193, 197~199
관료제 통제   23, 75, 183, 202~204
관료조직   17, 23, 123~124, 188, 202,
    242, 251
국정과제   184, 188, 191, 241, 253,
    258~259, 263~264, 340~344, 346,
    353~366, 369~370, 375, 377~380,
    383, 399, 404~406, 408~409,
    411~412
국정기획자문위원회   349
국회 선진화법   108~109, 166
권력분립   28, 41, 135
권력융합   28
기원의 분리   26~27, 35, 133

ㄴ

날치기   107~109, 114, 241, 267
내생성   288
능력 인사   206~207, 219

ㄷ

다당제   26, 29, 53~54, 159
단점정부   67, 109
당내 경선   46, 235, 275, 343, 345, 354
당정 갈등   50, 89, 96, 111~112, 114,
    139, 141~146, 149~150, 153~154,
    156, 386, 409~410
당정분리   70, 92~93, 96, 136, 150, 155,
    249
대결정치   102
대중기반 권력   21, 45, 49~50, 140, 174
대중적 대통령   23~24, 61, 64~66,
    72~73, 75
대중호소 대통령   59~60, 66
대체 시스템   41~42
대통령 중심 반대통령제   31~33
대통령 지지율   38, 45, 49, 60~61, 75,
    79, 88~90, 100~101, 111, 125,
    127, 160~162, 174, 201, 224, 228,

235, 267~268, 278~280, 283~285, 296, 298, 302~303, 308

대통령부서   23, 64, 66, 75, 131, 184, 235~240, 242~244, 248, 250, 252~254, 256, 258, 260~264

대통령제   19, 21, 23, 25~30, 33, 35~37, 39, 42, 52~54, 57~58, 70~73, 78~79, 89, 94, 104, 132~136, 145, 156, 170, 178, 187, 220, 269, 276, 340, 344~345, 391

대통령제화한 정당   84, 132~134, 139, 145, 178

대통령직 인수위원회   24, 340

도구변수   288~289

동거정부   31

딥 스테이트   185

ㄹ

레임덕 대통령   38, 42, 45, 51, 159, 187, 240

ㅁ

미디어 개인화   269~271, 273

민주주의 다양성 연구소   43

ㅂ

바이마르 공화국   32

반대통령제   27, 30~32, 71~72

법안 발의권   39

분권형 대통령제   30

분점정부   17, 30, 47, 60, 73, 78, 82, 84~86, 88~89, 94~95, 98, 111, 127, 225, 228, 240

브라질   25~26, 41, 43, 54

비상계엄   21~23, 45, 72, 82, 84, 132, 157~158, 169, 176~177, 180, 368~369, 399

ㅅ

생존의 분리   26, 29, 35, 133~134

선거 전 대통령직 인수법   351, 412

선거 캠프   213, 343

설득정치   53~54, 83~84, 86, 90~91, 93, 102, 115

성향점수매칭   289

소수자 동맹론   282

소수파 대통령   36, 78, 159, 178

소통 리더십   268, 319

수직적 책임성   16

수평적 정권교체   15, 37, 43, 364, 370~371

수평적 책임성   16, 38

승자독식   21, 36

시행령 정치   169

신공공관리   196

신제도주의   69

ㅇ

아웃사이더 대통령   21, 36, 60

여당의 응집력   38, 45, 48, 88~89, 154, 174

여당의 자율성 요구   137~139, 141~145

역사적 제도주의   67, 69, 256

연립정부   29, 35~36, 54, 78~79, 355, 410

영수회담   91~93, 327

예방적 쿠데타   158, 161~163, 176~177, 179~180

예방전쟁   158, 161

예비내각   340, 345

예산안 제안권   39

오스트리아   31~32, 37, 52

오하카-블라인더 분해법   306~308, 311

위임 명령권한   41

위임 민주주의   38, 52

유권자 환멸론   282

의원내각제　23, 25~30, 32~33, 35~37,
　　41, 71, 89, 133~134, 220, 269,
　　271, 276, 340, 344
의제설정이론　192
의회기반 권력　21, 45, 48~50, 140~141,
　　174
이원적 정통성　21, 35, 94
이원집정부제　30
인사청문회　84, 116~119, 124~128,
　　130~131, 170~171, 211, 224~225,
　　228, 260, 341, 347, 384, 404~405,
　　409
인수위 없는 대통령직 인수　24, 341,
　　389~390, 399, 406, 412~413
인지부조화　281, 287
일방정치모델　63, 66
일방주의 대통령　61, 65~66, 76~77
임명 강행　83, 119, 122~124
입법 소요시간　103~104, 110, 112,
　　114~115
입법적 대통령　23, 59, 65~66, 72~73

ㅈ

적폐청산　400~402, 407, 409~410
전통적 성차　299
정당 비주류형 대통령　46, 141, 144
정당 주류형 대통령　46, 141
정당 총재형 대통령　46, 48, 82~83, 85,
　　95, 141, 144~145, 147, 150~151
정당정부　89
정부조직개편　211, 238, 252, 342~343,
　　349~350, 372, 380, 404~405
정실 임명　203~204
정책 우선순위　23, 201, 222, 225~229,
　　231~233
정치보복　343, 351, 401, 409~410
정치의 대통령화　24, 269
정치적 시간　67~68

정치적 양극화　54, 119, 313
정치적 임명　23, 66~67, 75, 77,
　　201~207, 209~212, 216, 219,
　　221~225, 228, 345
정치화　23, 64, 183, 202~203
제도적 권력자원　210, 341, 369~370,
　　380, 382~384, 386~388
제도적 대통령　64~66, 72~73, 75, 235,
　　254
제도적 위기　9, 51~52, 55, 162~163,
　　177~179
제왕적 대통령　9, 16, 21, 38, 42~44, 47,
　　51, 116, 182, 184, 202, 211, 234,
　　259
주인-대리인 관계　134~135
중추정치모델　63
집권화　20, 23, 64, 75, 183~184, 243,
　　252, 259~260, 262, 264

ㅊ

책임장관제　377, 403
책임총리제　382, 403~404
청와대 정부　234
총리 중심 반대통령제　31, 33
충성 인사　207
충성심-능력의 상충관계　217~218
친위쿠데타　16, 21~22, 48, 51, 158, 161
칠레　43, 54, 179

ㅌ

탄핵소추안　95, 150, 165, 170~171, 278
통치가능성　22, 51, 94

ㅍ

폭포수 모형　191~192, 198
프레이밍 이론　192
필연적 하락의 법칙　278, 280

ㅎ

하이브리드형 정부형태   29~30

한계효과   100~101, 231~232

합리적 선택이론   65~66, 69

해임건의안   93, 95, 170~171

행정개혁   75, 186~187, 190, 238

행정명령   61~62, 65, 79, 252

행정입법   43, 102, 154, 169

행정적 대통령   23, 64~66

허니문 효과   281~282, 285

헌법 권력과 실질 권력 간의 불균형   9,
    22~23, 38, 45, 84, 158, 163, 177,
    180

헌법적 명령권한   39, 164

현대적 성차   299, 302~305, 313

홍정모델   59~61, 69

인명

노이슈타트   59~63, 65, 68, 86~87, 100,
    140

린즈   33, 35~36

신현기

가톨릭대 행정학과 부교수. 서울대 사회학과 학사, 석사, 행정대학원 정책학 박사를 마쳤다. ≪경향신문≫ 기자, 국정홍보처, 문화체육관광부 사무관 등으로 일했다. 경실련 정부개혁위원장으로 활동 중이다.

대통령의 국정운영, 근대국가 성립 이후 행정역량의 구축, 미디어정책과 정부의 정책홍보 등에 관심이 많으며 다수의 관련 연구논문을 발표했다. 저서로 『대통령의 권력과 선택』(공저), 역서로 『좋은 정부, 정치인, 관료: 공정하고 능력 있는 관료제 만들기』를 출간했다.

한울아카데미 2583

민주화 이후 대통령
대통령직의 불확실성과 제도화

지은이 신현기
펴낸이 김종수
펴낸곳 한울엠플러스(주)
편집 신순남

초판 1쇄 인쇄 2025년 5월 15일
초판 1쇄 발행 2025년 5월 30일

주소 10881 경기도 파주시 광인사길 153 한울시소빌딩 3층
전화 031-955-0655
팩스 031-955-0656
홈페이지 www.hanulmplus.kr
등록번호 제406-2015-000143호

Printed in Korea.
ISBN 978-89-460-7583-2 93340

※ 책값은 겉표지에 표시되어 있습니다.
※ 이 저서는 2023년 대한민국 교육부와 한국연구재단의 지원을 받아 수행된 연구임
(NRF-2023S1A6A4075226)